JN439183

수필문학추천작가회
연간사화집 2023 / 31호

나를 위한 변명

동인, 우리들의 아름다운 동행

동행은 우리의 인생에 특별한 의미를 더해줍니다.- 로버트 오벤
(The Companionship adds special meaning to our lives. - Robert Orben)

동인(同人).

같은 방향의 가치관, 사상 등을 가진 사람들의 모임을 동인이라고 부릅니다. 수필문학추천작가회는 천료와 함께 시작된 동인으로서 아름다운 동행을 이어가고 있습니다. 우리는 서로 다른 삶의 이야기를 가진 사람들입니다. 삶의 여정에서 각기 다른 길을 선택하고, 다양한 경험을 쌓아가며 살아갑니다. 그러다 누군가와 같은 곳을 바라보고, 그 길을 함께 걸을 기회를 만났습니다. 이러한 인연을 통해 글을 쓰는 각자의 시선과 관점을 공유하며 창의적인 아이디어를 얻습니다. 또한 다양한 관점의 작품을 통해 새로운 시각을 경험하고 큰 교감과 영감을 나누기도 합니다. 서로의 삶에 특별한 의미와 아름다움을 더해주는 진정한 문우가 된 것입니다.

수필문학추천작가회는 32년의 역사와 함께 문단의 리더로서 중추적인 역할과 높은 수준의 품격을 갖춘 문학단체입니다. 깊은 지혜와 경험으로 우리 추천작가회를 이끌어 오신 대선배님들, 언제나 한마음으로 힘이 되어 주시는 문우님들이 수필 문단을 지켜왔기 때문입니다. 우리 추천작가회가 우뚝 서 있을 수 있는 원동력이라고 하겠습니다.

하지만 가끔 같은 길을 걷는 것이 얼마나 특별한 일인지 잊을 때가 있습니다. 너무 익숙해져서 소중함을 잊어버리거나, 서로를 당연시하기도 합니다. 하지만 우리는 늘 기억해야 합니다. 한마음으로 함께하는 이 동행은 우연이 아닌 우리 스스로의 선택이기 때문입니다.

수필문학추천작가회 동인 여러분.

우리 동인들의 진심과 열정이 담긴 사화집 제31호 『나를 위한 변명』가 세상으로 힘차게 나아갑니다. 속도와 방향을 알 수 없는 세상의 바람에도 글의 씨앗을 뿌리고 싹을 가꾸며 꽃을 피워내는 여러분을 생각합니다. 이렇게 서로의 삶에 특별한 의미와 아름다움을 더해주는 인생의 동반자가 되어 오늘도 문학의 길을 함께 걷고 있으니 행복한 마음뿐입니다.

문우들의 소중한 원고를 살피느라 수고해 주신 편집위원 선생님들, 사화집 제31호 출간을 위해 물심양면으로 도와주신 교음사 강병욱 대표에게도 감사한 마음 전합니다.

모두 수고 많으셨습니다. 사랑합니다.

2023년 10월. 가을 앞에서

수필문학추천작가회 회장 강 미 애

차례

차례

수필문학추천작가회

연간사화집 2023 / 31호

늙은 할아버지

허학수
1989. 7. 천료

오늘 아침 거울을 보니 완연한 늙은 할아버지이다. 거기에다 어린이날이고 보니 더욱 대조적인 것 같다. 문득 '내 나이를 묻지 마세요.'라는 노래 가사가 떠오른다.

언제부턴가 습관처럼 회피하는 것이 하나 있다. 더러는 만만하게 물어오고 가장 쉽게 답할 수 있는 문제이다. 그런데도 얼른 답하기 싫어 요령까지 피우는 것이 바로 내 나이 숫자이다.

오늘따라 젊은 할아버지 그 시절이 새삼 그리워진다. 세상에 태어나서 처음으로 할아버지가 되던 순간이 엊그제 같다. 그날에는 '손자와 할아버지' 그 용어 자체가 듣기조차 어설프고 민망하였다. 참말로 자격을 상실한 젊은 할아버지였다.

인생길의 순리와 이법은 나를 담담하게 지켜주었다. 어느새 아버지의 자리는 빼앗기듯 물려주었고, 할아버지는 세월의 바퀴에 짓눌리게 되었다. 지난 세월 한숨과 눈물을 짓이기며 눈총을 받으면서까지 발버둥쳤지만, 결국 오늘의 늙은 할아버지가 되고 말았다.

자막에는 어린이날 아침마당 주제가 선명하게 오버랩 된다. 인간의 그 시절은 누구에게나 보옥처럼 빛나는 인생길의 여정이었다. 사람 팔자 운명을 지배하고 시간문제라는 말도 있다. 굳이 셈하면 현재를 이기지 못한 부귀빈천이 고착된 굴곡과 무늬를 이루었을 뿐이다.

사노라면 사랑과 미움은 동석(同席)에 있다. 행복과 불행도 순간마다 변모하는 일상의 마귀와도 같은 것이다. 고진감래와 흥진비래는 한자를 차용한 해묵은 성어이지만, 이생의 철칙이라고 해도 과언이 아니다.

거울은 본체를 화장한 일시의 복사일 뿐, 내면의 진실과 성찰은 될 수 없다. 선 채로 벽에 걸면 나도 섰지만, 방바닥에 눕히면 무조건 추종하는 흉내일 따름이다. 한세상 꾸며낸 인생극의 말로는 거짓과 위선의 잡탕이 아니고 그 무엇이란 말인가.

오늘 나는 아무리 훑어보아도 백방의 제스처 그 모두가 분명코 늙은 할아버지 그대로이다. 가시로 콕 집고 몽둥이로 후려갈겨도 주름과 백발이 눈치를 채고 있다. 민둥민둥 두상에는 검은 털이 도망가고, 곱디곱던 양 볼에는 검붉은 티가 집성을 도사린다.

내가 어린 시절에는 남자를 떠받드는 전통적 가정이었다. 몇 대를 가물가물 마음을 졸이다가 '나'를 장손으로 가명(家名)을 붙였다. 나라의 운명을 좌우하던 해방과 전쟁을 겪으면서도, 한 점 핏덩이가 세월의 보따리에 싸여 오늘 이 자리에 휘어지고 말았다.

초록이 숨을 거두고 먼지 앉은 거울에 녹물이 덥히면, 이 할아버지는 어디쯤 가고 있을까. 기쁨과 슬픔이 녹아 흐르면 웃음과 눈물도 역시 사라지고 만다. 어제와 오늘이 내일을 창조한다면 내 가는 길을 어느 누가 막을 수 있으랴.

순간의 선택이 평생을 좌우한다고 했다. 열일곱 살 처녀의 분신인 나를 첫째로 5남 5녀라지만, 중학생이 되어서도 애지중지 금지옥엽으로 할머니의 무릎이 닳고 멍들었다.

아직도 자막에는 인생을 회자하는 언어의 유희가 시청자를 유인한다. 계절의 전령사는 알랑거리는 색깔이지만, 인간의 깊이는 그 누구도 재지 못한다. 부부도 그렇고, 자식도 그렇고, 친구도 그렇다면, 내 애타는 초심을 알아줄 이 어디 있을까.

가는 세월 그 누가 막을 수 있겠는가. 인명이 재천이라는 말은 믿으면 또 믿을 만하다. 만상이 무상할진대 올 때는 순서가 있어도, 갈 때는 차례가 없다는 말은 귀청을 때리는 참말인 것 같다.

따지고 보면 곁에 있을 때 잘하라는 것도 철리이고 사실이다. 풍수지탄(風樹之嘆)은 불효에 대한 후회와 경종만이 아니라, 이 늙은 할아버지의 간곡한 설움과 회한의 눈물이기도 하다.

인생길은 연습도 없고 장난도 없다. 이제 와서 누구를 원망하고 무엇을 되돌린단 말인가. 나를 기다리지 않고 멀리 또 멀리 떠나간 당신들처럼, 나도 너희를 기다릴 시간이 그 얼마나 되겠느냐.

한 번 왔다가 한 번 가는 인생! 그날의 못다 한 효도와 자애(慈愛)를 꿈에라도 할 수 있다면, 오늘밤은 단잠에 단꿈을 꾸어야겠다. 이제는 늙은 할아버지의 자리도 비워줄 때가 되었는가 싶다.

물처럼 바람처럼 지나듯 가라지만, 한 고개 넘고 넘어 쉬어서 가고 싶다. 오늘은 아무리 생각하고 또 생각해도, 자꾸만 자꾸만 후회가 되고 눈물이 난다.

마음에 있으면

오 경 자
1990. 3. 천료

우리 인간의 정신세계 속에는 정말 보이지 않는 끈 같은 것이 얽혀 있을까? 전혀 예기치 못했던 곳에서 큰 기쁨을 맛보기도 하고 그 반대의 경우에 부딪치기도 하니 말이다. 남편이 여느 때처럼 즐기는 주황색 반바지에 하얀색 런닝셔츠 바람으로 창문 아래 벽에 기대앉아 유쾌하게 웃고 있다. 아니 이렇게 큰 방이 둘씩이나 있는데 여태껏 모르고 있었단 말이냐고 흥분을 감추지 못하며, 이렇게 넓은 공간이 당신을 위해 마련되어 있었다니 놀라운 일이라고 말을 잇지 못하는 아내를 활짝 웃으며 쳐다본다.

이사 온 지 얼마 안 되는 집에 숨은 공간이 있었음에 감격하는 아내는 이것저것을 치우며 깨끗하게 비어 있는 커다란 방 2개를 둘러보면서 이건 서재, 이건 거실 해 가며 겅중거린다. 그러다가 밖으로 나와 대문 앞에 섰다. 왼손 닿는 벽에 약간 벽을 파서 무엇을 걸어 놓았다. 꺼내 보니 포도주 병따개 같기도 하고 또 어찌 보면 열쇠 같기도 한 물건이다. 아유, 여기 와서까지 술이란 말이냐고 헛웃음을 웃으며 그 물건을 매만지다가 눈을 떴다.

아아, 꿈이었단 말인가? 그렇게 생생하게 남편이 거기 앉아 있었는데 그게 겨우 꿈이었다고? 창밖에는 이미 해가 솟았는데 좀 전의 장면이 여전히 지워지지 않아 일어설 수가 없다. 그런데 이상한 것은 그 방이 어디선가 본 듯한데 우리가 살았던 집들이 아니었다. 어디일까? 하나님이 천국의 한 모퉁이를 또 보여 주신 것일까? 거기서조차 술병따개가 대문 옆에 걸려 있음이 기가 막혔다.

그나저나 거기가 어딜까? 내가 갈 곳을 미리 보여 주셨나? 생각은 꼬리를 물고 일이 손에 잡히지 않아 서성거리기만 했다. 아아, 거기다. 아들이 난생 처음 당첨된 아파트에 입주할 날이 다가왔다. 얼마 전에 집을 확인하러 간 날 사진을 찍어 보내주었던 그 방이다. 영끌 해서 집을 마련하는 터라 방이 2개뿐이라 막상 입주하려니 걱정이라며 설명하는데 꽤 넓어 보이고 방들이 반듯해서 맘에 들었다.

세상에 나보다 먼저 그 방에 가서 앉아 있었구나. 그리고 나를 불렀구나. 마음에 있으면 꿈에도 있다는 속담이 생각났다. 무심한 척하고 돌아다니지만 마음은 온통 남편 생각에 절어있었음을 확인하는 순간 목이 메어왔다. 그러게 조금 덜 마시고 오래 좀 있다 갈 것이지. 야속해서 다시 눈을 흘긴다. 유산을 남기지 못한 아비 마음이 얼마나 아팠으면 꿈에 그 방에서 나를 불렀을까? 그 와중에 대문 옆 벽에 포도주 병따개를 걸어 놓은 설정은 분명 나의 잠재의식 짓일 테다. 아직도 그 술에 대한 용서를 완성하지 못했나 보다. 이제 그와도 화해를 해야 할까 보다. 아무튼, 와 줘서 이렇게 고마울 수가 없다. 곁을 떠난 지 13년이 돼 가건만 서너 번도 못 본 것 같다. 꿈길에서나마 만나기를 애절하게 노래한 황진이로 해서 이 둔필은 더 할 말이 없다.

부모자식의 끈, 부부라는 연민의 끈, 꿈에라도 찾아오지 않고는 못 배겼을 그의 심사를 미루어보며 눈가가 젖어온다. 아들의 새집은 이미 축복을 받은 것 같아 마음이 한없이 좋다. 그런데 자꾸 눈물이 난다. 눈을 감고 잠을 청해 본다. 여보라고 한 번만 불러주면 어디가 덧나나, 그리도 인색하게 입을 꾹 다물고 가다니.

마음에 있으면 꿈에도 있다. 그래 그것밖에 붙들고 늘어질 것이 아무것도 없다. 가엾은 아낙은 그 방과 남편을 눈망울에 담고 집을 나선다.

수필 삼총사

박순혜
1990. 7. 천료

집에 와서야 내가 오늘 도깨비한테 홀린 것 같다는 생각이 든다. 암만 생각해도 그런 것 같다. 도깨비한테 안 홀리고야 어찌 이런 결과가 나왔나. 분명 홀리었다.

오늘 두 작가를 만났다. 한 명은 네 권의 수필집과 한 권의 논문집을 냈고 대학교 평생교육원 수필 강사 역임에 수상 경력 많은 K 작가다. 현재 타 문인협회의 회장이기도 하다. 또 한 명은 시도 쓰고 수필도 쓰며 글짓기 공모전에서의 장원과 신춘문예 수필 당선 작가인 C다.

누구나 경험하는 일이겠지만 책을 받고 쓰다 달다 아무 반응이 없는 사람도 많지 않던가. 내가 다섯 번째로 수필집을 내어 증정했을 때 내 책 받고 '달다' 쪽 반응을 보인 사람 중에 순위를 정하라면 C 작가가 단연 1위다. 단숨에 책을 읽고 글이 너무 좋다며 여기저기 전하고 나를 만나기를 원하기까지 하였으니.

이 작가는 타 문인협회 회원이기도 하고 우리 상주문인협회 회원 가입한 지는 몇 년 안 된다. 내가 문협 모임에 잘 안 나가 책 속의 사진 말고는 직접 본 적이 없다. 이 작가가 나를 만나고 싶어 하지만 선뜻 응하지 않았다. 딱히 할 말도 없고 글 쓰는 사람들이니 글로 만나면 되지 않나 하는 생각에서였다.

K 작가가 네 번째 수필집을 내게 직접 주고 싶다고 했다. 한번 만나 보고 싶다며. 책을 출간하면 증정하는 데 우편요금도 많이 드는지라 한 고장에 살면서 부치라 할 수도 없었다. 그래서 가까운 공원에서 만나기로 하고 C도 함께 하기로 했다. 그런데 그날 하필 C는 피치 못할 사정이 생겨 나와 K 둘이서 만나 서로 책을 주고받았고 대화를 나누었다. K가 말했다. 수필 쓰는 사람끼리 모임을 만들자고. 우리 고장에 수필가 모임 없음이 아쉽다고.

수필가 모임을 만들더라도 나는 참석하지 않겠다고 했다. 문인협회에는 잘 나가지 않으면서 수필가들끼리 모임을 만들어 나간다는 것이 내키지 않았다. 그러구러 몇 달이 지났고 C가 자신의 글이 실린 책을 주겠다며 만남의 빌미를 만들었다. 하여 K와 함께 셋이서 만났다. 시내 중심에 지리한 왕산공원의 자은 동산 오르막 중간에 위풍도 당당하게 서 있는 고목 느티나무, 그 아래 정자는 마치 우리를 기다리고 있는 듯 의자가 비어 있다. 코로나가 완전히 종식되지는 않았지만 완화되어 마스크를 쓴 사람도 있고 안 쓴 사람도 있는 가운데 우리는 마스크를 쓰고 만났으나 곧 벗고 초여름의 싱그러운 공기를 마시며 대화를 나누었다.

C가 한 달에 한 번 수필 한 편씩 써서 만나자는 제의를 한다. 시도 쓰면서 수필을 매달 한 편씩도 쓴다? K는 주변의 모든 것이 수필 소재라고 하며 지난 4개월 동안 쓴 수필이 15편이라고 한다.

놀랐다. 글 잘 쓰는 작가들인 줄 알고는 있었지만 이리 열성적인 줄은 몰랐다. 이들도 분명 살림 사는 주부로 시장도 보고 집안일 하면서 어찌 그리 다작을 할 수 있는지 알 수가 없다. 내가 만약 집안 살림을 도와주는 사람이 있어 시간이 넉넉하다 해도 이 두 작가처럼 못 쓸 것 같은데 우리 집 일은 거의 내 손이 가야 한다. 한 끼 굶으면 기운이 없고 배가 고프듯이 하루 게으름을 피우면 집은 담박 표가 난다.

나는 날마다 일, 일 속에서 헤어나지 못하고 산다고 생각해 왔다. 그래서 늘 시간 부족으로 글을 못 쓴다고 알고 있었다. 옛 어른들이 살림 다른 데 없다고 했는데 두 작가도 주부들이니 하는 일들은 다 비슷할 것인즉 밤새워 글을 쓰는가? 아니면 눈 감고 자면서 글을 쓰는가? 누구는 열무김치 한 통 담으며 두 시간이 소요됐는데 누구누구는 '열무김치 나와라 뚝딱!' 요술 방망이를 휘둘러 만드는가?

밤잠을 안 자고 쓰건 요술 방망이 덕을 보건 기술은 기술이다. 프랑스 여류작가 시몬느 드 보봐르가 쓴다는 것을 왜 기술이라고 했는지 알 것도 같다.

한 달에 하루 만남을 갖자고 C가 강력하게 밀고 나온다. K도 다시 권한다. 선뜻 대답을 아니 했다. 오래전부터 하던 두 개의 계모임을 계원들 의견 일치로 해체한 지 10년이 넘었다. 하나의 계는 열 명 중 세 명이 앞다투어 암으로 유명을 달리하여서 곗날 그 빈 자리가 슬퍼 그만 해체했고 또 하나의 계는 그냥 해체하자는 누군가의 말에 해체했다.

그 후 너무나 섭섭하여 계원 중 마음 맞는 친구 넷이서 매달 한 번씩 만나기로 하고 앞으로는 다른 어떤 모임도 만들지 않기로 작정한 바 있다. 옷이며 그릇이며 도서까지 수시로 버리기 실천을 하면서 신변 정리를 하는 마당에 이제 와 새삼 무슨 모임인가. 수필가 모임을 결성하자는 데 찬성할 수 없는 또 하나의 이유다. 그런데 그 자리에서 시시콜콜 그런 이야기를 할 수 없었으니 이유 없는 오만함으로 오해하기 좋을 것 같았다. 그래서 그만 그러자 하고 말았다. 수필가 전부에서 세 명이 된 건 K와 C가 한발 양보한 인원이다.

집에 와서 요 두 작가가 잠깐 도깨비로 변신해 내 마음 홀려 놓았다고 생각하고 있는데 카톡 한다. 핸드폰을 여니 C가 빠르게도 '수필 삼총사' 단톡방을 만들어 오늘 만남이 행복했다고 한다. K도 즐거웠다고 다음 만남이 기다려진다고 한다. 나도 얼떨떨한 가운데 오늘 만나서 좋았다고 했다.

벽

박종숙
1990. 7. 천료

눈앞에 전개된 칠흑 같은 어둠 속!

망연자실하여 쳐다본 벽은 뛰어넘을 수 없는 검은 장막이었다. 누구나 살아가면서 한 번쯤은 그 벽을 만날 것이다. 엄두가 나지 않아 멍하니 바라만 보다가 스스로 주저앉고 마는 벽! 용기 있는 사람은 그 벽을 어떤 방법으로든 뛰어넘으면서 세상 사람들의 빗발치는 멸시, 증오, 모멸감을 박차고 일어선다. 벽을 뚫는 자는 바벨탑처럼 우뚝 서서 승리의 깃발을 흔들 수 있으나 나는 턱없는 벽이 눈앞을 가로막고 있을 때 스스로 좌절감에 사로잡혀 절망했을 뿐이다.

어려서부터 고질적인 중이염을 앓던 나는 10살쯤 되어 어머니와 함께 이비인후과를 찾았다. 어머니는 '양쪽 귀 고막이 찢어졌다'는 의사의 말에 거의 실신하다시피 했지만 아주 못 듣는 게 아니란 말에 긴장을 내려놓는 듯했다. 내 귓병은 친구들과 수영이나 물놀이만 해도 금방 재발이 되어 좀체 낫지를 않았다.

춘천에서 유명했던 성골롬반 병원은 일명 수녀병

원이라고 하여 외국 선교사들이 운영하는 곳이었다. 1960년대 초에는 선진국의 약을 들여다 썼으므로 치료 효과가 좋다는 입소문이 자자했었다. 초등학생 때부터 앓던 귓병은 중학생이 되어서도 낫지를 않아서 나는 중학교 3학년 때가 되어서야 성골롬반 병원을 찾아가 치료를 받게 되었다. 근 한 달간 매일같이 아침 일찍 일어나 병원에 가서 주사를 맞고 학교로 등교를 하였는데 효과가 좋았던지 한달이 지나자 지긋지긋했던 고질병이 차차 낫게 되었다. 그 후 염증은 없어졌지만 물기가 닿는 것이 두려워 수영은 내 평생 그림의 떡이 되고 말았다.

몇 년 전이다. 이유 없이 어지럼증이 생기면서 중심이 흔들리고 구토증이 생겨서 이비인후과를 찾았더니 의사는 새삼스레 고막이 뚫려 있어서 세균이 뇌로 올라가면 큰일 난다며 수술을 하는 게 좋겠다고 하였다. 평생 고막이 뚫린 채 살았는데 무슨 일이 있겠나 싶었지만 딸들은 수술을 하려면 서울에 있는 대학병원을 찾으라고 채근하여 수속을 밟고 수술을 받게 되었다. 수술 후에는 귀에 물기가 닿으면 안 된다고 하여 조심하려니 한 달간 머리를 감기도 불편하였다. 그런데 이게 웬일인가. 의사는 수술이 잘못되었으니 재수술을 받아야 한다고 했다. 몇 달간 지속되는 회복 기간에 제대로 물을 쓰지 못해 고생했는데 수술 탓인지 이상하게도 청력이 떨어지는 것을 느낄 수 있었다. 병원에 가서 물었더니 재수술을 해도 청력과는 별개라면서 불편하면 보청기를 써보라고 권했다.

나는 갑자기 칠흑 같은 벼랑 아래로 뚝 떨어진 기분이 들어서 멍하니 의사를 바라보기만 했다. 보청기! 그건 나하고는 거리가 먼 낯선 물건이었다. 저승이 가까워져야 쓸 수 있는 물건인데 그걸 사용해야 한다니 기분이 좋지 않아서 어떤 일이 있어도 재수술은 안 하겠다고 돌아섰다. 그러나 한쪽 귀가 나빠지니 다른 한쪽도 점차 나빠졌다. 멀쩡하던 왼쪽 귀가 찌르는 듯 통증이 오면서 이명이 들리기 시작하자 나는 그제야 낙심하면서 내 교만했던 행동을 돌아보게 되었다. 동료 문인이 보청기를 사용한다기에 "무슨, 벌써 보청기예요?" 하고 퉁하니 내뱉었던 생각이 나서 여간 미안한 게 아니었다. 그 후 이명이 계속되고 찌르는 듯한 통증이 잦아지면서 소통에 장애를 느끼자 의욕도 없어지고 우울해져서 어쩔 수 없이 보청기를 맞추게 되었다.

사람은 자신이 경험을 해 봐야 남의 고통을 이해할 수 있다. 보고 듣고 냄새 맡고 만지고 느낄 수 있는 감각은 별로 중요하지 않은 것 같아도 어느 하나가 마비되면 삶이 불편해진다. 시력이 안 좋아 안경을 쓸 때는 잘 몰랐는데 듣지 못한다는 건 소통에 문제가 있고 인지능력이 떨어지게 되어있다는 게 문제다. 작은 소리를 못 듣게 되니 점차 대중과 어울리는 것을 기피하게 되고 사회생활을 하는데도 두려움을 느끼게 되니 동선에 제약을 받게 되었다. 다행히 불편을 덜어줄 보조기가 있으니 먹통은 면할 수 있다고 스스로를 위로하지만 불편함은 어쩔 수 없는 일이다.

올봄이었다. 우편으로 보내온 시력 장애를 가진 문우의 수필집을 받고 그분이 참 대단하다는 생각이 들었다. 보지 못한다는 것은 세상 변화를 실감하지 못하는 철의 장막과 같은데 그 고통을 극복하고 글을 써서 책을 출판한다는 것은 대단한 용기이다. 선천적인 것이 아니라면 기본 인식 위에 아내의 도움을 받아 덧그림을 그린다 해도 벽 앞에서 굴복하지 않고 열심히 글을 쓰고 생활을 한다니 이만저만한 감동이 아니었다.

그런가 하면 함께 문학 활동을 열심히 하고 있는 강수회 회장은 어릴 때부터 소아마비를 앓으면서 장애를 갖자 친구들의 놀림과 비난으로 마음의 상처를 많이 받으면서 컸다. 그런데도 다리 수술을 하고 용기있게 삶을 헤쳐 온 자전 수필집을 받아 읽으니 새삼 그녀가 우러러 보였다. 사업을 하던 남편이 IMF를 겪으며 남긴 빚에 쪼들려 가정이 풍비박산이 나자 먹을 것이 궁하였어도 독립하여 두 아들을 공부시키고 자신도 뒤늦게 대학원 공부를 하면서 직장에 적응해 나가게 된 성공담은 눈물겨운 이야기였다. 그녀가 처한 어려운 상황을 가까이 있으면서도 눈치채지 못했다는 게 참으로 미안했다.

사람들은 누구에게도 말하고 싶지 않은 자신만의 트라우마가 있다. 너무 높아 뛰어넘지 못하는 벽을 가지면 절망하게 되고 죽음에 이르기도 한다. 올해 수필을 통해 알게 된 그분들은 높은 벽을 넘기 위해 갖은 고생을 다한 사람들이었다. 그들에 비하면 나는 생활이 조금 불편할 뿐인데도 벽에 부딪히자 주저앉고 말았으니 얼마나 바보 같았던가.

나이를 먹으면 몸의 일부가 하나둘 망가지기 시작한다. 대신 그곳에 필요한 보조기구가 늘어나게 마련이다. 눈에는 안경, 이에는 임플란트, 귀에는 보청기, 머리에는 가발, 다리엔 인공관절, 허리에는 지팡이가 보조 기구로 쓰인다. 품위 있게 늙어가면 좋겠지만 편리한 생활을 위해 필요하다면 불편도 순순히 받아들여야 한다. 나는 잠시 절망의 터널에 갇힌 듯 나만의 암흑 속을 헤매었으나 더 큰 장애를 가진 분들을 생각하며 오히려 감사한 마음을 가지기로 했다. 벽은 스스로가 만드는 것이지 외부로부터 오는 것은 아니다. 이제는 내리막길에 섰으니 순순히 내 몸 기능의 저하를 자연스럽게 받아들여야 할 것 같다.

고향의 봄

류홍석
1991. 5. 천료

꽃샘추위가 기승을 부리더니 봄이 성큼 익어가고 있는 모양이다. 메말랐던 나뭇가지에는 물이 오르면서 담녹색 새잎들이 돋아나기 시작하고 이곳 남녘의 산과 들에는 개나리와 진달래 꽃망울들이 조금씩 피어나고 있다.

겨우내 잿빛으로 우중충했던 산과 들에도 밝은색으로 피어오르고 있어 봄의 촉감을 느끼게 한다.

언제나 이맘때가 되면 고향의 향긋한 정을 느끼게 한다. 도시생활의 바쁜 일정 속에 살다 보면 고향의 추억과 더불어 그리운 마음들이 짙어온다.

언제든 가리
마지막엔 돌아가리
목화꽃이 고운 내 고향으로
조밥이 맛있는 내 고향으로
언제든 가리
나중에 고향 가 살다 죽으리

고 노천명 시인(故 盧天命 詩人)의 고향에 대한 노래이다. 얼마나 향수에 젖은 애절한 표현인가. 오랫동안 타향살이를 하다 보면 고향에 대한 그리움을 절실하게 느끼게 한다.

천 리 밖의 먼 거리에서 생활하는 것은 아니기 때문에 고향이 그리워지면 훌쩍 떠나 보련만 번거로운 삶에 매이다 보면 마음 같지 않으니 고향에 대한 애틋한 그리움이 한결 더해지는 것인지 모른다.

고향에 대한 그리움은 마음의 고향, 자연에 대한 그리움인지도 모른다. 자연에는 거짓이 없고 꾸밈이 없어 좋고, 인간의 손때를 멀리한 맑은 얼굴이 있어서 좋다. 고향 뒷동산 봉화산을 보면 소박하고 늠름한 자세가 믿음직스럽고 맑은 바람결에 물씬 풍기는 시냇물 소리에 고향의 훈훈한 향취를 느낄 수 있어 좋다.

고향의 봄은 소생의 움직임과 밝은 빛깔과 삶의 의욕을 북돋워 주는 신선한 소리가 산허리를 따라 찾아온다.

봉화산의 등성이에 남아 있는 잔설은 아직도 겨울의 찬 바람을 안고 엎드려 있지만 양지바른 계곡 어느 골짜기에서는 녹다 만 얼음 사이로 졸졸거리며 흘러내리는 봄의 소리를 들을 수 있으려니 하는 마음에 괜히 가슴이 부풀이 오른다.

머지않아 먼 산에는 아지랑이가 피어오르고 을씨년스러웠던 숲들은 다사한 햇살 속에 연녹색의 간지러운 빛을 띠게 될 것이다. 상쾌한 아침에 배나무와 살구나무 가지 위에서 봄을 찬미하는 새들의 노랫소리는 나의 마음을 싱그럽게 만들어준다. 그러나 바람은 아직 차갑고 나뭇가지를 흔들고 지나는 손끝은 시리기만 하다.

'길고 침울한 겨울이 가고 꽃들의 어린 가지에 생명의 수액이 흐르고 어디선가 산골에서 얼음 녹는 물소리 바람 소리 따라 봄은 찾아올 것이다.'

봄은 따스하고 보드라운 빛깔로 우리를 찾아온다. 예부터 동지와 춘분의 중간을 입춘이라고 해서 봄의 시초로 삼았다고 한다.

어릴 적 고향에서 자랄 때 이맘때가 되면 선친께서 축장을 써 붙였던 기억이 생각난다.

입춘대길, 건양다경(立春大吉, 建陽多慶)이라는 축장인데 복을 맞아들이고 액을 쫓는다는 내용이다.

그러나 요즈음은 도시 생활 속에서 계절의 감각에 둔감한 탓이겠지만 마음조차 각박해져 이 같은 고향의 향기를 찾아보기 어려워 안타깝다. 마음속에서라도 이 같은 농촌의 향기를 음미하면서 오래 기억하고 싶다. 누군가가 고향을 어머니의 품속 같은 것이라고 표현하였는데 그러기에 늘 가슴 속에 서려 사무쳐지는지 모른다.

그러나 고향도 이젠 옛날 같지 않다. 고향에 가도 옛 모습을 찾을 수 없기 때문이다.

어릴 적 고향 초가지붕에 박 넝쿨이 영글던 농촌의 풍성한 정감도 느낄 수 없고 두레박으로 퍼서 마시던 시원한 샘물도 찾아볼 수 없으며 여름 풀섶에서의 개똥벌레나 그리고 메뚜기, 고추잠자리들도 다 떠나버린 고향이 되어 버렸다.

또한 여름이면 마을 앞 개천에서 쑥 잎으로 귀와 코를 막고 미역을 감았으며 물고기가 많아 손으로 붕어와 피라미를 잡기도 하고 봄이면 진달래꽃을 담뿍 꺾어 화전놀이도 하였으나 그때 놀던 친구들은 소식조차 알 길이 없고 고향의 추억마저도 찾아볼 수 없어 안타까운 일이다. 아이들은 고향이 없고 어른들은 고향을 잃어 가고 있다.

고향으로 가는 자갈길은 포장도로로 바뀌었고 현대식 건물과 마을 안길 도로까지 시멘트로 포장되어 버렸으니 흙냄새 풍기는 고향의 정취를 어디에서 다시 찾아 볼 수 있게 될는지.

요즘 들어 부쩍 고향의 옛 모습이 그리워지는 것은 어쩔 수 없는 나이 탓인지 모르겠다.

예술은 우리가 살아가는데 필요한 양식이다

김길자
1991. 9. 천료

'인생은 창조적 자기표현이다'라고 어느 철학자는 말했습니다.

살아가는데 창조적 삶이란 저마다 자기 나름대로 자기를 표현하는 것입니다.

사람이 산다는 것은 무엇인가?

존재한다는 것은 표현하는 것입니다.

최고도의 자기를 표현하는 사람이 가장 위대한 사람이라고 생각합니다.

인간 생활의 세 가지 요소인 의식주가 필요하듯이 예술도 인생 생활에 없어서는 안 될 필수적입니다.

예술은 인생의 정신이요, 사상이요, 자기를 대상으로 한 참 사람입니다.

예술이 밥은 못될지언정 각박한 세상살이에 예술 없는 삶이란 삭막하기 그지없는 상상할 수 없는 생활의 연속일 것입니다.

나의 수필 작품 중에서 「개미와 베짱이」라는 한 구절의 예를 들겠습니다.

요즘 들어 예술 행사로 인해서 밖의 일이 많아진

나는 외출할 때마다 마주 바라보이는 앞집 부인과 마주치게 됩니다.

그는 작은 슈퍼를 하면서도 틈틈이 농사를 지어 가을이면 풍성하게 곡물을 거두어들입니다.

통통하게 여문 콩 가지를 햇볕에 말리기도 하고, 부부가 멍석에 앉아 참깨를 털기도 하는 모습을 보며, 예술 행사로 인해서 외출복 차림으로 대문을 나설 때면 왠지 나는 주눅이 듭니다.

농촌 생활이라 남들은 모두 부지런히 일을 하는데 나는 하릴없이 놀러 다니는 것 같기 때문입니다.

이솝우화 중에서 '개미와 베짱이' 이야기가 떠올랐습니다.

뙤약볕에서도 부지런히 일한 개미는 추운 겨울에 모아둔 식량을 배불리 먹으며 편안히 보내는데, 여름 내내 노래만 부르고 편안히 놀고먹은 베짱이는 날씨가 추워지자 먹을 것을 구하러 개미집을 찾아갔으나 문전 박대를 당하였다는 우화가 있습니다.

나는 논과 밭에 나가 농사일은 안 했어도 일상생활에 한시 반시 부지런히 일하고 매사에 최선을 다하여 노력하여 어언 내 나이 사십 중반이 되고 보니 무슨 사연인지 잠을 편히 이루지 못하고 가슴이 답답하고 늘, 허기가 졌습니다. 나는 어디에 서 있는가? 내 생의 의미는 어디에서 찾고 삶의 행복을 무엇에서 구해야 하는가를 고심도 하고, 철학인도 아니면서 어떤 갈망에 목말라서 하고 있었습니다. 결국 돌파구로 나는 문학의 길로 들어섰습니다.

나의 빈 가슴을 채워 주는 문학이라는 무성한 숲으로 들어선지도 세월이 많이 흘렀습니다.

한편으로 생각하면 내가 좋아하는 일들이 자신에겐 아무리 보람이 있다고 하여도 한 가정의 주부의 의무를 잊어버릴 수는 없는 일입니다.

하지만 나는 늦게 찾은 예술의 길로 인한 인생의 멋과 가치와 삶의 보람을 충분히 느낄 수 있으면서도 개미와 베짱이 생각이 자꾸만 납니다.

'그리 멀지 않은 옛날에 열심히 일해서 쌓아 놓은 식량으로 배불리 먹은 개미들이 더 일을 하려 해도 전처럼 신이 나지 않고 어깨에 힘이 빠져서 모두 모여 대책을 의논했지만 아무도 해답을 알지 못했다. 그러던 어느 날, 멋진 연주복을 입은 베짱이의 감미롭고 힘 있는 연주를 들으며 몸에서 점점 기운이 솟고 즐거워하며 개미들은 베짱이 곁으로 모여들어 손뼉을 치며 환영하였다.'

모두는 새로 얻은 힘으로 일터로 향하여 몇 배로 일의 능률을 올릴 수 있었습니다.

그 대가로 베짱이에게는 양식을 충분히 주게 되었다고 합니다.

어느 사설 신문 칼럼에서 읽은 21세기판 '개미와 베짱이' 이야기입니다.

요즘 떠도는 신조어로는 열심히 일만 한 개미는 허리 병에다가 다리 관절염이 심해서 돈을 많이 모아도 해외여행도 못 가고 방구석에서 끙끙 앓기만 하는데, 인기가 점점 상승한 베짱이의 주가는 상승하여 잘 먹고 잘 산다는 웃지 못할 이야기가 있습니다.

더러는 나의 창작 작품이 독자로부터 관심과 격려를 받았을 때, 마치 고래실 논배미 몇 마지기 장만한 마음입니다. 물론 고뇌한 후 태어난 글이긴 합니다만 참으로 보람 있습니다.

이렇게 예술은 밥이 안 된다고 하지만 배고픈 줄 모르고, 성취감에 어떤 이유도 없이 그냥 만족합니다.

밥이 아니어도 배가 부른 정신적 식량인 예술!

인생은 짧고 예술은 길다고 철학자 히포크라테스는 말했습니다.

예술! 예술이야말로 삶에서 가장 아름다운 마음의 양식입니다.

돌탑을 쌓은 뜻은

최중호
1991. 11. 천료

친구와 함께 보문 산길을 걷는다. 일주일에 한 번씩 만나 산행 후 점심을 같이한다.

산행길은 나무 그늘이 많아 뜨거운 여름에도 햇볕이 별로 들지 않아 걷기에 좋다. 한동안 걷다가 돌탑 앞에 이르면 숨이 차 벤치에 앉아 잠깐 쉬어 간다. 오늘은 우리가 쉬는 벤치에 한 남자가 먼저 와 앉아 신문을 보고 있다. 하는 수 없이 그 옆 벤치에 앉았다. 심심하던 차에 ㅇ에게 전화를 걸어 안부를 물었다. 같이 온 친구도 누군가에게 전화를 한다.

잠시 후, 벤치 앞에 있는 돌탑을 바라보았다. 누가 쌓았는지 산에 있는 돌들을 여기저기서 날라 와 공들여 쌓은 범종 모양의 탑이다. 탑 뒤로는 아름드리 참나무가 높게 자라 듬직하게 서 있다. 참나무 몇 가지는 우산을 펼친 것처럼 돌탑 위로 넓게 뻗어, 뜨거운 볕을 가려주고 비바람도 막아준다. 오늘따라 참나무 가지 사이로 보이는 파란 하늘이 돌탑과 어우러져 운치를 한층 더해준다.

여기 돌탑도 지난번 태풍 때 탑의 윗부분이 무너

져 내렸다. 하지만, 며칠 후에 와 보니 누군가 무너진 부분을 다시 쌓아 올려놓은 게 아닌가. 공들여 쌓은 흔적이 보인다. 매일 이 길을 걸었지만, 탑을 보수하는 사람을 본 적이 없다. 누군가 사람의 통행이 뜸한 시간에 와서 돌탑을 쌓은 모양이다. 언제부턴가 돌탑 옆 소나무 기둥엔 빗자루 하나가 기대고 서 있다. 누가 언제 쓸었는지 돌탑 주변은 항상 깨끗했다. 누군가는 돌탑을 지날 때마다 공손히 두 손을 모아 기도하고 지나간다.

돌탑을 보며 생각해 보았다. 탑은 본래 부처의 유골이나 유품을 모신 후 공양하기 위해 쌓았으나, 요즈음은 공덕을 기리거나 치성을 드리기 위해 쌓기도 한다. 여기에 있는 돌탑은 '누가, 왜, 쌓았을까?' 돌탑을 쌓은 사람의 마음이 궁금했다.

탑 주위는 언제나 조용했다. 이따금 바람에 실려 스쳐 가는 새소리가 이마에 맺힌 땀을 식혀준다.

어디선가 작은 소리가 들린다. 친구와 나의 핸드폰 벨 소리가 아니다. 분명 소리가 났는데 어디서 나는 소리인지 알 수 없다. 다시 소리가 들린다. 아주 작은 소리다. 주변을 둘러봐도 아무것도 보이지 않는데 소리는 계속해서 들렸다. 풀벌레 소리와 같다. 두리번거리며 소리가 나는 곳을 찾아봤지만 찾을 수 없다. 주변을 둘러보다 벤치 밑을 내려다보았다. 지난가을에 떨어진 낙엽만 수북이 쌓여 있다. 하지만 소리는 계속해서 벤치 밑에서 들렸다. 벤치 밑을 자세히 보니, 갈색 낙엽 더미 사이로 낙엽 색깔과 비슷한 물건이 하나 보였다. 핸드폰이다. 그 핸드폰에서 풀벌레 소리가 계속해서 났다. 주인 잃은 핸드폰은 풀벌레 소리를 내며 애타게 주인을 찾고 있었다.

핸드폰을 들어 수신 버튼을 눌렀다. 건너편에서 여자의 목소리가 들린다. "여보세요." 했더니, 잃어버린 물건을 찾았다는 듯 안도의 숨소리가 들린다. 그 여자가 만나자고 한다. 하지만 여기는 산속이라 내가 산행을 마치고 내려가려면 시간이 걸린다. 그래 1시간 후에 다시 전화해 주기로 하였다.

이젠 핸드폰 주인도 마음이 놓였을 것 같다. 그래도 핸드폰 주인이 애타게 기다릴 것 같아 평소보다 빠른 걸음으로 걸었다. 그녀가 사는 집 근처로 가 전화를 했다. 얼마 후, 40대 후반의 여자가 나왔다. 핸드폰 케이스 속에 있던 운전면허증의 주인은 60대 후반의 여자였는데, 젊은 여자가 나온 것이다. 핸드폰 주인이 아닌 것 같다.

"핸드폰 주인이냐?"고 묻자, "주인은 사정이 있어 자신이 대신 나왔다."고 한다. 그러면서 얼마의 돈을 주려 했다. 마음이 상했다. 돈을 받기 위해 핸드폰을 찾아준 것이 아니라, 주인의 밝은 표정을 보기 위해서였는데….

호의를 거절하고 돌아오는 길에 핸드폰 주인한테서 전화가 왔다. "미안하다."며, "언제 한 번 만나 식사 대접을 하고 싶다."고 했다.

지금까지의 일들을 생각해 보았다. 오늘따라 다른 벤치에 앉게 되었고, 마침 그때 핸드폰 벨이 울렸다. 우연일지라도, 뭔가 의미가 있는 것 같다.

돌탑을 보며, '이 탑을 쌓은 사람은 무슨 생각으로 탑을 쌓았을까?' 하고 다시 한번 생각해 보았다.

내가 산행을 하는 이유는 심신의 건강을 위해서였다. 하지만, 돌탑 앞에서의 일들을 생각해 보면, 나보다 먼저 이웃을 생각하며 사는 것이 더 큰 행복이란 걸 알았다.

오늘도 산행길에 돌탑 앞 벤치에 앉아, 돌탑을 쌓은 사람의 마음을 헤아려 본다.

6·25를 보내면서

오형칠
1993. 11. 천료

1950년 6월 25일에 한국전쟁이 일어났다. 6.25전쟁을 직접 겪지 않았다.

김해는 붉은 군대가 점령하지 않았기 때문이다.

초등학교 1학년 때 일어난 전쟁, 철없는 시절이라 전쟁이 무엇인지, 왜 전쟁이 일어났는지, 알지도 못했고, 알려고도 하지 않았다. 비극이 무엇인지, 희극이 무엇인 줄 모르는 나이였다. 직접 사람이 총 맞아 죽는 모습을 보지 못했기 때문에 전쟁의 참혹성을 몰랐다. 나는 동광초등학교 정문 오른쪽 골목길에 살았다. 골목 입구 왼편에는 제재소가, 오른편에 타작마당이 있고, 사이로 개울이 있다.

우리 꼬맹이들은 타작마당과 위로 뻗은 골목길에서 놀고 그 위로 올라가면 우북동, 금성사, 성조암, 만장대가 있다. 6.25전쟁이 터지자, 우리 학교에 미군이 주둔했다. 아이들이 부르는 노래와 놀이는 그 시대를 반영한다. '아아 잊으랴 어찌 우리 이날을, 전우의 시체를 넘고 넘어 앞으로 앞으로'와 같은 전쟁 노래와 전쟁놀이를 하면서 놀았다. 말, 노래, 행동은 모두 전쟁과 관련되어 있었다. 우리 집 아래 두레박, 양동이 등을 만드는 땜 집이 있었다. 거기서 동네 형이 쇠칼들을 만들어 나눠주었다.

어두운 밤, 학교 정문 앞에 미군이 보초를 섰다. 훤하게 밝은 그곳은 우리 놀이터였다. 학교 길과 골목 사이에 철조망을 쳐 놓았는데, 거기서 놀다가 오른쪽 발 엄지와 중지 사이에 철조망이 걸려 5센티 정도 찢어졌다. 피가 낭자했지만, 엄마한테 이야기하지 못했고, 혼자 끙끙 앓았다. 지금도 그 상처가 남아 있다. 아침에 미군들이 부르는 노래를 듣고 잠을 깼다. 미군들이 버린 깡통 등을 갖고 놀았다. 학교 뒤 연기가 스멀스멀 올라오는 쓰레기 소각장에서 뭔가 건지려고 쓰레기 더미를 뒤졌다.

요즘 유튜브로 여행 프로그램을 많이 본다. 인도, 파키스탄, 방글라데시 등이다. 놀라운 사실을 발견했다. 세상에 내가 살았던 시절과 같이 구걸하는 아이를 많이 보았다. 21세기에 70년 전 한국과 같은 삶을 산다는 말인가. 격세지감(隔世之感)을 느낀다. 조무라기들은 초등학교 입구에 서 있는 보초병에게 구걸했다.

"헬로, 추잉검, 헬로 추잉검."

그러면 보초병은 껌과 과자를 허공에 뿌렸다. 우리는 하나라도 더 줍기 위해 머리를 조아렸다. 흑인 보초는 우리를 흐뭇한 눈으로 내려다보았다. 'How much'라는 말을 쉽게 배웠다.

그런 일이 지금 파키스탄 같은 후진국에서 벌어지고 있다. 당시 우리나라 국민소득은 100달러 미만, 지금 파키스탄은 2천5백 달러다.

보초병이 던져 주는 초콜릿이나 껌을 주워 먹어도 부끄럽다고 생각한 적은 없다. 전쟁으로 학교를 내어준 우리는 만장대 산기슭, 왕릉, 창고, 동사무소 등에서 공부했다.

전쟁이 끝나자, 미군 다음에 육군공병학교가 들어왔다가 우리가 다시 차지했다. 거기서 공부했다.

원조받은 우유는 점심시간에 당번이 주전자로 받아왔다. 학교 마당에서 끓인 우유를 받아먹기 위해 컵을 가방에 매달고 학교에 갔다. 미국에서 보낸 구제품도 몇 번이나 받았다. 나일론 셔츠와 커피를 처음 맛보았다. 회충 없는 아이가 없었다. 원조받은 구충제를 여러 번 받아먹었다. 학교에서 교탁 앞에 일일이 나오게 하여 먹게 했는데, 조금 있으니 온 세상이 노랗게 보였다.

전쟁이 터지고 몇 달이 지나자 북에서 피난민들이 썰물처럼 밀려들었고, 저녁밥을 얻으러 오는 거지가 많았다.

캄캄한 밤하늘에 유탄이 포물선을 그리며 날아갔다.

학교 앞길에 미군들이 행군하는 모습과 타작마당에 총탄 맞은 흔적이 있는 트럭 뼈대를 보았다.

만일 유엔군이 한국에 오지 않았다면 우리는 적화되어 지금 북한처럼 ×××장군 만세를 외치며 살 것이 분명하다.

이 모든 일이 한낱 추억으로 기억하기에는 너무 깊은 상처를 남겼다.

전쟁으로 수많은 사람이 죽고 나라가 잿더미가 되었다.

전쟁은 김일성이 남한을 집어삼키겠다는 야욕이 없었더라면 일어나지 않았다.

전쟁이 터지고 1~2년이 지나자 한국군, 미군, 피난만, 거지, 상이군인들이 거리에 넘치고 시장에는 군수품이 많이 나돌았다. 공비 토벌한다며 무장한 소방대원이 트럭을 타고 지리산으로 떠나는 광경도 보았다.

김해에 군복을 입지 않은 군인을 우리는 핫바지 부대라고 했다.

70여 년이 지난 지금, 잊혀진 전쟁이 되었다가 정부가 바뀌자 상기하는 전쟁이 되었다. 역사는 되풀이한다. 잊어버리는 전쟁이 되는 순간 우리는 다시 한번 비극적인 삶을 맞지 않으면 안 된다.

L 박사는 말한다.

‘평화를 원한다면 전쟁을 준비하라’라는 역설적인 말을 기억하기 바란다.

세계 최강인 미국을 누가 침공하겠는가?

우리는 몸을 위해 운동하고, 좋은 음식을 먹고, 좋은 약을 먹는다. 감히 바이러스가 우리 몸을 침투하지 못한다.

‘아, 아, 잊으랴. 어찌 우리 그날을.’

유대인들은 6백만 명이 죽었다. 그들 마음속에 새겨놓은 말이 있다.

“그들을 용서하라. 그러나 잊지 마라.”

언니로 삽니다

강정희
1994. 7. 천료

저에게는 사촌 형제들이 많이 있습니다. 아버지, 어머니께서 장남, 장녀이시고 그 당시 분들은 대개 6, 7명의 자녀를 둔 집이 많았습니다.

요즈음 세상사가 옛날과 달라 변해도 너무 많이 변했지요. 그 으뜸 중에 결혼 풍속도를 들 수 있습니다. 결혼하지 않은 젊은이들이 너무 많아져 노총각 노처녀란 말도 잘 들을 수 없습니다.

예전에는 서른 살이 넘어 결혼하지 않고 있으면 가속들이 애를 태우기도 헙니다. 그러나 오늘날은 동년배 집에도 결혼하지 않은 자녀들이 너무 많이 있습니다. 그래도 걱정도 아니 합니다. 30, 40세 넘은 청년들은 젊은 편이고 50세 전후의 미혼 남녀도 적지 않습니다.

재작년인가 결혼하지 않고 미혼으로 있는 세 자녀 집의 막내아들이 첫 결혼 테이프를 끊게 되었는데 그 엄마가 너무 기뻐하였습니다. 친구들에게 '우리 아들 장가간다' 하고 문자도 날려보냈습니다. 물론 친구들은 자신의 일인 양 진심을 다해 축하를 해 주었습니다.

요즘 청년들은 결혼을 별 중요하지 않게 여기는 풍토도 많아 안 해도 되는 것이고, 혼자 사는 것을 더 편하게 여기기도 하나 봅니다. 결혼해도 문제는 또 자녀 둘 생각도 그리 간절하지 않은지 세계의 그 많은 국가 중 우리네 출산율이 평균 1.0을 밑돈다고 하고, 학교는 잘 운영되지 않고 시골은 물론 도시도 점점 학생 수가 줄어 문 닫아야 하는 경우도 있다고 하니 이런 문제가 어디 보통 문제이겠는지요. 밖에 나가 보면 예쁜 아기도, 어린이들도 많이 보이고 행복한 가정을 이루면 좋으련만 안타까운 일이기도 한 것 같습니다.

그러고 보면 저는 장장 스물 몇 명의 자녀 중 가장 우두머리이기도 하지요. 친사촌, 외사촌에 이어 고종사촌도 있지요. 어릴 적부터 형제 중 가장 위이고 보니 언니, 누나로서 모범을 보여야 한다는 어떤 마음이 항상 있었지요. 그 사촌동생들과 잘 지냈었지요. 특히 가까이 지낸 이모집은 동대신동에 있었고 저는 동래에 있는데도 서면에서 갈아타고 자주 그 대신동까지 갔었지요. 이모집 동생들과 나이 차이가 열 살도 넘지만 스스럼없이 잘 지냈습니다.

적게는 한 자리 수 나이 차이부터 열 살 넘은 나이 차이도 있고, 고종사촌 큰동생은 같은 대학 3년 후배여서 대학에서 오가며 보면서 친히 지냈지요. 그 동생은 유머 감각이 뛰어난 재밌는 동생이었습니다. 언제 만나도 변함없는 사촌들. 지금은 평소엔 만나기 힘들고 경조사에서 만나 보는 것이 요즈음 일입니다.

친사촌, 이종사촌, 고종사촌, 외사촌. 언제 만나도 반갑고 격의 없는 마음이 드는 것이 바로 사촌들입니다. 요즈음 아이들은 이런 돈독한 사촌 간의 마음은 상상이나 하겠는지요. 그중 제일 윗 위치 윗사람의 나이 들어감을 아쉬워하며 하는 말이 있습니다. "언니, 언니 연세 많이 된 건 사실이지만 저희에겐 영원한 언니일 뿐입니다. 언니 건강하세요,

오래오래 언니라 부르게 해 주세요.”

그래다오, 나도 언니로 살고 싶거든요. 속으로 그리 생각한답니다. 일상적으로 불리는 늙어버린 할머니 칭호보다 언니라 불러주면 훨씬 젊은 마음이 샘솟을 것 같거든요. 사촌 동생들이 불러주는 호칭, 언니! 힘내고 언니로 살아달라는 당부인 것 같습니다.

부부(夫婦)에 대하여

지교헌
1994. 7. 천료

부부(夫婦: 夫妻)라는 말에 대하여 모르는 사람은 거의 없을 것이다. 그런데 부부라고는 하지만 그 사이가 매우 가까운 사람들이 있는가 하면 그렇지 못하거나 나아가서는 매우 나쁜 사람들도 있을 수 있다. 그리하여 어떤 부부는 정답고 즐겁게 지내지만 어떤 부부는 특별히 정답지도 않고 즐겁지도 않게 지내는 부부도 있고 심지어는 서로 눈을 흘기고 다투기를 자주 하는 부부도 있고 나아가서는 별거하거나 이혼하기도 한다.

나는 오늘 며칠 만에 경로당에 들러서 잡담도 나누고 간식도 하다가 먼저 자리에서 일어났다. 요양보호사가 집으로 돌아가면 내자가 홀로 있게 되고 홀로 있으면 불안하기 때문이다. 내자는 수년 전에 대수술을 받고 최근엔 실내에서 졸도하여 골절상을 입기도 하고 음식이라고는 정상인의 반의반도 먹지 못하고 영양제 주사로 겨우 견디는 형편에 설상가상으로 매우 좋지 않은 다른 증상이 일어나기도 하는 것이다.

내가 경로당 문을 나서자마자 언제나 친절한 K선생이 걸어가는 모습이 보였다. 나는 그에게 다가가서 산책을 하느냐고 물었더니 그렇다고 하면서 바로 앞에 있는 초등학교의 운동장 한구석을 가리키며 맨발로 걷기 좋은 곳이라고 설명해 주었다. 그는 신고 있던 끌신을 벗고 맨발로 모래밭을 걷기 시작하고 나는 구두를 신은 채 그의 옆을 따라갔다. 이러쿵저러쿵 말을 주고받다가 둘이서 발걸음을 되돌려오는데 그의 영부인이 나타나는 것이었다. 발을 보니 맨발로 걷기 위한 모습이었다. 두 부부는 조용한 학교의 운동장을 이용하여 맨발로 모래밭 걷기를 하러 나온 것이다.

나는 K선생에게 얼른 작별의 인사를 던지고 슈퍼마켓에 들러 집으로 돌아왔다. 그리고 K선생 부부가 다정히 짝을 지어 모래밭을 걷는 광경을 상상하게 되었다. 벌써 오래전부터 이웃에 살면서 느끼기로는 그들 부부는 항상 화목하고 건강하게 생활한다는 것이었다.

도대체 부부란 무엇이며 어떤 관계인지 좀 더 알고 싶어 모로하시데쓰지(諸橋轍次)의 『대한화사전』(大漢和辭典; 東京大修館 昭和59年 修正版)을 펼쳐보았다. '夫'(부)라는 글자는 남자를 가리키는 것이며 남자의 신장(身長)은 대체로 8척이 되고 그것은 일장(一丈)이기 때문에 남자를 일길어 장부(丈夫; 大丈夫)라고도 한단다. 그리고 부처(夫妻; 夫婦)라는 말을 중심으로 부처일체(夫妻一體; 부자나 형제처럼 한 마음이라는 것) · 부처판합(夫妻判合; 부처는 본디 각각 반쪽이기 때문에 둘이 합쳐야 하나가 된다는 것) · 부부생시동실(夫婦生時同室; 부부는 살아있는 동안 같은 집에 산다는 것) 등과 같은 많은 어휘들이 보였고 또한 『역경 서괘전』(易經 序卦傳)에 있는 "유천지연후유만물(有天地然後有萬物) 유만물연후유부부(有萬物然後有夫婦) 유부부연후유부자(有夫婦然後有父子)"와 같은 글이 나타나고 또한 부부내외(夫婦內外) · 부창부수(夫唱婦隨) · 부자처지천야(夫者妻之天也; 지아비는 아내의 하늘이다) · 부귀처영(夫貴妻榮) · 부존처귀(夫尊妻貴) · 부사종자(夫死從子)

등과 아울러 부처상독(夫妻相督; 부부가 서로 거느리고 재촉하고 충고한다는 것) · 부처반목(夫妻反目; 부부가 서로 다투는 것, 서로 사이가 좋지 않은 것) · 부처본시동림조(夫妻本是同林鳥; 부처는 본디 같은 숲에서 밤잠을 자지만 날이 새면 뿔뿔이 흩어지는 새처럼 헤어질 운명이라는 것) 같은 여러 가지 어휘가 발견되었다.

여기에 나타나고 있는 여러 가지 낱말들은 부부에 관련되면서도 그 부부관계의 본질이나 변화나 역동성을 말하고 그 긍정적 측면과 부정적 측면을, 다시 말하면 부부관계의 합리적 측면을 나타내는가 하면 그 비합리적 측면을 나타내기도 한다는 것이다. 여기서 말하는 그 비합리적 측면이란 이른바 봉건제도의 유산(遺産)이며 흔히 요약하여 말하는 남존여비(男尊女卑)로 알려진 것으로 "남편이 부르면 처는 따른다(夫唱婦隨)"는 것이나 "남편은 처의 하늘이다(夫者妻之天也)"라는 말과 상통하는 것이다. 이러한 남존여비 사상은 봉건적 전근대사회에서 흔히 볼 수 있었던 것이지만 근대사회에 이르러서는 완전히 타파해야 할 인습(因習; convention; conventionality)이요 폐습으로 인식하게 되고 여성해방운동과 더불어 거의 타파된 것이 근현대 선진국의 현실이라고 할 수 있다.

또한 "부처본시동림조"라는 말은 부부를 특별한 관계로 보기 보다는 일반관계로, 다시 말하면 자연계의 생태가 빚어내는 단순한 존재의 현상으로만 보는 것으로 그치는 것이다. 그러나 이러한 시각은 인간은 자연의 본성에만 구애되지 않고 지성적 · 이성적(理性的) · 당위적(當爲的) · 윤리적 차원에서 존재한다는 점을 도외시한 것으로 보인다.

사람들은 항상 내면적 측면과 외면적 측면이라는 양면성을 벗어나 존재하기가 어렵다. 우리는 내면적으로 인격을 수련하고 생활력을 배양해야 하는 것처럼 외면적으로는 대인관계와 대물관계에 대처해야 할 능력을 기르고 그것을 필요에 따라 현실적으로 발휘해야 한다. 또한 남자에게는 가정의 내면을 중심으로 하는 대내적인 측면보다는 가정의 외면적이고 대외적인 측면이 절실히 요구되고 여자에게는 외면적인 측면보다는 내면적인 측면이 절실히 요구되는 수가 많다는 것을 인정하지 않을 수 없다. 말할 것도 없이 현대사회는 그 사회의 구조에 따라 차이가 있으면서도 남녀의 역할은 매우 상통하고 평등화하고 있는 것이 사실이며 또한 그 많은 변화 속에서 좀처럼 변화하지 않는 남녀의 차별성(또는 특수성)이 인정되는 것은 어쩔 수 없는 분명한 사실이라고 할 수 있다. 여기서 말하는 차별성이란 고하(高下)나 귀천(貴賤)이나 현우(賢愚)나 유능무능과 같은 차원이 아니라 남녀의 선천적 · 이성적(理性的) · 지성적 · 육체적 · 정서적 기능의 차이를 어떻게 인정하고 존중하느냐는 것이 중요한 과제가 될 것이다.

잘 알려지고 있는 바와 같이 인류의 역사를 살펴보면 근대사회로 접어들면서 여성의 해방이나 남녀평등이라는 사회적 정치적 운동과 투쟁이 전개되어 왔고 현대사회는 높은 수준으로 그 목적이 달성되었음을 알 수 있다. 그럼에도 불구하고 아직도 지구상의 일부 국가나 사회에서는 거의 전근대적인 남녀의 차별이 하나의 문화적 형태로 남아 있는 것도 사실이다.

나는 오늘 K선생이 영부인과 함께 건강을 위하여 맨발로 모래를 밟는 모습을 그려보며 참으로 보기도 좋고 당연한 부부의 모습이라고 생각되었다. 나는 K선생이 젊은 시절에 남편이라는 책임과 의무를 다하기 위하여 얼마나 진심갈력하였는지, 그리고 그 영부인이 내조를 위하여 얼마나 희생적으로 인내하고 봉사하였는지 짐작하고 있다. 그들은 남편과 아내로서 당연히 해야 할 일을 성실히 행하면서 사회의 귀감이 되고 성공한 가정을 이룩하고 국가와 민족을 사랑하고 사회에 봉사하였으며 일심동체로 아름다운 생애를 영위하고 나아가서는 '상대여빈'(相對如賓)이란 예절과 당연한 윤리를 실천하고 있는 것이며 나는 그들의 가정적 사회적 인간적 생활철학을 존중하며 존경하여 마지않는다.

시경(詩經)에서 '"솔개는 하늘에서 날고 물고기는 연못에서 뛴다.'고 한 것은 그 상하(上下)를 살핀 것이다. 군자의 도리는 부부에서 시작되지만 그 지극함에 이르러서는 천지에 통한다"(詩云 鳶飛於天 魚躍于淵 言其上下察也 君子之道 造端乎夫婦 及其至也察乎天地.『中庸 12章』, James Legge의 영문번역 참조)고 한 글을 상기하고 싶다. 군자는 공맹학(孔孟學)에서 말하는 이상적인 인격이며 그 군자의 도리는 부부의 도리에서 시작되지만 그 지극함에 이르러서는 천지의 원리에 조화되어 빛난다는 것이다. 마찬가지로 숙녀의 도리도 부부의 도리에서 시작됨은 말할 나위 없다.

주) James Legge의 영역을 보면 다음과 같다. "It is said in the Book of Poetry 'The hawk flies up to heaven; the fishes leap in the deep.' This expresses how this way is seen above and below."

시대의 눈금

호병규
1994. 9. 천료

성선설(性善說)을 주장했던 전국시대의 철인(哲人) 맹자(孟子)는 시교수축(豕交獸畜)이라 했다, 사람을 예(禮)로 대(對)하지 않고 돼지처럼 대하고 짐승처럼 기른다고 한 시대를 신랄(辛辣)하게 비판을 했던 것이다. 인류가 국가의 토(土)를 닦은 후부터는 인간은 인간을 지배하게 되었고 그때부터 작은 것은 큰 것을 큰 것은 보다 더 큰 것을 향해 눈을 돌리게 되었다. 이것이 소위 인간의 지향성(指向性)이다.

이로 인해 인간은 눈코 뜰 사이 없이 경쟁을 하게 되었고 극단적 상대개념(相對槪念)에 접근하게 되었다. 이때부터 인류의 역사는 전쟁의 역사라는 오점(汚點)을 남기기 시작했다. 돌이켜 보건대 인류는 종족 간의 끊임없는 투쟁의 전력(前歷)이었고 근대사에 지울 수 없는 상처를 남긴 세계 1, 2차 전쟁이 그랬고 동족 전쟁인 김일성의 남침 역시 같은 맥락이라고 볼 때 남의 것을 빼앗아 소유하고자 하는 불측한 심보 때문에 편안한 날이 없었다. 필자는 핏자국이 남긴 인류 역사를 회고하면서 오늘 내가 살고 있는 이 시대를 생각을 하게 되었다. 피투성이가 되어 도처에서 서로가 헐뜯는 신음소리에 밤잠을 설치다 보면 시대의 한 구성원(構成員)이라는 점에 인류의 역사 앞에 부끄러움을 금치 못하는 것이다.

흔히들 데모를 한다고 한다. 데모는 데모크라시(democracy)의 준말이다. 어원은 그리스어 데모크라티아(demokratia)로서 인민(demos)과 권력(kratia)의 결합어로 (1)민주주의 (2)민주 정체 (3)민주 정치를 뜻한다. 아무튼 오늘 우리 땅은 서로가 민주주의를 한다고 밤낮을 가리지 않고 외쳐대니 세상이 요란하다. 그렇다면 무엇이 잘못되었는가, 하는 점이다. 그 점을 찾지 못하다 보니 맹자의 시대는 폭력으로 다스리지 않았는가 싶다. 소위 민주의 3원칙은 주권이 인민에게 속하며 인민에 의해서 인민을 위하여 하는 정치를 말한다. 하지만 말은 쉽지만 그게 그렇게 간단한 문제가 아니다. 모든 것은 상대적(相對的)이라는 점이다. 법원의 잣대는 저울을 그려 놓고 무게를 셈을 하지만 거기에는 과(過)도 실(失)도 있어 인간 매사 희로애락(喜怒哀樂)이 끊이질 않는 것이다. 모든 것이 선하지만 모든 것이 악한 것만은 아니다라는 점이다.

새 정권이 들어선 지 1년이 지났다. 모두가 각기 정치이념이 다르다 보니 새로운 시대에 저항하는 무리와 방어하고 발진하려는 권력 틈에서 백성들은 몹시 피곤하다. 분명한 것은 권력 간의 이념전(理念戰)이 근래에 와서 좀 심하다고 본다. 여기에서 현명한 선택은 백성들의 몫이다. 백성들의 눈금이 현명해야 한다는 점이다. 어설프게 했다가는 도매가격으로 팔릴 수 있다는 점이다. 한 세상을 같이 사는 땅에서 각기 자기들의 잇속을 위해 뛰는 무리에 함부로 오판을 했다가는 나 하나의 잘못된 눈금으로 후손들에게 큰 해를 남겨준다는 것이다. 필자는 이 점을 강조하고 싶은 것이다. 모든 것이 선하고 모든 것이 악의 찬 것 같은 세상이기에 말이다. 애들 말로 너무도 헷갈리는 세상이다. 성격 같아서는 빌어먹을 놈의 세상 모두 뒤엎고 싶지만 그게 그렇게 쉽게 될 일이 아니다. 그래서 정신을 바짝 차려야 하는 시대를 살고 있다는 말을 남기고 싶다.

강황 밥

박순철
1994. 11. 천료

오늘 여간해선 맛볼 수 없는 귀한 재료로 만든 강황 밥 대접을 받았다. 식판에서는 노랗게 보이는 밥알에서 향긋한 냄새가 솔솔 피어올라 어서 먹어보고 싶다는 생각밖에 들지 않았다. 그것도 일금 3,500원에 먹었으니 이런 횡재가 어디에 있으랴.

강황은 무엇으로 만드는지 궁금하던 차, 마침 위생복을 입고 식사하러 들어오는 분들에게 인사를 하고, 혹 무엇이 잘못되지는 않을까 살피는 영양사가 보였다.

"강황이요. 강황 밥을 카레로 생각하는 분들이 가끔 있어요. 카레는 다른 조미가 좀 돼 있는 부분이 있고요. 강황으로 가루를 낸 것이 있어요. 그 가루를 가지고 밥을 하는 것이에요. 강황은 치매 예방에 좋은 음식이에요. 그래서 어르신들께 자주 제공해드리고 있어요."

요즘 밥 한 끼 먹으려면 만 원짜리 한 장 가지고는 그냥 먹었다고 할 수 있는 집을 찾기 쉽지 않다. 간혹 착한 가게라고 해서 아주 싸게 파는 집도 가끔 방송에서 보긴 했는데 유감스럽게도 내가 사는 지역이 아니고 먼 나라, 남의 이야기처럼 다른 지역에 있는 가게였다.

내가 일주일에 한 번씩 구술채록(口述採錄)을 하기 위해 가는 상당노인복지관에서는 한 끼 식사비가 3,500원이라고 해서 깜짝 놀랐다. 1만원을 받아도 남는 게 없다고 하는 세상에 3,500원 받아서 어느 정도의 반찬을 올리나 하는 의구심도 들었다. 내가 복지관에 가서 구술 제공자와 면담하는 시간은 오후 1시여서 집에서 12시 정도에 점심 먹고 천천히 운전하고 가면 15분 정도 걸린다.

상당노인복지관에 도착하면 매번 구술 대상자가 먼저 나와 기다리고 있었다. 우리는 200원짜리 자판기 커피를 한 잔 마시고 본 업무 구술채록에 들어가곤 했는데 그날은 자연스레 이런저런 일상의 이야기가 나왔다.

"식사는 하셨어요?"

"네. 이곳에 와서 먹었어요."

우리가 구술채록하는 사무실 복도 건너편이 복지관에서 운영하는 식당이지만 나는 한 번도 이용해보지 않았고 내가 출근할 때쯤이면 식사가 끝났는지 식사하기 위해 다니는 사람도 없었다. 내가 이 업무 시작한 지는 한 달이 다 되어간다.

"네?"

"복지관에서 하는 점심, 값도 저렴하고 맛도 괜찮아요."

구술대상자는 연세가 80이 넘은 분이다. 그분은 자신이 살아온 삶을 후손들에게 알리고 싶어 청주시가 시행하는 '제17회 청주시 1인 1책 펴내기 운동' 사업에 참여하여 나와 같이 그 사업을 진행하는 분이다. 나는 가방에서 주섬주섬 오늘 채록할 순서를 적은 노트와 녹음하기 위한 핸드폰 녹음 기능을 찾다 말고 그분과 시선이 마주쳤다.

한 점 구김살 없어 보이는 그분은 한문(漢文) 공부를 많이 한 분이어서 조용조용한 말씨, 논리도 정연하게 펼쳐 별 어려움 없이 그 사업을 진행하고 있다. 그분은 이 사업 시작하기 전부터 식사 한번 하자고 했었다. 처음 만나는 날 내가 소머리 곰탕집으로 모셔가 점심을 대접했었는데 그 일 때문인지 몇 번이나 식사 한번 같이하자고 했었는데 시간이 마땅찮아서 못하고 있던 참이었다.

내가 복지관 식당에서 하는 점심에 관심을 보이자 그분은 다음 주 복지관 식당에서 만나면 어떻겠냐고 묻는다. '좋습니다.' 나는 쾌히 대답하고 12시에 만나서 같이 식사하자고 했다.

그다음 주문을 열기 전 살펴본 식단표 원산지 표시에 의하면 반찬재료는 고등어와 오징어 참조기 등이 외국산이었고 나머지는 국내산이었다. 내가 식사한 그날은 생선 종류는 없었고, 반찬 종류도 여섯 가지나 되었다. 식판을 들고 들어가니 식판에 반찬과 국을 담아주고 또 다른 분은 밥을 얹어준다.

"식대 3,500원은 음식 재료 사는 데 써요. 저(영양사)와 조리사 인건비는 시(市)에서 지원을 받고요. 그리고 또 중간중간에 후원 들어오는 경우가 있어요. 어떤 회사에서는 찐빵을, 또 다른 곳에서는 딸기를 후원해 주신다든가 하는 분, 농사지었다며 콩을 가지고 오신 분도 계세요. 모두 동참해 주셔서 감사하다는 말씀 꼭 드리고 싶어요. 또 음식 요리, 배식, 설거지 같은 것은 자원봉사자분들이 도와주셔서 운영할 수 있어요. 매일 봉사하시는 분들이 바뀌어요. 그분들, 아니 도와주시는 모든 분께 무한 감사하다는 말씀을 드리고 싶어요. 여기 식사하러 오시는 분들은 수강생이 많으시고요. 평균적으로 매일 100분 정도 오세요."

세상에는 악한 사람만 있는 게 아님을 알겠다. 모든 사람의 도움으로 운영된다며 고마움을 나타내는 영양사의 얼굴에도 웃음꽃이 피어나고 더 좋은 식단으로 어려운 이웃에게 기쁨을 줄 것으로 기대된다. 또 어려운 분들이 많이 이용하길 나도 마음속으로 소망했다.

소나기

서경희
1996. 11. 천료

소나기가 주룩주룩 시원하게 내린다. 무심히 창밖을 내다보다 문득 생각 하나에 끌려들었다.

유주현의 소설 「탈고 안 될 전설」이다. 많은 사람이 소나기 하면 황순원의 「소나기」를 생각한다는데, 나는 언제나 「탈고 안 될 전설」이 떠오른다. 이번엔 그게 좀 더 생생하게 살아났다.

벌써 여러 해 전의 일이다. 도회 생활에 심신이 피로하여 여름 한 달을 향리에 가서 지낸 적이 있다. 나는 그때 우연히 만난 젊은 남녀를 아직까지 잊지 못하고 있다.

이렇게 시작하는 「탈고 안 될 전설」은 고등학교 교과서에서 소설이라고 배웠지만, 요새는 수필로 장르가 바뀌었다고 한다. 작가 유주현 선생님이 1982년에 돌아가셨으니 물어볼 수가 없다. 반대로 우리 수필의 금과옥조 같은 피천득의 「인연」은 수필이 아니라 소설이라는 말이 있다. 플롯이며 어딘지 슬며시 작의성이 풍겨 나와 「인연」이 소설이라고 강하게 주장하는 사람이 있다.

「탈고 안 될 전설」은 분량이 단편소설 정도이고, 내용이 신비스런 느낌이 많아 응당 소설로 알았다. 그러다 최근에 이야기 전개가 역사적 사실과 맞물리고, 이야기 장소도 현실에 있는 노원구와 가까이 불암사가 등장하여, 픽션보다는 사실에 가깝다고 해 수필이라 말하는 것 같다.

1921년생인 작가 유주현의 청년 시절, 서울서 그리 멀지 않은 향리 노원(현 노원구)에서 한 달가량을 원두막에서 빈둥거리며 심심하면 원고도 끼적거렸다고 하니, 사실 같기도 하고 소설 같기도 하다.

어느 날 장대비가 쏟아지는데, 아니 태초의 음향처럼 소낙비가 사뭇 장엄하게 두들기는데, 하늘과 땅과 공간이 혼연일체가 된 들판을 무심히 바라보다가 문득 시야에 들어온 어떤 물체, 억수같은 비를 맞아가며 유연히 발걸음을 옮기고 있는, 바랑을 등에 진 승복의 젊은 여승이 비를 피해 원두막으로 찾아든다. 스물 몇쯤 될까, 갸름한 얼굴에 교양미가 깃들어 있는.

"비가 몹시 쏟아집니다만 이런 비를 맞으시고 어딜…."

"그저 거닐었습니다. 하도 장하게 오시는 비이기에…."

불암사에 있다는 여승은 원두막에 올라 참외까지 얻어먹고 표연히 또 쏟아지는 빗발 속으로 떠나갔다.

"절에 한 번 놀러가겠습니다." "구경 오시지요."

이렇게 기약할 수 없는 작별인사를 나누었고, 며칠이 지났을까, 역시 우연히도 소낙비가 퍼붓는 저녁나절, 원두막을 찾아든 젊은 나그네 하나가 있었다. 서울서 왔다는, 삼십 전후의 해사한 얼굴의 청년인데, 아깝게도 왼쪽 팔이 하나 없었다. 그리고 여승이 있는 절을 찾았다. 여승에 대한 자료를 찾는다고.

"전장에 갔다 오셨군요?"

"4년 만에 돌아왔습니다."

"요 뒷산에 불암사라는 절이 있습니다. 거기 젊은 여승 한 분이 계시더군요."

젊은이는 얼굴이 꽃구름처럼 밝아지며 더 이상 묻지 않고 가 버렸다. 잠시 후에 비는 개고 햇빛이 찬란하게 빛났다. 서녘 하늘에 저녁놀이 타고 있었다.

이튿날, 황금햇살이 부챗살처럼 퍼지기 시작한 무렵, 참외밭머리에 어제 본 젊은이와 며칠 전 만난 여승이 나타나 헤어지고 있었다. 여인은 합장을 하고 고개를 숙인 채 석상이 되어 있었다. 별리, 그들의 별리가 어떤 쓰라림을 지닌 것인지 알 수가 없었지만, 어쨌든 진실과 사랑과 참회의 성스러운 자태로 보였다. 그네들이 앞으로는 만날지 안 만날지는 생각하지 않기로 하였다. 오늘날까지 그들 남녀의 서글픈 전설을 뇌리에 고이 간직하고 있다. 그리고 끝내 구상되지 않을 이 전설을 영원히 탈고하지 않을 작정을 소중히 간직하고 있다.

작품은 이렇게 끝이 나고, '소나기' 올 때마다 문득문득 생각나게 하는 전설 같은 이야기 하나였다.

이 소설이 왜 수필이어야 할까?

첫 문단에서부터 작가의 젊은 시절을 리얼하게 드러낸 것 같은 표현이 있기는 하나, 그건 어디까지나 소설적 장치로 있을 수 있는 일 아닌가. 작가의 실제 경험을 바탕으로 쓰였기에 수필이라고 한다는데, 작가 유주현은 그런 말을 남기지 않았고, 실제 경험처럼 쓴 것도 소설적 장치일 수 있지 않은가. 수필 「인연」은 이에 비해 훨씬 소설적 장치가 약하다.

전쟁에 대한 이야기에서도 사실성을 다툰다. 전장에 다녀온 젊은이의 모습을 통해 배경이 월남전이냐 6.25전쟁이냐 하고. 사실을 바탕으로 한 수필이라면 작가 유주현의 젊은 시절에 해당하는 6.25가 시대적으로 맞는다고 본다. 소설이라면 의미가 없다. 그리고 작가는 끝내 이 전설을 영원히 탈고하지 않을 작정을 소중히 간직한다고 했으나, 우리 시절에는 이 작품의 뒷이야기 완성을 숙제로 낼 만큼 여운 가득한 소설이었다.

다시 비 내리는 창밖을 내다본다. 정녕 장하게 오시던 그 비가 조금 엷어졌다. 소나기를 배경으로 이리도 아련한 분위기를 만들어낼 수 있는, 수필이든 소설이든, 문학이라는 예술이 있다는 것이 나를 무척 고급스럽게 한다.

북으로 가는 길

남민욱
1997. 8. 천료

모스크바 공항에 안착한 순간 기내는 일시에 박수가 터져 나왔다. 공중에서 난기류를 만나 종이비행기처럼 팔랑거렸던 것에 비하면 착지는 너무도 사뿐해 물개박수가 절로 나왔다.

국내선 청사로 이동해 페테르부르크행으로 환승했다. 창틈으로 냉기가 들어왔다. 유라시아 상공에서 겪었던 공포가 다시 엄습한다. 살아오면서 죽음의 공포와 마주하기는 처음이었다. 와중에도 환전하러 갔다가 직원의 권유로 여행자보험에 가입한 것이 큰 위안을 주었다. 죽으면 소용없을 돈에 위안 받는 심리를 비웃으면서도 다행이라는 생각이 거듭거듭 들었다.

수많은 인물이 명멸해 온 러시아 제2의 도시 페테르부르크에서 10일간의 여행이 시작되었다. 여기까지 와서 「백조의 호수」를 안 보면 평생 후회할 거라는 현지 가이드의 꼬임에 넘어가 일행은 피곤을 무릅쓰고 극장 객석에 앉고 말았다. 발레의 성지에서 문화적 향취를 누려보자는 호기는 1부 공연이 끝나기도 전에 이미 끝나버렸다. 시차를 감안해도 집을 나선지

하루가 지나도록 우리는 아직도 길 위에 있었다. 의지와 상관없이 자꾸 눈이 감겼고, 비문증처럼 하얀 나비들이 눈앞을 오락가락했다. 무희들은 공연에 열중했지만 우리는 조는 데 열중했다. 발레 보는 걸 추천하지 않는다는 인솔 가이드의 말을 들을 걸 그랬다. 본전 생각이 났지만 푸시킨에 대한 오마주로 '슬퍼하거나 노하지 않기'로 했다. 러시아의 국민 시인으로 추앙받는 푸시킨의 생애는 그의 문학적 성취만큼이나 극적이어서 영화로 만들어지기도 했다. 그가 살았던 집이 박물관으로 꾸며져 있다.

표트르 대제가 늪 위에 세운 베드로의 도시는 역사의 분기점마다 페트로그라드에서 레닌그라드로, 연방 해체 후 상트페테르부르크로 도시명이 바뀌어왔다. 문학, 영화, 음악, 미술, 역사에서 배우고 보아왔던 기념비적인 건축물들이 즐비한 이 도시의 서사를 꿰기에는 시간이 짧아 주마간산 격일 수밖에 없다. 아쉬움을 뒤로하고 시벨리우스의 교향시를 들으며 휘바휘바 핀란드로 육로 이동한다. 사람이나 나라나 이웃을 잘 만나야 편한데 핀란드도 우리처럼 센 나라와 국경을 맞대고 있어 스웨덴과 러시아의 침략을 받았던 아픈 역사가 있다.

호수와 숲의 나라, 백야, 자작나무, 사우나, 오로라, 산타마을, 뭘 해도 끝내줄 것 같은 Finnish(핀란드인)…. 핀란드에서 떠오르는 이미지들이다. 자연채광이 신비로웠던 암석 교회와 시벨리우스 공원, 눈부신 백색 외관의 대성당이 기억에 남는다.

가끔 남편과 헬싱키에서 스톡홀름으로 가는 크루즈 선상에서 보낸 짧고도 강렬했던 시간을 회상하고는 한다. 운동장처럼 넓은 갑판 위에서 바라보던 헬싱키만의 오밀조밀한 군도와 붉게 물들던 저녁노을, 만찬장에서 여행 중 생일이 들어있다고 축하 받은 일도 잊을 수 없다. 얼마 전 서랍을 정리하다가 카드키를 발견하고 잠시 그때를 떠올렸다. 내 생애 이런 키를 들고 유람선 캐빈 앞에 서 보게 될 날이 또 있을까.

이제 여행클럽 열 명 중 두 분은 세상을 떠나고, 시간의 지우개는 아름다웠던 기억들을 흐릿하게 지워가고 있다. 그때 갔던 다섯 나라 중 가장 좋았던 곳으로 모두 노르웨이를 꼽으면서도 세월이 흐르니 東으로 갔는지 西로 갔는지 저마다 오락가락한다. 그래서 더 오래 기억하기 위해 남편과 그때 이야기를 하며 이 여행기를 쓰고 있다.

북방의 베네치아라 불리는 스톡홀름에서는 안개비가 내렸다. 몽환적인 분위기와 함께 향수를 자아내던 풍경이 기억에 남는다.

스웨덴의 헬싱보리와 덴마크의 헬싱괴르는 페리로 20분 걸리는 해협을 마주보고 있다. 덴마크에서 가장 높은 산은 해발 147m로 해협 건너편 지형과는 영판 다르다. 평지 쪽은 죽느냐 사느냐의 문제로 고민하고 산악지형에서는 살기 위해 해적(바이킹)이 된다.

고민 왕 햄릿의 나라에서 인어공주를 만나고, 이것저것 구경한 후 노르웨이로 향한다.

오슬로에서의 날씨는 우호적이었다. 명징한 하늘과 살랑거리는 바람을 맞으며 비겔란드의 조각 작품과 뭉크 미술관에서 절규하는 영혼을 만난다. 캔버스 귀퉁이에 '미치지 않으면 그릴 수 없는 그림'이라고 사인하듯 썼다니 면도날처럼 예리한 감성이 아닌가.

릴리함메르를 지나고, 요정의 길을 지나고, 피오르드를 지난다. 버스로 이동하고, 버스와 같이 유람선으로 이동하고, 버스와 같이 페리로 이동하고, 기차로도 이동했다. 이동하지 않으면 여행이 아니므로 이동하다가 빙하를 만나고, 비를 만나고, 지난겨울에 내린 눈을 만나고, 요정을 만나고, 폭포에 걸려 있는 무지개를 하루에 열 번 만났다.

2007년 9월 22일 수요일(8일차) 오따 숙박.(호텔 조식.)

요정의 길 이동하며 관광(4시간 소요).

게이랑헤르 도착 후 헬레쉴트행 유람선(약 1시간). 중식 선내식.

요스테달 평원의 뵈야 빙하 관광 후 피얼란드 빙하박물관 견학.

송네 피요르드 구간 만헬러에서 포드네스 구간 페리 탑승(20분 소요).

구드방겐 지역으로 이동 후 송네 피요르드 옆 호텔 투숙. 석식(현지식).

하도 많이 들어서 피요르드는 알겠는데 피요르드처럼 구불구불한 노르웨이 지명들은 여행이 끝나도록 입에 붙지 않았다. 더욱 입에 붙지 않는 것이 현지식인 연어스테이크였다.

퍽퍽한 연어와 당근볶음이라니! 양배추절임과 곁들였더라도 구운 연어와 평생 척질 일은 없었을 것이다. 와인을 곁들여 겨우 먹으며 59번째 생일을 구드방겐에서 맞았다. 남편이 생일선물로 목걸이를 걸어주어 식사 대신 감동을 듬뿍 먹었다.

같은 연어라도 어디에서 어떻게 먹느냐에 따라 다르긴 하다. 베르겐에서 야일로로 가던 중 뵈야 빙하가 보이는 곳에서 벌인 산상파티에서였다. 인솔 가이드의 제안으로 베르겐에서 구입한 연어회와 와인으로 노르웨이의 마지막 여정을 멋지게 장식한 것이다.

다음날 항공편으로 오슬로에서 모스크바로 돌아와 시내관광을 했다. 성 바실리 사원은 붉은 광장, 레닌 묘, 크렘린 같은 냉전시대의 으스스한 잔재들 속에 피어 있는 한 떨기 꽃처럼 아름다웠다. 소련연방이 해체된 지 얼마 되지 않았던 때였다. 냉전시대가 가고 영원히 평화스러울 것 같던 세상이 다시 전쟁에 휩싸이는 걸 보며 영원한 건 아무것도 없음을 절감한다.

그동안 꽤 많은 곳을 다녀왔다. 부부동반 여행클럽이라 바람잡이가 많았던 덕분이다. 지인 중 북유럽이 좋아서 또 다녀왔다는 분도 있다. 남편은 스페인이 좋았다고 한다. 과거와 현재와 자연이 고루 볼만하기로는 나도 스페인이다. 그렇다고 또 가고 싶지는 않다.

장거리 여행은 아무나 가는 것 같아도 조건을 갖추어야 가능하다. 돈이 있어도 시간이 없으면 못 간다. 시간과 돈이 있어도 마음이 열려야 하고, 건강이 허락해야 한다. 이제 자신이 없어진다. 가슴 두근거릴 때, 건강할 때 여행하길 권한다.

성환의 명소

리철훈
1997. 9. 천료

전국을 여행하다 보면 감동을 주는 곳들이 많다. 경치가 빼어난 기암계곡이 있는가 하면 천년고찰의 전설적인 수목이 발길을 돌리지 못하게 한다. 그런가 하면 짙은 향수를 자아내는 맛집이 있어 마음을 사로잡는다. 돌아와서도 오래도록 기억에 남아 또 가고 싶을 때가 있다.

성환에도 그런 곳이 있다. 원래 성환은 충청남도 천안시에 있는 시골 읍으로 크고 넓은 국립 목장이 있어 유명했다. 지금은 종축장만 남아 있다. 그 종축장 안에는 초대 이승만 대통령의 별장으로 쓰였던 99칸짜리 사랑채가 있는 한옥 '취원각'이 있다. 하지만 가축들의 전염병 예방을 위해 일반인들의 출입을 금하고 있다.

바로 그 길 건너 남쪽에 동민목장이란 카페가 있다. 배 과수원 안에 있는 카페인데 쉽게 볼 수 없는 정원이 눈길을 끈다. 수십 년 된 메타세쿼이아 나무가 하늘을 찌르고 있는 그늘 아래 돌로 된 유물들이 조화롭게 진열되어 있다. 2천 평 정도의 잔디밭에 수천 점의 농경시대 유물들이 예쁜 나무들과 함께 어우러져 있다. 한가롭게 커피를 마시는 단순한 카페가 아니다. 의미심장한 분위기 속에 옛 조상님들의 영혼을 대하듯 깊은 감회에 젖는다.

주인 신승태 사장님이 만든 평생의 역작이다. 모든 것을 다 바친 열정의 결과라 할까. 전국 방방곡곡에 흩어져 있던 우리 농경시대의 유물들이 그렇게 한 자리에 전시되어 있다. 만약 이분이 아니었으면 어쩔 뻔했나 싶다. 놀라움에 앞서 너무 고맙다. 지난날 대학 진학을 포기하고 시작된 소박한 집념이 오늘날 카페정원을 통해 그런 모습으로 우리들에게 감동을 전하고 있다. 눈에 보이는 그 자체가 인생 스토리다.

어느 날 정원 한가운데서 그분과 대화를 나눈 적이 있다. 큰일을 한 대인답게 인간적인 여유가 묻어나는 소박하고 편한 인상이었다. 궁금한 것이 많다 보니 대화라기보다는 일방적인 나의 질문이었다. 어쨌거나 그런 주인공의 경험담을 듣는다는 것은 깊은 감동과 축복이었다. 도대체 무엇 때문에 그렇게 힘든 일을 해야 했는지 끊임없는 나의 질문에 대해 그분은 길게 말하지 않았다. “한 마디로 좋아서 미쳤던 거죠.”

조용한 미소와 함께 그날의 작은 목소리가 아직도 귀에 쟁쟁하다. 나는 더 이상 묻지 않았다. 그 한 마디로 충분했다. 전라도에서 강원도, 강원도에서 경상도, 연락이 오면 오는 대로 차를 몰고 달려야 했던 그 모습이 상상 속에 그려졌다. 정말 미치지 않고는 할 수 없는 일이었다. 보릿고개 시절 먹고 살고를 떠나 오직 좋아서 미쳤던 것이다.

학창 시절 한자를 공부할 때 특히 관심을 가졌던 글자가 있다. 미칠 ‘광(狂)’ 자다. 일반적으로 미쳤다는 것은 정신에 이상이 생겨 말과 행동이 보통사람과 다르게 되었다는 뜻이다. 쉽게 말하면 정상(正常)에서 벗어났다는 말이다. 하지만 그 글자 속에는 말할 수 없는 환희의 긍정적 의미도 내포되어 있다. 무엇엔가 미쳐본 사람이 아니면 알 수 없는 함축적 의미다. 정상이 아니라는 사전적 의미보다 무엇인가 좋아서 정신을 잃고 빠져버린다는 그 함축적 의미가 마음을 끌었다.

역사 속의 인물을 보더라도 그렇다. 미치지 않고 성공한 사람은 없다. 정치도 그렇고 예술도 그렇다. 과학도 마찬가지다. 미칠 정도의 집념과 용기가 성공을 만들어 낸다. 미국 역사를 빛낸 링컨도 그랬고 악성 베토벤도 그랬다. 발명왕이라 일컫는 에디슨도 그랬고 모험을 좋아하는 콜럼버스나 아인슈타인도 그랬다. 개인적으로 돌아봤을 때 나 역시도 그랬다고 생각한다. 농촌에서 고등학교 시절 그런 과정을 거쳐 대학에 진학할 수 있었고 그 결과 마음먹은 대로 인생을 살아왔다고 자부한다. 지금 글을 쓰며 즐거운 말년을 보내고 있는 것도 다 그런 과정의 결과라 생각한다. 하여튼 어느 분야건 나름대로의 목표를 달성하기 위해선 미쳐야 한다는 것이 경험을 통해 얻은 나의 철학이다.

바로 신승태 사장님 같은 사람이 그것을 증명해 주고 있다. 온 가족들의 눈총을 맞으면서도 아무 실익이 없는 일을 위해 모든 것을 다 바쳤다는 것은 아무나 할 수 있는 일이 아니다. 또한 남 말하기 좋아하는 이웃 사람들의 비웃음은 얼마나 컸겠는가. 하지만 굽히지 않고 자기의 뜻을 성취시켰다는 것은 대단한 용기다. 눈에 보이는 소중한 실물들이 그것을 말해주고 있다. 해 보지 않고는 말할 수 없는 산 역사의 증인이다.

수백 킬로 내지는 수천 킬로의 육중한 돌 유물들을 전국을 돌며 수집했다는 것은 도저히 제정신으로는 할 수 없는 일이다. 피와 눈물이 뒤섞인 값진 희생의 결과라 생각한다. 갈 때마다 새로운 감회에 젖는다. 농경시대를 살다 가신 조상님들의 영혼을 대하듯 숙연해질 때도 있다. 부모님도 떠오르고 할아버지 할머니도 떠오른다. 마음속의 고향이 되었다.

선후배 제자 할 것 없이 만나서 식사를 하고 나면 무조건 그곳으로 안내한다. 감탄하며 기뻐하는 모습들이 너무 좋다. 흐뭇하고 뿌듯하다. 단순히 이름이 알려진 경치나 유적만이 명소가 아니다. 보는 사람마다 감동하고 보람을 느낀다면 그런 곳이 명소가 아닌가 싶다. 분명히 '카페 동민목장'은 틀림없는 성환의 명소(名所)라 생각한다.

"고향은 사람을 낳고 사람은 고향을 빛낸다."

조병화 시인이 남긴 말이다. 앞으로 신승태 사장님은 성환을 빛낸 사람으로 오래 기억될 것이다.

초록이 좋다

안 숙
1998. 5. 천료

오월의 햇살이 눈부신 초록빛을 쏟아 놓는다. 사계절 중에서도 오월은 더 찬란하게 빛난다. 상쾌한 공기, 싱그러운 바람, 코끝에 스치는 초록 향은 모자람이 없는 하하하 시절이다.

초록이 눈부신 날은 웃음이 헤퍼짐을 어쩔 수 없다. 때때마다 향기가 수상하니 너나없이 도취된다. 도심을 벗어난 들녘에 아카시아 꽃이 지천으로 피어 바람결에 꽃비가 흩날린다. 싸한- 박하사탕 향기가 온전히 산야를 뒤덮어 흔들어 놓는다.

매년 오월을 맞으면 5월만큼 싱싱했던 젊음을 그리워한다. 까맣게 잊었던 친구에게서 그리운 편지라도 올 것 같은 기다림으로 서성이기 십상이다. 대학시절 편지 쓰기를 나만큼 좋아하던 친구가 있었다. 대학 2년. 복학하고 돌아와 과 편지함을 찾았을 때 세 통의 편지가 주인을 기다리고 있었다. 아카시아 꽃이 만개한 5월부터 답이 가면 답이 오고. 편지는 졸업할 때까지 수십 통으로 이어졌다. 그러나 그가 원하는 길로 함께 갈 수는 없었다. 어떤 모습으로 잘 살았을까. 싱싱했던 5월의 젊음과 함께 그 친구를 떠올린다.

5월은 뜨거운 태양이 이글거리는 여름으로 가는 길목이기도 하다. 태양 아래 존재하는 모든 생명은 씽씽씽 기운이 성하기 시작하는 절기이다. 젊음의 계절, 5월의 E여대 산책길이 떠오른다.

40여 년 전 E여대에서 금화 터널로 이어지는 길은 2차선 도로로 이어지지만 붐비지 않는 길이었다. 그 길을 가로질러 골목길로 접어들면 오솔길이 나오고 곧바로 Y대학 뒷산 산책길로 이어졌다.

우거진 관목과 상록수가 숲을 이루고 하늘을 가릴 만큼 촘촘하게 들어선 도심 속 울울창창한 산이었다. 아카시아가 만발한 꽃 터널을 이루었으며 향긋한 향기가 온산을 덮었다. 터널 꽃길은 뚝뚝 낙화하는 꽃잎이 눈송이처럼 내려 초록 속에 하얀 운치를 더했다.

시간에 쫓기는 바쁜 일상 중에서도 학과시간이 끝나면 곧잘 학교 뒷산으로 달려갔다. 그 산책길은 힘들고 메마른 대학생활에 청량제가 되어 주었다. 젊음의 기운을 일깨워 삶의 활력소가 필요한 목마름을 채워주는 공간이었다.

녹음이 짙어 가는 여름부터 산은 연초록 진초록 쑥초록 감초록 녹색의 축세로 이어졌다. 겨울이 오기까지 사계절의 초록 변화는 시시때때 장관을 이루어 변함없이 나를 어루만져주곤 하였다.

오월은 개교기념일의 달이어서 한 달 내내 축제로 이어졌다. 교정 역시 신록의 성찬이 흐드러지고 꽃향기에 멀미를 앓았다. 지금은 안개꽃을 좋아하지만 학창 시절에는 흐드러지게 피어나는 아카시아 꽃을 더 좋아했다.

아카시아 꽃은 향긋한 방향으로 사람들의 시선을 묶어 놓지만 정작 꽃잎은 그리 화려하지도 고매하지도 않다. 야산이나 하천 들녘에 지천으로 흐드러지게 피어나는 소박한 꽃일 뿐이다. 화려함보다는 향기로 존재가치를 남긴다.

나는 품성이 화려함과는 거리가 멀어서일까. 꽃도 있는 듯 없는 듯 잔잔한 꽃을 좋아한다. 한 발 떨어져 구경꾼이기를 원하듯이 혼자일 때 오히려 마음이 차분하고 사유의 여유를 갖는다. 아무리 혼자 있어도 지루하거나 무료함을 모르니 타고난 성정이 고독을 좋아하게 태어났는지 모를 일이다. 그래서 꽃도 애잔한 그림자를 안고 있는 애련한 꽃을 좋아하나 보다.

며칠 전 충주호를 갔을 때이다.

푸른 호반에 병풍처럼 펼쳐진 초록의 산들이 윤기를 먹고 고운 자태를 자랑한다. 강물처럼 넓은 호수 물길을 따라 선유하는 동안 눈앞에 펼쳐지는 푸른 경관. 그대로 짙푸른 물밑에 또 하나의 연초록 산정을 선연히 비쳐낸다. 오랜 세월과 자연이 빚어낸 자연의 신비였다.

초록은 영원한 생명의 이미지라고도 한다. 초록은 희망과 풍요와 신비와 아름다움을 준다. 초록은 꽃말처럼 평화를 주고 사랑을 느끼게 한다.

신록에는 자연의 부드러움이 있고 자연의 마음이 있다.

신록이 찬란하니까 삶의 이정표를 더 밝게 가늠해 보게 된다. 내 나이 비록 8월쯤에 다다를지라도 언제나 오월의 신록처럼 초록 숨결을 담아 늘 푸르게 살기를 바람 한다.

다시 먼데 산을 바라보니 가없는 초록 세상이 눈앞에 감감히 펼쳐진다.

5월은 날개를 달 듯 초록 향기기 하늘을 비상하는 달이기에 더 좋다.

초록이 좋다.

아름다운 우리 말과 글을 쓰자

황장진
1999. 11. 천료

지구촌에서 으뜸인 우리 말과 글이 제구실을 못하고 있다.

한문글자말에다가 일본말과 일본말법에 서양말과 서양말법까지 뒤섞여 엉망진창이 되어 버렸다. 많이 배운 사람일수록 더욱더 남의 말과 글을 자랑스레 쓰고 있어 안타깝다. 어이하여 알기 쉽고 쓰기 편한 우리 말과 글을 버젓이 두고서 굳이 어려운 말과 글을 쓰면서 잘난 척하고 있는지 알 수 없다.

우리가 잘못 쓰고 있는 수많은 말과 글 가운데 조금만 뽑아 본다. 고쳐 쓸 게 참으로 많다!

*가가호호→ 집집, 집집마다 *가감→ 더덜, 더덜이 *가감승제→ 더덜곱난 *가감하다→보태거나 덜다, 더하거나 빼다 *가건물→ 까대기 *가격→ 값, 금 *가격표→ 값표 *가계→ 살림, 살림살이

*가공→ 손질, 만들기 *가공→ 꾸밈, 거짓 *강풍→ 센바람, 모진바람

*내외→ 안팎 *내용→ 속, 실속 *내우외환→ 안팎 걱정 *내월→ 새달 다음 달 *내의→ 속옷, 안옷 *

내일→ 다음날, 뒷날 *내장→ 집안꾸밈새 집안치레 *내장재→ 안치렛감 *내재하다→ 속에 있다. 담기다 *내통하다→ 통짜다, 짜다 *너무 덥다→ 참 덥다, 매우 덥다

*다→ 차, 찻물 *다각도→ 여러 모, 여러 갈래 *다과→ 차와 과자 *다기→ 찻그릇, 찻잔 *다년간→ 여러 해 *다년생식물→ 여러해살이풀 *다노모시→ 계, 계모임 *다대기→ 다짐, 다진 양념 *다대하다→ 많다, 많고도 크다 *다독→ 많이 읽기

*라디오게임→ 라디오놀이 *라디오 드라마→ 라디오극 *라스트신→ 마지막판, 막판, 끝판 *라운드→ 판 *라운지→ 쉼터 *라이벌→ 맞수 *라이트→ 빛 *라인→ 금, 줄, 선 *랭킹→ 차례, 자리

*마각→ 속셈 *마구간→ 말우리 *마치→ 말이 *마네킹→ 몸틀, 꼭두사람 *마담→ 안주인, 아씨

*마대→ 자루 *마도로스→ 뱃사람 *마른명태→ 북어 *마모하다→ 닳다 *마스크→ 입마개

*바겐세일→ 떨이, 막팔기 *바께쓰→ 들통, 양동이 *범접하다→ 얼씬거리다, 나타나다 *범죄→ 죄 *범칙하다→ 어기다, 벗어나다 *범하다→ 저지르다, 짓밟다 *베스트셀러→ 잘 팔리는 책, 세난 책 *베테랑→ 손익은이 *벨→ 종, 방울 *벨트라인→ 허리띠, 허리선 *벽보→ 벽글, 벽알림글

*벽안→ 서양 사람, 파란눈

*상팔자→ 매팔자, 개팔자, 좋은 팔자 *상패→ 기림패 *상표→ 보람표, 이름딱지 *상하→ 위아래, 아래위, 세로 *상호→ 서로 *상환금→ 갚는 돈, 무는 돈 *상회하다→ 웃돌다 *상흔→ 흉터 자국, 자리 *색→ 빛, 빛깔, 빗, 물 *색소→ 물씨, 물감, 색깔, 빛깔 *샘플→ 보기, 본보기 *압송하다→ 잡아 보내다 *압승하다→ 크게 이기다, 이기다, 누르다 *압정→ 납작못 *압축공기→ 다쥔공기, 다쥔바람 *압축하다→ 누르다,

눌러 짜다, 오그라뜨리다, 쭈그러뜨리다, 간추리다, 죄다 *압침→ 납작못 *앙꼬빵→ 팥빵 *앙원하다→ 바라다, 우러러 바라다, 부디 해 주기 바라다

*제거하다→ 지우다, 치우다, 없애다, 벗기다, 빼다 *제고하다→높이다 돋우다, 올리다, 치올리다 *제공하다→ 바치다, 내놓다, 내다, 보내다, 돕다, 주다, 베풀다 *제기하다→ 내세우다, 내놓다, 내다, 일으키다 *제외하다→ 빼다, 제치다, 내놓다 *제초작업→ 김매기, 풀뽑기

*천추→ 오래, 오래오래, 오래도록 *천태만상→ 여러 가지 꼴 *철갑선→ 쇠배 *철거하다→ 치우다, 헐다, 부수다, 뜯다 *철골→ 쇠뼈대 *철사→ 쇠줄, 쇠실 *철조망→ 가시쇠줄 *철탑→ 쇠탑

*트럭→ 짐차 *트렁크→ 큰가방, 짐가방 *트로피→ 상 술잔 *특가→ 싼값 *특기→ 장기

*파괴하다→ 헐다, 깨다, 부수다 *파급하다→ 미치다, 번지다, 퍼지다 *파기하다→ 깨 버리다, 없애다, 찢어버리다 *파생하다→ 번지다, 갈라져 나오다 *파스하다→ 붙다, 건네다, 지니다

*합의하다→ 의논하다 *합작하다→ 함께 짓다, 함께 힘쓰다, 함께 만들다.

유식한 척 어려운 말을 써 본들 칭찬할 사람 아무도 없다. 우리 한글을 주관하는 부처에서는 나 몰라라 뒷짐만 지고 있지 말고, 마음을 단단히 가다듬고 힘차게 일어나 '한글 사랑 운동'을 신나게 펼치자. 그래서 글 가운데 ( )가 들어가지 않은 순수한 우리 한글을 많이 만나자.

누구나 알기 쉽고 쓰기 편한 지구촌 제1의 우리 한글을 사랑해서 떳떳하게 어려운 말들을 고쳐 쓰는 버릇이 동해의 저 푸른 파도처럼 힘차게 일어나기를 꿈꾸어 본다.

대독 선전포고문과 조선책략

조유환
2000. 4. 천료

상해임시정부청사의 좁은 나무 층계를 오르다가 문득 본 진열장 안. 16절지나 될까? 낡고 보잘것없는 종이 한 장. 대독 선전포고문이었다. 알고는 있었다고 하나 저리 달랑 한 장의 서류였다니. 그게 당시 이미 패망을 목전에 둔 나치 독일의 공관으로 전해졌는지는 잘 모르는 일이다. 하지만 국권도 없는 임시정부의 전쟁포고문, 게다가 극동의 작은 나라. 노예 상태의 아무것도 가진 것 없는 나라가 질러대는 전쟁 엄포가 무슨 소용이 있었으랴만.

나라는 일본의 발톱 아래 잡혀 있고, 임시정부는 중국의 등에 기대어 정처 없이 떠돌면서 세계와 인류평화를 교란하는 추축국을 향한다는 선전포고문은 절절한 명문이다.

물론, 실제 독일과의 전쟁이 가당키나 했겠는가. 그렇게 해서라도 이른바 추축국과의 항전을 선언해서 연합국 회의에 참석할 기회도 잡으려 했고 또 연합국이 이기게 되면 우리 자주독립의 깨알만 한 정당성 하나라도 한사코 붙잡아 보려는 생각이었을 것이다.

결국 그것마저도 다 허사가 되고 말았지만, 그렇다 해도 선열들의 기개와 지혜가 절절히 느껴지는 대목 아닌가. 아무튼 그에 따라 우리는 2차 세계대전에 적극 참여한 자랑스런 승전국이 틀림없다. 남이야 인정하든 말든.

그리고 아아 하느님이 보우하사, 이제는 그 어떤 나라도 부강한 대한민국을 자기들 마음대로 할 수 없게 되었다. 천지신명이 돌보고 백성이 그 힘을 스스로 길렀음이려니.

그보다 앞선 150여 년 전의 일. 예조참의 김홍집이 일본 주재 청국 참사관인 황준헌을 만나 필담으로 토로한 이야기는 기막히다.

'우리나라는 외지 한구석에 있으므로 외국과 더불어 교제하지 못하였다.' '나라가 작고 힘이 약하여 외국인들로 하여금 두려움을 알고 물러가도록 하기는 쉽지 않다.' '통상의 이해를 전혀 알지 못하여 민망스럽다.' '삼십 년 전의 중국 사대부들과 같아서 외국 사정을 알지 못하여 걱정스럽다.' '북쪽 백성이 러시아로 도망갔으나 어떻게 할 도리가 없다.'

불안해서 바들바들 떨고 있는 이리들 앞의 토끼, 그것이 딱 들어맞는 형상이고 처지이다.

병자년의 수호조약이 체결된 후, 조선은 내우외환의 연속이었다. 서구 열강에 의한 청조의 비극이 언제 조선에서 재연될지 모른다는 두려움, 호시탐탐 대륙을 노리는, 강성한 일본의 침략 가능성과 서구의 이질 문화에 의한 전통문화의 오염 등이 동시에 무서웠던 시절이다.

풍전등화의 국난 앞에서도 국내 여론은 언제나 보기 좋게 양분. 주자학적인 척화론자들은 단호한 양이론, 우리 동네 뒷산에도 척화비를 세웠다. 개화파는 능동적으로 새로운 사상을 수용하여 황태자에게 일본 육사 교복을 입히고 낙후를 극복하여 자강부국을 꾀했지만 그게 그리 쉬운 일인가?

그런 가운데에도 한반도를 둘러싼 열강들의 관심은 날로 더해가고 이에 실질적인 주종관계를 이루고 있던 청국이 가장 예민하게 촉각을 세웠다. 그중, 가장 위험한 나라로 여겼던 러시아의 남진을 막기 위해 어느 나라를 먼저 조선과 연결해 두느냐가 그들의 문제였다. 어차피 눈 밝은 놈이 먼저 집어삼키게 되어 있는 나라이니.

첫째 후보국이 미국이었다. 다른 나라를 침범하거나 병합한 일이 없는 우호적인 나라로 여겼기 때문이다. 사실 그 판단 역시 한참 틀린 것이지만. 아무튼 러시아의 남진을 막고 일본의 세력을 구축하기 위해 해군력이 우수한 미국이 최선의 선택이라 생각한 것이다.

'고양이' 황준헌은 '생쥐' 홍집에게 비책을 알려준다. 이른바 '사의조선책략'. 개인의 생각이라고 일러두고 만약의 경우에도 국가 간의 책임을 지지 않으려 했다. 그리고 갈파하길, 이른바 상책, 하책, 그리고 무책이 있는데 친중국, 결일본, 연미국이 그 상책이란다.

하지만 주저하여 시간만 끌며 중국과 친하되 옛 장전을 지키는 데 불과하고 일본과 맺되 새 조약을 행하는 데 불과하고 미국과 잇되 표류한 배나 건져 주고 관문개방을 요구하는 글이나 받고 격변이 일어나지 않고 혼란이 생기지 않기만 바라는 것은 하책이라 이른다.

속을 것을 근심한 나머지 스스로 그 깃털을 잘라버리고 소수의 병력으로 관문을 굳게 닫아 일체를 거절하고 남을 오랑캐라 하여 더불어 동렬에 서기를 기꺼이 여기지 않고 변이 일어난 뒤에야 비로소 비굴하게 온전하기를 바라고 다급하여 어찌할 바를 모르는 것은 무책이란 말씀.

하나도 틀린 말이 아니다. 그리고 실제 그렇게 되어 버렸다. 대한제국은 하책에 무책으로 일관했다. 이 유명하신 조선책략은 새로운 내부 갈등을 불러일으킨다. 재향의 선비들과 대신들의 설왕설래, 나라는 더욱 시끄럽기만 했다. 무능하고 힘없는 황제는 결국 러시아공사관으로 파천까지 하게 되니. 망하는 것도 제대로 망하게 된 수순이다.

을사오적이 나라를 팔아먹었다 한다. 분명한 일이다. 앞장을 섰으니. 그러나 과연 그들만의 비열한 욕심 때문에 나라가 넘어갔겠는가? 그 다섯이 없었으면 나라가 안 넘어가고 멀쩡했겠는가, 반문해보면 금세 답이 나온다.

한반도는 아시아의 요충지, 열강이 각축할 수밖에 없는 형세. 힘센 놈이 임자가 되는 제국주의 열강의 시대에는 제갈공명이 열이 있어도 힘들고 관우 장비가 백이 되어도 독립이 어렵다. 시간을 들여 사람을 키우고 나라의 힘을 기르지 않는 밖에야 당할 수밖에 없는 역사의 순간이고 시대의 운명이었다.

기실 황준헌은 조선에 대한 청국의 지배를 잃고 싶지 않았기에 책략을 건의했을 것이다. 지금의 중국은 우리를 어떻게 보고 있을까.

멀리 있는 미국은 어떻고 더 가까이 있는 일본은 어떠한가. 러시아는 또 어떤 생각을 골똘히 하고 있을까. 별로 할 일도 없는 요즘인데, 향후 대한민국의 외교책략은 대체 무엇이 되어야 할지 어디 생각이나 한번 해보실까나.

부엌에 있던 막내 왈.

'아부지, 설거지는요?'

오냐, 그렇지, 주방 설거지부터 제대로 할 일이로다. 呵呵

뽀빠이 이상용

설복도
2000. 5. 천료

나는 요즘 누구의 관섭이나 제약을 받지 않는 완전 자유인이다. 내자(內子) 없는 세상이어서 하는 일은 많아졌지만 낮, 밤이 따로없이 언제든지 마음 내키는대로 행하는 일들이 늘어났다.

식사나 잠자는 시간도 마찬가지다. 규칙적으로 정해진 시간에 얽매이지 않고 살아가고 있다. 하루 한 끼 식사도 좋고 두 끼도 좋다. 배고픔을 느끼지 못하면 한 끼도 안 하는 때도 있다. 계란프라이나 간단한 간식으로 충당하고 있어도 남들보다 힘든 일도 거뜬히 해내고 있다. 아침, 저녁 텃밭에 심어 놓은 작물들도 자식처럼 돌보고, 시장도 둘러 보며 반찬거리도 손수 산다. 오후엔 또 서툰 컴퓨터도 배우려 학원에도 가고 일주일에 한 번씩 시조공부와 시조창(唱)도 한다. "한산섬-달 밝은 밤에……" 긴- 심호흡으로 시조창을 흥얼거려 보면 지방 덩어리 뱃살 때문에 힘들지만 거듭 반복하다 보니 폐활량도 좋아지고 있다. 1990년 물리단식으로 12일 만에 체중 10kg을 감량했는데 그때보다 더 늘어난 것 같다.

밤에는 또 독서나 작품 구상도 한다. 무료해지면 오르간 앞에도 앉아 보고 먹을 갈고 붓을 잡는 것도 혼자만의 즐거움이다. 인터넷 바둑을 두다 밤이 깊어지면 삼경이든 말든 TV를 켠다. 채널이, 많아서 좋다. '뉴-스'나 '일기예보' '생활의 달인' '세상에 이런 일이' '대한외국인' '자연인' 등. 때로는 '축구' '볼링' '격투기' '장기' '바둑'을 관전하다가 탈북민들의 '이만갑' '모란봉 클럽'도 자주 본다. 앉거나 누워서 보다가 그대로 잠들었다 깨어났다를 반복하며 날을 새기도 한다.

지난 2월 3일인가? 새벽 2~3시쯤 되었을까. TV 채널을 돌리다가 106번에서 '뽀빠이 이상용'을 만났다. 「스타다큐 마이웨이」(12회)에 출연한 그가 서로 의리없는 사람을 싫어하는 타입인 「밤안개」의 '현미' 가수를 만나고 있었다.

2년 후면 80세라는 그는 6.25전쟁이 일어난 어려운 시기에 태어나서 77세 되는 생일 축하 자리에 자기를 살려 준 이모(최순희)를 비롯 아들(이제륜) 내외와 손자를 초청해 내자와 54년 동안의 금슬을 자랑하고 있었다. 키는 165센티미터, 그러나 운동으로 다듬어진 다부진 체력의 소유자다. 한때 시금치의 힘을 빌려 유명했다는 기억도 되살아나고 달변으로 유머 감각이 뛰어나 국군장병 위문공연의 「우정의 무대」에서도 인기를 누렸다.

> 엄마가 보고플 땐 엄마사진 꺼내놓고 엄마 얼굴 보고 나면 눈물이 납니다. 보고도 싶고요, 울고도 싶어요. 생생하게 전해져 오는 그 모습

그 노랫소리.

그러다가 어떤 어려움과 구설수에 휘말려 한동안 잠적해 보이지 않더니 그동안 외국에서 갖은 고생을 하며 이를 극복했단다. 그때 자신을 지지하며 명언으로 위로해 준 세 사람을 잊지 못한다고 했다. 김수환 추기경은 "눈이 왔다고 해서 치우지 않아도 봄이 되면 녹는다."라고 했

고, 법정 스님은 "그릇을 흔드는구나 더 채우려고" 했단다. 그리고 또 김동길 박사님은 "호수에 오줌을 누었다고 그게 지리더냐. 흘러 흘러 바다를 만나게 된다."라고 하여 용기를 주었다고 한다. 이 명언이 후일 좌우명이 되어 오늘날까지 가슴에 품고 살아오며 견뎌냈다고 했다.

또한 고향의 생존 친구 세 사람을 만나 회포도 풀고 언제나 분위기를 이끌어 가는 그는 나이답지 않게 만년 참신한 신사였다. 100세 시대에 나이는 숫자에 불과하다고 말들 하지만 항상 즐겁고 긍정적으로 살아가는 그가 듬직해 보였다. 대학 시절(고려대)에 만용을 부려 성사시킨 그의 에피소드도 살갑게 다가왔다. 용기 있는 자가 미인을 얻는다고 했던가? 도봉산에 살 때 하루 만에 집 한 채 지어 놓고 대학 1년 선배인 누나를 모셔 와서 밖에 간첩이 출몰했다고 겁을 주어 못 나가게 하고 "누나는 내 여자야"라고 해서 부부의 연을 맺었단다.

그는 만년 뛰어난 코미디언이었다. 항상 연구하고, 사고하고 무대에 올릴 새로운 아이디어로 관객에게 즐거움을 선사했다. 그가 성공할 수 있었던 것은 프로 하나를 구상해도 언제나 내자와 의논하고 평가를 받아서 진행했다고 한다.

그날 그 장소에서 그가 남긴 두 건의 화제가 잊히지 않는다.

① 화살이 어깨에 꽂혔는데 의사한테 가니 가위로 뚝 자르고 가라고 하더란다. 남은 화살은 왜 빼지 않냐고 하니 그건 내과에 가서 빼라고.

② 코로나에 절대 안 걸리는 비결은? 하얀 양말과 하얀 구두를 신으면 된단다. 왜? 백신이거든.

남을 울리거나, 웃기거나 즐겁게 해 주는 일은 아무나 하지 못한다. 천부적인 소질과 끊임없는 노력의 결과로 이루어지는 것이다.

세인들이 아무리 헐뜯어도 세 분이 남긴 명언처럼 언젠가는 진실이 밝혀지는 법, 크고 작은 상처도 시나브로 새살 돋게 돼 있다. 그러므로 이것 또한 지나가리라는 말처럼 회귀본능이 발동한 것일까? 잊고 지냈던 고향을 찾고 유년의 추억을 떠올리며 그리워한다. 작가 김홍신 친구도 만나고 코흘리개 시절의 초등학교도 둘러본다. 충남 서천의 서면초등학교, 자기가 기증한 인간상도 살펴 보고 운동장에 서툰 글씨로 '학교, 어머니'라고 써 보고 지웠던 기억도 불러 낸다. 한때 대 유행했던 「모이자 노래하자」라는 프로도 반짝 눈을 뜬다.

이렇게 우리 서민들을 항상 즐겁게 다독여 주는 그의 천재적인 소질의 영원성과 말년의 행운, 그리고 건강을 빌어 드리고 싶다.

파라마타 강가에서

최옥자
2000. 11. 천료

뉴잉톤 알모리 와프(Newington Armory Wharf)는 일상생활에서 벗어나고 싶을 때 즐겨 찾는 곳이다. 파라마타 강변의 투명한 햇살과 햇빛을 받아 은빛으로 반짝이는 물결, 시가지와는 다른 맑은 공기, 숲이 숨쉬는 수려한 경관이 나를 사로잡는다. 마음만 먹으면 쉽게 찾아갈 수 있는 쉼터가 가까이에 있다는 것이 얼마나 마음을 넉넉하게 하는지.

일백여 년 전 호주 해군의 무기창고로도 사용되었다고 하는 그곳은 일백여개의 오래된 건물이 그대로 보존되어 독특한 분위기를 자아낸다. 평소엔 조용한 편이나 주말엔 바비큐장에서 바비큐를 하거나 자전거, 스쿠터를 즐기는 사람들로 붐빈다. 오늘의 산책코스로는 뉴잉톤 알모리 와프에서 연결되어있는 여러 갈래의 길 중 시드니 올림픽 페리 와프까지 열려있는 길을 택했다. 호젓한 산책길을 걷다 보면 길켠에 간간이 놓여 있는 나무 벤치나 평상이 쉬었다가라 손짓한다. 강의 정취를 감상 할 수 있는 한 평상 옆엔 속이 비어 있는 철 기둥이 있다. 그 기둥에 구멍이 숭숭 뚫려있는 곳 아래의 버튼을 누르면 파라마타 강에 서린 이야기가 새들의 지저귐과 개구리 울음소리, 강물이 흐르는 소리와 함께 내레이션으로 흘러나온다.

원주민 말로 뱀장어라는 뜻을 지닌 파라마타 강은 천혜 조건이 좋아 오랫동안 호주 원주민인 에보리진이 살았었다. 그들은 한때 물고기와 조개 같은 풍부한 양식들을 먹기 위해 강변을 따라 줄지어 살았다고 한다. 원주민들이 사용했던 낚시터를 유럽인이 이 지역에 도착한 후에도 사용했다는데 지금은 물이 오염된 까닭인지 낚시꾼은 보이지 않는다. 그곳에 앉으면 물새들이 강 위를 날고 인근 습지에서 세상 구경나온 금초록이 개구리도 만날 수 있다. 달링하버나 서큘러키까지 가는 리버 캣(River Cat)이 유쾌하게 물살을 가르고 모터보트가 시원스레 강을 질주한다. 그들을 향해 모자를 벗어 흔들면 승객들은 손을 흔들며 화답해 준다.

돌아오는 길에 강변을 벗어나 울라라(Wool-la-ra)를 향했다 잠시 남편과 떨어진 나는 그가 되돌아올 때까지 나무 그늘이 드리워진 벤치에 누웠다. 인적이 끊긴 길에 고적이 감돈다, 정막한 공(空) 안에 누워 끝없이 푸르게 펼쳐진 하늘을 바라본다. 떠있는 흰 뭉게구름은 한유롭다. 광활한 이 우주는 어디까지 펼쳐져 있는 것일까? 은하계 전체에는 2천억 개의 별이 있고 우주 전체를 보면 2천억 개의 별이 모여 있는 은하가 1천억 개 이상 있다고 한다. 우주 안에서 바라본 지구는 한 점 티끌에 불과하다.

일전 읽은 글에서는 일컫기를 인간은 우주 속의 먼지 안에 존재하는 더 작은 먼지, 하지만 몸속에 숱한 태양계와 은하계를 내재한 거룩한 존재, 안으로 우주를 품고 겉으로 우주를 집으로 해서 왜소하지도 거대하지도 않게 살아가라 말해주고 있다. 따라서 그러기 위해서는 자기 발견과 성장을 위해 노력하며, 자연과 환경, 다른 생명체들에 대한 존중과 배려를 해야 된다고 한다. 또 자신의 삶에 대한 목적과 의미를 발견하고, 이를 실천함으로써 보다 의미 있는 삶을 살아갈 수 있도록 노력하라고 권고하고 있다.

돌아오는 그의 발자국 소리로 공상에서 깨어 일어났다. 서녘은 황혼으로 붉게 물들어간다. 집으로 향한 발걸음을 재촉했다. 아인슈타인은 걸으면서 상대성 원리를 생각해냈고 시어도어 루즈벨트 대통령은 걷는 것만으로 천식을 고쳤다고 한다. 독일에서 절경으로 꼽히는 하이델베르크에는 '철학자의 길'이 있다. 칸트는 매일 일정한 시간에 그 야트막한 언덕을 오르내렸다고 한다. 네카어강이 내려다보이고 멀리 전설에 싸인 붉은 성이 굽어 보이는 그 길을 걸으며 그는 바람과 햇살과 빗줄기를 빛어 사고하며 '순수이성비판'이란 글을 만들어냈다고 한다. 그의 사고는 그 길을 걸으며 깊어갔을 것이다.

문득 지나온 역사를 껴안고 유유히 흐르는 파라마타강과 반짝이는 강 물결의 찬란함, 습지에 서식하는 동식물들 이야기 그리고 우주 안의 천지조화로 빚어진, 오늘의 사색으로 모아진 수필 한 편을 완성하고 싶은 욕구를 나는 강하게 느껴본다. 이곳이 바로 독일 하이델베르크에 있는 '철학자의 길'의 길과 같다는 착각이 드는 순간이다.

두 분의 해후

서대화
2001. 3. 천료

묘지가 사라져 가고 있다. 여의도 면적의 몇 배가 묘지로 잠식당하고 있는 현실을 개탄하던 시절이 있었다. 그러나 이러한 우려는 장례문화가 바뀜으로 빠르게 해결되고 있다. 나라에서 염려하고 국민들이 불안해하던 전 국토 묘지화라는 문제점은 지난 세기의 과거사가 되었다. 국가나 개인이나 시대가 흐르면서 변화하고 앞으로 나아가며 발전한다.

전에는 외진 지역이었던 곳에 도시화가 이루어진 경우가 많다. 국토를 개발하다 보니 산속에서 외롭던 묘지가 사라지거나 인가 근처까지 내려와서는 산 자의 편의로 끝내 없어지기도 했다. 두 번 죽음이라는 당치도 않은 이유로 화장을 꺼리던 관념에서 완전히 벗어나게 된 것이 묘지를 없애는 데 큰 역할을 했다. 장례에 관한 통계청 발표에 의하면 전에 비해서 화장률은 91.8프로에 이르게 증가되었다는 것이다. 이미 고인이 된 지 오래되어 수십 년 혹은 수백 년 된 묘를 열어 화장으로 모시고 그 잔재를 날리거나 평토장으로 모신 경우를 감안한다면 화장 건수의 수치는 더 늘어날 것이고 국토는 그만큼 넓어졌거나 넓어지고 있을 것이다.

어머니는 자신의 사후 문제를 이렇게 유언하셨다. "나 죽거든 땅에 묻지 말고 화장을 해 주게." 그러나 그야말로 어머니를 두 번 죽여서는 안 된다는 어설픈 효심에 의해서 유언을 들어드리지 못했다. 처음 몇 해 동안은 연 2회에 걸쳐 잡초를 깎고 다듬어 유택(幽宅)은 언제나 질 좋은 잔디의 모습이 매끄러워 보기에 좋았다. 그러나 십 년이 지나고 이십 년이 가까워지면서부터는 우리 살아가는 세상일이 우선이 되어갔다. 6월과 추석 전, 1년에 두 번씩 봉분과 주변의 잡초를 뽑아내고 다듬어 정리한다는 것이 마음속에서 우러나는 효도가 아니라 힘들고 번거로운 의무이며 노동으로 느껴지게 되었다. 나 역시 노령에 접어들어 기력이 부치는 현실에 직면하고 보니 이 어려움을 자식에게까지 물려주지는 말아야 한다는 합리적 명분마저 찾게 되었다. 한마디로 어머니에 대한 효심이 그만 끝났다는 증거였으며 화장을 하라시던 어머니의 유언의 말씀을 곰곰이 되새겨 보게 되었다.

선친께서는 60년대 초에 작고하셔서 망우리 공동묘역에 모셨다. 양친께서 죽음 이후에는 거리를 두고 묻히면서 오랜 세월이 흘렀다. 부모를 장사함에 있어서의 매장을 하되 반드시 합장으로 모셔야 한다는 것이 효의 기본이며 부부라는 인연의 완성이자 종결이라는 생각에 이르게 되었다. 그 해 4월에 윤달이 들어 산역(山役)이나 유택에 대한 개보수를 하는데 아무런 무리가 없을 것이라며 우리에게 권하는 이가 있었다.

아내와 상의를 하고 그해 여름 오래된 아버지의 묘를 열었다. 반세기 이상의 긴 세월 육탈(肉脫)되신 아버지를 화장으로 모셨다. 한 줌의 재로 변하신 아버지의 따듯한 육신을 받아드는데 무심할 수가 없다. 성숙하지 못한 십대 어린 시절에 어른들의 결정에 따라 서울이 내려다 보이는 산중턱에 아버지를 묻고 내려가면서 수없이 뒤돌아보던 내 모습이 눈에 보이는 것 같다. 그때의 참담함은 하루도 견디지 못할 것 같은 슬픔뿐이었는데 많은 시련과 연단의 시절을 견디면서 용케도 여기까지 왔다. 같은 시각에 어머니도 누우셨던 유택이 열리고 화장의 예를 거쳐 한 줌 재로 변했다.

승용차 운전석 옆자리에 아버지를 모시고 나는 핸들을 잡았다. 6월의 태양이 작열하는 산길을 내려와 포장된 국도를 달려 어머니 머물고 계시던 산기슭을 향해 달린다. 60년도 더 지난 철모르던 시절에 장례車에 아버지의 시신을 싣고 묘지로 향하던 때에 느끼지 못했던 감회가 울컥하며 나를 섧게 한다. 예상치 못한 불운으로 낙심하시던 아버지가 떠오르면 지금도 가슴이 아프다. 어린 아들에게 가문과 호주(戶主)만을 상속하고 떠나시던 그날의 아버지는 편하게 눈을 감으셨을까.

6.25 피난에서 돌아와 아무것도 없던 시절, 아버지는 여름철 밭에 심어진 김장용 배추를 입도선매(立稻先買)의 방식으로 구입해서 김매고 북돋아 과연 상품가치 있는 채소밭으로 일구셨다. 내일모레면 서울까지 운반해야 할 트럭 여러 대와 작업 인부까지 다 수소문해서 만반의 준비를 마치셨다. 그 해의 김장용 채소의 가격이 예상외로 높게 책정되어 밭에 심어진 배추를 매각했을 때의 이익금이라면 우리의 삶이 수직으로 상승할 수 있다는 기대에 부풀어 계셨다. 그런데 바로 그날 밤 예고 없이 닥친 때 이른 한파로 너른 배추밭은 얼음판으로 변하고 말았다. 당연히 많은 손해를 피할 수 없었고 아버지의 건강은 점차 나빠지기 시작했다. 어렵게 찾아왔던 몇 번의 기회는 예상치 않은 고비로 아버지를 괴롭혔다.

어머니 무덤이 있던 산자락에 노을이 붉게 물들어 갈 무렵 양친께서 해후하셨다. 어머니는 평소에 즐겨 입으시던 백목련 빛 명주저고리 같은 하얀색 한지에 곱게 싸여 아버지를 기다리신다. 영혼이 떠나 물체일 뿐인 두 분의 인생 한 시대를 구상나무 아래 곱게 뿌려드렸다. 흙으로 덮기도 하고 더러는 산자락을 휘도는 바람에 날리기도 해서 주변으로 흩어지기도 한다. 육신이 누우시고 근 60년을 기다리시던 아버지께서 이제야 어머니와 만난 것이다.

"이른 나이에 대책 없이 떠나간 무심한 양반아"라고 첫마디를 건네신 어머니에게 "나 없는 동안 부끄럽지 않게 살아준 것 고맙네."라고 화답하셨을 것 같다. 두 분의 해후로 이제는 영원한 세월을 함께 하실 줄 믿으니 후손된 도리 중 하나라도 이룬 것 같아 가슴 속으로 흐뭇한 마음이 솟는다.

수필 반 스케치

김학인
2001. 5. 천료

토요일이다. 교육원의 강의를 위해 며칠 동안 마음이 분주하다. 두 해 전부터 일간지의 신춘문예 수필 당선작품을 교재로 쓰고 있다. 안타깝게도 많은 신문이 수필을 신춘문예 공모 장르에 포함하지 않고 있어 해마다 취합할 수 있는 작품은 10여 편에 불과하다. 수필인구가 늘어난다고 하는데 아직 수필이 문학 본령에 정착되지 않았다는 느낌이 나를 씁쓸하게 한다.

작품을 읽고 또 읽는다. 눈으로 읽고, 머리로 그리고, 가슴으로 느껴본다. 그리고 마음으로 작가를 만나 본다. 글을 쓸 때 작가의 느낌이나 생각에 최대한 다가가도록 하는 나름의 노력이라 할까. 탄력 있는 문장을 읽으면서 글쓴이가 퇴고하며 고민한 흔적을 더듬어 보기도 한다. 마침내 나의 이해와 감상이 진실에 가까워졌다고 생각되면 학생들 앞에 설 수 있게 된다. 중년의 고개 넘어 노년에 들어선 학습자들은 겉모습과 달리 배움에 목마른 열정이 가슴에 와닿는다. 문득 유대인의 격언 하나가 떠오른다.

"영원히 살 것처럼 배우고 내일 죽을 것처럼 살아라." 현명한 그들은 배우는 동안은 늙지 않는다는 것을 아는 것일까. 하기에 금쪽같은 토요일 아침부터 딱딱한 의자에 꼿꼿이 앉아 새로움을 담을 열린 마음으로 기다리는 것이리라. '청자연적'이나 '난', '학'과는 거리가 멀어도 수필 쓰기를 배워 자신의 특별한 삶의 체험과 그 의미를 기록으로 남길 수 있게 되기를 바라며 초보자답게 배움에 적극적이고 진지하다.

수필은 '삶의 문학'이라 한다. 우리의 일상에서 느끼는 희로애락을 진솔하게 풀어내는 것이 생활수필이기 때문이다. 그 글 속에 삶의 경륜이 묻어나기에 수필을 간혹 '중년 고개를 넘어선 사람의 글'이라고도 한다. 한 원로수필가는 수필을 '고해성사와 같다'라고 했다. 살면서 눌러둔 내 안의 사연을 드러낸 후 맛보는 몸과 마음의 가벼움을 상상해 보는 일은 어렵지 않다. 앙금 없이 노년으로 향하는 인생이 어디 쉽겠는가. 하물며 남의 땅에 와서 낯선 말과 풍습에 적응하지 못해 주눅든 나날을 헤쳐 온 디아스포라의 설움까지 떠안고 살아온 처지임에랴!

그들 학생 대부분이 자녀교육이라는 절대가치를 내세운 든든한 아들딸의 결정에 얹혀 정든 고향을 떠나온 착한 어버이들이다. 하지만 그들에겐 겪어본 사람만이 이해할 수 있는 외로움과 갈등, 좌절, 고달픔과 무력감 등 삶의 응어리가 실타래처럼 가슴에 엉켜 있을 것이다. 숱한 아픔과 고난을 극복한 그들은 둥지 떠난 자녀들의 행복을 바라며 뒷전에 물러선 자신을 돌아본다. 뒤늦게 '나'를 찾아 나선 초로의 눈빛들이 지친 몸을 일으켜 세운다. 꺾이고 눌린 그들 마음은 세월의 파고에 부딪혀 몽돌처럼 단단해진 듯 새어 나온 한숨이 가늘게 떨린다.

열다섯 명의 수강생은 주어진 수필을 읽으면서 강의를 경청한다. 글의 뜻이 조금씩 마음에 머물면 흰 종이에 누워 있던 활자들이 한 자씩 일어선다. 작가가 하고픈 이야기들이 독자의 가슴에 살아나기 시작한다. 그들은 일상에 치여 무뎌졌던 자신의 감성이 차츰 깨어난다는 걸

설렘으로 느낀다. 글을 읽으면서 미소가 번지는가 하면 울림이 오고 감동하며 마치 자기 이야기를 쓴 것 같아 눈시울이 붉어지기도 한다. 그들은 말한다. 혼자 집에서 읽을 때와는 사뭇 다른 느낌이라고. 내용을 이해하며 그저 잘 썼다고 넘어간 글이 이렇게 생생하게 살아날 수 있느냐고 한다. 왜 그럴까? 누군가 반짝이는 해석을 내놓는다. 열여섯 사람의 생기가 수필에 생명을 불어넣었기 때문이라고. 생기, 그렇다! 살아있는 생명의 기운. 삶은 신비다.

생기가 살아난 그들은 이제 한눈팔 겨를이 없다. 수필 안에서 마주하는 작가의 삶에 자신을 비춰보면서 때로 공감하고 때로 위로받으면서 용기와 힘을 얻는다. 뛰어난 언어 구사력에 탄복하면서 느슨해진 허리띠를 다시 조이고 도전을 꿈꾼다. 읽을거리가 충분치 않고 평소 소통의 제한이 많은 그들에게 수필 강의 시간은 서로 가슴을 열고 함께 호흡하며 울고 웃을 수 있는, 미처 몰랐던 자신의 귀중함과 가능성에 희망을 보는, 고맙고 귀한 배움의 현장이 된다. 그것은 또 내일로 발돋움하는 그들에게 삶을 충전하는 에너지로 이어지리라.

마음 깊은 데서 우러나는 감사와 기쁨이 충만한 하루다.

더 나은 세상을 위하여

강미애
2001. 5. 천료

타인에 대한 배려는 매너다.

지인이 운영하는 작은 서점 앞에는 중고책을 판매하는 가판대가 놓여 있다. 서점이 워낙 비좁은 데다 오래된 책을 놓은 공간이 없어서 잘 보지 않는 옛날 책들을 저렴하게 판매하고 있다. 서점에 꼭 필요한 것은 아니지만 다른 누군가에게는 필요한 책일 수도 있어 아이디어를 낸 것이다. 생각보다 반응은 좋다. 하루에 몇 권씩은 팔리고 있으니 말이다.

어느 늦은 밤, 지인은 서점 문을 닫으려고 정리 중이었다. 가판대에도 비닐을 덮었다. 매일 테이블을 들여놓을 수도 없는 일이어서 비닐을 구입해 책을 덮어 놓는 것이다. 별로 힘은 들지 않지만 그래도 매일 덮었다 걷었다 하는 일은 사실 좀 귀찮은 일이다. 바람이 심하게 불 때는 펄럭이는 비닐을 접기도 쉽지 않다. 어쨌든 그날도 가판대의 비닐을 덮고 하루를 마감하는 중이었다.

50대 여성이 서점으로 들어왔다. 밖에 있는 책을 사고 싶은데, 문을 닫으시는 건가요? 몇 번 책을 구입했던 분이다. 아닙니다. 잠깐 기다리세요. 힘겹게 덮은 비닐을 다시 걷는 것이 귀찮기는 했지만 그래도 책을 사겠다고 온 손님인데 매정하게 문을 닫았다고 말하기는 미안했다. 사실 한 권에 2천 원 하는, 서점 입장에서는 매출에 별로 도움이 안 되는 책들이다. 하지만 신간 도서를 놓을 공간이 없어 어쩔 수 없이 내놓은 중고책들이었으니 사 주는 사람이 고마울 뿐이다.

어쨌든 손님이 왔으니 마음에 드는 책을 고를 때까지 기다리는 수밖에 없다. 지인은 잠시 할 일을 찾아 일하는 척했다. 얼마나 시간이 지났을까. 손님이 문을 열고 다시 서점 안으로 들어왔다. 오늘은 마음에 드는 책이 없네요. 죄송합니다. 아닙니다. 손님, 괜찮습니다…. 책손님이 떠나자 지인은 다시 가판대를 덮으려고 밖으로 나갔다. 그런데 비닐이 제대로 덮여져 있는 것 아닌가. 그날 밤 책손님은 주인이 번거롭게 비닐을 다시 덮어야 한다는 걸 알고 있었을 것이다. 그래서 짧은 순간이지만 자신에게 책 고를 기회를 준 주인을 위해 수고스럽지만 손수 비닐을 덮고 떠난 것이다. 지인은 그녀의 배려 덕분에, 기분 좋게 하루를 마감했다고 한다.

배려는 사람에 대한 관심으로부터 시작된다. 학창 시절에 다녔던 만화방 주인 아주머니는 항상 우리들의 이름을 불러 주었다. 그런데 신기한 것은 아주머니가 우리에게 이름을 물어본 적이 없다는 사실이다. 아마도 우리들의 신나는 대화를 유심히 들으면서 이름을 기억했을 것이다. 그래서인지 나와 친구들은 근처에 만화방이 있는데도 20분이 넘는 거리를 걸어서 그 먼 곳까지 찾아갔다. 사람들은 자신에게 관심을 가져준다는 사실에 얼마나 고마워하는가. 상대를 잘 관찰하고, 이름을 기억하고, 명함을 소중히 다루고, 그의 말을 잘 새겨듣는 것은 충분히 할 수 있는 일이다.

간혹 노약자 지정석에 앉아 있는 젊은이를 야단치며 그 자리에 앉는 나이든 사람을 본다. 이 노인에게는 노인들을 위한 자리에 젊은이가 앉아서는 안 된다는 당당함이 엿보인다. 노인은 젊은이가 몸이 불편한지를 헤아려보는 노력조차 하지 않는다. 결국 일어나라고 야단을 치는 노인이나 무엇에 쫓기듯 자리를 뜨는 젊은이에게는 윤리적이라고 헤아릴 만한 데가 전혀 없다. 두 사람 사이에는 타인에 대한 배려나 애정이 없기 때문이다.

배려에는 따뜻한 마음이 필요하다. 누군가의 도움으로 문제를 해결한 경우 도움을 준 상대방이 냉랭한 태도를 보인다면 배려를 받았다기보다는 자신의 일처리가 미숙하여 화를 내고 있거나 무시한다고 생각하기 십상이다. 상대방이 내 행동을 배려로 받아들이게 하려면, 따뜻함이 있어야 한다. 그래야 고마움과 감동을 느낄 수 있다.

가끔 절대 손해를 보면 안 된다는 맹목적인 신념으로 무장한 사람들을 본다. 사실 배려는 언뜻 보면 내가 먼저 손해를 보는 행위처럼 보인다. 사람들은 배려해 주는 이를 좋아한다. 그렇다면 세상이 원하는 사람이 되어보는 것도 나쁠 것은 없지 않은가. 배려는 나를 성숙하게 하고 행복하게 해 주는 것이니.

육중한 빌딩의 유리문을 열고 지나갈 때 뒤에서 사람이 오는 걸 확인하고 잠시 기다려 주는 매너. 뛰어오는 누군가를 위해 엘리베이터를 잠시 멈춰주는 매너. 타인을 위한 그 짧은 시간 동안의 배려가 당신을 빛나게 한다.

우리가 서로를 배려하고 이해하는 세상에서는 모두가 행복할 수 있습니다.

-달라이 라마

하늘의 사명

하기식
2001. 10. 천료

기독교에서는 전도를 신자들의 사명으로 인식하고 있다. 더욱이 거룩한 하늘의 사명으로 알고 있다. 이것이 이웃, 가족, 친지, 동료 등 국내를 넘어 국외로 나가면 선교라고 하는데 그 의미가 더욱 넓어진다. 선교를 주업으로 하는 사람을 선교사라고 하는데 현재로 통계적으로 보면 세계에서 미국이 제일 많은 선교사를 해외에 파견하고 있고 그다음으로 한국이 그 뒤를 따른다고 한다.

신약성경에 따르면 유대인인 바울은 제1차 선교여행에서 지금의 터키 지역에서 선교하고 제2차 선교여행에서는 제1차 선교여행에서의 선교 현장을 찾아 격려했다. 이어서 중부의 소아시아의 서북부 지역에 위치한 무시아 앞에 이르러 무시아에서 서쪽으로 지중해 연안의 도시인 드로아로 내려갔고 드로아에서 에게해를 건너 마게도니아 지역의 첫 성인 빌립보에 이르러 선교하고 계속해서 데살로니가와 아덴에서 그리고 고린도에서 선교하고 에베소에서도 선교했다. 이어서 바울은 마게도니아와 아가야를 거쳐 예루살렘에 가기로 작정하고 거기 갔다가 후에 로마에도 갈 예정이었다. 로마는 당시 바울의 비전이었다. '모든 길은 로마로 통한다'는 말처럼 당시 로마는 정치 경제 종교 문화 등 모든 것의 세계의 중심지였다. 바울은 로마를 통하여 하늘의 사명을 실현하려고 했다. 바울은 선교하다가 순교하였고 로마를 정복하여 313년 콘스탄티누스 황제의 밀라노 칙령으로 기독교가 공인되었으며 380년 테오도시우스 황제에 의해서 기독교가 로마제국의 국교가 되었다.

이로 인해서 바울의 선교가 전 유럽으로 확장되었다. 기독교가 로마의 국교가 된지 1240여 년이 지난 1620년에 신앙의 자유를 찾아 101명의 영국 청교도들이 대서양을 건너가는 메이플라워호와 함께 미주대륙에 상륙하여 확산되어 갔다. 이어 19세기에 미국을 위시한 서양 선교사들에 의해 태평양을 건너 주로 극동 3국인 한국, 중국, 일본에 상륙하였다. 중국의 경우 1807년 영국의 모리슨 선교사가 처음으로 중국에 상륙했으며 모리슨 선교사의 요청으로 1830년에 미국인 브리즈먼 선교사가 최초로 파송되었다. 1834년 미국의 파커 선교사는 안과의사로 중국 최초의 의료선교사로 파송되어 의료를 통한 선교와 자선활동을 전개했다.

한편 중국의 기독교 지도자들은 서양 선교사들로부터 기독교를 전해받고 빚진 자로 자처하면서 어떻게 사명을 감당할지를 1920년대로부터 약 20년간 논의해 왔었다. 그 결과 서양 선교사로부터 전해 받은 기독교를 중국 서부 지역의 서장성, 신강성 등의 이슬람 지역과 이와 인접한 아프가니스탄, 이란, 아라비아, 이라크, 시리아, 심지어는 팔레스타인 등의 이슬람 국가를 넘어 예루살렘까지 선교를 확산시키는 것은 당연히 중국의 몫이라는 인식과 함께 사명감과 열정에 불타 있었다. 그러나 1949년에 공산정권이 수립되고 그 후 10년간 기독교와 기독교 지도자들에 대한 탄압과 투옥으로 점철된 중국의 문화혁명으로 중국의 선교는 답보 상태에 놓여 있게 되었다. 그런데 1980년대 이후 등소평

이 실권을 장악하고 개혁개방정책을 펴면서 기독교와 그 지도자들에 대한 제재가 풀리고 투옥된 기독교 지도자들이 출옥함으로써 4, 50년 전의 선교활동이 다시 불붙기 시작했다.

2002년 초에 중국 북경에서 기독교 지도자들의 한 모임이 있었다. 나중에 '북경 포럼'이라고 명명했는데 중국 미국 한국의 기독교 지도자들과 중국의 삼자교회와 가정교회의 지도자들이 함께 모인 자리였다. 이 자리에서 중국의 지도자들은 최초의 선교사가 파송되고 200년째가 되는 2007년을 시작으로 10만 명의 중국인 선교사를 양성하여 중국의 서부 이슬람 지역과 그에 인접한 이슬람 국가에 투입하여 선교에 헌신하도록 했다.

1992년에 미국 국적의 한 한국인 교수의 노력과 중국 정부의 협조로 중국 연변 지역에 사는 조선족의 고등교육을 위하여 연변 지역에 연변과학기술대학이 설립되었다. 대학 설립의 재정 조달을 위하여 세계적으로 지원단체를 구하며 활동하였다. 한국에서는 마침 북방선교의 물결을 타고 있었던 대형교회들을 상대하여 활동하여 지원을 받았다. 중국 정부로부터 연변 지역의 북상가 언덕의 대지를 제공받아 학교 부지도 삼고 교실을 비롯한 기숙사 등의 건물을 건축하였다. 이 부지에는 공동묘지도 포함되고 있었다. 학생은 법에 따라 중국 정부가 선발하여 보내주는 학생을 받으면 되지만 교수의 확보가 문제였다. 그것도 보수를 제공하는 것도 아니고 숙소만 제공하고 모든 생활비를 자기 부담으로 하는 교수를 모신다는 것은 여간 어려운 일이 아니었다. 그러나 세계교회를 상대로 평소에 봉사정신이 투철하고 신앙이 돈독한 실력 있는 학자들의 호응을 촉구했다. 그런데 의외로 많은 호응을 얻어 교수가 남아도는 형편이었다. 이런 사람들을 평신도 선교사라 일컫는다. 저희 부부도 아내가 대학에서 정년을 한 때에 맞추어 그 교수 모집의 호응에 응했다. 중국 당국의 허가하에 평신도 선교사들을 위하여 화장장을 개조하여 교회당을 만들었다. 중국에서 유일하게 교회당을 가진 대학이 되었다. 그러나 학생을 비롯한 중국인 어느 누구도 이 교회당에 출입이 금지되어 있었다.

2006년 가을학기부터 시작하여 컴퓨터전자통신학부에서 수학을 가르치고 아내는 교양학부에서 교육학을 가르치며 보람찬 생활을 시작했다. 이럴 때 공식적으로 선교활동은 금물이다. 개별적으로 민간교회에 출석하는 학생들이 와서 성경공부반을 만들테니까 성경을 가르쳐 달라는 요청에 따라서 하는 선교활동이 고작이었다. 어찌된 일인지 얼마 후에는 고령의 교수들은 퇴임하라는 지시에 따라 저희 부부는 연변에 온지 10년만인 2015년도 초에 퇴임을 했고 연변과학기술대학 자체도 중국 정부의 방침에 따라 2022년도에 폐교가 되었다. 그래도 하늘의 사명은 연변과학기술대학을 스쳐 지나간 인재들이나 그 밖의 또 다른 길을 통하여서도 계속될 것이라 기대한다.

저도의 추억

손미경
2001. 11. 천료

섬 산행을 하러 갈 때면 밤잠을 설치며 그저 행복한 순간들을 떠올린다. 가슴이 들끓는 듯한 감동이 밀려온다. 섬 여행은 누구나 갈 수 있으나 아무 때나 갈 수 있는 여행은 아니다. 금단의 섬의 뱃길이 47년 만에 일반인들에게 열렸다. 행정구역상으로 거제시 장목면 유호리에 속한다.

발걸음 가볍게 유람선 해피킹호에 수많은 순례객들과 함께 승선을 했다. 배로 약 20여 분 가면 저도 선착장이다. 유람선에서 내리면 약간의 모래백사장이다. 승선 인원은 약 5백여 명, 3층 유람선에서 많은 인원이 우르르 쏟아져 나왔다. 화려한 멋은 없지만 소박했다. 하루쯤 머리를 식히기에 좋은 일정이었다. 또다시 와 보고 싶어서 두 번째 찾아간 저도, 거부감 없이 산책하며 사색할 수 있는 숲길이 좋았다. 사람들도 나처럼 기념 사진을 찍기 위해 셔터가 바쁘다. 등 뒤쪽으로는 웅장한 거가대교가 저도를 지나간다. 군사시설이자 대통령 별장이 일반 시민들에게 개방된 지 몇 년 되지 않아 대부분 흥미로운 관경이다. 해군에서 관리하는 시설보호구역이라 곳곳이 통제구역이 많아 아쉽다. 선착창에서 내려 빤히 보이는 그곳은 나의 눈을 의심할 만큼 섬광이 번뜩였다. 나뭇가지로 가려져 있는 사이의 건물이 대통령 별장이란다. 육안으로 보아도 도무지 믿기지 않을 만큼 비밀스런 장소, 뒤로 물러나 유심히 바라봤다. 들어가 볼 수는 없으나 고목나무 앞에서서 휴대폰으로 인증샷을 찍고자 손가락이 춤을 췄다. 별장 입구에 있는 고목은 수령이 제법 오래된 듯한 어른 나무로 섬 지킴이로 서 있다. 별장을 오르는 입구 계단엔 베스트 포토존이라는 안내로 더 이상 들어갈 수 없었다. 분수대와 연못을 중심으로 싱그럽게 잘 정돈된 넓은 잔디 광장은 푸르름으로 정갈하다.

해안을 끼고 여름 향기 진한 저도의 섬을 보고 느낌을 생생하게 가슴으로 담았다. 자연 경관의 멋스러움이 그대로 배어 있다. 해변과 잔디밭 사잇길에 이승만 대통령부터 문재인 대통령까지 역대 대한민국 대통령들을 사진으로 만날 수가 있었다. 박근혜 대통령은 35년여간의 지난 오랜 세월 속에 늘 저도의 추억이 가슴 한편에 남아 있다고 책에서 말했다. 몇 년간 옥살이 한 것이 안쓰러워였을까, 박근혜 대통령 앞에서 사진을 찍는 분들이 꽤 많다. 여름의 끝자락 땡볕은 모든 것을 태워버릴 기세로 여간 뜨거워야지. 가는 곳마다 쉬어 갈 벤치가 곳곳에 있어 잠깐 앉아서 흐르는 땀을 닦았다. 청량감 넘치는 숲의 정원 속에서 휴식을 취했다. 산책로를 따라 걷자 숲으로 둘러싸여 기분도 좋고 녹음이 우거진 숲속 향기 속으로 들어가는 기분이 이렇듯 좋다. 울창한 섬산 숲속에서 수목원 못지 않은 피톤치드가 콧속으로 스며들어 온몸 구석구석이 치유될 것 같았다.

울창한 숲길을 천천히 걷자 쾌적하여 흐릿했던 머릿속이 맑아져 왔다.

뜨거운 여름 소나무 비탈길은 서서히 무너진 자존감이 회복되는 듯 힘이 꿈틀거리며 발걸음이 경쾌했다.

뜨거운 공기와 높은 습도로 땀이 줄줄 흘렀다. 숲길로 빠르게 제2전망대로 올라갔다. 높은 곳에 오르자 해무에 가린 섬들이 보일 듯 말 듯 아름다움은 극치였다. 이모저모 많은 의미가 서려 있어서 뜻깊은 여행지였다.

저도에는 과거 1920년 일제 강점기 일본군이 사용했다던 (구)일본군 포진지, (구)일본군 탄약고 내무대(막사)의 흔적이 잘 보존되어 그대로 있다. 일대 바다는 옛날 임진왜란 때 이순신 장군이 첫 번째 승리를 거둔 옥포해전이 있었던 곳이기도 하다.

1954년 이승만 대통령 휴양지로 지정되었고 약 70여 년간 숨겨진 '금단의 섬'이었으나 1972년 박정희 대통령시절 청해대로 공식 지정하여 2019년 9월에 47년 만에 뱃길이 열린 신비로운 섬. 섬이 아기자기, 솔숲이 우거진 풍경만으로도 마음이 쉴 수 있었다. 역사의 뒤안길 발자취를 밟으며 완만한 경사길 따라 걷기에 적당히 좋은 섬, 산길이 완만하여 수월했다. 더없이 좋은 숲의 섬 산길. 우람한 나무가 반듯하게 잘 관리되어 고라니, 사슴, 왜가리 등이 서식한단다. 청량감 넘치는 숲속 향기 속으로 산책하기 딱 좋은 곳에서 내 어린 날 박정희 대통령의 가족들과 산책하던 모습을 떠올려 보고 역사 속의 이야기를 되짚어 본 시간들이 내겐 의미가 있었다. 박정희 대통령과 목련처럼 고운 육영수 여사의 그림자를 찾고 애잔하여 가슴이 먹먹해졌다. 중학교 2학년일 때 기억 속의 그분, 운구차로 실려 가던 육 여사의 그림자를 나는 생생히 기억한다. 두 분의 발자취를 더듬어 봤다.

대통령들의 발자취를 따라 초록이 짙은 솔숲을 걷다 보니 기도하는 마음으로 그분들처럼 사색에 젖었다. 나랏일을 걱정하며 말없이 외로이 걸었을 뒤안길…. 먼바다에 와 깊은 고뇌를 하며 걸으셨을 것이라는 걸 생각해 봤다. 저도에는 수많은 과거가 내포돼 있다.

이처럼 섬을 찾아 여행하는 즐거움은 각별하고 소소하여 느낌이 남다르다. 산책로는 고향의 울창한 솔숲을 걷듯 말로 다 표현할 길이 없다. 나뭇잎 사이로 비치는 초록이 싱그럽다. 400년이 된 곰솔을 지나 3전망대 정자까지 올라갔다. 정자는 거가대교의 오션뷰로 최고의 '포토존' 위상이 대단했다. 경사길 오르막에서 두루 사방을 조망했다. 섬 산행길은 휴식과 재충전이자 '쉼'이다. 활짝 웃으며 마음의 여유를 누리면서 세월의 무상함이 느껴졌다.

섬 내부는 그림 같이 아름답고 평화로운 섬으로 오래오래 기억하고 싶다. 아직도 모르는 이야기들이 많이 숨어 있을 듯하다. 섬 전체가 오픈되지 않아 곳곳에 지킴이들이 서 있다. 노출해서는 안 될 은밀한 곳이 많은 것 같았다.

큰 곰솔(해송) 약 400년 된 나무 앞에서 곰솔의 기운을 받으려 심호흡을 크게 했다. 산바람 바닷바람 대통령들의 깊은 고뇌를 생각해 본 뜻깊은 여행이다. 빼곡한 편백숲은 향내가 그윽하고 느낌이 야릇했다.

잔디 광장으로 내려오는 산책로, 청량하여 시야가 시원했다. 산을 다 내려와 후미 잔디밭에 사랑나무 연리지 정원에 두 그루 나무가 아름답게 서 있다. 잘 조성된 섬 산행길에 나랏님의 삶, 뒤안길을 걸어본 뜻깊은 날이다. 해군 관계자들과 해군 가족들이 사용할 수 있는 콘도의 규모도 꽤 크다. 저도는 해군에서 관리하고 있는 '거제섬'.

저도의 일부 구간을 잘 둘러 본 또 다른 경험으로 많은 생각을 해봤다. 힐링하기에 좋은 숲길. 역사의 뒤안길을 뒤로하며 다시 해피킹호에 몸을 실었다.

저도여 안녕….

섬이 그리 크지 않는 아담한 섬 전경이 아름답다.

밤바다를 지켜온 팔미도 등대

서부길
2002. 6. 천료

문우(文友) 10여 명과 함께 팔미도를 찾았다. 겸사(兼事)로 서해 금빛 노을을 감상할 수 있는 날짜와 시간에 맞추어 5월 중순으로 정했다. 오후 3시 반, 유람선에 승선하여 7시 반 연안부두로 입항하는 짧은 시간이었지만 알차게 역사를 배운 뜻깊은 탐방이었다.

팔미도는 인천항에서 남쪽으로 10해리(13.5㎞) 떨어진 면적 76,000㎡(2만 3천 평)에 해안선이 1.4㎞에 불과한 작은 섬이다. 그러나 인천항으로 들어오는 길목에 위치하여 해상 교통의 중요한 요충지다. 섬의 남쪽과 북쪽이 모래와 자갈로 연결되어 마치 여덟 팔(八) 자처럼 양쪽으로 뻗어 내린 꼬리 모양이라 지명이 유래되었다고 한다. 예전부터 해 질 무렵 이곳을 돌아드는 돛단배의 정취가 아름다워 '인천팔경'의 하나로 꼽혀온다.

벚나무와 소사나무가 우거진 둘레 길을 걷고 등대와 한국전쟁 당시 해안포, 역사관을 둘러보았다. 역사관에서는 그때 영상을 상영하고 유물과 실감 나는 귀한 사진도 전시하고 있었다. 문화해설사가 설명까지 곁들여주니 귀에 쏙쏙 들어온다.

이 땅에 근대문화의 빛이 비추기 시작한 곳이 우리 고장 인천이다. 쇄국의 어두운 바다 한가운데 팔미도에 최초의 등대가 세워진 것이 1903년 6월 1일, 해양 역사의 쾌거이자 신기원이었다. 해발고도 71m 팔미산 꼭대기에 세워진 등대는 높이 8m, 지름 2m로서 불빛은 10㎞ 밖에서도 식별할 수 있었다. 해상 교통의 효시라는 측면에서 문화재 가치가 높아 2002년 인천광역시 유형문화재 제40호로 지정된 바 있다. 2003년 12월 기존의 팔미도 등대는 100주년 기념 상징 조형물인 지하 1층, 지상 4층, 등탑 31m의 '천년의 빛'으로 교체되었다. 첨단 장비를 갖춘 최신식 등대가 새로 태어나 2009년부터 시민들에게 개방되어 오늘에 이르고 있다.

올해는 6.25전쟁 70주년이다. 70년이 되는 만큼 전쟁의 참상을 겪은 세대는 해를 거듭할수록 우리 곁을 떠난다. 값비싼 대가를 치렀음에도 잊힌 전쟁이 될까 안타깝다.

1950년 6월 25일 북한의 남침은 초반부터 국군의 열세로 전개되었고 8월 말 인민군은 모든 전투 역량을 낙동강 전선에 집중하였다. 풍전등화의 마지막 교두보를 적화하려고 혈안이 된 것이다. 이에 '맥아더' 장군은 북한의 보급 허리를 끊고 전황을 타개하기 위해 인천상륙작전을 계획하였다.

그러나 인천 연안은 조석 간만의 차이가 10m, 좁은 수로, 암초로 전쟁사가(戰爭史家)들조차 2%의 성공률도 예측하기 어려운 여건이었다. 더구나 등대의 안내 없이는 야간 상륙은 엄두조차 낼 수가 없다. 가장 먼저 팔미도 등대 탈환과 점등이 필수 과제였던 것이다. 이때 대북공작 특공대인 켈로(Korea Liaison Office, K. L. O) 부대가 5시간의 사투 끝에 팔미도를 탈환하고 9월 15일 01시 50분 마침내 등대 불을 밝혔다.

7만 5천 명의 병력을 실은 7개국 261척의 연합함대가 등대 불을 안내 삼아 4개 해안으로 진격하였다. 전세는 기적같이 역전되었고 13일 만에 서울이 수복되었다.

바다를 터전 삼아 업무를 수행하던 1970~80년대 팔미 인근 바다에는 상벌천퇴(上伐淺堆)와 하벌천퇴라는 '풀등' 같은 모래톱이 있었다. 어느 해인가 그곳에 상륙하여 자원 조사를 했지만 유용 생물은 발견할 수 없었고 모래벌판만 황량했던 생각이 난다.

인천항에 화물선이 들어오려면 '도크'에 직접 들어가는 것이 아니고 팔미 해역 정박지에 닻을 내리고 순서대로 대기한다. 갑문 관제탑에서 며칠, 몇 시, 입항 승락에 따라 지형을 잘 아는 '도선사'의 인도로 '도크'에 들어간다. 입항로를 서수로, 출항로를 동수로라고 하는데 그 폭이 2㎞가 된다. 큰 배가 오가는 항로이니까 수심이 깊고 어물이 많이 잡혀 어민들이 자꾸 침범하여 그물을 치곤 했다. 항만청에서는 부득이 항계선(Harbour Limit Line)을 당초 팔미도에서 외해 쪽으로 확장하여 관리했지만 위법행위는 그치지 않았다.

에피소드지만 해군부대에서 특히 고충이 많았다. 쾌속 경비정이 야간에 작전 중 '스크류'가 그물 로프에 걸리거나 빠져 버리는 사고가 잦았다. 때문에 군, 관, 합동으로 어망 철거가 주요 이슈가 되기도 했다. 언젠가 함정을 타고 그물을 띄운 튜브를 가라앉히기 위해 국산 M16 자동소총으로 사격을 했다. 처음 쏘아 보았지만 명중률이 거의 백발백중이었다. 나의 군 시절 기본화기가 낡은 '엠원'과 '칼빈' 소총이었으니 격세지감을 말해 무엇하랴.

군사정부 시절 호칭 관례(군, 관, 민)처럼 군의 영향력은 특별했다. 어구 피해가 발생해도 손해는 고스란히 어민들 몫이었으니…. 이후 자연스러운 어획 감소, 강력 단속 등으로 항로상 어망 철거 작업은 점차 줄어들었고 이제는 옛이야기가 되었다.

이윽고 일몰 시간이 되었지만 구름이 끼어든다. 금빛 노을 보기는 글러버려 귀항하던 차에 인천대교쯤에 이르자 구름이 열치며 석양이 얼굴을 내민다. 모두들 환호하며 사진 찍기에 여념이 없다. 선장은 5분쯤 배를 정지시키고 촬영하도록 배려해 준다. 바다와 하늘이 맞닿아 붉게 물든 해넘이 앞으로 작은 통통배가 진입한다. 흔한 경우가 아니란다. 한 폭의 그림 같은 명장면이다. 순간적으로 카메라에 담는 행운을 누렸다.

문득 "역사를 잊은 민족에게 미래는 없다"라는 명언이 떠오른다. 오늘의 교훈이 아닌가. 이 말이 가장 어울리는 곳, 팔미도 등대가 노을 속에 점점 멀어져 간다.

연화도

강기재
2003. 1. 천료

욕지도행 카페리호에 몸을 실은 지 한 시간 남짓. 불도의 섬 연화도는 희뿌연 해무를 걷어내며 이슬 머금은 한 송이 연꽃으로 하늘거렸다.

배에서 내리자 오래전에 시집와 토박이가 된 친구가 반갑게 맞이해 준다. 이왕 걸음 하였으니 섬의 속살을 제대로 벗겨 보고 진솔한 알맹이 하나쯤 건져 보라며 다음과 같은 이야기를 들려준다.

"이 섬은 불교와 관련된 사연이 많을 뿐 아니라 신사시대 유적인 패총을 비롯하여 망부석 중바위 촛대바위 등이 전설을 머금고 있다. 특히 이곳 주민들이 네 바위라 부르는 용머리는 일찍부터 통영팔경의 하나로 지정되어 명성이 널리 알려져 있으며 얼마 전 그 입구에 출렁다리도 놓아 찾는 이의 발길을 더욱 당기게 한다."

바다에 한가로이 떠 있는 섬이지만 높은 주목을 받게 됨은 불교의 성지로 변모되어 많은 수행자와 관광객이 찾아들기 때문이다. 쌍계사 조실로 계시던 고산 큰스님께서 사십여 년 전 대대적인 불사를 일으켜 이름이 크게 알려진 데다 자연경관 또한 아름다워 관광지로 손색이 없다.

욕지연화장(欲知蓮花藏) 연화장의 세계를 알려거든

두미문세존(頭尾問世尊) 처음과 끝을 세존에게 물어보라

큰스님은 어느 날 우연히 위의 게송(偈頌)을 읽으신 후 남해 바다에 떠 있는 섬 이름이 왜 하필이면 욕지도, 연화도, 두미도, 문도, 세존도인지 궁금하여 행랑을 차려 연화도를 찾아 나섰고 이곳 십리골에 대사찰 연화사를 창건하게 되었다. 뒤를 이어 연화봉 바로 아래 남쪽 절벽 위에 수도 도량인 보덕암을 짓고 인근에 해수관음보살상도 세웠다. 더 중요한 것은 연화도사와 사명대사가 수도하였다는 토굴 터를 발견하고 그 자리에 당시에 세워졌다고 전해오는 실리암과 토굴을 복원해 놓은 것이다.

이 섬과 불교와의 인연은 오백여 년 전으로 거슬러 올라간다. 조선조 연산군 시대에 유달리 불교의 탄압이 심하였다. 당시 한양의 삼각산 실리암에서 수도를 하던 연화도사도 압박에 견디지 못해 바랑 하나 메고 비구니 세 명과 함께 연화도까지 내려와 은둔하게 되었다. 연화봉 근처 바위 아래 토굴을 짓고 불도를 수행하던 연화도사가 어느 날 세상을 뜨게 되었는데 동네 주민과 세 비구니가 그의 유언에 따라 시신을 바다에 수장하였더니 그 자리에 아름다운 연꽃 한 송이가 떠올랐다. 그때부터 이 섬을 연화도라 부르게 되었다.

다음은 사명대사와 자운선사에 관한 사연이다. 연화도사가 죽게 되자 그의 제자인 사명대사는 스승의 불심을 이어받고자 연화도사가 수도하던 그 토굴을 찾아와 불도에 전념하였다. 그러던 어느 날 속세에서 그와 인연을 맺었던 보운, 보련, 보월이란 세 비구니가 찾아왔다. 보운은 친누이동생이고 보련은 부인이며 보월은 애인 사이였다.

이들 세 사람은 사명대사가 입산한 후 각기 다른 길을 택하여 비구니가 되었다. 불도에 정진하던 이들은 우연히 직지사에서 만나게 되었는데 이는 필시 현세를 초월한 인연임을 깨닫고 함께 사명대사를 찾아 나서기로 하여 결국 이곳까지 내려와 극적인 상봉을 하였다. 그 후 이들은 자운선사(慈雲仙師)라 불렸으며 임진왜란이 일어나자 사명대사는 육지로 나가 승병을 일으켰고 자운선사들은 각각 이순신 장군, 권률 장군, 홍의 장군 휘하로 들어가 승첩을 이루는데 큰 공을 세웠다고 한다.

이야기를 듣다 보니 섬이 더욱 예사롭지 않다는 생각이 든다. 등잔 밑이 어두웠던 셈이다. 친구가 손수 담아 건네주는 막걸리 한 병을 배낭에 넣고 걸음을 재촉하여 연화봉에 올랐다. 바위로만 되어 있을 줄 알았던 해발 이백여 미터 정상엔 온 세상에 자비를 베푸는 듯 거대한 불상이 육지를 향해 미소를 지으며 서 있고 그 옆엔 단청을 곱게 한 정자도 세워져 있다. 삼배를 올리고 정자에 오르니 수직에 가까운 벼랑 위에 지어진 보덕암의 불경 소리가 유월의 녹음에 어우러져 마음을 편안하게 한다.

정상에서 바라보는 용머리는 그야말로 비경이다. 마치 거대한 용 한 마리가 몸을 뒤틀면서 힘차게 바다로 나아가는 형상과 똑같아 보인다. 그 용의 등에 타고 용궁에라도 들어가는 느낌마저 드니 여기가 바로 연화의 세계가 아닌가 싶기도 하다.

가파른 나무계단을 돌아 내려오니 그 옛날 연화도사와 사명대사가 수도하였다는 토굴과 실리암이 복원되어 있다. 주민들이 서낭당이라 부르며 섣달 그믐날 마을의 제사를 지내던 곳에 신주처럼 모셔오던 전래석(傳來石)은 볼 수 있었으나, 연화도사가 자기에게 은신처를 제공해 준 이 섬이 세세연년 풍족하길 바라면서 바위에 직접 손으로 써 두었다는 '부길재(富吉財)' 세 글자는 확인하지 못하여 아쉬움이 남는다.

해수관음보살상을 거쳐 출렁다리까지 건너본 후 연화사로 돌아왔다. 절 앞 양 길가에 잘 가꾸어진 수국이 고운 자태로 손을 내민다. 탐스러운 꽃 더미에 얼굴을 묻으며 욕심에 찌든 심신을 녹여본다.

일주문을 들어서니 대형 항아리에 잠긴 작은 연꽃 한 송이가 맑은 웃음을 짓는다. 팔각구층 사리탑 앞에서 삼배를 끝으로 하루의 일정을 마치면서 고산 큰스님께서 왜 이곳에 큰 불사를 하였는지 어렴풋이 알 것 같았다.

빨간 양말

허표영
2004. 3. 천료

가까운 동산으로 산책을 나가려고 옷장을 뒤진다. 모아 둔 스포츠용 의류 사이에 양말 한 켤레가 눈길을 잡아끈다. 검거나 회색 계열의 옷 가운데 유달리 드러나는 선홍색의 양말이다. 조금 망설이다 그것을 꺼내든다.

신어보니 여간 색깔이 도드라지는 게 아니다. 검은 바지와 흰색 계열의 상의에 비해 너무 화려하다. 도로 벗어둘까 하다가 신은 김에 그대로 나선다.

지난날에 아웃도어 집에서 등산화를 살 때 점원이 끼워주었다. 색깔이 원색이라 아내더러 신으라며 주었더니 사이즈가 크다며 도로 내게 주었다. 신을 일이 있을까 싶었지만 양말 통에 넣어두었던 것이다.

동산으로 오르는데 계속 양말이 신경 쓰인다. 오르내리는 사람들이 나이깨나 든 사람의 주책이라며 흉을 보지나 않을까 싶다.

사실 내게서 빨간색 물품은 거의 없다. 옷을 비롯하여 생활용품도 예외가 아니다. 마치 빨강 알레르기라도 있는 것처럼 기피해 온 것은 사실이다. 매일

접하는 모자나 폰, 컴퓨터 용품도 노랑 파랑 초록색은 있어도 빨간색은 눈을 씻고 보아도 없다.

어릴 때부터 원색은 여자애들의 색깔이라고 구분 받아온 때문인지도 모른다. 남자가 그런 색의 물품을 들고 다닌다는 사실 자체가 놀림과 부끄러움의 대상으로 취급받았다.

그러다가 학교에서나 사회적으로 빨간색 콤플렉스가 형성되었다. 38선 이북에는 빨갱이가 살고 있고 한국전쟁 당시의 빨치산 등 공산 세력의 상징은 피를 의미하는 빨간색으로 통일되었다. 한국 사회의 포스터나 간판 등에도 붉은색 계열의 표기는 환영받지 못했다. 이런 이념 교육은 어느새 심적으로도 짙게 형성되어 왔다.

초등학교 저학년 무렵 학예발표회가 있던 날이었다. 윗도리에 손수건을 꽂아오라는 지시가 있었는데 집에 남자애가 지참할 만한 물품은 없었다. 할 수 없이 할머니의 빨간 손수건을 꽂아갔다가 얼마나 놀림감이 되었는지 모른다. 그때부터 빨간색이라면 일단 손사래 치는 일이 생긴 것 같다.

산을 다 내려올 때까지 산책을 나온 사람들이 나의 양말에 관심을 두는 일은 없었다. 젊은 여자들이나 어린 애들까지 아무도 내 양말이 짙은 빨강이라고 흉을 보거나 손가락질하는 기미도 보이지 않았다. 나는 움츠러든 발을 보란 듯 내놓고 걸었다. 그러고 보니 의외로 두드러진 그 색이 마음에 드는 것이 아닌가. 색깔은 밝고 화려하며 주위를 화사하게 물들였다. 마음까지 따스해지며 푸근해지는 느낌이 들었다.

그러자 스포츠나 정치적인 사람들의 심벌 색이 떠오르기도 했다. 축구 대표 팀의 상의는 대표적으로 붉은색이고, 응원단의 복장이나 도구도 붉은색 일색이다. 정당의 전통적인 보수며 반공을 내세우는 당의 색상도 근래 빨간색으로 통일하고 나섰다. 예전 같으면 생각도 못할 일이었다.

이제 색을 두고 이상한 색안경을 쓸 일이 아니다. 특정 색의 비하나 경멸은 그 색의 입장에서 얼마나 야속하고 서러운 일이랴.

사실 빨간색은 정열과 충동과 성취의 색상이다. 과일도 익으면 붉게 변하고, 장미 같은 붉은 색의 꽃이 더 환호를 받는다. 색 중에서 가장 선동적이며 자극적이고 강렬하다고 할 수 있을 것이다.

사람은 누구나 좋아하는 색깔이 있을 수 있다. 우리 집 손녀는 유별나게 핑크색을 좋아하고, 나는 초록색을 선호하는 편이다. 녹색은 눈을 편하게 하고 봄날 비 온 뒤의 초록 숲은 마음을 지극히 안온하게 해 준다. 마음에 드는 색을 좋아는 할 수 있지만 그렇지 않다고 비방이나 경멸은 하지 않기로 한다.

신체에서 가장 예민한 감각기관이 눈인데 이곳에 빨강 초록 파랑을 반응하는 세포들이 있다. 이 3가지 빛이 뇌에서 적절하게 조립되어 사람에게 인식된다. 이른바 빛의 3원색이다. 이 셋이 하나로 합쳐지면 하양이 된다. 그렇게 해서 존재하는 4색은 모든 색의 근원이 되는 셈이다. 파랑은 함께하는 사람들 간의 영적인 공감을 의미하고, 초록은 행복을, 하양은 구성원 모두의 일체감을 뜻하는 것으로 생각할 수 있다. 빨강은 건강하고 싱싱한 삶을 의미하는 중요한 색이다.

양말을 곱게 벗어 세탁기로 향한다. 다음에 너로 인해 울적한 마음이 생기를 얻고 산뜻한 기분으로 집을 나서기를 바란다. 빨간 양말, 다시 만날 때까지 몸 깨끗이 씻고 안녕히 잘 있어.

인사하는 나뭇잎

임지택
2004. 3. 천료

여느 때와 마찬가지로 아침에 기상하자마자 유리 창문을 연다. 열자마자 한눈에 들어오는 담장 옆에 기대선 진녹색 나무의 이파리들이 두 눈을 가득 채운다. 밤사이 새 눈이 몇 잎 더 불어난 것 같다. 연초록색 잎에 노란색 앳된 잎이 나를 바라보며 파르르 떤다. 마치 어린애들이 고사리손을 흔들어 인사하는 모습을 본 듯 착각한다.

'그래, 그래! 하룻밤 사이에 키가 부쩍 컸는가 보다.' 연초록 아기 이파리들이 고사리손을 귀엽게 흔드는 모습으로 보인다. 나도 손을 가볍게 흔들어 답례한다. 이에 뒤질세라 어린 아기 이파리들이 킬킬거리며 웃는다. '어르신! 밤새 안녕하셨어요?' '으으응, 너희들을 보고 있노라면 절로절로 웃음이 나오고 기분이 좋아지는구나.' 그런데 어쩌지. 너희들과 이야기하며 노는 걸 시샘하는지 우리 집 귀염둥이가 나를 찾는구나. '이따 보자. 곧 돌아올게.' '그러세요. 어린 손자가 하비를 찾는가 보네요.' 어린애를 다독여 놓고 다시 돌아와 담장 옆에 기대선 나뭇잎을 바라본다. 이전보다 조금 다른 바람이 스치고 지나가는지 작은 가지 전체가 흔들리면서 꾸벅꾸벅 고개를 숙였다 펴기를 반복한다. 바람이 슬쩍 한 수 가르쳐 주고 지나간 모양이다. '안녕하셔요? 어르신!' '으응! 너희들이 이젠 바른 자세로 인사하는구나, 고맙다. 언제 틈을 내서 너희들 어깨와 몸통에 감겨 있는 거미줄을 거둬 주어도 괜찮겠니?' '그럼요, 거미줄에 묶여 있으니 너무나 불편해 죽겠어요. 우리 집 주인님은 날마다 물은 잘 주시는데 거미줄은 거둬 줄 생각은 안 하셔요. 미처 그건 보시지 못한 것 같아요.' '나는 주인이 아니지만 담장 하나 사이에 날마다 인사를 주고받는 사이가 아니냐.' '우리가 어르신께 배꼽 인사를 하고 싶어도 우리 몸을 이리저리 칭칭 감아 놓아서 그리할 수가 없어요.' '그렇구나, 얼마나 답답하겠느냐? 수일 내로 틈을 내서 그걸 처리해 주마.' 나무와 약속을 하고 나서 무얼 가지고 어떻게 해야 할지 곰곰이 생각해 본다. 내가 좋은 일 한번 해 보겠다는데 이웃집 아주머니가 뭐라 참견할지? 우리 식구들과 사이도 그리 좋지 않은데…. 어디 그뿐인가. 아빠! 그까짓 거미줄이 뭐라고 이 무더위에 막대기를 들고 거미줄 걷기를 해요?라고 핀잔이나 주지 않을지? …에라, 모르겠다. 오늘은 여기까지만 생각하자. 하고 많은 날이 기다리고 있으니. 에이 더워!! 소나기나 한 두름 퍼부었으면 좋으련만….

나의 작은 소망이 하늘에 통했음인지, 꼭두새벽인 듯한데 빗소리가 귓전을 후려친다. 무딘 잠귀인데도 분명 장대 빗소리다. 그래, 주룩주룩 퍼부어라. 달아오른 땅의 열기가 한풀 꺾이도록. 거미줄도 얼마간은 끊기겠지. 하지만 내 작은 소망에 대한 화답은 점차 사그라지는 기색이다. 오늘은 여기서 그치더라도, 내일도 모레도, 그 뒷날이 기다리고 있으니, 기대하는 수밖에….

우리가 대자연의 섭리를 좌지우지할 수는 없으니 대자연의 흐름에 맡겨두고 내가 할 수 있는 범위 내에서 내 할 일만 하면 되겠지. 이렇게 생각을 정리했는데 또 다른 생각이 고개를 든다. 나무 도와주려고 거미줄을 거둬버리면 뭔가 먹고 살아보겠다고 애써 포획 망을 쳐 놓고 먹잇감이 걸려들기를 기다리는 거미 입장에서 생각해 보면 그걸 내 생각대로만 해서는 안 될 것 같다.

거미는 생존의 문제이지만 나무는 얼마간의 불편을 감수하는 문제다. 그렇다면 어느 쪽이 보다 시급하고 절박한 문제인지는 확실하다. 이걸 제 삼자인 내가 개입해서 처리하려고 왈가왈부(曰可曰否)하는 것은 최선의 방법이 아니지 싶다.

자연계의 현상과 제반 문제는 자연의 섭리(攝理)에 따르는 게 순리(順理)가 아닐까?

우리가 살아갈 세상

임수진
2004. 9. 천료

죽은 자와 대화를 나누면 어떤 심정일까? 설마, 그런 일이. 가당키나 한 일이야? 반문할 일이 실제로 일어났다. 1980년부터 22년 동안 시청자의 사랑을 받았던 농촌 드라마 「전원일기」가 tvN에서 「회장님네 사람들」로 소환되었다. 오랜만에 만난 배우들은 서로의 근황을 주고받으며 반갑게 웃었다.

그중에는 고인이 된 분이 몇 분 계신다. ‘응삼이’ 역을 맡았던 박윤배 배우도 그중 한 사람이다. 빔스튜디오가 비엠리얼 솔루션 디지털 휴먼 기법으로 그를 복원시켰다. “우리 전원일기 식구들 잘 지내셨죠?” 능청스러운 첫인사에 배우들 눈이 휘둥그레졌다. 놀람, 신기함, 반가움, 그리움의 감정에 출연자들 눈가가 촉촉해졌다.

“응삼아, 나 알아?” 김수미 배우가 물었다. 그러자 “아휴. 일용 엄니를 왜 몰라유?” 하는데 망자가 아니라 꼭 살아 있는 사람과 영상통화를 하는 듯했다. 딥페이크 솔루션이 상용화되어 사랑하는 사람을 준비 없이 보낸 이들의 마음 치유에 도움을 주면 좋겠다 싶었다.

요즘 뜨거운 소식은 챗GPT이다. 글로벌 인공지능 연구소 '오픈AI'에서 개발한 대화형 인간지능이 검색 시장에 파장을 일으켰다. 인간의 언어를 이해하고 명령어를 입력하면 즉각 답을 내놓는다. 질문 내용을 정확히 파악하고 추론과 상황인식이 가능하여 마치 사람과 대화하듯 하다.

요리에 비유하자면 메뉴만 정하면 바로 밥상을 받을 수 있다. 빠르다. 문장에 격이 있고 전후 문맥도 정확하다. 물론 편향적인 정보와 오류, 표절 등의 문제점이 있지만, 완성된 요리로만 평가하면 그럴싸하다. 들어갈 재료가 다 들어갔고 간도 잘 맞고 영양소와 향도 일품인, 그야말로 제대로 된 한 상이다.

이제 이용자는 재료를 다듬고 씻고 썰고 볶는 시간을 벌 수 있다. 사람은 잠을 자고 휴식해야 하지만, 챗GPT은 쉴 새 없이 학습한다, 방대한 자료를 먹어 치운다. 소화력과 암기력도 좋다. 학습한 걸 똑똑하게 응용해서 주문만 하면 어떤 요리든 뚝딱 내놓는다. 작문, 논문은 물론 연설문도 쓴다. 사람이 쓴 건지, 챗봇의 실력인지 전문가도 구분하기 힘들다.

얼마 전에는 '시아'라는 이름을 가진 AI가 쓴 시를 읽었다. 「시란 무엇인가?」란 제목이었다. "세상에서 가장 짧은 말을 하는 것이고/ (중략) /덜어내고 덜어내서/ 최후에 남는 말이 시"라고 지었다. 사려 깊고 깔끔하여 미래에 사라질 직업에 작가도 포함되는 게 아닐까, 위기의식을 느꼈다.

인간은 읽은 것도, 들은 것도 시간이 지나면 까먹는다. 최근의 나는 워낙 깜빡거려서 내 기억을 믿을 수가 없다. 앞으로의 세상은 키보드만 잘 두드리면 되는 걸까? 그동안 검색의 왕좌 자리를 차지해 왔던 구글은 비상이다. 중국의 '바이두' 한국의 '네이버'도 마찬가지다. 구글은 곧바로 '바드'를 출시했고 네이버도 AI챗봇과 검색을 통합한 '서치'를 상반기 출시 예정이다. 편리한 세상이지만 차려주는 밥상에 대한 평가와 어떻게 받아먹을지에 대한 고민은 각자의 몫이다.

이제 우리의 경쟁자는 사람이 아니라 로봇이고 AI가 인간을 보조하는 게 아니라 사람이 AI를 보조해 주는 세상으로 가고 있다. 사람보다 인공지능과 생활하는 시간이 더 길다. 병원 로비에서는 로봇에게 도움을 청하고 패스트푸드나 카페에서는 키오스크로 주문한다. 아이스크림 가게와 라면집도 무인이다. 자율주행 자동차를 타고 로봇을 주치의로 둘 날도 멀지 않았다. 좇아가느라 바쁜데 가끔 생각이 멈춘다. 뇌가 쪼그라드는 걸까.

백두산과 두만강

박건오
2004. 10. 천료

한민족의 성지 백두산에 올랐다. 그동안 사진으로, 유튜브 영상 등으로 봐오던 성스러운 백두산 그곳에 오르길 얼마나 기다렸던가. 그 감회는 영원토록 기억될 것이다. 백두산 관광코스는 중국 쪽 서파, 북파, 북한의 남파, 동파로 산에 오른다.

지인 등 20명이 3박 4일로 두만강과 백두산 관광에 나섰다. 김해 공항을 이륙한 비행기는 동해안을 따라 중국 길림성 연길(연변)시에 3시간여 만에 도착했다. 숙소는 연길(연변)시 '이도백하 진'에 있는 호텔로 정했다.

흐린 날씨 속에 첫날 오후에는 신록이 짙은 고속도로를 달려 두만강이 흐르는 '도문' 강변공원으로 이동했다. 두만강이 유유히 흐르는 가운데 북녘땅은 바로 앞이지만 건물이 여러 채 보였으나 사람은 보이지 않고 강변 나무숲 뒤에는 북한군 초소라고 한다. "두만강 푸른 물에 노젓는 뱃사공의…" 푸른 물은 흙탕물이 흘렀다. 두만강 건너 북녘땅은 남양시로 다리를 놓아 중국인들은 북한 관광을 한다고 한다. 우리는 두만강을 사이에 두고 국경 지역을 한 30분간 달렸으나 통제하는 구역에서 되돌아 나왔다. 동토의 북녘땅은 국경 지역에 집이 드문드문 보였으나 사람은 얼씬거리지 않았다. 산은 나무가 없는 민둥산이었다. 북한과 국경 지역은 철조망을 길게 쳐 놓았고 먼 산에는 북한의 선전 문구가 보였다.

이튿날은 백두산 서파(長白山西境地區) 관광인데 아침부터 굵은 빗방울이 떨어진다. 서파 지구는 숙소에서 버스로 1시간 반을 달려 그곳에서 공영버스로 50분을 이동, 다시 10인승 셔틀버스로 백두산 서파 지구 종점에 다다랐다. 예전에는 백두산 관광을 연길(연변)시 조선 자치구에서 운영하였으나 지금은 중앙정부에서 운영한다고 하며, 여권과 소지품 검사를 위해 X레이 검색대 통과 등 절차가 까다로웠다.

비가 추적추적 내리는 가운데 울창한 자작나무 숲길을 지나 백두산에 입구에 도착하니 높은 산에 길게 뻗은 산세가 웅장하다. 또한 급경사로 이룬 산봉오리 아래로 대평원이 펼쳐지고 이름 모를 고산 야생화들이 활짝 피었다. 여기가 해발 2000m의 고산 화원으로 겨울에 내린 눈이 6월 말인데도 여기저기 쌓여 있어 백두산을 실감케 했다.

주차장에 내려 비를 맞을세라 고무 신발을 사 껴 신고 우의를 입고 소형 배낭도 짊어지며 준비를 단단히 했다. 세찬 비바람이 몰아쳐 손이 시리고 날이 추워 겨울 등산복을 준비해 간 것이 다행이었다. 천지 쪽에는 안개가 자욱하다. 여기서 1,442계단을 타고 올라가야 한다. 선두 그룹에서 세찬 비바람 속에 발걸음을 재촉했다. 어떤 사람은 가마에 의존하여 올라간다. 중간쯤에는 지붕을 만들어 휴식을 취하도록 했다. 구슬땀 흘리며 한참을 걸으니 천지(天池)에 도착했다. 비와 함께 강풍 속에 안개가 자욱하여 사방이 보이지 않는다. '天池'라는 간판이 우리를 반기는 듯하다. "와! 백두산." 힘들게 올라온 백두산을 바라보며 휴식을 취하고는 내일 북파 쪽을 기대하며 내려왔다.

사흘째는 백두산 북파(長白山北境地區) 쪽이다. 아침에 일어나니 날씨가 청명하여 오늘은 천지를 볼 수 있을 것 같다. 어제 오후 늦게 관광버스 안에서 누가 제안을 해 북파 쪽 관광은 정상코스로 이동하면 2~3시간을 줄을 서 기다리므로 VIP실을 이용하면 줄을 서지 않고 바로 입장할 수 있다고 하여 1인당 50불을 내고 예약을 했다. 출발하는 날 아침 20인승 공영버스가 바로 호텔까지 와 기다렸다. 공영버스를 타고 1시간 정도 달려 중간지점 주차장에 도착했다. 중간 주차장에는 10인승 셔틀버스를 타기 위해 수많은 관광객들이 줄을 서 있었다. 우리는 바로 옆문을 통해 들어가 셔틀버스에 올라 백두산을 향했다. 산 정상 부근까지 포장이 잘되어 있었다.

오전 9시 40분에 백두산 북파 주차장에 도착했다, 가이드가 10시 50분까지 시간을 주었다. 천지를 오르는 등산로는 밀려드는 인파로 길게 줄을 서 올라가고 있다. 백두산 관광은 6월에서 8월까지가 절정으로 많을 때는 하루 2만 명이 온다고 한다. 날씨는 청명하여 천지를 볼 수 있다는 마음에 마음이 설렌다. 약 20분을 걸어 올라가니 대망의 천지다. 눈 아래 장엄하게 펼쳐진 천지 물빛의 세계, 천지를 보는 순간 스스로 근엄한 자세에 고개가 숙여진다. 세계에서 가장 높은 곳에 자리한 거대한 화산호수로 하늘빛도 물빛도 푸르러 눈이 시리다. 여기가 한민족의 근원이며 겨레의 혼이 숨 쉬는 민족의 영산이라니 어찌 감격스럽지 않을 수 없다. 이렇게 맑은 날은 흔치 않다고 하는데 행운이다. 산 정상에서 바라본 백두산은 산세가 광활하고 웅장하며 망망대해처럼 끝이 안 보인다. 겨울에 쌓인 눈이 녹지 않는 가운데서도 백색의 고산 야생화는 지천으로 피어 있다. 겨울에는 영하 40도까지 내려가는 혹한 추위에도 생명의 꽃을 피워내는 고산 야생화다.

백두산 정상을 벗어나 비룡폭포(장백폭포)로 향했다. 비룡폭포는 68m의 수직 절벽을 따라 떨어지며, 폭포 아래에는 지난겨울의 눈이 남아 있다. 높은 산봉우리에서 이렇게 많은 양의 물이 흐르다니 신기하다. 세계에서 백두산만이 볼 수 있는 장관이다. 화산이 폭발한 백두산은 이곳 비룡폭포 입구 좌측에 유황 냄새가 나는 83도의 온천수가 솟아올라 이 물을 이용, 달걀을 익힌다고 하나 사실은 그렇지 않다는 이야기도 들렸다.

이어 가곡 「선구자」에 등장하는 비암산 일송정과 해란강이 흐르는 용정시로 향했다. 일송정은 우리 선열들이 북풍한설 몰아치는 만주벌판에서 항일투쟁을 위해 이곳에 모여 회의를 하였다고 한다. 용정시 비암산 정상에 있는 일송정과 해란강을 차창 밖으로 구경하고 '용정지명기원지우물'에 도착했다. 탑골공원을 연상케 한 이곳에는 용두레 우물, 정자, 조경수 등의 공원으로 우물은 뚜껑을 덮어놓았다. 우리는 돌아오는 길에 가곡 「선구자」를 부르며 잠시나마 항일투쟁을 한 선열들을 회상해 보았다.

일송정 푸른 솔은 늙어 늙어 갔어도
한줄기 해란강은 천년 두고 흐른다
지난날 강가에서 말달리던 선구자
지금은 어느 곳에 거친 꿈이 깊었나

한편 연길(연변) 조선족자치주는 인구가 53만 명으로 이 가운데 60%가 조선족이다. 시내에는 '농업마트' 등 절반이 한글 간판이라 한국으로 착각할 정도다. 1988년 서울올림픽 입장식을 연변 조선족 동포들은 동네에 TV가 있는 집에 모여 시청을 하면서 "손에 손잡고" 올림픽 주제곡이 나올 때는 모두가 따라부르며 조국이 그리워 눈물을 흘렸다고 조선족 3세인 가이드(guide)는 전했다.

북한과 국경을 이룬 두만강과 백두산 그리고 항일투쟁의 상징인 용정시 일송정, 해란강, 용두레 우물 등의 외국 여행은 영원토록 기억될 것이다.

코카서스의 작은 희망

유기섭
2004. 11. 천료

희망 찾아서 떠난 코카서스의 작은 이름. 아제르바이잔 국경을 넘어 조지아의 시그나기로 이동하여 수도 트빌리시로 향했다. 맑고 푸른 하늘과 하얀 설산의 아늑함은 코카서스의 여유와 기품을 그대로 품고 있는 듯하다. 작지만 강한 나라 조지아는 기독교가 아주 오래전 전래된 곳으로 성녀 '니노' 상이 인자하게 처음 이곳을 찾는 이방인에게 자비와 따스함으로 맞이한다. 화려하지는 않지만 고풍스러운 정경이 조용한 가운데서도 편안한 마음이 들게 하는 주변 환경으로 마음이 따스해온다.

카즈베기로 이동하는 중에는 옛 소련이 군사목적으로 건설한 도로를 따라 달린다. 산중인데도 시원하게 뚫어진 도로가 시야를 확 트이게 한다. 수많은 인력이 고되고 힘든 도로의 건설 사업에 투입되었다 한다. 인적이 드문 산간도로 곳곳에는 아직도 어렵게 진행되었던 그때의 흔적이 아물지 않고 남아 있다. 특히 대부분의 공정에 독일인 죄수들을 동원하여 건설되었다 하니 아직도 그 상흔이 다 가시지 않은 역사의 아픈 흔적을 느끼게 한다. 오랜 기간 강대국의 간섭과 지배를 받아 온 지정학적 요인과 힘이 부족하고 작은 나라가 강대국의 틈바구니에서 살아가야 하는 운명과 불가피성을 어떻게 받아들여야 할까.

멀리 우뚝 서 있는 여인상은 한 손에 칼을 또 한 손에 포도주를 들고 서서 도시 전체를 내려다보고 있다. 천혜의 자연조건을 받아서 햇볕과 바람 건조한 날씨의 생육조건으로 세계적인 포도 생산과 포도주를 빚어내고 있다. 고유의 전통과 역사를 이어가기 위하여 평범한 일상 속에서 그들의 흔들리지 않는 꿋꿋함을 느껴볼 수 있다. 그것이 오랜 시간 쌓여서 그들의 역사가 되고 전통으로 맥을 이어오고 있는 것이리라. 전통과 역사의 계승자는 위대한 명망가의 업적이 아니라 소박하고 평범한 일상의 삶 속에서 쌓여진 세월의 나이가 말해주고 있음을 깨우치게 해 준다.

러시아의 정치가 스탈린의 고향인 고리를 찾아갈 때는 우리의 지리적 조건과 처한 상황에 대하여 생각해보기도 했다. 제2차 세계대전 때 일본의 식민 지배하에 놓여 있던 우리 한반도의 운명에 대하여 논의하고 회담했던 장본인 중의 한 사람. 그가 쓰던 집무실을 겸한 기차 내부를 둘러보며 작은 기차 안이지만 우리에게 다가오는 감정은 예사롭지 않았다. 세계사적으로 역사적인 회담이었고 우리에게는 생존과 미래 한반도의 운명에 대하여 협상하였던 세계 지도자가 쓰던 기차라는데서 묘한 감정이 인다. 영국의 처칠과 미국의 루즈벨트 소련의 스탈린이 참석한 얄타회담 때 스탈린이 회담장까지 오고갈 때 이용한 기차라는 데서 더욱 호기심과 이상야릇한 감정이 뒤섞인다.

당사자들은 세상을 떠난 지 오래지만 그때의 녹슨 기차는 오늘도 달리고 싶은 욕망을 억누르고 어찌할 수 없는 자리를 지키고 있음을 본다. 코카서스의 3국으로 이웃하고 있지만 아직도 화해하지 못하고 있는 이웃나라 아제르바이잔과 아르메니아의 난민촌을 바라보며 언젠가는 코카서스의 3국이 머리를 맞대고 웃을 수 있는 그날이 빨리 오기를 소망하며 시그나기 성벽을 걷는다. 중세건물의 낭만과 코카서스산맥의 비경을 눈과 가슴에 담으며 역사의 소용돌이 속에서 작은 나라가 겪어야 하는 불가항력적인 힘의 논리와 그 속에서 꿋꿋이 살아가야 하는 민족의 운명을 생각해본다.

수년전에는 소련연방에서 탈퇴한 조지아 내에서 분리 독립을 주장하는 압하지야와 남오세티아 공화국과의 분쟁으로 러시아와 전쟁을 치르기도 했다. 작은 나라 조지아가 무엇으로 보나 강대국 러시아를 상대하기엔 힘이 부족했던지 전쟁 개시 몇 시간 만에 손을 들고 말았다. 사람들은 말하기를 '하룻강아지 범 무서운 줄 모른다'느니 하며 전쟁의 결과를 미리 예단하기도 하였다. 실제로 전쟁은 싱겁게 끝나고 러시아의 입김에 머리를 조아려야 하는 처지가 되었다.

지금도 흑해의 건너편 우크라이나 땅에서는 침략자 러시아를 상대로 우크라이나가 힘겨운 전쟁을 치르고 있다. 자유민주국가로 발돋움하려는 이웃 국가의 성장을 고운 눈으로 보지 않는 강대국 러시아. 국력이나 전투력 면에서나 힘겨운 상대를 맞아 전 국민의 정신력으로 버티고 있지만 그것이 언제까지 버틸 수 있을지. 강자의 포용이 어느 때보다 아쉬워지는 때이다.

나라의 운명과 민족의 자주를 위하여 할 말 하고 독자적인 결정권한을 누리려 하는 작은 나라 조지아. 코카서스의 정기를 이어받아 언젠가는 그들만의 나라 운명을 개척하는 작은 희망과 고유의 민족정신을 오랫동안 당당히 이어나가기를 빌어본다.

그래, 나도 꼰대다

안규금
2005. 4. 천료

젊은이들의 말을 빌리면 나도 틀림없는 꼰대다.

그런다고 보기 싫게 심한 '꼰대 짓'을 하지 않는다. 주름이 늘어가는 얼굴을 살펴보면 꼰대 모습임에도 마음만은 그 반대다. 오히려 '젊은 꼰대'에 비하면 훨씬 정상적이라고 생각한다. '꼰대 자가 진단 테스트'를 내려받아 결과를 확인해 봤더니 '성숙한 어른'이라고 한다. 외모보다는 숨겨진 마음이 중요하다.

식당 골목길에서 몰래 담배를 피우며 시시덕거리는 어린 여성들을 보고도, 그러려니 하고 젊은이들의 새로운 문화를 긍정적으로 보자고 한다. 아내가, '아무 말 하지 마세요. 잘못하면 꼰대 취급받아요!' 한다. 그래도, 그냥 지나치려니 마음이 편치 않다. '떳떳하다면 남 보거나 말거나 버젓이 피우면 될 건데 왜 골목에 숨어 피우지?' 하는 생각이다. 아직도 '꼰대'에 머물러 있는지 자문해 본다.

우리의 생각에 비춰보면 젊은이들의 행동이 언짢게 보이는 일이 한 가지가 아니다. 유행이라며 홀딱 벗다 싶을 정도로 속살을 내보이는 옷차림이나, 자루 포대를 뒤집어쓴 것처럼 긴 외투로 땅을 쓸며 거니는 옷차림도 탓할 마음을 달랜다. 길거리에서 젊은 남녀가 끌어안고 진한 애정 표현을 해도 못 본 척 고개를 돌린다. 잘못된 생활 태도를 지적하며 바로잡으려 하면, 바로 '꼰대 짓'이라고 손가락질을 받을 수 있다. 여기에 그들이 사용하는 은어나 속어, 약어, 외래어로 채워진 대화는 얼른 알아들을 수 없다. 여러 가지 방법으로 검색해 봐도 쉽게 이해할 수 없는 대화를 듣고 한참 뒤진 꼰대가 분명하고 생각한다.

식당에서 모두 똑같은 음식을 시켜 먹고, 같은 패션의 옷을 차려입는 등 획일성을 선호했던 우리에게 비하면, 식성에 맞는 음식을 골라 제맛에 따로 골라 먹는 똑 부러진 젊은이들의 개성 표현이 부럽다. 그들은 무조건 따르라고 강조하는 꼰대 상사를 거부하고, 어울려 각자의 임무에 충실하게 도와주는 선배를 원한다. 선배의 지시가 부당하고 비합리적일 때, '예, 그렇게 하겠습니다.'라고 따르지 않고, '아닙니다.'라고 이의를 제기하는 용기가 있다. 훌륭한 선배는 의견을 따르지 않는다고 화내기는커녕 후배의 의견이 옳다면 받아들이고 존중해 주는 풍토로 바뀌고 있음을 알고 있다. 이런 직장 분위기가 일 처리를 더욱 활성화할 수 있는 자극제가 되리라고 본다.

위 '꼰대 진단 테스트' 첫 번째 문항이, '나이를 묻고 나이가 어린 사람에게 반말한다.'라고 되어 있다. 우리는 인사를 나눈 후에 고향과 나이를 묻는 습관이 있다. 나이가 더 많으면 상대방의 의견을 묻지도 않고, 자기가 손위라며 말투를 내리고 대접받기를 원한다. 나는 이런 버릇의 단점을 알고 있기에 얼른 말 내리기를 하지 않고 존댓말을 쓴다. 그 결과, 한참 후에 '띠동갑인 걸 몰랐다.'라며 극진한 사과를 받은 적이 여러 번이다. 행동으로 존경받을 수 있게 해야지 나이로 거드름을 피울 일은 아니다. 베풀기를 주저하지 않고 말은 아껴야 어른이다. 처음 만나 인사를 나눴는데, 자기가 고령이라며 말을 낮췄다 하여 다툼이 일어나는 걸 목격하고 중재를 했다. 그런데, 마음을 쉽게 열지 못하고 씩씩거리는 '젊은 꼰대'도 있다. '자기가 언제 봤다고 말을 함부로 하냐?'며 분을 삭이지 못했다. 우리는 오랜 세월 동안 유교 사상에 젖어서 살아왔다. 노인들의 보수적이고 과거지향적인 생각과 행동이 젊은이들에게는 불편하고 딱하게 보일 것이다. 나이가 많은 분에게 '말씀을 낮추시라.'라며 존경의 뜻을 보였고, 이런 자세가 미덕으로 남아 지금까지 몸에 배어 있다. 또, 주변에서 일어난 잘못된 행동을 보고 그냥 지나친다는 것은 어른답지 못한 부적절한 행동이라고 지탄받았다. 그리고 젊은이들도 잘못을 지적받으면 부끄러워하고 고치려 했다. 그러나 이제는 눈을 부릅뜨고 '당신이 왜 참견이지요?'라며 핀잔을 준다. 세상이 바뀌어도 너무 많이 바뀌었다.

젊은이들을 이해하고 인격을 존중해 주자면서도, 마음 한편에는 후배를 하대하고 복종하기를 원하는 이중적인 인격자도 있다. 복지관 회원 모든 분에게 '선생님'이라고 부르는 운동을 하고 있는데도, '나는 평생 교수이니 교수로 불러 달라'는 명예욕에 찬 강사도 있다. 이런 강사일수록 자기가 실수했을 때, 잘못을 인정치 않고 사과도 하지 않는다. 철석같이 약속해 놓고 불리하다고 생각되면 이 핑계 저 핑계로 약속을 지키지 않는 주책바가지 노인도 있다. 젊은이들과 동석이 되면 '나 때는 말이야…'라고 가르치려 드는 노인… 등, 아직도 많은 꼰대가 발견되고 있으니 젊은이들을 나무랄 수만 없다. '아름다운 마무리'를 해야 할 노년인데, 아직도 자기중심 사고와 권위주의의 생각에 빠져 사는 노인이 많다.

꼰대란 '젊은 세대가 아버지나 선생님 등의 기성세대를 불경스럽게 지칭하는 은어나 비칭'이 아니다. 타인을 무례하게 얕잡아 보거나 일방적으로 자기의 생각을 강요하는 사람, 힘 있는 사람이 약한 사람에게 거들먹거리는 사람, 잘난 척 거들먹거리는 사람을 꼰대라고 한다. 모두 이런 꼰대가 아니고 품위 있는 말과 행동으로 모두를 배려하며 곱게 익어가는 '성숙한 어른'이 되었으면 좋겠다.

자산어보(慈山魚譜)

김재귀
2005. 5. 천료

우리 어록을 체계적으로 분류한 학자 정약전[丁若銓:1758-1816 다산(茶山)의 둘째 형] 타계 200돌을 맞이하여 유배지 흑산도에서 저작한 『자산어보』(慈山魚譜)의 자취를 찾아 나섰다. 남양주 다산 생가에서 강진까지 답사는 모두 잘 살게 하는 실학 기행이라 했다. 수년 필자는 수필집 3, 4집에 「다산초당」과 「하피첩」을 집필하였다. 자산어보 산실을 쓰게 되어 보람된 인연이라고 생각한다. 실학기행 2016년 흑산도는 고도였다. 목포에서 배를 타고 일주일, 날씨가 나쁘면 보름 넘게 걸려야 닿을 수 있는 고도다. 쌀과 소금이 나지 않는 척박한 섬이다. 나라에서 큰 죄를 지은 죄수들을 이곳으로 유배 보냈다. 전남 신안군 흑산도다. 지금 목포에서 쾌속선으로 1시간 50분, 홍어로 이름난 관광명소이지만 조선시대에는 극형의 유배지였다.

2016년 5월 흑산도에 반가운 손님들이 찾았다. 교수, 영화감독, 기업인 등 40여 명으로 구성된 '실학기행 2016' 참가단이다. 다산연구소(이사장 박성무)

실무진과 함께 두 세기 전 이곳에서 한국 해양생물학의 고전[자산어보(玆山魚譜) 혹은 현산어보]을 완성한 손암(巽庵) 정약전(丁若銓: 1758-1816)의 돌담집을 찾았다. 흑산 항구에서 순환도로를 따라 반대편 사리(沙里)에 도착했다. 마을 한복판 유배문화 공원에서 돌담을 따라 조금 올라가면 손암이 살던 복성재(復性齋)가 나왔다. 새로 복원한 건물에 손암 동생 다산 정약용(1762-1836)의 글씨를 딴 현판 사촌서당(寺村書堂)이 달려 있다.

손암은 이곳에서 불후의 명작인 『자산어보』를 완성했다. 유배지에서 핀 동백꽃이었다. 유배 생활에서 가장 보람된 결실이었다. 필자가 쓴 고산 윤선도(尹善道)의 '시문학 정화'가 기억된다. 보길도 유배 생활에서 쓴 문학의 꽃 「어부사시사」, 「오우가」다. 천주교도로 몰려 귀양 온 처지였지만 마을 주민들과 동고동락하며 우리 바다에 나는 어족(魚族) 226종을 체계적으로 분류했다. 물고기, 바다벌레, 해초의 생태를 총 2만 3000여 자로 꼼꼼하게 기록한 선비, 실학자로서 손암이 돋보이는 대목이다. 마침 금년에 손암 타계 200주년이 되는 해이다.

정명현 임원경제연구소장은 이날 특강에서 박물학자 손암을 주목하여 "손암은 손수 물질까지 하며 어부들 사이에 수백 년 내려온 지식을 과학적으로 증명한 '한국의 린네'(1707-1778, 식물 분류법을 만든 스웨덴 학자)였다."라고 하며 "사람이 먹고 사는 문제를 다룬 그의 실용적 면모는 이 시대 지식인의 책무에 대해 많은 것을 생각하게 한다."라고 말했다.

답사진은 손암과 다산의 눈물겨운 형제 우애도 기억했다. 손암을 둘도 없는 지기이자 스승으로 여겼던 다산은 유배지 강진에서 형님을 그리워하는 편지를 보냈고, 형 또한 동생의 안위를 살피며 걱정했다. 동생이 유배지에서 풀려난다는 소식에 거처를 흑산도에서 목포와 가까운 우이도로 옮길 정도였다. '동생이 험한 바다를 건너 보러 오게 할 수 없기' 때문이었다. 『자산어보』 또한 손암의 현장 경험에 다산의 제자 이청(이학래, 1792-1861)의 문헌 고증을 거쳐 완결되었다. 손암, 다산, 이

청의 공동 결과물이라 해도 과언이 아니다.

박석무 이사장은 "다산은 손암의 학문이 더 높다고 판단해 늘 형의 의견을 물었다."라고 하며 "두 형제는 둘도 없는 우애와 공부하는 가족이 해체되고 학문이 분화된 이 시대에 큰 시사점을 던진다."라고 했다. 다산의 7대 종손인 정호형(58, EBS 정책기획 센터장) 부부도 답사에 동행했다. 정씨는 "그간 다산의 유적을 많이 다녔지만 흑산도를 찾은 것은 처음"이라며 "함께 읽고 쓰고 토론하는 선조들을 보며 줄 세우기, 편 가르기에 빠진 지금의 우리를 반성하게 된다."라고 했다. 이번 기행은 사흘간 진행됐다.

다산의 출생지이자 마지막 거처였던 경기도 남양주시 다산 생가를 시작으로 다산의 과학사상과 기량이 집약된 수원 화성, 다산이 흠모했던 성호(星湖) 이익(李瀷:1681-1763)의 경기 안산 성호기념관과 반계(磻溪) 유형원(1622-1673), 전북 부안 유적지 『목민심서』·『경세유표』 등 다산의 대표작이 태어난 전남 강진 다산초당 등을 두루 돌았다. 특히 반계-성호-다산으로 이어지는 실학 3조(祖)가 남긴 유산을 성찰했다.

박성무 이사장은 "반계와 성호는 평생 재야에 살면서도 나라를 위한 걱정에 각각 『반계수록』·『성호사설』을 썼다."라고 하며 "깊은 외로움과 고통 속에서도 국가를 일으킬 대안을 고민했던 그들 모두는 보배 같은 존재"라고 설명했다. 다산 기행 동참자들도 '새로운 출발'을 굳게 약속했다. 분열과 대립의 오늘을 이겨내는 지혜를 탐색했다. "사회적 고통을 직시하며 모두를 잘살게 하는 공부"(서울대 이현정 교수) "서로 기대며 성장하는 형제애를 담은 창작 판소리 제작"(공연기획자 양정순) "사심 없는 태도와 치열한 정진"(인하대 김태성 교수) 등을 다졌다. 다산(茶山) 자신이 즐겨 쓴 호는 사암(俟菴), 미래를 기다리는 바위라는 뜻이다. "아직도 다산의 실학사상은 현실에서 이루어지지 않았다."(이달호 수원화성 연구소장)는 한마디가 묵직하게 마음 길에 새겨진다.

청일점

김수돌
2005. 6. 천료

간병인 교육을 여성회관에서 받게 되었다. 여자 수강생이 30여 명인데 남자는 혼자뿐이라 매우 쑥스러웠다. 개소식에서 시장님이 이번 교육에는 청일점인 이성도 한 분 계시니 재미있고 알차게 하자고 했다.

많은 여자 속에 혼자 있다는 것은 실제 경험해보니 여간 신경 쓰이는 일이 아니었다. 작은 실수라도 하면 웃음의 대상이 될 수 있지만, 잘하면 샛별처럼 찬란히 빛을 발하는 반선의 기회도 삼을 수 있다고 생각했다.

닷샛날은 교육을 마치고 강사님이 나에게 경험담을 이야기하라고 했다. 어머니를 수발하며 가장 힘들었던, 그날 배운 욕창에 대하여 말했다.

"제가 겪은 경험을 소개하겠습니다. 어머니께서 당뇨합병증으로 심장병이 도져서 입원했는데, 날로 악화되어 10여 일 만에 전신마비가 되었습니다. 결국 퇴원하여 집으로 모셨습니다. 10일 만에 난생처음 보는 욕창이 생겼고 며칠 뒤에 하나 더 보태졌습니다. 고통을 호소하는 '아야!' 소리가 비수가 되어 나를 괴롭혔습니다.

의사나 약사한테 상의해도 해결책을 찾지 못했습니다. 의료 행위가 아닌 다른 방법을 모색하려고 오랜 궁리 끝에, 방바닥에 욕창 크기의 구덩이를 팔 작정을 했습니다.

그날 새벽 꿈결에 친할머니가 다리를 절며 나타나서 뒷산 호랑이굴에 가 보라고 했습니다. 왠지 호감이 발동하여 날도 새지 않았으나 집을 나섰습니다. 살을 에는 추위를 무릅쓰고 돌계단을 올라갔더니 보름동안 애타게 찾던 상처와 바닥을 뗄 수 있는 스티로폼이 그곳에 있었습니다. 그것을 이용한 침대를 만들어 사용하였는데 달포 만에 나았습니다. 일반 환자라면 열흘이면 가능할 겁니다. 이상입니다."

이야기가 끝나자 강사님이 교육 현장을 다니다 보면 이렇게 생생한 체험담으로 한 가지씩 배운다고 했다.

제3회 간병사 시험을 경남 지역은 부산교대에서 치렀다. 그날 응시자가 250명이었으나 남자 수험생은 혼자뿐이었다. 그래선지 시험 감독관인 줄 알고 복도나 화장실 근처에서 어렵게 나온 문제를 질문하면 설명해 주었다.

간병사 합격자 실무 연수교육장에서 강사님이 "오늘의 청일점 김수돌 씨를 소개합니다. 이분은 어머니를 직접 간병하였는데 너무 힘들어 다른 간병자를 돕기 위해 책을 냈고, 어머니를 지극정성으로 돌보아 가락국 시조대왕의 표창까지 받았습니다." 하자 큰 박수로 격려해 주었다.

교육장이나 시험장, 실무 연수교육장에는 항상 남자는 혼자뿐이었다. 그래서 이방인 같은 느낌이 들곤 했다.

전통적인 유교의 영향을 받아 며느리나 딸이 가족의 병을 수발해 왔다. 그것이 미풍양속처럼 되었다. 그러한 영향으로 20년 전만 해도 일반 병원에서는 남자 간병사를 채용하지 않았다. 다만 노인병원에서는 한 층에 한 명 정도 고용하는 곳이 간혹 있었다. 노인병원에서 가장 힘든 일이 목욕과 물리치료, X-ray 촬영 등인데 환자를 옮길 때는 남자가 힘이 좋아 유리하다. 그리고 노인병원의 80% 이상이 할머니다. 개중에는 기분이 언짢으면 여자 간병사에게 함부로 말하거나 욕설도 서슴지 않았다. 그러나 가부장적인 영향으로 남자 간병사의 말은 순순히 따른다.

이처럼 남자가 유리한 점이 많아지자 여자가 간병을 해야 한다는 고정관념의 벽은 허물어지기 시작했다.

간병사의 대부분은 경제적인 사정으로 입문하였으나 나는 수필의 글감을 찾기 위해 자영업에서 간병사로 직업을 바꿨다. 동료들은 호구지책으로 일하다 보니 몹시 힘들어했지만, 좋은 글을 쓰기 위해 즐거운 마음으로 정성을 다했기에 일 처리나 결과는 본질적으로 달랐다.

2019년 자료에 의하면 배출된 요양보호사는 178만 명인데 지금은 족히 200만 명은 될 것이다. 그중에 25%인 50만 명이 요양보호사로 일하고 있다. 그러나 이제껏 병상 문학을 쓰는 사람을 보지 못했다.

25년 전에 병상 문학의 새 지평을 열었다. 처음으로 병상 수기를 썼고 아직도 일인자로 남아 자랑이고 보람으로 여긴다.

내 인생을 바꿔놓은 두 사람

이범찬
2005. 8. 천료

빈손으로 왔다 빈손으로 가는 인생, 그 곡절 많은 인생의 물길은 아무도 모른다. 망백의 산마루에 올라 지나온 발자취를 되돌아보자니 감회가 새롭다. 그런데 그 물줄기를 바꾸는 데 결정적인 역할을 한 사람을 든다면, 김일성과 박길준이다.

김일성 때문에

1950년 6월 25일 새벽에 김일성은 소련제 탱크를 몰고 남침을 감행했다. 나는 그 소식을 교회에 나갔다 들었고, 불길한 예감에 기도실로 들어가 눈물을 흘리며 "전능하신 주님, 어린양을 보살펴주소서." 하고 애원을 했다.

그때 나는 중학교 5학년이었는데, 감리교신학대학을 다니는 이종사촌형에 반해서, 나도 신학대학을 가서 장차 목사가 되겠다던 꿈 많은 소년이었다.

그러나 1·4후퇴 때 제2국민병으로 징집되어 경산까지 다리를 절뚝이며 강행군을 해야 했다. 도중에 가장 중요한 생활용품인 숟가락을 잃어버렸다. 도리

없이 어느 집 부엌에서 밥을 얻어먹고 숟가락을 훔치고 말았다. 10계명을 파계한 첫 사건이다. 그것이 양심의 가책이 되어 조금씩 타락해가다 교회를 버리는 데까지 이르고 말았다.

내가 죽어서 심판을 받는다면 지옥으로 떨어질까? 아니다. 나는 당당한 6·25 참전유공자가 아닌가. 6·25 호국영웅들이 '다부동'전투에서 목숨 걸고 버텨 대구와 부산을 지켜내지 못했더라면 지금쯤 김정은의 폭정 하에 교회도 자유도 사라졌을지 모른다. 다행히도 나는 하느님의 교회와 이 나라의 자유를 지켜낸 1등 공신의 대열에 끼어 있으니 지옥행 판정은 면하리라 확신한다.

박길준 덕분에

박길준 교수는 나의 대학 후배이지만 내 인생의 선배이다. 문교부가 각 대학에서 한 명씩 외국에 1년간 유학비를 지원해 주던 시절이다. 박 교수는 콜롬비아대학에 일 년 먼저 갔고, 다음해에 지원금을 받게 된 나에게 길라잡이가 되어 준 셈이었다. 또다시 외국에 나가기가 어려울 것이니, 사전에 구라파 여러 나라에서 자료 수집을 하겠다고 문교부의 사전 승인을 받아오라고 권해 주었다. 그 덕에 나는 귀국하기 전에 런던에서 출발하는 코스모스관광단에 끼어 유럽 일주 여행을 했다.

벨지움의 어느 호텔이었다. 각자 아침 식사로 빵 한쪽을 얻어먹고 출발시간에 맞춰 버스에 올라타야 한다. 눈을 비비며 황급히 식당에 들어서니 창가의 식탁에서 낯선 한 신사가 손짓을 한다. 내가 일본 사람인줄 알고 반가워 불렀던 것이다.

그는 영어는 한마디도 못하고 나는 일본말이 서투르니 답답한 노릇이다. 명함을 서로 교환했다. 아오모리에 사는 모리 리끼조(盛力三), 나보다 아홉 살 위의 기업체 회장이다. 3개월 후에는 한국에 돌아가니, 혹 서울에 들르거든 전화를 달라고 하며 작별인사를 했다.

"잠깐만, 객지에서 고생하는데 이거 여비에 보태 써요." 100불짜리 달러가 가득 들은 지갑을 열더니 두 장을 꺼내 주는 게 아닌가. 정부가 송금해 주는 1천불로 한 달 생활을 꾸려가는 처지에 이 거금을 쥐어 주다니, 참으로 당혹스러웠다.
순간 머릿속에 떠오르는 한마디, '외국에서 이유 없는 호의를 베푸는 사람을 만나면 주의를 하라.' 그 당시는 출국하는 여행자는 중앙정보부에서 소양교육을 받아야 했다. 간첩의 접선을 염려해서. 순간적이나마 망설이다가 설마하고 받았다. 아무리 상황 분석을 해 보아도 그가 공작원은 아니다.
뉴욕에 돌아와서도 쉽게 잊히지 않는다. 길에서 주운 횡재도 아니고, 그런 고마운 일이 어떻게…. 좋다고 그냥 써 버리는 것은 인간의 도리가 아닌 성싶었다. 보답을 하자. 서투른 글씨로 처음 써 본 일본어 편지다. 돌아갈 때가 되어서 내게 남은 것은 이것밖에 없다며, 일화 인삼차 한 봉지와 내가 쓴 『상법예해(상)』 한 권을 우송했다.

3년이 지난 어느 날 조선호텔에서 전화가 왔다. '모리'란 사람이 나를 찾는다고. 모시고 나와 강남에서 이름난 '삼원가든'으로 갔다. 일본 사람들이 좋아하는 불고기로 대접을 했다. 도곡동 개나리아파트가 가까우니 차는 우리 집에 가서 마시자고 제의를 했다.
거실에 진열해 놓은 여러 점의 도자기를 보여줬다. 괴산도요에서 황규동 옹이 재생한 이조백자라고 설명을 하다 보니 문득 떠올랐다. 기념으로 한 점 선물을 하자고. 기왕 선물을 할 바에는 마음에 드는 것을 골라 가지라고 제안했다.
(졸저 「우연한 만남」 중에서)

이렇게 우연히 만난 모리 회장과의 인연이 계기가 되어 나는 일본말을 배우고 편지도 잘 쓰게 되었다. 그래서 쉽게 일본의 교수들과 교류를 하게 되었고, 정년을 맞자마자 일본 나고야경제대학의 전임으로 취임하여 10년간의 화려한 2모작 인생을 즐길 수 있었다.

박길준 교수의 조언 덕에 이렇게 삶의 물줄기가 변할 줄이야 상상이나 했었던가. 지난날의 추억을 되살리며 새삼 고마운 뜻을 전한다.

조치원1927아트센터

원준연
2005. 9. 천료

우리 삼 남매는 부모님의 기제사를 모신 후에는 맛집을 찾아서 식사하고 인근의 볼거리를 찾아 나선다. 별로 특이한 것 없는 일정이지만, 벌써 여러 해째 지속해오고 있다. 산소에서 가까운 곳에 살고 있는 막내인 나는 늘 맛집과 볼거리를 찾는데 고민 아닌 고민을 하고 있다.

초여름의 아버지 제사를 모시면 한겨울의 어머니 제사가 돌아온다. 자손들이 격조하지 않고 적절히 만나라고 일부러 시절을 맞춰서 돌아가신 듯하다. 응석을 부리던 때가 엊그제 같은데, 삼 남매도 노인이 된 지 이미 오래다. 누님은 어머니가 세상을 뜨신 나이에 가까워지고 있다. 격세지감을 느끼지 않을 수 없다. 이제 곧 어머니의 19번째 기제가 다가온다. 나는 볼거리를 물색하던 중, 매스컴에 소개된 '조치원1927아트센터'를 눈여겨보게 되었다.

별로 특별할 것 같지도 않은 '1927'이라는 숫자에 주목한 것이다. 직감적으로 1927은 연도를 나타낸다고 생각했다. 그렇다면 어머니의 탄생년과 일치하게 된다. 그것만으로도 나에게는 특별하고 의미 있는 숫자로 다가왔다. 일제강점기 시대의 1927년! 특별한 사건이 기록되어 있지는 않지만, 나에게는 어머니가 세상에 오신 아주 각별한 해가 되는 것이다. 누구에게나 소중한 바로 그 어머니가….

예상대로 아트센터는 1927년에 세워진 산일제사공장의 후신이었다. 누에고치에서 실을 잣는 제사공장(製絲工場)이 삼충편물공장으로 바뀌었고 다시 한림제지를 거쳐서 한동안은 폐허가 되었던 건물이 번듯한 복합문화공간으로 새롭게 탄생한 것이다. 이러한 다변의 이력 또한 어머니와 닮은 데가 있다. 어머니는 일제 말기, 처녀들은 정신대로 끌려간다는 소문이 돌아서 숙명여자전문학교의 학업을 포기하고 고향 공주로 내려와서 교편을 잡으셨다. 결혼 후에는 교편을 내려놓고 아버지와 자녀들의 뒷바라지에 전념하셨는데, 그때 편물을 배우셔서 스웨터 등 우리의 옷을 지어 주셨던 기억도 새롭다. 그러나 말년에는 건물이 황폐해지듯 어머니의 삶도 피폐해져 입원 생활을 반년 정도 하셨다. 건물은 재정비와 리모델링을 거쳐서 다시 번듯하게 태어날 수 있었지만, 어머니는 온갖 투약을 다 하였어도 결국 병마를 이기지 못하고 귀천하셨다.

한번 둘러볼 요량으로 짬을 내어 들렀다. 지난해에 개관하였다는데 아직 정비가 덜 된 느낌이다. 1층의 브런치 카페에 들어서니 행인 바스켓이나 모뉴먼트 등으로 꾸며진 실내 조경은 그런대로 예쁘게 조성되어 있다. 헤이다(Heyda)카페는 공연장과 붙어 있는데, 공연장에서는 콘서트, 콘퍼런스, 영화 상영, 뮤지컬 및 각종 전시 등이 개최된단다. 마침 갔을 때는 영화를 상영하고 있었다. 눈에 익은 장면이었는데 스쳐보아서 그런지 영화의 제목은 떠오르지 않는다. 회의 겸 모인 손님이 10명 내외 앉아 있다. 필름만 공전(空轉)하고 있지 않아서 그나마 다행이었다.

주문한 빵과 커피가 나왔다. 안쪽에 자리를 잡는데, 순간 멈칫하며 뭉클하였다. 모든 테이블이 아주 낯익은 고급스러운 자개로 되어 있었다. 어릴 적 우리 집에도 있었던 바로 그 나전칠기의 옷장과 똑같은(?) 무늬였다. 소나무와 학, 공작, 모란 등이 자개로 수놓아진 장롱의 문짝을 이곳에서는 차탁으로 재탄생시켰다. 건물뿐만이 아니라 가구에도 문화의 숨결을 불어 넣은 것이다. 불현듯 어머니의 모습이 떠올라 한동안 먹먹하였다. 어머니는 그 자개장을 장만하시려고 얼마나 노력하셨을까! 어머니 덕분에 어릴 적 행복했던 모습이 그대로 그려졌다. 눈을 돌려 보니, 한쪽 벽에는 수십 년 전의 트렁크가 여럿 수집되어 있었다. 어릴 때 보았던 슈트케이스와 가장 닮은 가방 앞에서 발걸음이 멈춰졌다. 1960년, 아버지께서 미국에 국비유학을 다녀오시면서 가지고 오셨던 바로 그 트렁크와 재질은 달랐지만, 크기와 누런 색상은 비슷하였다. 학용품과 장난감 등의 보물(?)이 가득 담겼던 바로 그 가방과 함께 아버지의 웃음을 머금은 모습이 오버랩되었다. 혼자 감격하여 울컥하였다. 다른 쪽에는 촛대 등의 소품이 전시되어 있다. 우리가 사용하였던 촛대보다는 무늬가 들어가고 형상이 고급스럽게 보였지만, 이 역시 어릴 적 소박했던 시절의 행복을 소환하기에는 부족함이 없었다.

삼 남매가 모일 어머니 기일이 기다려진다. 이곳을 소개하면 누님도 형님도 잠시 동안은 말을 잃을 것 같다. 다시 못 올 검소하게 뒤엉켜 지냈던 시절을 떠올리며, 훌륭한 추억의 장소를 찾았다고 할 것 같다.

1927이라는 숫자에 매료되어 찾아간 '조치원1927아트센터'는 뜻밖의 추억으로 큰 행복을 안겨주었다. 어쩌면 행복했던 어린 시절이 생각날 때마다 부모님이 생각날 때마다 이곳을 찾게 될지도 모른다고 생각하였다.

아버지가 남기신 발자국

장희자
2005. 9. 천료

다큐멘터리 프로그램을 시청하였다. 1970년까지 세상에 알려지지 않은 히말라야에 있는 오지 마을로, 좁은 산기슭에 흙벽돌로 집을 짓고 밭농사를 지으며 살고 있다.

겨울은 영하 30도쯤 내려간다. 아이들은 땔감을 구하러 다니거나 양지쪽에 올망졸망 모여 놀이에 열중하고 있다. 장갑이 없으니 손등이 터져 피가 나고 누런 코가 들락거린다. 겨우 끼니를 해결하며 살기 때문에, 도시에 나가 공부해 직장을 구해야 마을을 벗어날 수 있다.

도움을 주는 분들이 있어서 도시에 있는 람돈스쿨에서 공부하다, 겨울 방학을 하면 집으로 돌아와 두 달을 보낸다. 방학을 끝낸 학생과 입학생까지, 열 명의 아이와 여섯 명의 아버지가 함께 학교로 향한다. 열흘쯤 걸어서 가는 길이라 천막과 책, 옷, 먹을 양식까지 아버지가 진 짐은 아이 키보다 높다.

얼음이 깔려 있고 발목까지 눈이 푹푹 빠지는 바위산을 기어 넘는다. 영하 30도 추위에 강의 가장자리는 얼어도 물살이 빠른 중간은 얼지 않는다. 비탈길을 돌지 않고 거리를 단축하려고 강 가장자리 얼음 위로 걷는다. 가끔 강을 건너다 빠져 실종되는 사고가 일어난다.

일행 중 가장 젊은 아버지가 맨 앞에 서서 작대기로 두드리며 발을 떼어 놓으면 거리를 두고 앞사람 발자국을 짚으며 강을 건넌다. 가끔 수위가 높아져 얼음 위로 물이 흘러 허벅지까지 물이 찬다. 아버지들은 하의를 벗어 지게에 묶고 맨살로 강을 건너 짐을 놓고 돌아와 아이를 업고 또 건너간다. 다리와 발이 빨갛게 얼었다.

펑펑 쏟아지는 눈을 맞으며 걷고, 얼음 위에 천막을 치고 입김이 허옇게 나오는 텐트 안에서 칼잠을 자야 한다. 지게를 벗어 썰매처럼 끌고 앞사람의 발자국을 따라 걷는 모습은 거룩한 순례 행렬이다.

도시 나가 취직하거나 결혼해도 거리가 멀고 길이 험해 집에 오기 힘들다. 입학식을 끝내고 돌아서는 아버지의 눈에서 닭똥 같은 눈물이 뚝뚝 떨어진다. 속담에 '자식은 평생 아비의 진짜 마음을 모른다.' 하는 말이 있다. 자식 앞에서 눈물조차 흘릴 수 없는 아버지! 아버지는 자식이 건강한 모습으로 돌아오기를 바라며 생필품을 장만해 다시 그 길로 돌아간다. 눈 위에는 아버지가 짊어진 삶의 무게에 눌린 발자국이 화인처럼 찍혀 있다.

대를 이어 농사를 짓고 가족을 지키며 가장의 본분을 다하는 아버지 모습에 가슴이 무겁다. 자식을 사랑하고 희생하는 모습이 내 아버지라고 다르겠나! 장마가 지면 허리까지 차오르는 붉은 물속에 서슴없이 딸의 손을 잡고 개울을 건너 주셨다. 방앗간 기계가 고장 나면 무거운 쇳덩이를 짊어지고 서울로 수리하러 가셨다. 기계를 고치는 동안 거리에서 파는 해적판 책과 딸들의 옷을 사셨다. 시골장에는 책방이 없고, 팔지 않는 옷이다.

딸의 해산 기운이 비치자 십 리가 넘는 길을 자전거를 타고 산파를 데리러 가셨다. 산파가 출장 중이라 점심을 굶은 채 너덧 시간을 기다리다가 산파를 자전거 뒷자리에 태우고 오셨다. 평생 큰소리치거나 회초리를 든 적 없어도, “아버지 아실라”, “누나, 아버지께 이를 거야” 하면 하던 일을 멈추고 뒷수습하기 바빴다. 아버지의 자식 사랑은 끝이 없다.

한동안 아름다운 가게에서 일했다. 대학교와 아름다운 가게는 MOU 체결로 봉사 시간을 채우면 1학점을 주는 제도가 있다. 봉사 학생들을 관리하는 게 여간 힘든 일이 아니다. 엄마가 자가용으로 데려다주고 일이 끝나면 데리러 온다. 봉사 시간 기록이 잘못되었다고 서류를 들고 온 것도 어머니였다.

학생이 안 보여 찾으면 구석에 앉아 핸드폰을 보고 있다. 자신이 맡은 일만 하면 시간이 남아도 옆에 있는 친구를 도와주지 않는다. 오전과 오후로 나누어서 4시간씩 봉사하는데 중간에 보이지 않아서 찾으니 봉사 시간이 찼다고 말없이 가 버렸단다. 학점을 따려고 봉사하니 일이 귀찮고 힘들기도 하겠다. 이런 학생들이 사회인이 되면 어떻게 살지 걱정이 앞선다.

청소년들에게 다큐멘터리 프로그램을 통해 아버지의 사랑과 헌신을 보여주었으면 좋을 듯싶다. 동생에게 공부를 가르쳐 주고, 손을 내민 도움으로 바위산을 넘고 정을 나누는 모습이 우리 아이들과 다르다. 우리 아이들은 호강하고 커서 배려심이 없고, 더러운 것, 힘든 것을 참지 못한다.

키보다 높은 짊을 메고 빨갛게 언 발이 눈 위에 남긴 아버지 발자국이 가슴에 남아 있다. 아버지가 그립다. 아버지가 살아 계시면 좋아하시던 술과 회 한 접시 들고 달려갈 텐데. 눈물이 비집고 올라온다.

끽다래(喫茶來), 끽다거(喫茶去)

정경수
2005. 10. 천료

"끽다거(喫茶去)는 "당나라 조주(趙州) 스님의 어구(語句)로 사원이나 다인(茶人)들이 주지(周知)하고 있는 다(茶)에 대한 정착된 술어이다. 차 한 잔 들고 가라는 말도 의미도 심장하지만 '차 한 잔 잡수러 오시오.' 하는 오랜 다 생활(茶生活) 속에서 짜낸 어휘(語彙)이다."(추모집 260쪽)

위의 인용은 끽다래(喫茶來)란 어휘를 만들어 낸 고(故) 금당(錦堂) 최규용(崔圭用) 다인(茶人)께서 생전에 끽다래란 어휘를 만들게 된 동기를 간략히 서술한 대목이다.

최규용 선생은 1903년 통영에서 출생하여 부산 송도에서 사시다가, 2002년 백수를 누리시고 가신 다의 선각자이시다. 일찍 일본 와세다대학 고공(高工) 토목과를 나와 조선총독부 토목과에 근무하면서 영도다리 건립(1929~1934)에도 참여하였으며, 이후 중국 상해에 토목회사를 설립(1935~1946), 12년간 경영하였다. 해방 이듬해 귀국한 이후 해인사 경판고 보수작업에 참여하고 그 뒤에도 다보탑 석굴암 보수작업 등 우리 문화재에 깊은 관심을 가지는 한편, 우리 차문화 재건에 남다른 관심과 애정을 바쳤다.

내가 금당 선생께 관심을 가지게 된 것은 그분의 아들 최창주 군(나의 고등학교 동기)이 2008년 11월 부산구덕문화공원 내에 세워지는 금당 선생의 끽다래(사리)비 제막식에 초대함으로써 비롯되었다. 그 이후 해마다 4월 첫주 토요일에 열리는 추모제에 몇 차례 참례하면서 면면을 살펴보게 되었다.

금당 선생이 젊은 시절부터 관심을 가지고 있던 차 문화에 대한 사랑을 조금씩이나마 알게 되었다. 1998년에는 아들 최창주 며느리 강옥희에게 다도의 비전(秘傳)을 내리셨다.

금당 선생과 부인 민숙인 여사는 1963년에 고려민예사를 광복동에 설립하였는데 이것이 고려민속공예학원(1978)과 금다회(錦茶會)의 모태가 되었고 10년 동안 200여 명의 많은 제자들을 배출하였다. 평생 관심을 가져온 우리 차 문화에 쏟는 열정이었다. 금당 선생께서 가신 이후에 며느리 강 여사께서 대를 이어 금당차문화회를 주관하며 문하생을 기르고, 끽다비를 세우면서 최 군이 유족 대표로 주례가 되어 해마다 서구 구덕문화공원에 있는 금당 다비 앞에서 후진들과 지인들이 모여 추모제를 올린다.

금당 선생께서는 일찍이 일본의 유학 시절과 중국에서의 오랜 직장 생활에서 가졌던 차 문화에 대한 경험을 살려 우리 다의 연구에 혼신의 노력을 기울였다. 나는 금당 선생의 저서인 『중국다문화기행』과 『금당 최규용 추모문집』을 읽고, 차에 대한 진정과 열정을 가슴 깊이 느꼈다. 100세가 되도록 평생 다를 연구한 그의 일관성과, 이를 계승하기 위한 후학 양성의 혜안과 오랜 다 생활을 통하여 '끽다래'라는 다구(茶句) 신조어를 만들어 우리 다 문화의 새 지평을 열었으며 일본 중국 다인들과의 교류를 통하여 우리 다 문화의 위상을 반석 위에 올려놓았다.

당나라 육우(陸雨, 733~804)의 정행검덕(精行儉德, 정성스러운 행동과 검소한 성품)을 생활신조로 삼고 많은 사람들과 차를 나누는 가운데 그들과의 관계를 돈독하게 만들어 온 점이 놀랍다. 그중에는 청남 오제봉, 요산 김정한, 청마 유치환, 효당 최범술, 의재 허백련, 월탄 박종화, 언론인 홍종인, 장혁표 총장, 김용태 총장, 경봉, 청담 일타 선사 등 문화계에 폭넓은 교류를 차 문화 속에서 이루고 있었다.

우리 차 역사에, 초의선사(1786~1866)의 차 스승인 다산(1962~1836)과 동갑인 추사(1786~1856) 세 분의 교류는 차 문화계에 널리 알려져 있다. 1976년 당시 74세인 금당은 초의선사의 출생지를 비롯한 행적을 끝까지 추적하고 탐방하면서 그동안 알려지지 않은 초의선사의 고향마을과 일지암 터를 찾아내는 쾌거를 이루었다.(제자 곽희섭:금당추모집) 뿐만 아니라 초의의 차 배경이 육우에게 있음을 알고 중국을 찾아 가는 대목은 입지전적이다.

중국 차인들과 교류를 하는 한편 '한국육우다경연구회'의 창립회장이 되고 '한국차인 연합회'의 고문으로 추대되었다. 그때 나이가 86세 때였다. 자신의 전공 분야를 젊음으로 충실히 성취한 뒤에 이제 젊어서부터 꿈꾸어 오던 차인의 꿈을 실현시키고 있는 것이었다.

1989년(87세) 국교도 열리지 않은 중국을 간난고초를 겪으면서 25일간 여행을 한 내용들을 기행문집에 담았는데 국교가 열리기 전이라, 양국의 허락을 받는 것도 어려웠지만 허락을 받고도 홍콩으로 가서 다시 중국으로 들어가는 비행기 편을 얻어야 했으니, 그 고충이 컸으리라 보아진다. 필자도 이듬해(제11회 베이징 아시아올림픽이 열리는 해) 올림픽의 일환으로 천진대학에서 개최되는 세계수채화대회를 출품자들과 함께 옵서버로 다녀왔기 때문에 금당 선생께서 노구에 고생한 모습이 눈에 선하다.

25일간 중국을 여행하는 동안에 각 지역의 차에 대한 관심은 말할 것도 없고 육우기념관 안의 육우 동상 앞에서는 동상에 손을 얹고 자기도 모르는 감격의 눈물을 흘렸다고 말하고 있다. 그를 수행하던 중국 차인도 추모문집 글에서 이렇게 말하고 있다.

"절강 호주에 도착하여 육우(陸雨)가 『다경(茶經)』 원고를 최후로 마무리한 지방을 참배하였다. 그는 당시 상 앞에서 무릎을 꿇고 눈물을 흘리며 말했다. '육우! 나는 일생 당신을 숭배했습니다. 지금 나는 결국 당신의 앞에 왔습니다.' 이런 모습과 이런 풍경에 현장에 있던 사람들은 모두 매우 감동하였다." 금당의 이러한 진실된 모습은 언어가 다른 이국 사람들도 감동시키고 또한 나를 감동시켰다.

"항주 서호 주변 '다인지가(茶人之家)'에 가면 끽다래 비가 세워져 있네. '喫茶來 茶星 錦堂 崔圭用'이라고, 항주 간다 하니 찾아보게." 최 군이 나에게 일러 주었다.

여행 성격상 시간을 내지 못해 결국 찾아가지는 못해 아쉬웠지만, 항주에 끽다래 비를 세우고 '茶星'이란 호칭을 내린 중국인들의 마음속에는 금당의 차 사랑에 대한 진실에 감명 받았음을 여실히 알 수 있었다.

중국인들도 잘 모르고 있던 육우의 생활상을 추적하여, 생활하였던 곳을 찾아 밝혀 준 공적과 양국 관계를 차로 연결시키며 평생을 차 문화 발전에 내린 중국인들의 명명이었다.

부족한 글로 금당 선생의 업적을 훼손한 것 같아 송구한 느낌이 크다. 내년이면 제22주기 추모제가 열릴 것이다. 기다려진다. 다도의 비전을 이어받은 최 군 부부가 다시 헌다의 잔을 올릴 것이다.

소소(小小)한 행복

김형애
2006. 3. 천료

어제는 아스팔트에서 올라오는 열기가 얼굴을 달궜다. 서울의 최고 온도가 섭씨 35도를 넘었다고 저녁 뉴스에서 알렸다.

운전면허 갱신에 필요한 여권 사진을 찍기 위하여 사진관으로 가는 중에 땀을 비 오듯 흘렸다. 동네 사진관들은 다 문을 닫아서 성북구청 앞에 있는 사진관으로 갔기 때문이다. 사진을 받아 들고 오후 2시경에 귀가했다.

남편은 정원에 자신이 심어 놓은 야채들 중에서 먹을 만한 것을 따서 씻어 놓았다며 저녁에 고기를 먹자고 한다. 샤워를 한 후 냉장고 문을 열어 보았다. 깻잎, 상추, 로메인, 오이 2개, 풋고추 5개가 싱싱함과 짙은 녹색을 머금고 유리 그릇 안에 놓여 있었다. 고맙다는 말을 남편에게 전하고 냉장고 문을 닫았다.

사진 출력을 기다리는 동안 혼밥을 하고 사진을 찾아서 바로 귀가하여서 아이스커피가 그리웠다. 냉커피를 타서 남편에게도 한 잔 넘겨주고 나도 마시면서 우리는 거실 밖 정원에 녹색 잔디와 나무들을 바라보았다. 그때에 쑥갓밭이 사라진 것을 알았다. 지난달 중순부터 쑥갓은 노란 꽃을 피우며 낮달맞이와 동무하고 있었다. 내가 외출한 사이에 남편은 쑥갓밭을 갈아엎었다. 그 자리에 열무 씨를 뿌렸다고 했다. 쑥갓 꽃이 사라진 것이 몹시 아쉬웠다. 하나, 남편이 정원을 관리하며 야채도 키우니 난 큰 소리를 낼 수가 없었다.

저녁 시간에 맞춰 삼겹살을 준비했다. 기온이 높지 않으면 나뭇잎이 무성한 감나무 아래서 숯불로 삼겹살을 구울 텐데. 6월 초에 유학 중인 손녀와 손자가 왔을 때는 감나무 아래서 아들, 며느리와 함께 오찬을 즐겼다.

우리는 이 집에서 51년째 살고 있다. 남편이 아파트를 싫어해서 그를 꺾지 못하고 지금에 이르렀다. 자녀 셋이 성장하여 다 그들의 방이 비었지만 그들이 사용하던 2층은 비워둔 채, 남편과 난 1층만 사용하고 있다. 코로나로 인하여 외출을 자주 못한 지난 3년간 이 단독주택과 남편에게 고마운 생각이 들었다.

정원에는 살구나무, 자두나무 두 그루, 감나무, 라일락 두 그루, 백합, 철쭉과 연산홍, 사철나무 등이 있다. 과실수가 꽃 필 때는 그 향 때문에 정원에서 공연히 서성거리게 된다. 특별히 살구나무가 꽃을 필 때. 라일락이 필 때, 백합이 필 때도 난 정원에서 그 향에 취해 있다. 향을 쫓아 온 나비들과 벌들, 그들은 나를 피해 가기도 하지만.

SBS 저녁 프로에 「생방송투데이」가 있다. 거기서 소개되는 자족식당이 있다. 소개되는 식당들은 대부분 식자재를 자신들이 직접 재배하거나 키워서 손님상에 올린다. 자족식당에는 대부분 손님들이 만족하며 식사를 한다. 또한 다른 식당에 비하여 이용하는 사람들이 많은 것을 볼 수 있다.

저녁상에 남편이 씻어 놓은 야채를 놓으면서 우리도 자족식당이라 했더니, 남편은 빙긋이 웃으며 삼겹살을 뒤집고 있다. 돼지는 우리가 키우지 않았지만 말이다. 그것만 빼고.

열기를 머금은 잔디와 나무에 호스로 물 목욕을 시킨 후, 엄마가 사용하던 돌절구에 새들을 위하여 어제 받은 물을 찬물로 갈아 채웠다. 직박구리, 박새, 곤줄박이, 참새들이 가끔 목도 축이고 목욕도 하고 근처 살구나무 가지 위에서 물기를 터는 모습은 나에게 큰 기쁨을 안겨준다.

욕망하는 색

백승희
2006. 5. 천료

한 사람을 상징하는 강렬한 파랑과 마주한다. '욕망하는 색'은 S가 전시회에 붙인 명제다. 참석하지 못해 아쉬웠는데 그림을 전송해왔다. 산뜻하다. 한 걸음 한 걸음 나도 파랑에 물든다.

좋은 일은 겹으로 오는 것인가 보다. 사고로 인해 실명했던 S의 남편에게 개안할 수 있다는 반가운 소식이 들렸다. 우연히 친구의 전시회와 수술이 맞물려 있다. 오래전 그들 부부가 블랙홀로 사라지는 게 아닌가, 무척 걱정되었다. 하지만 친구는 다른 여념이 없는 듯 그림에 열중했고 꾸준히 전시회를 열었다. 무심한 듯 보이는 그녀의 모습이 애잔했다. 파랑을 기표로 삼은 것일까. 깊이를 알 수 없는 그녀의 파랑은 점점 진화하고 있다.

남편의 각막이식 수술이 끝난 후, 친구의 울음 섞인 목소리에 생기가 돌았다. 우리도 안도의 한숨을 돌렸다. 부부가 함께 잃었던 빛이 되돌아온다. 신의 축복이다. 남편의 격려가 필요했던 시간을 힘겹게 걸어온 그녀, 욕망하는 색으로 묵묵히 내면을 채우고 있었다. 그녀의 얼굴을 알아보듯이 S의 남편은 아내가 천착해 낸 작품을 마주하며 날마다 경이로울 것이다. 낙조에 물든 호수에서 서로의 깃털을 고르며 사랑을 나누는 백조의 춤을 상상해 본다.

유난히 시선을 끌어당기는 그림 한 점이 있다. 킬힐의 파란 구두. 킬힐의 굽은 뭉툭하지 않은 뾰족한 연필심이다. 그녀가 추구하는 욕망의 깊이를 알 수는 없다. 단지 느낄 뿐. 그녀는 '들뢰즈의 되기'[1])를 실천하며 예술의 보폭을 떼고 있다. 유목의 길로 그녀의 영토가 확장되고 탈영토화를 끊임없이 하고 있다. 그 에너지가 놀랍다. 여러 각도로 고민하며 새로운 것을 시도해 보는 시선이 감각적이고 신선하다. 영감을 화폭에 옮겨 놓은 신발의 굽, 끊임없이 다른 길을 개척해 나가겠다는 암시가 아닌가. 그녀의 꿈이다.

S가 그림으로 승화하고 있는 고된 과정을 지켜보았다. 그녀의 색채를 들여다볼 수 있다는 건 행운이다. 그녀의 블루에는 다양한 색들이 교집합을 이룬다. 파랑을 기점으로 모든 색을 포용하는 것이다. 다른 일에는 무심한 듯해도 그녀는 그림에 열중할 때는 다른 사람이 되어 있다. 할 줄 아는 게 없어서 제일 좋아하는 그림을 그린다는 친구. 그렇게 몰아의 세계로 다가서며 천착한 오늘의 그림은 한 편의 시로, 음악으로 환치된다. 말 없는 말을 쏟아내는 그림 앞에서 어쩐지 자유롭지 못하다. 열중하지 못했던 나의 게으름을 반추한다. 가슴에 통증이 인다. 뻐근하다.

패션의 마무리는 구두라고 한다. 한 뼘이라도 키를 높일 수 있어서 젊은 날에는 높은 구두를 신고 싶었다. 언제부턴가 꿈은 사라지고 키를 키울 필요가 없어졌다고 생각했다. 그리고 편한 운동화로 바꿔 신

---

1) 들뢰즈의 '되기' 개념은, 역설적으로 아직 아무것도 되지 않은 상태로의 방향성이다. being 상태에 대한 불만이 becoming의 시간을 갈망하는 것. 이미 무엇이 '되어 있는' 확정 이전의 단계, 즉 아직 무엇이 '될 수 있는' 과정의 단계를 욕망하는 것.

었다. 몸의 편함 뿐이겠는가. 정신세계에도 적당히 하겠다는 생각이 들어차 있다. 간절함이 사라진 것이다. 나태한 나를 깨운다. 다시 꼿꼿하게 허리를 세우고 경쾌하게 길을 나서고 싶은 욕망이 꿈틀댄다. 파란 물감이 내 속으로 흘러든다….

단발머리로 만난 친구들의 꿈은 다 이루었을까. 한 친구는 피아노 전공으로 입학했으나 다른 물줄기를 발견하고 미련 없이 성악으로 전공을 바꿨다. 졸업 연주회에서 마이크 없이 대강당을 채우며 사람들 마음을 사로잡았던 목소리, 그때를 회상한다. 그 목소리가 암석을 뚫고 나온 듯 감미로웠다. 지휘봉을 든 손은 세상의 어두운 곳을 두드리며 빛과 소금으로 다가간다. 음지를 찾는 곳마다 그곳이 환해진다. 생소한 길로 전공을 바꾼 친구는 여럿이다. 대학을 졸업한 후, 새롭게 신학을 전공한 친구도 있다. 성서를 밤낮으로 끌어안고 어려운 공부를 시작하더니 영혼을 치유하는 목회자의 길을 택했다. 아름다운 색채와 가슴에 울림을 주는 목소리들이 빛이 되는 도구로 쓰이고 있다. 자신의 색을 찾아가는 친구들의 열정에 경이로움을 느낀다. 이제야 유한의 세계에서 조금씩 이탈해보려는 생각이 든다.

많은 사람이 자신의 색을 찾느라 고뇌한다. 욕망을 실현하기 위한 의지로 방향을 정할 수 있다면 얼마나 멋진 일인가. 하고 싶은 일을 찾아 진로를 바꾼다는 것, 극복하겠다는 강한 의지가 있어야 실천할 수 있을 것이다. 가지 않은 길을 재도전할 수 있는 사람들은 소수의 무리 중에 용기 있는 자들이다. 경험은 무수한 사거리를 지나치다 새로운 길을 가보는 기회를 얻는 게 아닌가.

새 연필을 깎아야지. 정작 연필을 손에 쥔 나는 제자리걸음이다. 너의 색채를 찾았는가. 화두에서 벗어나지 못한 채, 돌연 푸른 욕망을 위해 새 연필을 킬힐에 붙이고 꼿꼿하게 걸어보려 한다. 포기라는 시간을 지우면 커진 키만큼 욕망이라는 눈높이와 시야가 넓어지겠지.

아버지와 책

안문자
2006. 7. 천료

아버지는 책을 사랑하셨다. 아버지와 나는 책에 대해, 읽고 쓰는 일에 대해 다른 형제들보다 많은 이야기를 했다. 나는 맨 마지막까지 아버지의 출판 일을 거들었다. 아버지의 모습 중 책을 읽는 모습을 제일 많이 본 것 같다. 내가 서울에 살 땐 새로 나온 책이나 아버지가 좋아할 만한 책을 사서 시애틀로 부쳐 드리곤 했다. 그래서 우리는 서로 바꾸어 읽기도 했다. 아버지는 늘 말씀하셨다.

"책을 읽는 습관이 되어야 한단다. 책을 읽어야 사람답게 살 수 있지."

아버지는 평생 책을 만드셨기 때문에 책은 우리에게 가난을 주었지만, 책을 곁에 두고 살게 해 준 좋은 습관과 책과의 삶이 얼마나 행복한지를 알게 해 주었다. 언젠가 나는 아버지에게 여쭈어 보았다.

"아버지, 이 세상에 책이 없는 것하고 음악이 없는 것하고 어느 게 더 불행할까요?" 아버지께서는 한참 생각하시다가 말씀하셨다.

"허허, 둘 다 있어야 되는데…. 꼭 하나만 선택하

라면 책이지 뭐."

그러나 아버지와 나는 책과 음악의 가치를 그런 식으로 따질 수는 없는 것이라고 하며 웃었던 기억이 있다.

아버지가 서울의 우리 집을 방문하셨을 때다.

"문자야, 요즘 글 좀 쓰냐? 청탁이 없어도 자주 써 보아라. 뭐, 쓴 거 하나 읽어 보렴."

나는 머뭇거리다가 하나를 골라 읽었다.

"흐흠, 재미있는데."

아버지는 눈을 감고 듣고 계시다가 말씀하셨다. 그리고 이어서 글이란 자연스럽게 쓰다가 어느 한구석 콕 쏘는 것이 있어야 된다고 하셨다.

"어느 순간 감동을 주어야 된다는 뜻이겠지. 펜이 칼보다 강하다는 말이 있잖니. 글이 그만큼 파워가 있다는 뜻이 아니겠냐? 좌우간 책을 많이 읽지 않고는 글을 잘 쓸 수 없다는 것은 확실한 거지"

일단 많이 읽으라고 하셨다. 아버지의 가르침은 언제나 '슬슬,' '자연스럽게'였다. 내가 책 읽기를 좋아하고 가끔 쓰고 싶어 했던 것은 전적으로 아버지의 영향이다.

아버지는 툭하면 책을 사 들고 오셨다. 그뿐인가 소용돌이 속에서 탄생한 새 책을 들고 싱글벙글하셨다. 아버지는 행복한 얼굴로 책을 쓰다듬다가 눈을 가늘게 뜨고 멀리, 또는 가까이 보곤 하셨는데, 지켜보던 어머니는 종종 불평을 하셨다.

"아니 책만 사고 만들면 어떻게 해요? 아이들도 먹여야지."

어머니는 아버지가 돌아가신 후 이렇게 말씀하셨다.

"나는 평생 아버지가 그저 책, 책 해서 불만이 많았는데 놓고 가신 책들을 하나씩 읽고 있자니 아버지 생각이 많이 나누나. 그땐 왜 책만 산다고, 책만 만든다고 잔소리를 했을꼬? 내가 너희들을 키우느라고 책을 읽을 수가 없었으니까 책에 정이 안 갔지 뭐." 어머니는 쓸쓸한 표정으로 웃으셨다.

학년이 바뀌면 학교에서 새 교과서를 받아 온다. 아버지는 우리들의 교과서 표지에 책 덮개를 한 후 그 위에 국어, 산수, 사회, 과학 등의 과목 이름을 두 줄로 써 주셨다. 동그라미에 또 한 번의 동그라미를, 글자마다 다 두 줄로 쓰셨다.

후에 나는 그 글씨체로 써서 아이들에게 산타 할아버지의 편지라면서 주었다. 아이들이 물었다.

"엄마, 산타 할아버지는 왜 우리에겐 언제나 두 줄로 쓰지?"

"글쎄다."

나는 속으로 대답했다.

'외할아버지가 엄마에게 써주신 글씨란다. 산타 할아버지가 따라 한 게지.'

교과서 표지를 한 겹 더 싸주시던 아버지의 마음은 모든 책들을 소중히 여겨 깨끗이 간수하라는 의미였을 게다. 책을 사랑하는 사람이 되라는 무언의 가르침이었다.

행복의 샘터, 스위스(Swiss)

조향수
2006. 8. 천료

우리 일행은 어지간히도 달린다.

독일을 기점으로 방금 나폴리에서 다시 '스위스' 산자락 밑까지 와 잠시 숨을 돌리고 있다. 터널이 많은 이태리를 어떤 이들은 "나라 전체가 터널로 구성된 게 아닌가?" 이렇게 얘기하는 이도 있다. 그 많은 산들과 경관을 해치지 않으려고 터널을 뚫었다고 한다. 본받고 넘어갈 일이다.

우리 한국같이 마구잡이가 아니고(?) 사철 관광 인파가 봇물처럼 쏟아져 들어오는 데는 그만한 이유가 있다.

여기는 이웃나라 '스위스'다.

불리는 그 이름만도 다양하다.(Swiss, Suizzera, Scheiz, Swizerland.) 온 세계인들 가슴에 꿈의 동경인 부호 국가다. 그뿐이랴. 행복을 잉태하는 마음의 등불로 불리는 그 이름이 바로 여기인 것을….

우리들이 피부로 느끼는 사계(Four season)를 한번에 느낄 수 있는 곳이 바로 이곳이다. 정상 높이는 4,634m이지만, 더 높은 곳은 제2의 케이블카(Cable

Car)을 이용해야 한다. 사방이 산과 산으로 연결돼 있다. 무려 국토 70%가 산악지대니 말이다.

예전엔 무서운 악마의 산 내지는 저주받은 산이라 일컬었다.

1786년 두 사람의 알피니스트가 이 땅을 밟기 전까지(?) 말이다.

지금 전 세계인들의 가슴에 간절한 그리움의 대상인 알프스 자락이 된 것이다. 여기도 피나는 과거의 아픔이 서려 있는 국가다.

1291년 이 나라가 출생 신고를 하긴 했다만, B.C 58y에는 시저(Ceasar)가 헬베타 족을 정벌했다. Rome가 망하기 전 500y 동안 완전히 국토를 짓밟았다.

악에 받친 스위스 동맹군은 산과 호수가 있는 고봉에 올라 바위를 굴려 '레오폴드 1세' 대군에게 돌 세례를 주고는 공격의 휘슬(Whistle)을 알프스 정상까지 들리도록 불어 댔다.

한편 1515년에는 국토를 잃어 버렸다. 온 국민은 거리에서 빌어 먹는 신세가 됐고 심지어 남자들은 '바티칸' 궁에 근위병으로 가서 입에 풀칠하기도 했다.

세계에서 부유의 검을 휘두르는 국가에게도 고난의 눈물은 있는 법이다. 역시 'No cross no crown'(고난 없이 영광도 없는 법)이란 글귀가 머리에서 뱅뱅 돌고 있다.

여기는 자가용이 필요치 않는 곳이다. 철도가 세계서 가장 촘촘히 놓여진 곳이므로…. 그래서 차는 전 가구의 1/5만 소유한다고 한다.

땅은 41,285㎢이니 한국의 1/5이다. 언어는 3~4개 사용 중이다.

프랑스어, 이탈리아어, 로망슈어, 레토로망스어다. 국어는 독일어를 쓰고 있다.

검문소는 무려 80개 있으며 살기 좋은 나라답게 자유 평등 박애를 부르짖는 국가다. 정치와 경제가 안정된 곳이니 만큼 국민은 불평 없이 자기 일에 임할 수 있는 곳이다. 병역도 17-32세까지는 현역이고

42세까지는 예비군이다.

법을 칼날처럼 잘 지키는 국가다. 투표율은 세계서 꼴찌지만….

인구 800만인데 몇 명이나 투표소에 갈는지? 한데, 왜 자살률은 세계서 16위일까? 서두가 안 맞는 얘기도 꽤 있는 듯하다.

우리 모두는 1차 케이블카로 올라가는 중이다.

나는 아이와 손을 잡고 설산을 케이블카 안에서 돌아가며 보고 있다. 동화 속의 주인공이 된 듯하다. 눈 속에서도 얼굴을 내민 에델바이스(edelweiss)는 우리 일행을 생긋이 맞아 준다. 고뇌를 뚫고 나와 세인들을 맞아 주는 미소야말로 이 국민, 국토를 그리워하는 모든 이들 가슴에 천상의 꽃으로 승화되는 것이 아닌가?

정상의 카페에서 조용히 밖을 응시하며 어지럼을 달래고 있다.

나는 아이에게 몸을 기대고 있다가 하산을 서두른다. 서서히 제2 삭도는 우리를 평지로 인도한다. 오랜만에 삼복에 찬 입김을 다 불어 보는 곳이다.

자, 차분히 삶의 의미를, God이 우리에게 부여한 까닭을 뇌리에서 판단하는 여유를 갖자. 영원한 행복의 도가니가 되는 이 알프스여! 지구의 끝 날이 되어도 순결하리라 나는 믿는다. 어지간히 스위스에 대한 얘길 늘어놓은 듯하다.

끝으로 이 나라의 멋들어진 구호를 외치며 일행이 기다리는 곳으로 발을 뗀다.

"Unus pro omnibus, omnes pro uno" One for all, all for one!

("모두는 하나를 위해" 하나는 모두를 위해.)

설산에서 웃는 '에델바이스' 미소처럼 청초하여라!

이 국토 이 국민이여!

그래도 더위가 추위보다 나으니라

김상분
2007. 3. 천료

날마다 아침저녁으로 세계 시각과 날씨 온도를 들여다본다. 핸드폰 타이머 기능의 앱에서 나를 위한 알람기능을 지구 반대편에 사는 딸네 일과에 맞추어 놓았다. 16시간 시차의 그곳은 미국의 중서부 애리조나의 사막이니 어느 애미가 그만한 걱정을 아니 할까. 그곳 서쪽 나라에 노을이 지면 여기 조용한 아침의 나라에는 해가 뜬다. 거기 햇살이 퍼지면 여기는 어두운 밤이니 아무 때나 따르릉대며 전화도 누를 수 없다. 긴 사실을 늘어놓으며 장문의 카톡에 걱정 편지를 적어도 늘 바쁜 딸은 '오케이'의 초미니 공감 표시이다. 요즘 같은 극한 더위에는 잘 있다는 확인만으로도 감사한 하루하루다.

폭염에 태풍과 홍수가 인류에게 또 다른 재앙을 내리는 것일까. 코비드2019로 온 지구촌이 만신창이가 되었던 팬데믹, 그 어둡고 긴 터널을 지나온 우리에게 또다시 염천 폭양이라는 시험대가 기다릴 줄이야. 온 인류를 공포의 도가니로 몰고 가던 미물의 존재에도 굴하지 않고 그 원인과 발병의 기전을 밝히며 치료와 예방백신까지 만들어 내는 인류를 하늘은 또다시 시험하시는가. 점점 더 급변하는 기후변화와 기상이변에 시달리는 지구촌의 풍경들이 놀랍다. 올 여름은 정말 지구가 몸살을 앓는가 보다. 유난히도 길었던 장마와 무더위에 지칠 대로 지친 육신은 밤낮없이 열병을 앓는다. 고층의 아파트까지 올라와 방충망에 달라붙어 밤새 울던 매미도 잠잠해졌다. 지쳐서 어디 나무 그늘이라도 찾아갔나 했더니 아침에 베란다 문을 열었더니 에어컨 실외기 틈으로 들어온 한 마리가 아예 삶을 마감했다. 그 또한 장렬하게 짧고도 긴 삶을 마감한 죽음이니 고이 모셔서 화초 그늘에 두었다가 흙에 묻어주어야겠다.

어제보다 무더운 아침이다. 다시 오늘도 핸드폰을 열고 애리조나로 간다.

"어머, 28도네. 이럴 리가 없는데? 핸드폰도 더위를 먹었나."

다시 보아도 섭씨 28도이다. 시간대별 일기 변화 상황을 본다. 밤새 비가 내렸다. 그제도 낮 최고 섭씨 46도를 기록했고 한밤중에도 38도여서 날마다 인간의 정상체온을 넘는 온도가 한 달을 넘어갔다. 오죽하면 며칠째 지구촌의 심각한 고온 현상을 애리조나의 상징인 선인장이 고사하는 모습으로 보도될까. 하룻밤 단 한두 시간만 쏟아져도 10도가 내려가는 기온을 보며 자연의 신비로움과 하늘의 도우심에 허리를 굽힌다. 비가 올 때까지 끝없이 기도하며 정성을 들이는 인디언의 기우제처럼 우리도 그리하면 될까. 이미 우리 인간은 너무도 약삭빠르게 과학과 문명으로 세상과 우주를 주무르다가 벌을 받는 것인지도 모르겠다. 그럴 때마다 새삼스레 어린 날을 떠올린다. 장독대에 정한수를 떠 놓으시고 햇과일 푸성귀라도 하늘에 감사하며 천신을 지내시던 어머니의 모습에서 하심(下心)의 소중한 가르침을 찾는다.

오래 전 딸네 가족이 미국으로 유학을 떠나 공부를 마친 곳은 동북부의 도시였다. 발이 푹푹 빠지게 눈이 많이 내리고 겨울은 마냥 길고 추운 지방이었다. 처음엔 멋모르고 젊음의 낭만을 즐겼지만 유학생의 고달픈 삶에는 추위가 아주 큰 장애물이었나보다. 공부를 끝내자마자 따듯한 남쪽 나라의 초청을 기꺼이 받아들였다. 설마하니 그렇게 뜨거우랴 싶었으리라. 옛날 서부영화에 나오는 카우보이가 먼지를 휘날리며 달리는 사막이 아니었다. 시가지나 주거지가 밀집한 곳에는 활엽수가 자라고 분수와 작은 연못들에는 물이 가득하여 어디가 사막인가 싶었다. 멕시코풍의 딸네 집에도 여느 이웃집들처럼 야자수 그늘 아래 수영장도 있고 잔디밭 가장자리로는 오렌지와 레몬이 주렁주렁 달려 있어 도대체 어느 미다스의 손이 빚어 놓은 작품인가 싶었다. 이십여 년 전 첫 번째 딸네 집 방문에서 눈을 비비고 다시 만져보던 감격이 지금도 가끔 떠오르며 웃음이 나곤 한다.

서쪽 나라에 가니 머나먼 동쪽의 떠오르는 해가 어서 일어나라고 잡아 다니는 듯했다. 아직 어두운데도 잠이 깨었다. 식구들 깰까 조심하며 살금살금 정원 등을 켜고 잔디밭으로 나갔다.

"어머나, 비가 오네. 얘들아, 비가 온다."

나도 모르게 감격의 외침으로 소리를 질렀다.

온 집안의 불이 켜지고 기상나팔을 분 듯 잔디밭 연병장으로 온 식구들이 모였다.

"엄마, 스프링클러야. 잔디밭과 나무들마다 시간 맞추어 자동으로 관수하는 거예요."

사위와 딸이 더 자세하게 잔디밭 밑으로 깔려진 배관이며 물이 위로 아래로 회전하며 뿌려지는 원리에 대해 설명을 해 주고 손주들은 졸린 눈을 부비며 다시 들어갔다. 부지런하신 부모님 덕에 오늘 아침을 더 잘 차려야겠다고 딸은 부엌으로 들어가고 사위와 함께 밤새 시원하게 식은 정원용 테이블에 앉았다.

구만리 머나먼 나라에서 온 노부부는 사위에게 당부했다.

"고맙네, 낙원이 따로 없네. 그래도 이곳 원주민 인디언의 땅을 빼앗아 이룩한 미국의 역사를 잊으면 안 되네. 점점 더 구석진 곳으로 몰아내며 몇 푼 돈으로 인디언들을 회유할 때 하늘과 땅, 물과 구름 바람까지도 대자연의 어느 것 하나도 돈으로 팔고 살 수는 없다고 역설한 저 유명한 인디언 추장 시애틀의 이야기를 아이들에게도 가르쳐 주게나."

이렇게 더운 날이면 나는 딸네가 뿌리내리며 살아가는 애리조나의 여름을 생각하며 참아낸다. '그래도 더위가 추위보다 나으니라'는 시어머님의 말씀의 깊은 뜻을 다시 새기고 무더운 나라에서 살아가는 아이들을 격려한다. 그 옛날 말씀하신 더위와 추위의 의미는 결국 오늘날 우리 인류가 가장 크게 당면하고 있는 에너지의 문제인 것을 깊이 헤아려야 하리라. 에너지를 어떻게 마련하고 활용해야 우리 인류가 오래도록 이 푸른 지구에서 살 수 있을까를 고민한다. 해수면의 온도가 오를 때마다 기후가 변화하는 기상이변의 오묘한 조화를 과학은 어떻게 풀어낼까. 태풍의 눈이 북서쪽으로 쏠려가다가도 동쪽으로 휘익 방향이 틀어지는 까닭을, 저 높으신 하늘의 뜻을.

각인

황미연
2007. 11. 천료

벌써 한 시간째다. 응급실 입구에 누워 있는 할머니는 몇 초에 한 번씩 "메에 메에" 염소 소리를 낸다. 입에 거즈를 물고 있는데도 소리는 밖으로 새어나와 공중을 떠돈다. 사람들은 할머니 쪽으로 고개를 돌렸다가 계속되는 그 소리가 더는 궁금하지 않다는 듯이 자신들의 근심으로 돌아간다. 또 한쪽에서는 어린 환자가 "빼에" 울음을 터뜨린다.

탈진 상태인 딸아이에게 간호사가 다가온다. 노란 고무줄을 팔에 묶어 놓고 힘을 주라더니 메마른 논에 물꼬를 트듯 손바닥으로 탁탁 두드린다. 혈관을 찾아 링거 바늘을 꽂자 호스를 타고 내려온 수액이 몸속으로 흘러 들어간다. 푸른 물줄기가 여기에 오래 머물면 길을 잃어버릴지도 모르니 잘 따라오라며 꾸불꾸불 앞서간다. 쓰러져 있는 기운을 솎아낸 자리가 출렁거린다.

임신 초기 때 유산기가 있어 병원 신세를 졌다. 강물이 마르면 물고기가 죽듯이 양수가 부족해서 태아가 더 살 수 없을 것 같다며 의사는 수술을 권했다.

청천벽력이었다. 손이 귀한 집안이라는 것을 떠나서라도, 어떡하든 내게 온 생명을 끝까지 지키고 싶었다. 태아가 내 손을 놓아버리기 전까지는 포기할 수 없었다. 절대 안정하라는 의사의 말을 들은 후 사랑이란 옷을 겹겹이 입은 채 아무것도 하지 않고 오로지 태아만 보듬었다.

내 몸에서 생명이 자란다니, 그 생명이 산도를 따라 세상으로 나와 또 나를 만나러 온다니 얼마나 신비로운 약속인가. 그날을 기다리며 그와 나 사이에 방긋이 웃는 아기를 그려 넣고 날마다 들여다보았다. 옹알이하며 방바닥을 기어 다니는 모습을 상상했다. 발을 딛고 일어서자 둥근 지구에 어린 묘목 한 그루가 심어졌다. 아기가 걸을 때마다 꽃이 피어나고 나무는 하루가 다르게 쑥쑥 자랐다.

분만대 위에서 딸아이의 첫 울음소리를 들었을 때 나는 세상을 다 얻은 것 같았다. 말할 수 없는 감정이 차올라 눈이 퉁퉁 붓도록 울었다. 예정일보다 보름이 지난 후였지만 나를 믿고 잘 견뎌준 것도, 건강하게 품에 안겨준 것도 고마웠다. 생명의 숭고함을 알고 간절히 바랐기에 더없이 소중한 아이였다. 스케치북을 한 장 한 장 넘기면서 그려왔던 가족도가 실제로 완성되는 순간이었다.

화가 이중섭도 이런 마음이었을까. 서귀포에서 가족과 웃고 뒹굴며 지냈던 장면들을 화폭으로 옮겨 놓았다. 황소가 끄는 달구지에 아이들을 태우고 따뜻한 남쪽 나라로 가는 그림에는 가족이 함께 살 수 있기를 바라는 간절한 마음을 새겨 넣었으리라. 아이들이 물고기를 타고 바다를 유영하거나 발가벗은 채로 꽃게와 놀고 있는 장면을 보며 사무치게 그리워했을 것이다.

언젠가 해가 막 저물기 시작할 무렵에 강가에서 염소 가족이 울고 있는 것을 보았다. 새끼 염소가 쪼그만 뿔을 자랑하며 까불대고 놀다가 목줄이 말뚝에 칭칭 감겨버렸다. 조그마한 몸으로 제아무리 버둥거려 봐도 줄은 더 바짝 당겨질 뿐 옴짝달싹할 수 없었다. 새끼 염소는 눈알이 튀어나올 것 같은 얼굴로 목을 빼고 울었고, 그 광경을 본 어미가 사색이 되어 헉헉거리며 쫓아왔다. 서슬 퍼런 뿔로 말뚝을 암만 치받아 봐도 감긴 줄은 풀리지 않았다. 어미는 눈물을 보이지 않으려고 어린 새끼의 젖은 눈을 핥고 또 핥으며 안절부절못했다. 염소 일가의 울음소리에 움직이던 모든 것들은 정지된 채로 잠겨 들었다. 노을도 흥건해지고 어미의 발밑에서 뭉개진 풀잎도 울음바다가 되었다. 지칠 대로 지친 그들의 갈라진 울음소리 사이로 어둠이 서서히 내려앉았다.

그 당시 나는 태아를 생사의 갈림길에 세워두고 소리의 일가처럼 목 놓아 울 수도 없었다. 울음 빛이 새어나가면 도사리고 있던 나쁜 기운이 덮쳐오지는 않을까 두려웠다. 혹시 무슨 일이라도 생길까 봐 외출은커녕 세상을 딛는 한 걸음 한 걸음마저 조심스러웠다. 언제 꺼져 내릴지 모를 살얼음판 위에서 초조하고 불안하게 보낸 날들은 생애 가장 간절했던 시간으로 각인되었다. 누구든 절박했던 순간과 다시는 생각하고 싶지 않을 때가 왜 없을까. 축 처져 있는 딸아이를 보니 또다시 가슴이 철렁한다.

응급실의 시간은 더디면서도 급박하게 돌아간다. 병마와 각축전을 벌이며 내뱉는 앓는 소리가 쿨렁쿨렁 폐부를 찌른다. 죽음의 문턱까지 간 누군가를 생의 마지막 일면이라도 건져 보겠다고 공중으로 몸을 띄워보지만 반응이 없다. 의사의 하얀 가운 자락만 펄럭거릴 뿐이다. 육중한 몸이 가볍게 날아오른 것은 영혼이 하늘로 가기 위한 마지막 연습이었을까. 모니터에 낮게 그려지던 곡선이 일직선으로 바뀌고, 이것은 생에서 사(死)로 넘어가는 길이라며 안내라도 하듯 기계음만 냉엄하게 들려온다.

반면 누군가의 창백하던 얼굴에서는 서서히 핏기가 돌기 시작했다. 생의 길에는 희로애락이 깃들어 있어서 보폭이 좁을 때도, 넓을 때도 있다며 안도의 눈물을 흘린다. 길은 리듬을 타야 제맛이라는 듯 화면 속 곡선이 몸져누운 세상을 일으켜 세운다.

잠이 든 딸아이를 내려다본다. 언제 이만큼 자랐을까. 링거가 꽂힌 스무 살의 뽀얀 손을 어루만지며 이마에 흘러내린 머리칼을 쓸어 넘긴다. '괜찮아. 넌 지금 세상의 길을 익히는 중이란다.' 눈을 뜨면 좋은 꿈을 꾸고 일어난 것처럼 딸아이의 결은 한층 더 단단해질 것이다. 메에에 메에에, 빼에에 빼에에 소리가 응급실에 가득하다. 소리 일가가 흩어져 있는 가족을 부른다. 잘 참고 이겨내서 얼른 집으로 돌아가자며 뿔을 맞대고 있다.

산새들, 유리벽 앞에서 통곡하다

구영례
2008. 5. 천료

산에 오르면 사계절 내내 반겨주는 토종 텃새와 여름과 겨울에 찾아오는 철새를 만난다. 숲속에서 잠시 눈을 감고 산새들의 지저귀는 다양한 소리를 듣노라면, 타임머신을 타고 새로운 세상에 온 듯하다.

도덕산 산기슭에서 장끼가 "꿔억, 꿕! 꿔억, 꿕!" 큰 소리로 까투리를 찾으며 존재를 드러내고 있다. 무척 추웠던 겨울을 잘 견뎌냈다는 반가운 소식으로 들려서 산꿩에게 큰 소리로 안부를 묻고 싶다.

들녘이나 숲속 나뭇가지 위에 박새, 딱새, 오색딱다구리, 밀화부리, 물까치, 까마귀, 어치(산까치), 청색딱다구리, 산비둘기, 직박구리, 뱁새, 참새, 뻐꾸기 등이 사계절에 따라 각자의 언어로 소리 높여 노래한다.

파란 하늘가에는 연미복으로 멋지게 차려입은 까치 무리가 소형 맹금류 황조롱이를 쫓으며 제 영역을 사수하느라고 요란하다.

우리 집 뒷산인 도덕산과 앞산 구름산에는 사계절

내내 나무둥치를 열심히 쪼아대는 예쁜 텃새인 오색딱따구리가 살아간다. 수컷은 윗목에 진홍색 무늬로 구분되고, 암수 몸체에는 흰색·검은색·진홍색을 띠고 있으며, 아래 꼬리 덮깃은 진홍색으로 어우러졌다.

숲속에 나무둥치 속에 숨어 있는 애벌레를 먹이로 잡는 오색딱따구리는 신기하고 흥미롭게도 “드르륵 드르륵…” 드릴(drill) 소리처럼 엄청 빠른 소리를 낸다. 나무둥치가 바르르 소리 내며 떨리는데, 총알의 2배 속도로 1분에 1,000번의 빠른 속도로 나무를 쪼아댄다.

오색딱따구리는 중력의 1,000배를 머리에 충격을 흡수하는 해면과 비슷한 구조로 조직된 머리뼈가 쿠션 역할을 해 준다. 길쭉한 혀가 새의 두개골 외부를 한 바퀴 돌아서 감싸고 있어서 벌레를 잡기 위해 나무를 쫄 때, 엄청난 헤드뱅잉(headbanging) 발생을 효과적으로 막아낼 수 있다.

추운 겨울 어느 날, 눈이 많이 내린 산길을 걷는데 까치가 작은 생쥐를 사냥하여 입에 물고 있는 모습에 매우 놀라웠다. 새들은 각종 씨앗과 열매, 과일, 곤충을 먹고 사는 줄만 알았는데, 해충을 비롯하여 설치류의 개체수를 조절하여 생태계를 지켜주는 중요한 역할을 감당하였다. 새들은 우리들 곁에서 이토록 큰 임무를 수행하느라고 존재하는 것이었다.

오래전부터 겨울에서 봄까지(12월~4월) 산행을 할 때에는 가방 속에 잡곡을 항상 챙겨서 산을 오른다. 곤충들이 알에서 깨어나 애벌레로 활동할 때까지 산새들의 보릿고개를 떠올리며 그 시기에만 잠시 먹이를 챙긴다. 큰 바위 위에 쌀, 보리, 귀리, 조, 수수, 들깨, 참깨, 땅콩부스러기 등을 골고루 섞어서 한주먹씩 뿌려준다.

어릴 적 보릿고개 춘궁기에 먹을 것이 부족하여 가족들이 멀건 죽과 보리밥도 배불리 먹지 못했던 시절이 있었다. 배가 고픈 것을 견디는 일도 못할 노릇이었건만, 자식들을 배부르게 먹이지 못했던 부모님의 심정은 얼마나 아팠으랴. 사람이나 짐승이나 보릿고개를 넘는 시기에는 너나 할 거 없이 고통스럽고 힘겨운 일이다.

큰 바위 위에 잡곡들을 뿌려놓고 휘파람을 부르면 여러 종류의 산새들이 포로롱 포로롱 날아와서 먹기도 하고, 저희들끼리 뭐라고 재잘재잘 지저귄다. 새들은 먹이가 많이 널려 있어도 혼자 많이 먹으려고 욕심을 부리지 않는다는 것을 알았다.

새들은 나름대로 지혜로워서 열매와 씨앗들을 숲속에 나무 구멍이나 주변에 저장한다고 한다. 그러나 인간의 무분별한 도시개발로 새들의 식량 창고인 숲과 나무들도 사라져 삶의 터전에 큰 위협을 받는 것이다.

자연은 원래 새들과 야생동물들이 주인이었는데, 인간의 이기로 그들의 영역을 빼앗고 자연을 파괴하고 주인 행세를 하고 있다. 자연 속에서 인간과 새들이 함께 공존하며 살아갈 방법을 모색(摸索)해야 한다.

숲속에 들어서면 새들의 울음소리가 갈수록 예전보다 적어졌다. 실제로도 많은 새들의 종이 줄어든 것으로 밝혀졌다. 도회지에는 도시개발로 숲도 많이 사라져서 새의 먹이 활동 영역이 좁아지고 생명마저도 위협 당하는 큰 위기 앞에 놓여 있는 것이다.

현재 가장 시급한 문제는 새들이 인간의 편리함으로 만든 유리 건축물, 투명 방음벽 등에 부딪혀서 다치고 죽어간다는 사실은 너무나 충격적이다. 2018년 환경부, 국립생태원 통계에서 연간 약 800만 마리가 폐사된다고 하니 매일 약 2만 마리의 새가 죽어가는 엄청난 비극이다.

조류 충돌은 새들의 질서대로 투명 유리 저편에 자연의 풍경만을 보고 엄청난 속도로 날아가다가 유리를 장애물로 인식하지 못한다. 유리창에 하늘과 숲이 비쳐서 착시현상을 일으키게 되어 그만 충돌을 하게 된다.

눈 깜빡할 순간에 투명 유리와 방음벽이 새들에게 죽음의 유리벽이 되는 것이다. 우리는 이러한 조류 충돌로부터 새들의 소중한 생명을 보호하고 푸른 하늘을 마음껏 날 수 있도록 해 줘야 한다.

새들에게 유리 구조물에 설치하여 조심하라고 알려주는 방법이 있다. 유리창에 가로 5cm, 세로 10cm 이하의 일정한 간격으로 스티커나 저감도필름을 부착하는 일이다. 새들은 그것을 보면서 장애물로 인지하여 유리창을 피할 수가 있어서 희생을 막을 수 있다.

금년 2023년 시행을 앞둔 '야생생물 보호 및 관리에 관한 법률' 개정안은 인공 구조물에 야생동물이 충돌하는 일을 최소화하도록 하는 공공기관의 의무를 명시하고 있다. 그러나 약 70%가 넘는 민간 규제에 대해서는 너무나 미미하여 문제점을 더욱 개선해야겠다.

조류충돌방지법 성공은 민간 규제의 철저한 참여가 가장 필수적인 것이다. 건축물에 조류 충돌을 예방하는 투명창(5×10 도트패턴 규칙) 사용을 적극 권장하고 따라선 강제해야 한다. 올해 신설된 조류 충돌 저감 조치 이행에 따른 국가지원금의 일부와 또는 전부 지원을 확대 적용할 수 있도록 적극적인 실행이 필요하다.

경기도가 조류 충돌이 자주 발생하는 도내 도로 투명방음벽 5곳(수원, 고양, 양주, 하남 등)에 스티커 필름 시범사업을 진행한 결과, 이전 대비 폐사체가 95% 이상 감소한 것을 사례로 국립생태원에서 조사됐다. 그러므로 인간의 작은 배려가 새들을 살리는데 너무나도 절실한 때이다.

전국의 각종 도로와 신도시 건축물에 투명 유리벽과 방음벽 앞에서 이 순간에도 얼마나 수많은 산새들이 소리 없이 죽어가고 있을까. 우리들의 부주의로 불시에 생을 마감하는 산새들의 통곡이 들려오지 않는가.

숲속에 작은 생명들과 우리들이 함께 공존하며 살아갈 길을 속히 찾아야 한다. 우리 곁에서 사랑스런 산새들의 세상이 사라져간다는 것은 우리 인간에게 엄청난 재앙을 불러올 것임을 명심해야 할 것이다.

나를 위한 변명

하창식
2008. 8. 천료

사회생활과 관련해 내가 할 수 없는 것 중의 빠뜨릴 수 없는 게 술과 골프이다. 맥주 한 잔만 마셔도 졸음이 오고 혀가 꼬이니 되도록 술을 마시지 않으려 노력한다. 그게 어디 쉬운 일인가? 사회생활하다 보면 피치 못할 술자리가 자주 생긴다. 한국 사회에서 술자리는 사교에 무척 소중하다. 그럼에도 술자리에 참석하는 것 자체가 늘 마음에 편치 않았다. 술을 피하다 보니 술자리를 피하게 되고, 바깥 활동이 제한적일 수밖에 없었다. 나아가 술을 반주로 하게 되는 저녁 모임 약속은 가능하면 피하고 싶었다.

예전에는 술을 강제로 권하는 분위기가 지배적이었다. 반주와 함께하는 저녁 식사 자리가 2차, 3차 술자리로 이어지는 경우가 많았다. 예의상 2차까지는 합석하지 않을 수 없는 분위기였다. 2차 술자리는 대개 노래방으로 이어졌다. 미국 소설가 F.스콧 피츠제럴드가 쓴 『위대한 개츠비』의 미스 캐서린처럼, "한 잔도 마시지 않아도 마신 것과 다름없이 기분을 낼 수" 있었던 게 그나마 다행이었다. 시대적 변화로 억지로 술을 권하는 분위기는 어느새 사라졌다. 다행이다. 달라진 분위기 덕분에 요즈음은 술자리를 굳이 피하지는 않는다.

솔직히 술 마시는 사람들의 기개가 부러울 때도 있다. 의사 수필가인 우하 박문하는 「소주 예찬」에서 이렇게 썼다. "살아 있는 사람뿐만 아니라 죽은 사람과의 대화도 통하게 하여 주는 술이다… 친구와 떠들썩하게 마시는 술은 기분을 발산시키는 술이라고 한다면, 혼자서 조용히 마시는 독작(獨酌)은 여권 없는 정신적 여행에다 비유할 수 있을 것 같다. 나는 독작의 시간을 통해서 가 보고 싶은 명승지를 찾아보고, 만나보고 싶었던 친구나 여인들을 만나서 말 없는 정분을 나눈다." 우하 선생처럼 술 마시기를 즐겨했다면 내 인생의 의미가 더 깊어졌을 수도 있었겠다.

한편 골프 또한 요즈음 들어 사회활동에 필수적인 취미활동으로 인식되고 있지만, 내가 하지 못하는 취미의 하나이다. 비용이 적지 않게 소요되다 보니 예전에는 매우 사치스러운 운동으로 인식되어 온 스포츠 종목이었다. 요즈음은 대중화되어 골프 인구가 많이 늘었다. 직장에서도 그렇고 내가 사는 아파트 주민들을 보아도 그렇다. 주말은 물론이고 평일에도 골프채를 들고 나들이하는 주민들과 심심찮게 맞닥뜨리게 된다.

직장 동료들은 물론이고 직장 생활하는 제자들도 골프에 맛을 들인 친구들이 많다. 시원하게 펼쳐진 널따란 초록색 잔디를 맘껏 바라보며 즐길 수 있는 자유, 골프채 헤드를 맞고 쭉쭉 뻗어나가는 흰 공의 궤적에 기쁨을 느낄 수 있는 멋진 운동이다. 그 맛에 동료 교수들은 물론 내 주변 친지들의 열 명 중 최소 너덧 명은 다 골프 애호가인 듯하다.

그럼에도 나는 그 축에 끼지 못한다. 골프 그 자체에 그리 흥미가 가지 않는다. 운동 신경이 부족해 잘 못 치는 것도 이유가 된다. 직장 동료나 제자, 친지들의 골프 모임 초대로부터 항상 소외된다. 골프에 입문할까 해서 나름대로 노력은 해 봤지만, 골프장 경험이 거듭될수록 '나하곤 맞지 않구나.' 하는 생각에 그만 접었다.

술이나 골프뿐만 아니라 그 밖에도 내가 하지 못하는 것으로 말미암아 알게 모르게 사회활동에 어느 정도 제약이 있었을지도 모르겠다. 실제로 그중 한두 가지만이라도 할 수 있었다면 좋지 않았을까 하는 생각을 해 본 적도 없지 않다.

그렇지만 구태여 그중 한 가지라도 앞으로도 입문하지는 않을 듯하다. 내가 하지 못한 것들이 '내가 못해서'이긴 하나, 그보다는 '나하고는 맞지 않는' 것들이기 때문이다. '나하고 맞지 않더라도 노력해서 그것들과 함께했다면 그만큼 더 내 삶이 행복하지 않았을까?' 하는 생각이 들지 않는 건 아니다.

내 주위를 둘러보아도 술이나 골프를 즐기면서 자신의 직분에 충실한 지인들이 무척 많다. 골프나 술을 즐겨하면서도 이름을 날리는 멋진 1류급 학자들도 많다.

술은 물론이고 골프 같은 사회적 취미를 가지고 있지 않은 나 같은 사람들을 측은하게 바라보는 시선도 없지 않았을 것 같다. 속칭 '범생이' 같은 삶을 산다며, 마음속으로 '무슨 재미로 살지?'라고까지 생각했을 수도 있을 것 같다. 아마도 내가 그런 학자들처럼 남들이 다 하는 취미활동을 즐겨할 수 있었다면 현재 나의 모습은 지금과는 많이 달라질 수도 있었을 것이다. 그래도 나름대로 '재미있는 삶을 살아왔다.'고 스스로를 위안하고 싶다.

골프를 치지 못해도, 술을 잘 마시지 못해도, 그 밖의 것들에서 '내게 맞는 것'들이 적지 않다는 생각이 든다. 그 '내게 맞는 것'이 맺어주는 관계 속에서 사회활동을 하면 되는 것이다.

음악이며 문학 등, '내게 맞는 것'을 취미활동으로 삼아 여태껏 살아오면서 그에 맞갖은 관계에 만족해 왔다. 내 삶을 되돌아본다. 하지 않았던 것들에 대해 '만일 그랬다면' 하는 가정에 연연하는 것보다는 내가 해 왔던 것들로 행복했던 기억을 불러내는 게 더 바람직하지 않을까?

어차피 인생은 일회성이고 과거와 현재의 모든 순간은 다 지나가 버리기 마련이다. 고대 그리스의 현인이었던 헤라클레이토스가 말했듯, "같은 강물에 두 번 발을 담글 수는" 없을 테니까!

삶의 덤

이성숙
2010. 1. 천료

작은 것이라도 크게 와닿는 것이 덤이다. 시장에서 콩나물을 살 때도 한 움큼 더 주면 함박웃음을 짓게 되니 말이다. 일상의 소소함도 좋지만, 최고의 덤은 여행이다.

여고 동창들과 환갑 기념으로 떠난 베트남 여행. 코로나19로 한 해 늦게 날짜와 갈 곳, 비행기와 여행사 선택을 하고 계약금을 내는 것으로 함께 갈 인원이 정해졌다. 여행을 기다리며 기대와 걱정으로 밤잠을 설치기도 했지만 출발하는 날 인천공항에 모인 벗들의 얼굴엔 웃음꽃이 피었다.

밥 먹으러 가자는 한 친구의 카톡이 낯선 곳에서의 첫 아침을 알렸고, 삼삼오오 모여 앉아 식성대로 만찬을 즐기고는 리조트에 인접해 있는 바다 산책에 나섰다. 바다를 배경으로, 야자수 나무 아래에서, 예쁘게 꾸며 놓은 곳들에서 사진을 찍으며 일상에서의 탈출을 실감하기 시작했다.

CNN이 선정한 세계의 10대 볼거리 중에 속한다는 '골든브릿지'에 올라갈 때는 나누어 타도 된다는 케이블카에 굳이 열한 명이 함께 탔다. 고도가 높아 한참을 안개 속에 올라가니 두 손으로 다리를 떠받들고 있는 모습의 골든브릿지가 나타났다. 황금색이 햇빛을 받아 눈이 부신다. 탄성이 절로 났다. 멋진 모습을 마음과 카메라에 열심히 담고는 정상으로 가기 위해 다시 케이블카에 올라서는 첫 추억거리에 신이 났다. 참새처럼 재잘대며 바나힐 정상에 올라가니 동남아에서 만나는 유럽이라는 수식어가 잘 어울린다는 프랑스 마을이다. 판타지 파크, 플라워가든, 전망대….

시간이 없어서 제대로 못 본 바나힐의 아쉬움을 나란히 누워 마사지를 받으며 풀고는 여행 첫날을 마무리했다.

둘째 날은 산 전체가 대리석인 마블 마운틴에 올라가 시원한 동굴 탐방을 하고는 다낭에서 30km 정도 떨어져 있는 호이안 관광이다. 도자기와 목공예 마을을 지나 바구니 배를 타러 투본강에 가니 현지인이 가요에 맞춰 춤을 추며 흥을 돋운다. 노를 저으면서도 온몸을 흔들어대는 모습이 안쓰럽기도 하지만 열심이니 보기는 좋다. 강 한가운데 서너 명이 설 수 있는 무대를 만들어 놓고 어쭙잖은 발음으로 열창하며 관광객들을 유혹한다. 자석에 끌리듯 올라간 친구들은 천 원짜리 몇 장을 그들에게 건네고는 쌓인 스트레스를 털어 내듯이 열심히 흔들어댄다. 진탕 놀고 나니 바구니 배를 팽이처럼 돌리는 묘기를 보여준다. 손뼉을 치며 환호성을 질러대니 그들도 더 신나게 돌리며 화답을 했다.

늦은 오후에는 베트남 옷을 한 벌씩 사 입고 호이안 구시가지 투어에 나섰다. 호이안에서 가장 오래된 '풍흥의 집', 호이안 역사의 흔적 '떤키의 집', 호이안의 상징 '내원교', 베트남 속의 작은 중국 '광조 회관' 그리고 호이안 신시가지에 있는 시장과 투본강 야경까지.

곳곳을 누비고 다니느라 선글라스 한쪽 알이 빠진 것도, 가방 속의 휴대전화를 날치기당한 것도 몰랐던 둘째 날, 숙소로 돌아가는 차 안에서는 수다도 물이 올랐다.

여행 마지막 날에는 다당 대성당과 조각공원을 보고, 세계 6대 비치 중 하나라는 미케비치에서 자유시간을 가졌다. 부드러운 비단 같은 모래밭을 바지가 다 젖도록 뛰어다니다가 다낭에 있는 한강에서 유람선을 타기 위해 가는 길에는 아쉬운 마음을 대신해서 비가 내렸다. 배에 올라 야경을 보며 추억에 젖어있으니 어린 소녀가 올라와서 전통춤을 추고는 내려간다. 출발을 알리는 유행가가 다시 울려 퍼지고 자연스럽게 따라 부르며 서울인가 다낭인가 헷갈릴 때쯤, 여의주를 물고 하늘로 올라가는 듯한 용의 모습이 보인다. 다낭의 명소, '용다리'다. 정말 멋지고 환상적이다. 되돌아가기 위해 유람선이 뱃머리를 돌리니 여흥을 주체 못 한 친구들이 다시 춤판을 벌였다. 낯선 이들까지도 동참하게 만들어서는 정신없이 흔들어대는 모습이 영락없는 여고생이다.

돌아오는 다낭 공항에서는 사랑은 연필로 쓰라던 가수를 만났다. 기회를 놓칠 리 없는 친구들은 연예인이라며 우르르 몰려가서는 하트를 남발하며 사진을 찍어댔다. 굴러가는 낙엽 보고도 웃는다는 사춘기가 되어 보낸 여행의 마지막까지 요란은 계속되었다.

처음으로 떠난 농장들과의 외국 여행이 이렇게 즐거울 줄은 상상도 못했다. 종일을 함께 하고도 모자라 밤마다 한방에 모여 새벽까지 수다를 떨고 헤어질 때는 오늘 못다 한 이야기는 내일 하자며 깔깔댔다. 여러 명이 다니니 가는 곳마다 이야깃거리를 남기고 며칠을 함께 하더니 이제는 눈만 마주쳐도 입이 귀에 걸린다.

일상이 무료할 때는 지하철이나 버스를 타고 한적한 곳으로의 짧은 여행을 즐기고, 조금 더 시간이 허락되는 날에는 기차 여행도 좋아했다. 힘들 때는 지친 나에게 휴식을 주고 새로운 것을 보며 자극을 받기 위해 수없이 떠나고 돌아오기를 반복하며 살았지만 이렇게 많이 웃어본 여행은 처음이다.

여행하고 돌아온 지 한 달이 지났다. 집안일을 하다가도, 길을 걷다가도 신나는 노래만 들려도 흥을 주체 못 해 어깨를 들썩이던 벗들이 생각나서 웃는다. 함께 멋진 추억 더하는 일도 좋았지만, 마음과 주머니에는 친구들의 사랑과 우정, 믿음과 배려라는 덤이 평생을 꺼내 볼 만큼 가득 차 있다.

공짜는 허투루 쓰기 쉽고 나쁜 습관을 만들 수 있지만, 덤은 나의 노력과 대가가 있어야 가능하다. 돈으로 살 수도 없고 누가 대신 줄 수도 없다. 한 번으로 누군가는 한 달이 행복할 수도 있고 혹자는 평생을 웃으면서 살 힘을 얻을 수도 있다. 많은 시간과 돈을 들인다고 크고 좋은 것도 아니고 지혜롭게 부지런 떨면 남들보다는 더 누릴 수 있는 덤. 이 세상 소풍을 끝내는 날, 너로 인해 내 삶이 풍요롭고 그래서 더 행복했노라고 당당하게 말할 수 있도록 열심히 누려야지. 생각만 해도 웃음이 절로 난다.

그리운 금강산

최천숙
2010. 4. 천료

"금강산 찾아가자 일만 이천 봉/ 볼수록 아름답고 신기하구나/ 철 따라 고운 옷 갈아입는 산/ 이름도 아름다워 금강이라네/ 금강이라네~"

나운영 작곡, 강소천 작사로 초등학교 때부터 음악시간에 불렀지만, 휴전선으로 분단된 나라에서 태어나 금강산(金剛山)에 가 볼 수는 없었다.

세계 제2차 대전 후 일본이 패망하여 제국의 식민지로 있던 우리나라는 해방이 되었으나 국토는 6.25전쟁을 겪으며 3.8선과 휴전선이 그어져 남북이 가로 막히며 양쪽으로 군대가 대치하고 있다.

1998년 햇볕정책의 일환으로 '금강산 관광'을 시작했던 적이 있었다.

평소에 6.25전쟁 때 피난을 못하시고, 북한에 계시는 부모님 소식을 늘 궁금해하셨던 아버지께서는 이산가족 상봉 신청도 해 보고 관심을 두셨지만 이루어지지 못했다. 금강산이라도 가서 보면 조금이라도 위로가 될까 싶어 '금강산 관광'을 권유했지만 "가면 뭐 하냐 부모님을 만날 수 있는 것도 아닌데"

하시며 만류하셨다.

아버지께서 기억력이 점점 없어지며 병원에 입원해 계실 때 내가 "아버지! 빨리 일어나 집에 가셔야지요" 했더니 "그래, 통일 됐나?" 하셨다. 끝내 그리던 고향집에 가 보지 못하고 한 많은 생을 살다 돌아가셨다.

금강산은 지금은 북한 땅인 강원도 금강군, 고성군, 통천군에 걸쳐 있는 산으로 면적이 530제곱km에 최고봉인 비로봉의 높이가 1638m이다. 신생대에 형성되는 흑운모, 반상 화강암으로 천태만상의 기암괴석으로 형성되어 있다. 표훈사 보덕암 등의 크고 작은 사찰이 108개 있고, 석탑과 아미타여래좌상, 마애삼존불 등 국보급 유물이 많다. 산봉우리에는 지장봉 석가봉, 세존봉, 관음봉, 미륵봉, 대자봉, 천불산, 칠보대 등의 불교 관련 이름이 붙여져 있다. 수많은 계곡에 폭포와 소, 여울이 있고 소나무, 참나무, 금강초롱꽃, 만리화 등 940여 종의 식물과 20여 목의 새, 금강모치, 열목어 등 희귀보호 어종이 있다. 그리고 고인돌 16기와 태자묘라 불리는 패망한 신라의 왕자 마의태자(麻衣太子)의 무덤이 있다고 한다.

내금강 만폭동 너럭바위에 조선시대 문인이며 서예가 양사언의 '봉래풍악원화동천(蓬萊楓岳元化洞天)'이란 초서가 있고, 외금강 구룡폭포 절벽에는 '미륵불(彌勒佛)' 글씨가 크게 쓰여 있다. 12폭포가 있고 동해로 뻗은 해금강, 통천의 총석정, 삼일포 해만물상 중심으로 형성된 해식지형이 있다.

"누구의 주제런가 맑고 고운산~" 노래의 첫 소절에 나오듯 금강산을 접해본 사람은 경치 좋은 자연이라기보다 어떤 의식을 가지고 창조한 예술품으로 느끼게 된다고 말한다.

불경(佛經)에 '발해 3만 리에 금강산이 있는데 신선(神仙)이 모이는 곳'이라 말했다.

금강산의 뼈대도 강한 기운이 모였으므로 천지(天地)가 다한 뒤에도 없어지지 않는다.

불교경전 『화엄경』에 "해동에 보살이 사는 금강산이 있다."고 적힌 것에 연유하며 금강산이라 부름으로 불교의 영지, 불교도의 순례지가 되었다.

중국 사신 정동이 금강산 보덕굴을 보고 참 불계가 여기 있다며 다시 태어나면 이곳에서 살고 싶다고 했다.

조선후기 문인 홍석모의 『동국세시기』에는 "사람이 죽어 지옥에 가지 않으려면 금강산을 한번은 올라가야 한다"고 했다.

『동국여지승람』 유점사(楡岾寺)조에 월지국(月支國)에서 53불(佛)이 쇠북을 타고 이곳 해안에 도착하여 처음 정주한 곳이 유점사(楡岾寺) 터였다고 한다.

이렇듯 금강산이 불교와 연관되어 우리 민족의 의식 속에 뿌리 내려진 것은 불교가 삼국시대 초(372년)에 전래되어 통일신라를 거쳐 고려시대(918~1392년)까지 20세기 동안 반세기에 걸쳐 국교로 호국불교로 우리 민족과 함께하여 우리의 전통문화가 되고 우리의 정신적 토대가 되어 있다.

고려시대와 조선시대, 근 현대에 이르기까지 많은 문인들이 기행문, 가사, 시조, 시로 금강산을 예친했으며 기록으로 남아 있다.

일본의 화가 모리타(宇田龍光)는 "금강산의 경치는 상상 이상의 것으로 화가의 머리로는 구상할 수 없는 그림이며 사람이 상상해 낼 수 없는 산수"라 했다.

조선의 문인 화가들도 금강산도를 그리고 겸재 정선은 진경산수화를 개척하여 일생을 금강산을 그리며 18세기 화단의 선봉자가 되었다.

금강산은 우리나라 뿐 아니라 세계적인 명산으로 아름다움과 신비함을 말하고, 천지간에 조화의 기적을 보여주는 유일한 산이다. 이는 우리나라의 행복이고 하늘이 내리는 은혜이다.

그리운 금강산! 언제나 밟아보려나….

좋은 친구

김성윤
2010. 9. 천료

좋은 친구가 있다는 것은 행운이고 복이다.

프란치스카가 나에게 먼저 다가와서 친구 하자고 했다. 나에게 먼저 다가와서 친구 하자고 말하기 쉬운 일이 아니다. 자주 핸드폰으로 통화하고 성당에서 만나고 가끔씩 함께 식사도 한다.

내가 속상하고 분노에 떨며 울고 있을 때, 다가와서 그런 나쁜 사람들 잊으라고 욕할 필요도 미안하다고 사과받을 생각도 하지 말라고 한다. 그런 사람들 피하고 참으라고 한다. 그 사람들은 주님께 맡기라고 한다. 또한, 그들을 위해 기도를 하라고 한다. 참지 못하는 것도 죄라고 한다. 어느 신부님은 참은 것이 순교라고 한다. 힘들고 속상할 때, 주님께 봉헌을 하거나 죽은 영옥에 있는 이들을 위해 기도하면서 맡기라고 한다.

죽으면 지옥과 연옥과 천국에 있는데, 천국에 가기 위해서는 고해성사를 보지만 죄가 그것으로는 깨끗하게 씻어지지 않아서 죽으면 남은 죄들을 연옥에서 씻고 가야 하는데, 그 과정이 지옥만큼이나 힘들다고 한다. 그런 것들을 덜 받기 위해서는 착한 일들을 많이 해야 연옥에서 고통을 조금이라도 덜 수 있다고 한다. 지금 지난 일들을 돌아보니, 참으로 잘못한 일들이 너무나 많다. 요즘은 죄를 짓지 않고 착한 일들을 하기 위해서 무척이나 노력 중이다. 그 친구는 나보다 더 많은 죄를 지었다고 한다. 설마 하는 생각을 한다. 마음을 비우고 욕심 없이 살려고 노력하니, 마음이 너무나 편안해져서 좋다.

나를 보고 배울 점이 많고 똑똑하고 살기 위해서 고생을 많이 했다고 칭찬을 한다. 나를 과대평가한다. 그 친구는 자녀들이 수능시험을 보고 난 후에는 아르바이트를 시킨다고 한다. 또한, 군대 간 아들에게는 누군가 뭐라고 해도 참으라고 한다. 참는 것이 사고가 안 나는 것이라고 가르친다. 참으로 현명한 어머니이다.

오후에는 치킨집에서 밤 12시까지 일하고 아침 새벽 6시 미사 참례를 하거나 장례미사와 교육 등을 받고 어려운 사람들을 도와주고 기도를 해 준다. 그러기 때문에 아침은 거의 거른다고 한다. 우리 집에 올 때도 과일과 빵 음료 등을 가득 사 왔다. 내가 혼자 살 때도 쌀이며 과일 등을 사 오고 점심까지 사 주고 간 친구이다. 요즘은 어머니가 예비사 교리를 받기 때문에 어머니와 나를 일요일마다 성당에 데려가고 집까지 데려다주고 간다.

늘 바쁘다 보니, 잠도 많이 못 자고 식사까지 거른다고 하니, 건강이 나빠질까 봐 걱정이다. 얼굴은 동안이고 빼빼 말라서 아가씨 같다. 좋은 길을 가게끔 도와주는 아주 고마운 친구다.

그 친구는 나를 보고 이젠 어머니와 네 자신를 위해 살 때라고 충고한다. 지난 힘든 일들을 잊고 즐겁게 살라고 한다.

내일은 일요일, 그 친구를 만날 생각하니 마음이 즐거워진다.

나도 누군가에게 그런 사람이 된 적이 있을까?

화사별서

안명영
2010. 11. 천료

악양 상신마을로 길을 잡았다. 고개 숙이고 걷다 끌리 듯 고개 드니 장승들이 버티고 섰다. 뒤쪽으로 사모관대를 쓰고 위아래 이빨 사이에 주먹 하나 들어갈 정도로 웃고 있는 신랑은 긴장이 역력하다. 족두리 쓰고 긴 비녀를 꽂은 신부 역시 이빨이 보일 정도로 웃지만 표정 관리를 하는 듯하다. 앞줄 가운데 매파는 입 다물고 눈을 아래로 깔고 의기양양하며 좌우에는 주먹코에 주위를 왕방울 눈을 부라리면서도 입이 찢어지게 웃는 여유를 보이는 길잡이들이다.

온통 감나무밭이다. 가지가 땅에 닿게 하는 대봉감을 수확하는 손놀림이 현란하다. 집안은 조용하다. 턱을 땅에 깔고 잠이 들었던 개가 몸을 일으키며 존재를 과시한다. 집에 사람이 아주 없는 것이 아니다. 대문 옆에 빨간 지붕의 우체통을 세우고 밑에 주인의 캐리커처를 그렸다. 남자는 넥타이 매고 머리는 이대팔로 넘겼고 여자는 파마 스타일이다.

젊은이가 지나가는지라 우체통을 가리키면서 말을 걸었다. "마을에 특색이 많군요?" "네, 볼거리가 많습니다!"

감색 배낭을 메고 검은색 반팔 티에 검정 바지를 입었는데 걸음걸이는 빠르며 안정되었다.

조금 오르자 활짝 열려진 솟을대문 앞이다. 천장은 높고 폭은 넓어 가득 짐 실은 수레도 들락날락하겠다. 대문 안 벽에 파란색 지붕의 우체통 아래 집을 그렸다. ㄱ형 안채, ㅡ자형 행랑채와 담장 아래 조경수와 축담 아래 큰 바위가 놓였다. 우측 상단에 걸려 있는 문패에 적힌 이름은 '조한승'이다.

사각형 연못을 내려다보고 있는데 등 뒤에서 귀에 익은 목소리이다.

"마침내 여기까지 오셨군요! 조항연입니다. 저의 집 모든 것을 보여드리겠습니다!"

품위를 높이고 집안의 기운이 빠져나가지 않도록 우선적으로 방지(方池)를 원형 복구하였단다. 방지란 하늘은 둥글고 땅은 네모지다(天圓地方)는 우주관을 보여 준단다. 가운데 둥근 섬은 하늘이고 사각형은 땅을 나타내며 섬에서 피어난 꽃은 자연의 조화이며 물은 생명이다. 육안으로 파악할 수 있는 우주의 형체를 묘사했다는 장점 때문에 서양 천문학이 도입되기 이전까지 고대 우주관의 주류로 자리매김해왔다.

남으로 단계별 건물을 이어나갔다. 사랑채, 내문채 겸 바깥행랑채, 연정, 곡간, 별당, 사당 등이 소실되었고 안채와 행랑채는 남아 있다.

대문을 지나 방지를 내려다보며 우주를 논하고 꽃을 감상하던 연정 터와 병풍 역할로 동백을 심어 안채를 살짝 가렸던 사랑채 터 사이 계단을 올라가면 안채이다. 용마루의 적새는 암기와를 여러 겹 포개 무게중심을 집중시켰고 ㄱ형 지붕은 빗물을 공동 처마 끝으로 모으기 위하여 지붕골은 비스듬한 구조이다. 빗물은 처마 끝 홈에서 받고 두 개의 홈을 연결하는 덮개는 수키와로 모양을 내고 있다.

도리는 서까래를 받치기 위하여 기둥 위에 건너지르는 것으로 작은 집은 3개 큰집은 5개이지만 7개 도리로 희귀한 구조이며 원형이 잘 보존되어 역사성과 예술적 가치가 높다.

기둥은 주춧돌이 높게 받쳐 비바람이나 지열에 견딜 수 있는 구조이며 내측(內廁)은 냄새가 나지 않고 퇴비로 전환되게 왕겨를 사용하였다. 뒷돌담은 비탈을 절개하여 돌을 마름모로 다듬어 대각선을 아래로 쌓아 무게를 분산한다. 접촉 부위는 높이가 다른 직사각형 돌을 수평으로 어긋나게 쌓아 응집력을 더하는 기법이다. 넓은 후원에는 별당과 사당이 있었다.

행랑채 뒤로 담을 따라 내려가다 개울 너머에 배가 처음으로 물에 들어가려는 모형의 바위가 있다. 가운데에 해서체로 '화사별서 융희기원후제일회신유중추상완서(花史別墅 隆熙紀元后第一回辛酉仲秋上浣書)'라 새겼다. 1921년 8월 상순 화사별서 재건과 화사의 회갑을 기념하는 것이다.

화사는 조선 개국공신이며 영의정을 지낸 조준(趙浚)의 직계손 조재희(趙載禧, 1861~1941)의 호이다. 별서란 농사를 목적으로 지은 별장이다. 살던 가옥에서 조금 떨어진 장소에 두고 있으나 화사별서는 명당을 찾아 본가에서 천리 길이나 떨어져 있다. 본집은 경성부 당주동(서울 종로구 세종문화회관)에 있었고 지금의 대문은 솔봉 아래 있던 북문을 옮겼다.

화사별서는 '조부자집'으로 박경리 소설 『토지』의 배경이 된 최참판댁의 실제 모델로 알려져 있다. 조항연 씨는 '서희'를 불러오는 별당을 복원하겠다는 포부를 밝힌다.

양현은 별당으로 뛰어들었다. 서희는 하얀 모시 치마 저고리를 입고 푸른 해당화 옆에 서서 하늘을 올려다보고 있었다.

"어머니! 이, 일본이 항복을 했다 합니다!" "뭐라 했느냐?"

"일본이, 일본이 말예요. 항복을, 천황이 방송을 했다 합니다."

서희는 해당화 가지를 휘어잡았다. 그리고 땅바닥에 주저앉았다.

"정말이냐!" 속삭이듯 물었다.

그 순간 서희는 자신을 휘감은 쇠사슬이 요란한 소리를 내며 땅에 떨어지는 것을 느낀다.(토지 제5부 7장 빛 속으로)

엄마 손잡고

김소형
2011. 3. 천료

여수 밤바다를 즐기고 왔다. 마음이 발그스름하게 물든 기분이다. 좋았다.

역시 소문대로 여수는 밤이고, 특히 바다였다. 화려한 조명 속에 함께 있으니, 내 안에 깊이 잠들어 있던 낯선 마음들이 하나씩 깨어났다. 분위기도 바람도 정답고 포근했다.

여행 기간 내내 비가 와서 맑은 하늘을 구경하기는 어려웠다. 가끔씩 가늘게 내리는 빗속을 우산과 함께 걷는 그 풍경도 만속스러웠다. 그러다 맞이하는 해가 우리에게 골고루 퍼지기를 바라며 호들갑스럽게 즐겼다.

친정 엄마와 함께 여수 여행을 다녀왔다. 기차여행은 처음이라 긴장 반, 설렘 반을 안고 떠났다.

엄마는 작년에 허리 수술을 하신 이후 몸을 움직이는데 자신감을 많이 잃으셨다. 조금씩 하던 경제활동도 접고, 경로당을 다니면서 시간을 보내고 계신다. 그런 엄마의 힘없는 손을 꼬옥 한번 잡아주고 싶어서였다. 동생과 나는 늘 같은 생활을 하시는 엄마께 특별한 추억을 만들어주자고 여러 번 마음 먹었다. 엄마의 건강을 염려해 어디가 좋을까? 고민도 많았지만, 새로운 곳, 안 가 본 곳, 낯선 곳으로 결정했다.

춘천에서 용산까지, 용산에서 다시 여수까지. 긴 시간을 함께 달렸지만, 우리는 즐거웠다. 맛있는 간식을 기차에서 나눠 먹는 것만으로도 웃음이 나왔다. 창밖으로 펼쳐진 넓은 평야는 남쪽으로 내려가고 있음을 실감 나게 했다. 끝도 없이 펼쳐진 푸르름을 여유롭게 즐길 수 있었다.

엄마도 나도 여수는 처음이다. 길을 떠난다는 것은 그 순간부터 설렘이다. 기차에 몸을 싣는 순간, 엄마 손잡고 무작정 떠나오길 잘했다는 생각이 들었다. 평소와 달리 약간 긴장한 엄마의 얼굴엔 소녀 같은 미소가 번졌다.

우리는 습관처럼 '여행 가고 싶다, 떠나고 싶다'는 말을 자주 하지만 현실은 오랜 기다림을 요구한다. 이번엔 여동생과 작정했다. 안될 것 같다고 말하기 전에, 딱 한 번만 시도해 보자고 했다. 때로는 그 한걸음이 답일 때도 있으니 떠나 보자고 했다.

지금까지 엄마의 인생에서 여행은 드물었다. 화려한 것을 좋아하고 활동적인 엄마에게 가부장적인 아버지의 울타리는 좁았겠지만, 견디며 자리를 지켜주셨다. 가슴 속에서 꿈틀거리는 감정들을 애써 억누르며 살아오셨다. 엄마의 마음에 위로를 주고 싶었다. 이제는 더 늦기 전에 우리가 엄마에게 좀 더 넓은 세상을 만나게 해 드리고 싶었다.

여동생은 여러 날을 고심해서 계획을 세웠다. 딸아이가 만든 '나눔방'에서 서로 내용을 공유하며 느끼는 두근거림부터 우리의 여행은 이미 시작되었다. 행복해하는 엄마를 보면서 잘했다는 생각에 뿌듯했다. 우리의 찬란한 계획은 비 때문에 뒤죽박죽이 되어버렸지만, 여수 밤바다의 낭만, 그것으로 만족한다.

여수 낭만 포차에서의 추억은 지금도 가슴 설레게 한다. 돌문어 삼합도 맛있었고, 고소한 딱 새우도 이제는 아는 맛이 되어버려 내내 생각이 날 것 같다. 맛있는 음식과 여수의 밤에 취해 분위기가 무르익을 무렵, 갑자기 식당 안은 암흑으로 변했다. 때맞춰 바다에서는 유람선이 화려한 조명을 터트리며 지나갔고, 가수 버스커버스커의 '여수 밤바다' 노래가 흘러나왔다. 우리는 누가 먼저랄 것도 없이 손에 손을 잡고 흔들며 노래를 따라 불렀다. 여수의 밤을 한껏 즐겼다. 여수에서의 첫날은 하루의 행복만은 아니었다.

빨간 하멜 등대, 오동도 동백 열차, 여수를 기억할 수 있는 추억 장치가 내 안에 가득하다. 오동도는 유난히 나무가 울창했다. 숲길을 걸으며 엄마는 들뜬 표정이었다. 춘천에서는 다리가 아파 여러 번 쉬어가며 걸었는데, 여기서는 하나도 안 아프다며 활기찬 모습을 보이셨다. 딸들이 걱정할까 봐 일부러 그러신 줄 알았는데, 정말 평온한 모습에 안심이 되었다. 역시 여수에 오길 잘했다.

엄마는 "해 준 것도 없는데, 너희들 오 남매 모두 잘 커 줘서 고맙다"는 말씀을 가끔 하신다. 먹고 사는 게 급급해 세심하게 돌보지 못했지만, 최선을 다했음을 우리는 알고 있다. 그때는 모두 그랬기에 서운하지 않다. 나도 딸을 낳아 길러보니 철이 들었나 보다. 엄마의 묵은 마음을 씻어 드리고 싶었다. 같은 마음으로 함께 해 준 여동생이 있어 더 든든한 여행길이 되었다.

얼굴 가득 와 닿는 맞바람이 시원하다. 여수를 생각하니 바다 내가 나는 듯하다. 피식 웃음이 난다. 이번 여수 여행은 마음으로부터 자유를 얻은 기분이다. 엄마도 그랬으면 좋겠다.

이제는 MBTI

유경희
2011. 4. 천료

6월에 한 달간 프랑스로 여행 간다고 하자, C가 파리 여행 계획을 공유해 달라고 한다. 자신은 5월에 파리에 갈 거라며 내 성격엔 벌써 계획이 다 잡혀 있을 거 같단다. 물론 평소의 나라면 지금쯤은 어디에 갈 건지, 무엇을 볼 건지 정도는 끝냈을 것이다. 그러나 이번엔 파리에 살고 있는 친구의 딸이 안내해 줄 예정이기에 굳이 나서서 계획을 짤 필요가 없다. 사공이 많으면 배가 산으로 가지 않겠는가.

여행 계획에 관한 이야기를 나누다 화제가 성격 유형으로 바뀌었다. 내 성격은 전형적인 J일 거 같단다. 각자 자신의 MBTI를 얘기하는데 실제 성격과 많이 비슷하다. 검사 결과와 실제 성격이 비슷하다는 것보다 다섯 명의 MBTI가 다 다르고, 신세대도 아닌 아줌마들이 모두 자신의 MBTI를 알고 있다는 사실이 더 놀라웠다.

예전엔 사람들과 처음 만났을 때 호구조사를 한 후에는 으레 혈액형을 물었다. A형은 소심하고, O형은 활달하며, B형은 이기적이라든가, AB형은 공평하다는 등으로 특징을 규정하고, 혈액형으로 성격 궁합을 맞혀보기도 했다. B형 남자는 나쁜 남자 스타일이고, A형 남자는 자상하다는 등으로 연애 스타일을 평가하기도 했다. 혈액형으로 상대방의 심리를 연구하고 연애 스타일을 익히며 마음에 들지 않는 부분이 있어도 원래 성격이려니 이해하려고 애썼다.

이제는 혈액형을 묻는 자리에 MBTI가 뭐냐는 질문이 대신한다. MBTI는 성격 유형 검사이다. 아들의 학창 시절에도 학교에서 성격 유형을 검사했지만 거기에 관심 갖는 사람은 본 적이 없다. 요즘은 인터넷 상에서 무료로 MBTI검사를 하고, 결과도 볼 수 있다. 누구나 한 번쯤은 검사를 해 볼 만큼 유행이다. 아들도 자기랑 내가 잘 맞지 않는다고 여겨지면 MBTI를 들먹인다. 계획적인 J형의 나와 즉흥적인 P형의 자기와는 근본적으로 맞지 않는단다.

내 MBTI는 ESTJ로 엄격한 관리자 형이란다. 성격 유형을 나타내는 캐릭터는 B사감을 연상케 하는 안경 쓴 여성이 긴 자를 들고 있다. 마음에 들지 않는다. 딱 봐도 나랑은 전혀 닮지 않은 거 같다. 검사를 다시 해 봤다. 검사를 한 지 얼마 되지 않았음에도 문항 중 어떤 걸 다르게 체크했는지 ESFJ로 사교적인 외교관 유형으로 나왔다. '엄격한'이라는 관형어보다는 '사교적인'이라는 꾸밈어가 더 마음에 든다. 내 성격 유형을 ESFJ로 정하기로 했다. T(thinking)는 논리적이고 F(feeling)는 감정적이라는 차이가 있다고 한다. T와 F가 왔다 갔다 하는 걸로 봐서 내 성격은 이성적인 것과 감정적인 것의 접점에 있는가 보다. 사실 나이가 들면서 성격이 변하고 있다는 것을 느낀다. 예전에는 따지고 분석해서 결정했지만 지금은 그럴 필요가 없다. 남는 게 시간이니 이런들 어떠하고 저런들 어떠하겠는가. 계획을 세우고 분석할 기운도 없다. 그냥 감정에 끌리는 대로 결정하는 경우가 더 많다.

인간은 다양하고 복잡하며 깊은 속내를 갖고 있는 존재다. MBTI는 네 가지 지표에 대해 개인의 선호도를 밝히는데, 총 16개의 유형으로 개인의 성격을 나눈다. 세상에 인구가 몇인데, 아니 대한민국 국민만도 오천만인데 어떻게 그 성격 유형을 단 16개로 나눌 수 있단 말인가. 그런데 모임에 앉아 있으면 열이면 열, 성격 유형이 다 다르다. 같은 모임에서 같은 MBTI 유형을 가진 사람을 본 적이 거의 없다. 어쩌면 그렇게 같은 유형의 성격을 가진 사람이 없는지 신기할 정도다. 성격 유형을 알면 그 사람을 이해할 수 있어 다툼을 피할 수 있다고 한다. 누군가 당신의 MBTI를 묻는다면 그건 상대방의 나를 이해하기 위한 노력이라고, 나에 대한 관심이라고 여기면 될 것 같다.

인간은 생각하는 동물이다. 생각이 있기에 상황에 따라 다르게 행동할 수밖에 없다. 즉흥적이고 감정적인 성격이라 해서 아무 계획 없이 여행을 떠나지 않는 것처럼, 계획적인 성격이라 해서 무작정 떠나고 싶을 때가 없는 건 아니다. 결과를 중요시 하는 성격이라고 해서 과정을 놓치면 타인에게 공감할 수 없다. 공감이란 상대방과 나와의 친밀도에 따라 달라지기도 한다. 저 사람은 이성적인 사람이라 감정에 치우치지 않으니까 내가 이해해야 한다고 결심한들 그게 생각처럼 되겠는가? 이해는 잠시지만 서운함은 영원하다. 성격 유형을 알면 상대를 이해한다고 하는데 말처럼 쉬운 거 같지는 않다.

같이 여행가기로 한 친구가 파리에 있는 자기 딸이 바빠서 아직 스케줄을 짜는 것도, 숙소를 구하는 것도 하지 못했다고 한다. 그러면서 나 같은 성격은 지금까지 아무 계획도 세워놓지 않았으니 속이 타들어 갈 거라고 웃으며 말한다. 정작 나는 아무렇지도 않다. 나도 모르는 내 성격을 남이 어떻게 아는지 모르겠다. 나의 계획적인 성격이란 건 사실 선택적이다. 그때그때 다르다. 자유로운 영혼의 소유자라도 자신이 책임을 맡게 된다면 계획적으로 변할 수밖에 없다. 상황에 따라 다른데 '너는 그런 성격이라 이럴 거야.'라는 확신은 사양하고 싶다. 재미로라면 모르겠지만 성격 유형이 절대적인 건 아니니 말이다.

돌아온 지갑

송창윤
2012. 9. 천료

오늘도 지갑 속 교통카드로 승하차한다.

카드가 들락날락하는 지갑을 만지고 있으면, 한 달여 전 산티아고 순례 여행 시 있었던 일이 슬며시 다가온다.

아내를 잃고 혼자 떠나는 여행이었다. 일흔을 넘긴 나이에 염려되기도 하여 해외여행 도움말을 들추어본다. 지갑은 절대로 뒷주머니에 넣지 말고 바지 앞주머니나 코트 안주머니에 넣고, 가방을 가지고 걸을 때는 어깨로부터 가슴에 기로질러 X자로 멘다. 사람이 많은 출퇴근 시간에는 기차나 버스 안에서 가방이나 지갑을 조심한다는 등.

5월 4일 이른 아침, 순례길 첫걸음이다. 제주공항을 출발하여 김포공항에 도착한 후, 인천공항으로 이동한다. 리무진 버스에서 지갑 속에 있는 카드를 꺼내 8천 원을 결제하고 30여 분만에 인천공항 정류장에 내렸다. 곧장 미팅 장소로 가서 인솔자를 만나 여행계약서에 서명했다. 이스탄불행 항공기의 출발 시각은 23시 50분. 시간의 여유가 있어 요기하려고 레스토랑에 들어갔는데, 어찌 된 일인가. 지갑이 보이지 않았다. 배낭과 보조 가방을 들쳐 보고, 옷 주머니 안팎을 뒤진다. 또한, 지갑을 잃어버릴 만한 곳을 생각해 보지만 행방은 묘연하다. 출발 시각은 다가오는데, 불안감과 초조함이 더해 간다. 혹시 발걸음을 인도하시는 분이 나의 길을 막는 게 아닌지 의심이 들기도 했다.

지갑은 십여 년 전 외국 출장에서 돌아온 둘째 아들에게 받은 선물이다. 눈 덮인 몽블랑 정상을 형상화한 하얀색 '몽블랑 스타'가 박힌 검은색 가죽 반지갑, 평소에 운전면허증, 신용카드, 교통카드, 아들 명함, 현금 등을 넣고 다니며 분신처럼 함께 살아왔다. 잃어버린 자신을 자책하며 아들에게 전화를 걸었다. 지갑 속 내용물을 묻더니 우선 카드사용 정지를 신청하라 한다. 그래도 여권과 유로화가 있어 다행이라며 안심시킨다.

"눈을 들어 산을 보네 /산이 내게 힘이 되어 줄까? /아니, 내 힘은 오직 하나님 /하늘과 땅과 산을 만드신 그분 //그분께서 너를 붙드신다 /너의 보호자인 하나님은 잠드시는 법이 없다 /결코 없다! 이스라엘의 보호자는 /졸거나 주무시는 법이 없다."(시편 121:1-4) 묵상하며 터키 항공기에 탑승했다. 기내식을 고대하며 배고픔을 견뎌 왔는데, 찾아온 것은 침묵 중에 "길을 떠나는 데는, 아무것도 가지고 가지 말아라. 지팡이도 자루도 빵도 은화도 가지고 가지 말고…." 예수님이 제자들에게 당부한 말씀이 아닌가. 지금까지 너의 길을 앞서가며 인도하였는데, 염려하지 말고 떠나라 말씀하시는 듯. 재근하시는 주님의 음성을 들으며 아내 영혼과 함께 순례길을 걷고 걷는다. 창조주의 섭리를 묵상하고, 자연과 영혼의 소리를, 이웃의 상한 심령의 소리를 들으며 산티아고 대성당까지 120km 순례길을 걸었다.

마침내 산티아고 순례의 상징인 가리비를 매단 배낭을 메고 인천공항에 내렸다. 곧바로 공항 내 환전소로 향한다. 직원에게 5유로 지폐 몇 장을 내밀자 얼마 안 되는 액수라며 의아한 표정이다. 무사히 김포공항에 도착하여 분실한 신분증 대신 여권으로 제주행 항공기 탑승 절차를 마쳤다. '순례길의 종점이구나!' 안도하며 크리덴셜(credential, 순례자 여권)을 펴놓고, 걸어온 길을 피드백하는데 마침 전화가 걸려왔다. 지갑을 찾았다는 아들의 음성이 아닌가. 지갑을 분실한 지 열흘 만의 일이다.

"언젠가 때가 되면 산티아고 순례길을 걷고 싶다"라던 아내를 생각하며, 빈손으로 떠났던 여행. 돌아온 지 한 주 만에 새로운 신용카드가 도착하고, 또 사흘 후 기대하지도 않았던 몽블랑 지갑이 모든 것을 간직한 채 우체국 택배로 돌아왔다. 순간, 잃어버린 혼인 선물 한 드라크마를 찾은 여인의 기쁨과 감사가 나의 마음에 잔잔히 스며든다. 두 주 만에 꼭 잡은 지갑, 다시는 떠나지 않겠다 다짐하며 어루만지자 동행하지 못한 것을 아쉬워하는 듯.

지나온 순례길의 여정을 곰곰이 생각한다. 인생은 끊임없는 '잃어버림'의 연속이며, 늙는다는 건 차츰차츰 잃어가는 게 아닐까 하고. 아끼던 물건을 잃어버리고, 사랑했던 사람을 잃고, 소중했던 추억과 어릴 적 가졌던 꿈을 잃어버린다. 언젠가는 나 자신도 내 몸을 잃게 되는 것임을. 하지만, 아내를 찾아가는 영혼의 길만은 돌아온 지갑처럼 나의 기억과 마음에서 떠나지 않기를 간절히 소망한다.

열두 색 크레파스

이용희
2012. 9. 천료

신작로 오른편에 우리 집이 보인다.

엄밀히 말하면 우리 집이었던 집이다. 지붕 위에 진홍빛이 물든 것을 보면 우리 집 줄장미가 피어나고 있는 것이 분명했다. 지붕 위를 타고 올라가 덮은 줄장미다.

어쩌다 지나치는 일이 있을 때마다 무심할 수 없는 나의 유년 시절 그 집은 지금도 육십여 년 전 그대로 오도카니 앉아 있다. 대문 오른쪽에는 화장실과 닭장이 함께 있고 대문을 들어서면 작은 마당이 예전처럼 길을 내다보고 펼쳐 있다.

대문은 미는 힘에 열리고 한 발 한 발 들어서니 마당에 호박이 몇 포기 심겨 있다. 사람은 살고 있지 않지만 누구인가는 드나들고 있다는 흔적이다. 빈 닭장이 쓰러질 듯 앉아 있다가 크레파스 한 개를 들어준다. 노란색이다. 어머니께서 닭장에서 꺼내 오시는 달걀의 색깔을 칠해본다. 샛노란 달걀은 따듯하다. 깨어질세라 양손 위에 올려놓은 채 추억이 산산이 깨어질 것만 같아 힘을 가하지 못한다.

무엇이든 귀할 때였다. 달걀만큼이나 연필도 크레용도 물감도 모두 귀한 때 나는 열두 가지 색깔의 크레파스를 선물 받았다. 어느 날 아침 내 책상 속에 몸을 숨기고 있던 그 크레파스는 가슴을 콩닥거리게 만들었고 지금까지 줄장미에 분홍 색깔을 칠하게 하고 서녘 하늘에 초저녁별을 그리게 한다. 닭장을 타고 올라가던 작은 나팔꽃 열 송이를 그리다가 진분홍 크레파스를 제자리에 담고 뒤란으로 난 작은 문으로 달려간다. 그 문도 잠그지 않고 비어 있는 이 집은 도대체 누구의 소유일까 더욱 궁금해진다.

얼마 전에 들렀을 때에는 굳게 걸려 있는 대문 때문에 나의 어릴 적 발자국을 찾아 볼 생각도 못하고 그냥 돌아섰다. 그런데 오늘은 앞대문도 뒷문도 모두 열려 있고 마당에 호박까지 자라고 있어서 빈집 같지 않은 비어 있는 집이 유년의 기억을 일으켜 세운다.

고아원 아이가 있었다. 기운이 얼마나 센지는 모르지만 여섯 살 나에게는 엄청나게 큰 사람이었다. 동급생이기는 하였지만 담임선생님보다 더 무서워 감히 말을 건네지도 못했다. 말은커녕 눈길 한 번 맞추어 본 적이 없다.

그렇게 무섭기만 한 그 고아원 아이는 때 없이 나의 책상 속에 무엇인가를 넣어 놓고는 하였다. 아무 말도 하지 않았는데 나는 어떻게 그 물건들의 출처를 알아차렸을까. 지금 생각해도 알 수 없는 그 비밀의 행동들이 그때는 보라색보다 더 부끄럽기만 했다.

고아원 아이들만이 소유할 수 있는 미제라고 부르는 미국의 물건들이 대부분이었는데 한 다스의 연필일 때도 있고 스케치를 할 수 있는 4B 연필일 때도 있었다. 그렇지만 내 속내에 색칠을 할 수 있는 크레파스가 나는 제일 좋았다.

온갖 구제품을 비밀의 서랍 안에서 주고받던 그때 내 가슴속은 어떤 색깔이었을까. 아직 색깔의 이름으로 불려지지도 못하는 새 봄의 연미색 아니었을까. 그래서 더 많이 부끄러웠던 것은 아니지 모르겠다.

"꼬맹아, 너 나오래."

이웃집 친구가 우리 집 대문 앞에서 불러내던 그날 나는 눈을 뜨기도, 감기도 하는 인형을 처음 보았다. 기운이 가장 세었던 그 아이는 시종들 같은 아이들을 서너 명 거느리고 나타났다. 그 아이 앞에 설 용기가 없어서 다락으로 올라가 숨었다. 그리고는 내 몸을 감추고 내다볼 수 있는 다락의 창문에 붙어서 고아원 아이의 손에 들려진 선물을 확인했다.

"인형이야. 너 주려고 창호가 가지고 왔어. 빨리 나와 봐."

시종들의 아뢰이 외침으로 이어졌지만 나는 다락을 내려가지 못했다. 작은 창으로 내다보던 인형이 얼마나 가지고 싶어 안타까웠는지 지금도 가슴이 뛴다. 나갈 용기는 없고 그냥 가지고 가 버리면 어쩌나 하고 가슴만 졸였다.

끝내 나가지 못했고 그 인형을 대문 한쪽에 업둥이처럼 뉘여 놓고 아이들은 떠났다. 도둑질을 하듯 달려나가 그 인형을 안고 들어오던 날 내 가슴에는 한 송이의 붉은 장미가 피어났는지도 모르겠다. 그렇게 열두 색 크레파스로 녹음을 그리고 하얀 눈 세상을 칠하는 동안 우리는 졸업을 하고 그 아이는 바람처럼 어디론가 떠났다.

지금 비어 있는 우리 집의 집주인이 누구인지 궁금해진다. 이웃에게 물어보려 하다가 오늘도 그냥 돌아선다. 남몰래 가져다주던 그 색연필로 그리던 어린 날들이 곱게 묻어나는 우리 집. 그 집의 주인은 아마도 지금 눈을 떴다 감았다 하던 인형의 소재를 찾고 있는 것은 아닌가 모르겠다.

언젠가는 돌아와 한 번쯤 들여다볼 그 유년 시절의 갈래머리 아이를 위해 지금은 108개 색의 크레파스를 마련해 놓은 것은 아닐까. 그 크레파스 중 어느 하나로 이 집의 대문에 자신의 명패를 쓰지는 않았을까.

내 유년의 집 뜨락을 밟으며 한 줄의 소설을 쓴다. 발걸음은 대문을 벗어나고 있는데 다락방에 숨어 내다보던 나의 옛 모습으로 나를 바라보고 있는 것은 아닐까 다락창문을 올려다본다. 지붕까지 올라간 줄장미가 방글방글 웃는다.

공원에서 만난 두 사람

윤 석
2012. 10. 천료

평상시처럼 오늘도 월곡그린공원으로 산책 겸 걷기 운동을 나갔다. 날씨는 잔뜩 흐려 동이 뿌옇게 터 올랐다. 이른 시간인데도 벌써 걷거나 운동기구로 몸을 흔들고 있는 사람들이 보였다. 날씨는 무덥고 후덥지근했다. 나는 이 공원에서 유별난 두 사람을 만났다.

한 사람은 장애인이다. 땀을 뻘뻘 흘리며 휠체어를 타고 운동하러 온다. 그의 몸은 왜소하고 마를 내로 말리 쇠약했다. 언뜻 보아서 나이가 80 가까이 된 듯했다. 젊었을 때 길에서 넘어져 다리를 다쳤는데 다시 설 수 없는 불구의 몸이 되었다고 한다. 수술도 몇 번을 했지만, 정상으로 돌아오지 않았다. 모든 것을 체념하고 이것만으로도 감사히 산다고 말했다. 목소리는 카랑카랑하고 인사성도 밝았다. 만나는 사람마다 큰소리로 "안녕하세요?" 하면서 정이 들게 했다. 나는 만날 때마다 손을 흔들며 반갑게 미소로 인사를 나누었다. 자유스럽지 못한 육신을 아랑곳하지 않고 비지땀을 수건으로 훔쳐 가면서 공원에 비치된 모든 기구로 한 시간 이상 운동을 하고 돌아간다. 장한 모습에 측은지심이 들었다. 그러면서 나는 건강한 우리는 어떻게 살고 있는지 돌아보게 되었다. 열심히 살고 밝게 사는 것은 주어진 조건이 아니라 마음의 자세라는 것이 다시 한번 각인되었다. 오히려 나쁜 조건이 더 사람을 성숙시키고 긍정적으로 살 수 있게 한다. 나는 발걸음에 더 힘이 들어가고 삶의 용기가 샘솟았다.

또 한 사람은 덩치가 크고 건장한 사람이다. 첫인상이 씨름이나 레슬링을 하는 사람처럼 그랬다. 우연찮게 몇 차례 만나 대화도 나누었는데 꼭 술에 취한 사람같이 횡설수설했다. "안녕하세요 오늘도 좋은 하루 보내세요." 공원이 떵떵 울릴 정도로 크게 말해서 상쾌한 아침 공기를 깨뜨려 몹시 언짢게 했다. 유달리 이 공원에는 아줌마들이 많이 나왔다. 그러나 그는 부끄러움도 타지 않고 "내가 노래 한 곡 부를까요?" 하고 노래를 뺀다. 눈으로 보기 사납고 어색하지만 입을 다물고 지켜볼 뿐이다. 그 사나이는 60대 후반의 젊음을 과시하고 아침 공원 분위기를 불편하게 하고 상쾌한 기분을 망가뜨린다.

하는 짓마다 눈에 거슬리며 야릇하고 불길한 생각마저 들어 며칠간 공원에 나가지 않았다. 사람들이 많이 있는데도 나만 보면 말을 붙이려 하고 졸졸 따라왔기 때문이다. 한 달 남짓 후 다시 공원에 나갔더니 짬박 달갑지 않은 그 사람을 또 만났다. 나는 섬뜩했다. 그는 대뜸 "오랜만이요. 잘 계셨어요?" 깍듯이 인사를 했다. 나는 흔연스럽게 "오랜만입니다." 했다. 그런데 그 사람이 자기가 걷던 곳으로 가지 않고 내 뒤를 바짝 따라오고 있는 것이 아닌가. 주인을 알아본 강아지처럼 줄곧 따라온다. 나는 느낌이 이상해 자꾸만 뒤가 봐 지는데 여전히 따라온다. 더이상 따라오면 안 되겠다 싶어서 3천 보를 걷고 나서 운암 그린공원 방향으로 길을 바꾸었다. 그런데도 아랑곳없이 초지일관 따라왔다. 5천 보 가까이 걸었다. 한 시간이 지났다. 나는 야릇한 생각이 거듭 오락가락했다. 걷다가 잠깐 의자에 앉으면 그도 따라 내 옆에 앉는다. 그리고 무슨 말을 꺼낸다. 도대체 이 사람은 어떤 사람일까? 정체를 몰라서 심히 불쾌한 마음만 깊어 갔다.

나는 참다 못해서 "왜 나를 아무 말 없이 계속 따라오냐."고 오해가 생기지 않게 물었더니 하는 말이 걸작이다. "아저씨 집이 이 근방인가 싶어 따라왔습니다." 한다. 나는 도저히 그 말에 이해가 되지 않고 불안하고 불쾌한 마음이 증폭됐다. 나는 조심스럽게 불쾌감을 사지 않도록 하면서 말했다. "우리 집은 여기서 한참 가야 한다. 당신은 곧장 이 길로 나를 따르지 말고 돌아가라."고 했다. "당신이 무턱대고 나를 따라오니 사실은 불안했다. 그렇다고 당신을 의심하는 것은 아니다. 몇 번 만났지만, 사람의 마음을 다 헤아릴 수 없다."라고 넌지시 웃음을 지으며 말했다. 그 사람은 두말도 없이 "알았습니다. 잘 가십시오." 하고 서로 길을 달리했다. 나는 일부러 먼 길을 택해서 집으로 돌아왔다. "꼭 집에 들러 물 한 잔 하고 싶었는데…." 마지막 그 사람의 말이 귀에 쟁쟁하다. 끈질긴 그 사나이를 떼어 보내고 집에 돌아왔다. 뭉클한 가슴이 가라앉는다.

아내와 딸에게 오늘 이러이러한 사람을 만났다고 하니 깜짝 놀란다. 두 사람은 걱정이 가득한 표정으로 모르는 사람은 가까이하지 말라고 거듭 당부한다. 사람이 무서운 세상이 되었다. 쉽게 정을 나눌 수 없는 각박한 세상이 된 것이다. 열 길 물속은 알아도 한 길 사람 속은 알 수 없다지만 지금의 세상은 해를 거듭할수록 험난하다. 나는 안 좋은 뉴스를 접할 때 가슴이 아리다. 왜 이토록 믿지 못할 세상이 되었을까. 슬픈 일이다.

산책길에서 만난 한 사람은 열심히 살아갈 용기를 주었고 무작정 말을 걸고 따라온 사람은 두려움을 주었다.

성지에 가는 날 꿈에 오신 것처럼

서 달 희
2013. 1. 천료

이따금 평택 친정 가는 길에 화성에 있는 양감면을 지난다. 요당리 성지라는 표지를 보며 여기도 성지가 있었네? 언제고 시간 내서 한번 순례를 와야지 마음 먹고 있었는데, 우리 성당 교우들이 그 성지를 가게 되니 다른 일을 제쳐두고 참석하게 되었다. 성지에 갈 적마다 신앙심이 늘 새로워지는 것을 느낀다.

성지에 가는 날 새벽에 잠깐 또 잠이 들었다. 정말 꿈에도 생각 못한, 시할머님을 꿈에서 뵈었다. 돌아가신 지가 수십 년이 넘었고 한 번도 꿈에서 뵌 적이 없었기에 어쩜 할머니 꿈을 다 꾸었을까 고개가 다 갸우뚱해졌다.

오늘 요당리 성지에 가는 날인데, 기도 받기를 원하시나? 마음속으로 생각하며 버스에 올랐다. 연미사 봉헌해야지 생각을 가다듬고 있는데 할머니 성함이 생각이 나질 않는다. 남편에게 문자를 넣었다. '장사임'이라는 답장이 왔다. 할머니도 영세를 받으셨다고 들은 기억이 나서 본명을 물으니 모른다는 대답이다. 큰집 동서가 신앙생활을 게을리하고 있었고 연세가 많으셔서인지, 할머님도 쉬는 자로 살다 돌아가셨다. 장사임 영혼과 혼자 살다 얼마 전에 돌아가신 이성녀 살로메 할머니를 위해서 연미사 봉헌을 하였다.

버스 안에서 총무님이 요당리 성지에 대한 안내를 하시는데, 장주기 요셉 성인의 출생지라는 말씀을 들으며, 나만의 생각으로 어떤 의미를 부여하고 있었다. 절두산 성지에 갈 적마다 성인들의 유해를 모신 지하실에서 장주기 요셉 성인께도 기도를 많이 해서인지 그 이름을 듣는 순간 조상님을 만난 것 같은 착각마저 들고 무척이나 반가웠다. 장주기 요셉 성인 외에 친인척인 장경언, 장치선, 장한여, 장요한 등의 이름을 들으며 혹시 우리 할머니가 그분들의 후손이 아닐까 하는 마음마저 든다. 할머니가 평생 사셨던 서정리와 가까운 고장이어서 더 그런 생각이 들었다.

할머니가 94세에 돌아가실 때이다. 정월 초에 할머님을 뵈러 갔는데 너무나 병약하신 모습으로 누워계셨다. 우릴 보고 반가워하시며 손을 잡으시는데, 느낌에 오래 못 사실 것 같다는 생각이 들었다. 뵙고 온 지 이틀 만에 돌아가셨다. 정월 초라 얼마나 추운지 바람이 숭숭 들어오는 시골집에서 장례를 모시는 일이 어려웠다. 사촌 동서들까지 10여 명이 부엌에 있으니 형님은 마루에서 상 차리는 일이나 하라며 밀어낸다. 그랬는데도 춥기도 하거니와 서성거렸더니 치질이 재발을 하여서 한두 발짝 움직이는 것도 고통이었다. 따뜻한 곳에 있으면 가라앉았다가도 다시 고통스러워지곤 했다.

누구에게 말도 못하고 3일을 견디며 그때 다짐하고 다짐한 것이, 장례 모시고 집에 가면 이번엔 무슨 일이 있어도 수술을 받으리라 결심하였다. 첫 아이를 낳고 생긴 병이어서 참고 지내느라 20여 년 동안 참 힘들었다. 아마 수술을 받았어도 몇 번은 받아야 될 상황이었는데 그 과정이 겁이 나서 참기만 하였다. 길을 가다가도 걸음을 멈추고 가라앉기를 기다리며 한길에서 몇 십 분씩 참는 일을 많이도 겪었다. 옷이 젖어서 집으로 다시 돌아오곤 하였다. 이런 상황이 여러 번인데도 참고 지냈다는 게 내가 얼마나 미련한 사람인지를 알게 해 준다.

장례를 마치고 집에 돌아왔다. 아픈 곳이 가라앉으면 또 망설이게 될까 봐 바로 병원에 입원을 하였다. 길동에 있는 성심병원에서 아프지 않게 수술해 준다는 말을 듣고 그곳으로 갔다. 수술실에서 마취를 하는 과정에서 담당 선생님이 이런저런 말을 시킨다.

"안암동에 고대병원이 있는데 왜 이 먼 곳까지 오셨어요?"

"아프지 않게 수술한다고 해서요"

"자녀는 몇이나 두셨습니까?"

"둘이에요." 하다가 꿈나라로 갔다.

실컷 자고 난 후 깨었다. 얼마나 달게 잤는지 몸이 날아갈 것 같다. '아휴 잘 잤다.' 기지개까지 켜며 눈을 떴다. 서성이던 여자 선생님이 "어머나! 깨어나셨네요." 하며 반가워한다.

"내가 오래 잤나요?"

"네, 좀 오래 걸리셨어요." 한다.

밖에서 기다리고 있던 딸이 다른 사람들은 다 나오는데 엄마만 회복실에 오래 있었다며 초조하게 기다린 표정이 역력하다. 난 실컷 자고 나왔을 뿐인데 오랜 시간이 지났나 보다. 척추에 부분 마취만 했다는데도 오랫동안 잠속에 빠져 있었다. 그래서 혹시나 못 깨어날까 봐, 선생님이 초조하게 기다리고 있었나 보다.

이틀 후에 회복이 되어 차를 몰고 집에 왔다. 가벼운 걸음으로 다닐 때마다 할머니 생각을 하게 된다. 더 오래 미루지 말고 수술하라고 3일 동안 고통을 주신 것만 같다. 생전에도 첫째 손자며느리라고 예뻐하시더니 하늘나라 가시면서도 내 묵은 고통 하나를 덜어 주고 가셨다는 생각만 든다.

할머니와 추억여행을 하는 동안 어느새 차는 서울에 다 와 있었다. 우리 할머니가 장주기 요셉 성인의 후손이 아닐까?라는 진위 여부를 떠나서 요당리 성지에서 할머니를 위한 연미사를 봉헌해 드리게 되어서 기쁘고 감사할 뿐이다. 요당리 성지! 가족이 함께 다시 참배해야겠다는 생각을 하며 꼭 실천해야지, 다짐이 된다.

'할머니! 성지에 가는 날, 꿈에 오신 것처럼 앞으로도 계속 저를 보살펴 주셨으면 좋겠습니다.'

하느님! 이런 모든 일들이 감사할 뿐입니다.

영원무궁토록 찬미영광 받으소서.

삶의 현장

안경환
2013. 1. 천료

꽃이 수놓인 진한 핑크색 머플러와 개나리처럼 샛노란 망사 스카프가 다른 스카프와 어우러져 봄바람에 나풀거린다. 우수와 경칩을 지나니 햇살이 도타워졌다.

50대 중반에 시작한 선물의 집이 어느새 15년째 접어들고 있다. 가게 폭이 1m 30cm밖에 안 되니 우산 쓴 행인이 지나가면 비나 눈이 오는 줄 알고 가끔 바스러질 듯 마른 가로수 잎이 또르르 가게로 굴러 들어와 늦가을을 알리기도 한다. 여기서 맞이하는 사계절도 수없이 흘러갔다. 옆 건물 만둣집을 하던 1층에는 한식집 식당에서 분식집으로 바뀌더니 이동통신을 끝으로 지금은 파리바게트 빵집이 들어와 있다. 지하 술집에는 자주 주인이 바뀌었고 코로나 때는 아예 폐업하다시피 문이 닫혀 있었다. 또 새로운 주인이 바뀌었는지 저녁 8시쯤 술집이 오픈하면 싸구려 향수 냄새가 지하 계단을 타고 솔솔 올라온다.

우리 건물에는 노래방, 미용실, 마사지샵, 공차집, 이동통신이 입주해 있다. 지하철 역세권에 있다 보니 늘 수많은 행인들로 붐빈다. 오래 하다 보니 많은 사람들 속에 있는 게 더 편하고 동네를 잘 알아서 터줏대감이 된 듯하다.

나처럼 한자리에 붙박이처럼 오래 하는 찐득이도 있지만 알고 보니 장사가 잘 안되면 주인이 자주 바뀌는 것 같았다.

어느 날인가는 행색이 초라한 남자가 가방 하나만 달랑 메고 돗자리 깔고 길가에 자리를 잡는 게 보였다. 궁금해서 지켜보았더니 한참 뒤 빨간 플라스틱 의자가 생기더니 파라솔로 하늘을 가리는 날이 왔다. 가끔은 젊은 여자와 마주앉아 펜을 움직이며 열심히 묻고 답하는 게 보였다. 알고 보니 사주팔자를 봐주는 사람이었다. 요즘 보면 파라솔 밖 공간에는 금박을 입힌 부적 같은 걸 팔고 있을 만큼 발전한 걸 볼 수 있다. 한 번도 이야기를 건넨 적은 없지만 내 눈에는 그 사람의 생활이 보였다. 길에서 하다 보면 민원이 들어가고 단속이 나오면 그 자리를 떠나야 한다.

오래 했으면 하는 마음이지만 그게 마음대로 되는 게 아닌 걸 흔히 볼 수 있다.

몇 달 전에는 자동차 소음만 가득한 거리에 엿장수 가위 소리가 들렸다. 버스 정류장 바로 옆에 자리 잡은 여자가 투박한 가위를 들고 가위질을 하고 있었다. 유원지나 휴게소에서 각설이 분장을 하고 엿을 파는 것을 본 적이 있지만 여자 혼자 엿을 파는 것은 왠지 낯설었다. 참 직업도 다양하다는 생각이 들었다.

우리 가게는 여자들의 소품을 주로 팔지만 나이 불문 각양각색의 손님들이 찾아든다. 어느 날인가 모자를 사러 온 손님이 있었다. 윤기가 자르르 흐르는 밍크 숏 재킷을 입고 명품 가방을 든 멋쟁이였다. 우리 가게에 진열되어 있는 테를 두른 아이보리색 모자를 썼는데 아주 잘 어울렸다. 모자값 계산을 하면서 자기가 저기서 엿을 파는 엿장수라고 했다. 깜짝 놀랐더니 너무나 당당하게 엿을 파는 것에 대해 설명해 주었다. 오늘은 춥고 바람이 많이 불어 친구를 만나러 왔다고 말하며 친구의 전화를 받고 가게를 나갔다. 엿을 팔러 오는 날은 엿을 갖다 주었다. 따끈한 커피를 끓여주었더니 대화도 많이 나누고 간다. 열심히 살아가는 게 장해 보였다. 직업과 보이는 외관에 대해서 편견을 가지면 안 된다는 생각을 다시 해 보는 날이었다.

직업에는 귀천이 없다고 생각한다. 사람들은 오늘도 하루하루를 치열하게 살아낸다. 몇 년 전에는 가게를 접을까 하는 생각을 한 적이 있었다. 터무니없이 임대료를 올려달라고 해서 고민 중에 있는데 코로나 여파로 임대료를 올리지 않게 되었다. 그 세월 동안 세상도 많이 변했다. 대형마트, 인터넷 판매로 물건을 구입하니 매출이 많이 떨어졌다. 외부활동으로 가게를 비우는 내 탓이 제일 크다고 생각하며 마음을 비운다. 수입 창출이 안 되더라도 사무실처럼 쓰라는 남편의 말에 힘을 얻는다.

작은 공간, 마음 편히 누릴 수 있는 나만의 생활 터전을 사랑한다. 빠진 물건을 구입할 품목을 메모해서 일주일에 한 번 정도는 도매시장을 누빈다. 평균 일주일에 한 번 시장을 가면 한 달에 4번, 1년이면? 15년이면? 하고 계산을 할 때도 있다.

수많은 발자국을 남겼을 도매시장에 들어서서 골목골목을 지나가면 안면 있는 얼굴들이 세월의 더께를 쓰고 함께 나이 들어가는 게 보인다. 그 사람들도 나를 보면 그런 말을 하겠지?

누군가 말한 누죽걸산(누우면 죽고 걸으면 산다)이라는 말을 새기며 오늘도 씩씩하게 생활전선에 뛰어든다.

주위에는 삶의 현장에서 바쁘게 열심히 살아가는 사람들이 있다. 우리 건물 내 사람들, 병원, 약국, 맞은편 구두 수선집, 붕어계란 빵집, 호떡 어묵집, 찐 옥수수 집. 가게에서 글을 쓰는 이 순간에 고깃집 철판 위에서 고기 익어가는 맛있는 냄새와 함께 엿장수의 가위 소리가 철커덕철커덕 바람 타고 들려온다. 이 나이 되도록 현역이라니!! 으쌰 으쌰 힘을 내본다.

산골(山骨)을 찾아서

한혜정
2013. 3. 천료

운동하다가 어이없게도 바닥으로 넘어져 어깨가 골절 되었다. 그날은 트레이너가 다리 관절을 유연하게 하는 운동이라며 90센티미터의 폼롤러를 세워 놓고 한 발씩 넘는 동작을 시킨다. 순간 넘을 수 있을까 하는 생각을 하며 시도했다가 왼발이 걸려 넘어졌다. 후회를 했으나 이미 엎질러진 물이다.

정형외과에서는 어깨뼈에 금이 갔으니 수술을 하라고 한다. 10분 내지 15분에 끝나는 간단한 수술이란다. 아무리 간단하다시만 칼을 댄다는 생각만 해도 끔찍했다. 내일 다른 병원에 가 보기로 하고 하루 밤을 지냈다.

S의대 나온 관록 있는 의사는 깁스만 해 주고 열흘 있다 오라고 하며 수술 얘기는 하지 않았다. 다행이다 싶지만 불안한 가운데 날짜만 가기를 기다렸다. 병은 알리라고 했던가! 나름대로 여기저기 뼈가 빨리 붙는 방법을 찾으려고 노력했다.

같은 아파트에 사는 교장선생님은 옛날 시어머니께서 어깨가 골절 되었을 때 산골을 드시고 뼈가 빨리 붙었다며 산골만 구할 수 있으면 좋겠다고 하셨다. 마침 우리 아랫집에 사는 분이 한의사라는 생각이 나서 물어보니, 옛날에는 뼈가 금이 가거나 부러졌을 때 약이 없어서 산골을 썼지만 지금은 사용하지 않는단다. 그러면서 산골을 먹으면 담석이 생긴다고 절대 먹지 말라고 하며 홍화씨를 볶아서 가루로 만들어 주셨다. 홍화씨는 골절에도 좋지만 혈관, 피부, 노화 등에도 좋다고 티스푼으로 조금씩 입에 넣고 우물우물하다가 물로 삼키라는 것이다. 너무나 고마운 분이시다. 이웃사촌이라는 말이 실감이 났다. 또 미용실에서 들은 어떤 여자분의 이야기다. "홍화씨를 언제까지 먹을 겁니까? 골절에는 산골을 먹으면 직방입니다."라며 모래내 시장에 가면 국산 산골을 살 수 있다고 적극적으로 권장한다. 다친 사람으로선 뼈가 얼른 붙는다는 말에 솔깃했고 호감이 갔다.

다음 날 고려대학교 평생교육원이 개강하는 날이다. 교수님께서 나의 상태를 보시고 옛날 사람들은 산골을 먹고 골절된 뼈가 붙었다며 산골 파는 곳을 알고 있으니 원하면 가르쳐 주겠다는 고마운 말씀을 하셨다. 다친 지 열흘 만에 금 간 부위가 더 벌어졌다는 의사의 말을 들어서 수술하면 어쩌나 하고 걱정하고 있던 차였지만, 산골의 후유증도 생각하지 않을 수 없어 일주일 고민하다가 교수님께 부탁하여 함께 산골을 찾아 나섰다. 쉽게 구할 수 있다니 얼마나 다행인가 생각하며 항상 바쁘신 교수님께 죄송하기도 했다.

은평구 입구에 '산골 파는 곳'이라고 작은 글씨가 붙어 있다. 큰길에서 층계로 된 산길을 올라가니 큰 바위로 된 동굴에 문이 닫혀 있다. 안으로 들어갔다. 흐릿한 불빛 아래 자그마한 책상을 놓고 남자 한 분이 앉아서 산골을 판다. 오른쪽 바위틈에서는 조금씩 물이 흘러 작은 웅덩이 두 개가 있다. 예전에는 음료수로 마셨으나 요즘에는 가물어서 마실 수 없단다. 왼쪽으로는 좀 더 큰 웅덩이가 보이며 그 웅덩이를 지나 더 깊이 들어가면 산골을 채집하는 곳이란다. 캄캄해서 잘 보이지도 않지만 그곳은 공개하지 않는다고 했다. 굴속이라 겨울에도 춥지 않고 여름엔 시원하단다. 지금은 3월이라 좀 쌀쌀하지만 전기난로를 켜 놓아 훈훈했다. 동굴 벽 쪽에 두 곳이나 촛불을 켜 놓고 정화수를 떠 놓은 것을 보니 마음이 좀 움츠러드는 듯했다.

같이 간 일행들은 산골 주인의 설명을 들으며 채집한 광물 원석을 보았다. 작고 반짝거리는 물체가 네모도 있고 길쭉한 것도 있는데 그것을 가루로 곱게 빻아 먹을 수 있도록 1회분씩 종이에 싸 놓았다. 가루는 흑연가루처럼 진회색이다. 위가 튼튼하면 괜찮은데 약한 사람은 조금씩 먹으란다. 아직도 산골을 주문하는 사람이 있어서 준비해 놓고 있단다. 그래서인지 우리가 있는 동안에도 산골을 찾는 전화가 여러 번 울렸다.

산골은 깊은 산속 바위틈에서 나오는 물에서 채집한 것인데 금, 철, 구리 등과 같은 광물이다. 그런데 광물을 먹는다는 것이 좀 찜찜하지만 그 주인도 틀림없이 뼈가 붙는다고 하여 희망을 갖고 우선 5만원 분량을 구입하고 동굴에서 나왔다. 내일 정형외과에서 엑스레이 찍어보는 날이라 결과를 보고 먹기로 했다.

굴속에 고여 있는 물도 그렇고 촛불과 정화수를 떠 놓고 산신에게 빌었을 것 같은 음침한 굴속이 꼭 '전설의 고향'에 다녀온 느낌이다. 주인의 말에 의하면 조선시대부터 약재로 써왔으며 동의보감에도 나와 있다고 한다. 21세기에도 전설처럼 내려오는 산골을 먹고 효험을 봤다니 위에도, 신장에도 안전한 약재로 개발되면 좋겠다.

다음날 교수님께서 뼈가 꽉 붙어서 산골이 필요 없기를 바란다는 문자가 왔다. 얼마나 고마운 말씀인가! 교수님은 선견지명이 있으셨는지…, 사실 오늘 엑스레이 결과 뼈가 붙었다며 깁스를 풀어 주었다. 어제 산골을 구해서 오늘부터 먹으려고 했는데 뼈가 붙었다고 하니 산골을 안 먹어도 된다는 안도감에 "감사합니다."란 말밖에 나오지 않았다. 먹기는 해야겠는데 꽤 부담이 컸던 것은 사실이다.

이웃에서 염려해 주고 기도해 주시는 분들이 많아 고마움에 훈훈한 정을 듬뿍 느꼈다. 또한 민간요법으로 전해 온 산골을 가르쳐 주신 교장 선생님과 열 일을 제쳐 놓고 산골을 찾아 앞장서서 안내해 주신 교수님의 사랑에 깊은 감사를 드린다. 모든 것을 다 긍정적으로 받아들이고 마음을 내려놓은 결과가 완전접골의 기쁨으로 돌아온 것 같아 산골을 찾아 나섰던 일이 마치 봄나들이라도 다녀온 기분이다.

삶의 난간

김종복
2013. 8. 천료

일요일 이른 아침에 전화가 왔다.

같은 직장에서 30여 년 함께 근무하고 같은 해에 명예퇴직한 친구 같은 동료의 전화였다. 오랫동안 투병을 해 오던 아내가 갑자기 더 아파 한림대학병원 응급실에 갔는데, 상태가 심상치 않단다. 계속 진료를 받던 서울 강남 삼성병원으로 의사가 권해서 급히 출발하려는데, 마침 구급차가 없단다. 그의 승용차로 출발한다고 했다. 보고하듯 내게 전화를 건 것은 무척 당황스러워 누군가의 의견을 듣고 싶은 것 같았다. 그의 불안한 마음이 고스란히 내게 전해 왔다. 최선의 판단인 것 같다고 응원해 주었다.

한 시간 남짓 후 그의 전화가 다시 걸려 왔다. 운전 중에 느낌이 이상해 조수석의 아내를 보니, 아내의 호흡이 없는 것 같았다. 흔들어 불러도 아내가 눈을 안 뜬다고 했다. 119구급차로 연락은 되었지만 도로가 너무 막혀 못 오고 있다면서 울먹였다. 전화가 끊겼다.

나쁜 일이 아니기를 바라면서 초조히 서성이고 있

는데, 한참 후에 다시 전화가 왔다. 삼성병원까지는 못 가고 근처 구리시 한양대병원에서 응급 처치를 했지만, 심정지로 사망진단을 받고 말았다. 아내의 시신을 병원에서 주선해 준 차에 싣고, 춘천으로 되돌아온다면서 울었다. 그의 울음을 한참 들었다.

당장 옆에 있어 줄 사람이 필요할 것이다. 장례식장에 서둘러 가 보니, 망연자실한 그가 혼자 장례 절차를 밟고 있었다. 얼마 후 외동딸과 사위가 도착하고, 두 친구가 황급히 와 주었다. 가까운 인척이 먼 곳인데도 서둘러 당도했다. 사람들의 지혜가 모이니, 모든 장례 절차들이 순조롭게 진행되었다. 코로나 팬데믹 중이었지만 친척과 친구들과 지인들이 많이 찾아와 진심으로 문상을 해 주었다.

장례 후에도 그의 절친들이 우산처럼 그의 슬픔의 비를 막아주려고 애를 썼다. 참으로 난감할 때 그는 도움을 받을 사람들이 아주 많이 있었다. 그는 사회 망 속에 인생의 의지처로 단단한 삶의 난간들을 촘촘히 세워 놓고 있었다.

친구들이 많다고 자랑하는 부잣집 아들이 있었다. 아버지가 돼지 한 마리를 잡아서 아들 등에 지우고, 실수로 사람을 죽인 것처럼 가장했다. 친구들의 집을 집집이 찾았지만, 아들을 숨겨 주려는 친구는 한 명도 없었다. 그 아들의 아버지가 돼지를 지고 찾아간 첫 친구는 선뜻 그를 숨겨 주었다. 인생의 진정한 의지처가 아들은 없고, 아버지는 있었다. 성경 속 일화다.

우리는 의지가 되는 '삶의 난간'을 모두가 원한다. 난간은 무언가? 층계나 다리의 가장자리에 일정한 높이로 세운 구조물로, 혹시 사람이 아래로 떨어지려 할 때 지켜주는 보호대이다. 긴 다리에 난간이 없다면, 심리적으로 무서워 대부분 건너지 못하게 된다. 인생의 길에서 만나게 되는 다리도 그러할 것이다.

당신은 어려울 때 기댈 사람이 있습니까? 국가 행복 지수를 조사하는 이 첫 질문에 우리나라는 OECD에 속한 국가 중에서 긍정 응답률이 거의 꼴찌 수준이었다고 한다. 가족이 포함되었는데도 그렇다니 안타까운 일이다.

친교를 평상시 소홀히 하여 결국 '나 홀로 왕따'가 된 외로운 사람들이 많다는 뜻이다. 좋은 시절에는 얼마든지 나 혼자 살 수 있고, 나를 도와줄 사람도 많은 것 같다. 그러나 막상 어려움이 닥쳐오면 그렇지 못하다. 험난한 인생의 다리에서 '난간'이 되어 줄 사람을 찾지만, 쉽게 찾아지지도 않는다. 서로의 의지처가 되어 주는 노력과 세월이 아주 오래 걸리기 때문이리라. 아기가 성인이 되기까지 사랑을 끊임없이 기울이는 부모같이 서로 간에 보시(報施)의 시간이 필요하다.

나이테가 많을수록 나무가 견고하여지듯이, 의지할 수 있는 '삶의 난간'의 강도도 시간에 비례한다. 이기적인 삶만 살아오다가, 어려울 때 기댈 곳 없는 그런 신세가 되지 않도록 평소에 노력해야 할 것이다. 은퇴 후 선후배가 함께하는 친목 모임도 있고, 학교 동문 친구들의 모임도 많다. 나는 그런 모임에 빠지지 않으려고 애쓴다. 차곡차곡 쌓은 정만큼 서로의 난간이 되어 줄 것을 믿기 때문이다.

얼마 전 대선배의 전화를 받았다. 더운 날 산골 집 뒤에 흐르는 개울에 발 담그고, 소주 한잔 들다 내 생각이 났다면서. 아내가 큰 수술을 받고 회복 중임을 알기에 위로의 전화를 준 것이다. 너무나 고마웠다. 세상 명예의 일을 다 접고, 산속에서 텃밭 농사를 지으며 혼자 사는 분이다. 방문해도 괜찮냐고 물었다. "강냉이가 익걸랑 함께 와 자셔도 좋소. 왜 사냐 건 웃지요." 나도 좋아하는 시로 답해주었다.

정말 열흘 안으로 산밭의 옥수수가 여물 테니, 집사람과 함께 꼭 다녀가라고 당부했다. 내 힘든 처지를 늘 헤아려 주고, 나의 상담을 당신의 일처럼 고민해 주던 선배는 오랜 세월 동안 내 삶의 난간 같은 분이다. 살면서 상호 간의 의지처가 되려면, 주거니 받거니 해야 함은 만고의 진리다. 형님 같은 선배님을 조만간에 찾아가 뵈어야겠다.

오, 허무야!

- 공초(空超) 오상순(吳相淳)을 기리며 -

오성건

2014. 8. 천료

1950년대 중반 명성을 날렸던 시인이요 수필가 공초 오상순은 본명이 오성해(吳星海), 본관은 해주(海州) 오씨 사인공파(舍人公派)로 필자 오성건(吳星鍵)과 같은 파, 항렬이기에 문단 등림 75세 늦깎이인 나는 감회가 새롭고 조금은 오금이 저린다.

내가 「오, 허무야!」를 발표한 시기는 지금은 이승의 남의를 훌훌 벗고 영광의 성의로 갈아입으시고 홀연히 하늘나라 하나님 품에 안기신 고 강석호 회장님의 수필 지도를 받고 월간 『수필문학』 천료등단 5년이 되던 2019년 5월호 『수필문학』에 실린 수필이다. 작품 발표 후 문단 몇몇 선후배 문인들의 독후 벅찬 추임새 전화에 나는 힘을 얻어 수필의 진미를 만끽했다.

한국 모든 방송의 공공성과 공정성을 보장하고 건전한 문화창달을 위하여 방송정책과 방송심의를 통해 방송의 순기능으로 질을 높여 삶에 유익한 정보를 제공하고 온 국민이 웃다가 편히 잠들게 하기 위해 세워진 법정기구인 일명 방송의 사령탑 방송위원회 방송심의실장으로 있던 1988년 5월 24일 방송위원회 회의가 있던 날, 시인 김남조 방송위원께서 『바람 세례』 시집에 '吳星鍵先生 惠存 金南祚' 친필 서명 후 건네주시며 "오늘 발간된 저의 시집입니다" 하시던 그 조용한 음성이 지금도 생생하다. 현재 한국원로 작가 중 가장 연세가 높으신 김남조 시인께 요즈음도 전화로 안부 여쭙고 있고, 근간 출간한 시집 『사람아, 사람아』 『충만한 사랑』 등 세 권의 신간 시집을 보내 주셔서 높고 깊은 시향에 흥건히 잠기고 있다.

또 지금은 이생에서 만나 뵐 수 없는 예술원 회원이었고, 소설가이셨던 이호철 방송위원께서 1997년 9월 어느 날 새로 출간한 – 문학을 꿈꾸는 이들에게 – 『이호철의 소설창작 강의』를 친히 서명해 주시어 밤늦도록 읽고 또 읽었던 때가 엊그제 같은데 무정한 세월은 많이도 흘러갔고 지금도 가까이 놓고 조곤조곤 읽으며 배우고 있다.

필자의 33년 평생 직장이었던 방송위원회는 한국문단의 기라성 같은 「국군은 죽어서 말한다」 모윤숙 시인이며 수필가, 「불꽃」 선우휘 소설가이며 언론인, 「꽃」의 김춘수 시인 등 수많은 문학 거장들의 집합 활동무대였고 그분들과 가까이 함께 건전한 한국방송의 방향 제시와 순기능을 위해 노심초사 젊음의 열정과 혼신을 다 쏟았던 그때의 기억이 오늘따라 새록새록 떠오른다.

방송은 문학으로 빚어내는 고도의 종합예술이라는 점에서 나의 지금의 시와 수필의 허허로운 문학성도 그때 그 시절 잉태된 산물이라 생각되며 나를 다시 태어나도 가고 싶은 그 길로 인도하신 창조주께 무지 감사의 정 금할 수가 없다.

이제 내 스스로 지난 세월을 뒤돌아보고 앞으로 나아갈 이정표를 살피면서 그리 길지 않게 남은 나의 날들을 심오한 통찰력과 생생한 묘사를 담아 시와 수필로 한참 세월이 흐른 뒤에 만고에 길이 남을 불멸의 명작을 오늘도 감히 꿈꾸어 본다.

자유 시인이며 무소유 공초거사 오상순 시인이 남긴 “나는 밤마다 죽음의 세계로 향하는 마음으로 자리를 깐다. 다음 날 다시 눈을 뜨면 나의 생은 온통 기쁨과 감사, 감격으로 가득하다” “고맙고 기쁘고 반갑다”며 너털웃음을 웃던 그를 생각하며 서울 수유리에 조용히 잠들어 있는 공초 오상순의 묘비, 글씨는 박고석이 구성하고 서예가 여초 김응현이 쓴 공초 오상순의 시 「나와 시와 담배」로 끝을 맺는다.

나와 시와 담배는/ 이음동곡(異音同曲)의 삼위일체//
나와 내 시혼은/ 곤곤히 샘솟는 연기//
끝없는 곡선의 선율을 타고//
영원히 푸른 하늘 품속으로//
각각 물들어 스며든다.

국익을 망각한 정쟁, 이를 어찌하랴

이영승
2014. 10. 천료

외교에는 여야가 따로 없다고 한다. 그렇다. 국익 앞에 어찌 여야가 다를 수 있겠는가? 그런데 현재 우리나라 정치도 과연 그럴까? 아마도 그렇게 믿을 국민은 많지 않을 것이다. 선린은 이웃 나라와 사이 좋게 지내는 것을 말하는데 자고로 외교의 기본이 되어왔다. 루스벨트 미국 대통령이 20세기 초 라틴 아메리카의 나라들과 친선을 도모하기 위해 선린외교를 강화한 것이 좋은 사례다. 이를 예로 들지 않더라도 개인 간에도 친구나 이웃과 불화하면 서로가 불편하고 불행해진다는 것은 삼척동자도 아는 상식이다. 그런데 우리나라 정치는 외교 문제를 정파의 이해에 따라 국내 정치에 악용하고 있으니 미래의 국익에 어떤 영향을 미칠지 참으로 걱정이다.

조선 초기 명재상 신숙주가 임종을 맞자 성종이 "하고 싶은 말이 있느냐?"고 물었다. 그는 기다렸다는 듯이 "원컨대 우리나라는 일본과 화친을 잃지 마옵소서(願國家毋與日本失和)"라고 했다. 성종이 그 말에 감동하여 부제학 이형원과 서장관 김흔에게 일본과 화친에 힘쓰도록 지시했다. 그리고 임진왜란 후 서애 류성룡은 징비록 첫머리에 일본과 화친하라는 신숙주의 유언을 수록했다. 그 의미는 무엇일까? 이는 자신의 일본관(日本觀)과 임란의 원인을 우회적으로 표현했음이 분명하다. 서애가 징비록 서문에 '임란의 원인을 분석·반성하고 앞날의 환란에 경계·대비하기 위해 책을 저술한다'라고 집필 이유를 밝혔으니 말이다.

설명을 덧붙이면 서애는 임란의 원인을 조선이 성종 10년(1479년)부터 100여 년간 신숙주의 유언과 달리 일본에 사신을 보내지 않는 등 화친을 소홀하여 일본의 정세를 파악하지 못하여 침략에 대비하지 못했으며, 임란의 책임은 분명 조선을 침략한 일본에 있지만 침략할 조짐이 있었음에도 이에 대비하지 못한 조선도 반성해야 한다고 생각한 것이다. 여기서 우리는 외치의 중요성을 새삼 실감하게 된다.

그런데 요즘 사회적 이슈인 후쿠시마 오염수 방출문제에 대한 우리나라 정치권의 대응은 어떤가? 야당은 오염수를 과학적 근거도 없이 핵 폐수 또는 독극물 등으로 오도하며 반일 감정을 부추기고, 일부 지지층은 여덟 살 어린 자녀를 활동가라 지칭하며 반대 시위에 동원하는 웃지 못할 일까지 벌인다. 여당은 불안해하는 국민을 제대로 안심시키지 못하고 반박하기에만 급급하다. 이러한 국력의 낭비가 국익에 무슨 도움이 될까? 평생을 전력산업에 종사한 내 상식으로는 도저히 이해할 수 없다. 그로 인한 국내 수산업계의 피해도 막대할 뿐만 아니라 우리나라도 30여 기의 원전발전소를 운전 중인데 언제 무슨 일이 발생할지 어떻게 알겠는가. 중국도 서해안에 운전하거나 건설 추진 중인 원전발전소가 100여 기나 되어 일본을 함부로 비난하지 못하고 있는 것이 현실이다. 더 중요한 것은 어차피 우리가 반대한다고 해결될 일이 아니라는 사실이다. 여야 정치인도 이를 모를 리 없으며 국민도 국내 정치에 이용하려는 속셈을 이미 알고 있다. 이 문제는 IAEA(국제원자력기구)

의 결정에 따르고 이제는 산적한 민생문제에 매진했으면 하는 마음 간절하다.

여야가 첨예하게 대립 중인 중국과의 외교도 국민은 불안하다. 지금의 국제 정세는 G2 중심의 신 냉전체제로 진입한 지 오래다. 이 상황에서 과거와 같이 미국과 중국의 두 진영에 양다리를 걸칠 상황은 분명 아니다. 중국은 아직도 우리를 조선 시대의 속국인 양 경시하며, 북한의 핵 개발에 대해서는 최소한의 제지하려는 의지도 없어 보인다. 그리고 북한은 중국에 치우쳐 핵으로 우리를 위협하는데 중국은 우리에게 중립을 강요하는 게 말이 되는가? 또한 중국은 우리를 무시하여 격에 맞지 않는 국장급을 대사로 파견했다. 이도 자존심 상하는데 그 대사라는 자가 우리나라 제1야당 대표를 자기 관저로 불러 상대국 내정문제를 무차별 비난했으며, 야당 대표는 이에 한마디도 제지하지 못하고 15분간이나 경청했다. 그것으로도 부족했는지 중국 정부는 우리나라 국내 정치를 갈라치기 위해 뚜렷한 현안도 없이 야당 의원 12명을 자국의 경비로 초청했다. 중국의 처사는 그렇다 치더라도 외교라는 이름으로 이에 응한 의원들은 또 어찌 된 일인가? 문제는 이것이 과연 국민 정서에 부합되며 국익에 보탬이 되느냐이다. 시대가 이토록 엄중한데도 정치권은 정쟁만 일삼으며 세월을 보내고 있으니 이 일을 어찌하랴!

물론 정치 역사상 어느 시대도 정쟁을 하지 않은 때는 없었다. 하지만 누가 봐도 확실한 잘못을 인정하지 않거나, 조만간에 드러날 뻔한 거짓말을 서슴없이 한 적은 없었다. 그리고 최소한 국민을 두려워할 줄은 알았다. 그런데 지금은 여야를 막론하고 자당의 정치적 이해득실 앞에는 국익도 안중에 없는 것 같다. 그야말로 나라가 국민을 걱정하는 게 아니라 국민이 나라를 걱정하는 시대가 되어버렸다.

칡과 등나무는 생존에 필요한 햇볕을 차지하기 위해 나무를 타고 높이 오른다. 칡은 왼쪽으로 감고 등나무는 오른쪽으로 감으며 서로 얽혀 먼저 오르려고 사활을 걸고 경쟁한다. 그래서 이들은 생태학적으로 공존하기가 쉽지 않다. 인간 세상도 이와 마찬가지로 개인이나 집단의 이해관계가 달라 끊임없이 적대시하고 충돌하는 데 이를 갈등(葛藤)이라 한다. 서로가 살기 위한 몸부림이니 누구를 탓하겠는가. 그러나 이 갈등을 언제까지 두고만 볼 수는 없으며, 이를 해소하는 방법은 머리를 맞대고 찾으면 반드시 나오게 되어 있다. 그 이유는 이를 해결하지 않으면 결국 나라가 붕괴되기 때문이다. 갈등의 해소 방법은 서로 이해하며 양보토록 조정할 수밖에 없는데 그 소임은 바로 정치권의 몫이다. 그런데 지금은 도리어 정치인들이 갈등을 조장하고 있으니 천벌을 받을 일이다.

세간에 '우리나라는 정치만 삼류'라는 말이 회자되고 있다. 정치만 달라지면 나라가 발전할 수 있다는 의미심장한 말이다. 요즘은 '국민의 가장 큰 스트레스는 정치'라는 말도 떠돈다. 실로 어이없고 무서운 이 말을 정치인들도 듣고 있는지 모르겠다. 그런데 정치인을 선택한 사람은 바로 국민이니 누구를 원망하겠는가. 그러함에도 불구하고 국민의 자격으로 이 한마디는 꼭 해야겠다. 정쟁은 하더라도 제발 국익만은 망각하지 말라!

기상이변

김선옥
2014. 10. 천료

하늘에 구멍이 난 듯 폭우가 쏟아지고 연이어 찜통더위로 지구가 몸살을 앓고 있다. 세계 곳곳은 홍수, 가뭄, 전쟁, 재난이 끊이지 않는다. 지구를 슬프게 하는 것들이 넘쳐 흐른다.

재난이라는 말을 떠올리면 오래전 사고가 떠오른다. 집중호우로 방 한 칸에 부엌 하나 달린 자취방에 물이 차오른 적이 있었다. 쉴 새 없이 차오른 물에 바가지로 빗물을 정신없이 퍼냈었다. 그때 처마 기둥 아래에 높게 쌓아 올린 연탄이 비에 젖어 검은 물이 주룩주룩 흘러내렸다. 그러다 연탄 아랫부분이 중심을 잃고 무너지면 마당이 온통 검은 진흙 바닥이 되어 질척거려 다닐 수가 없었다. 겨우 건진 젖은 연탄으로 불을 지피기는 여간 힘든 일이 아니었다. 연탄과 연탄 사이에 번개탄의 톱밥 부스러기에 불을 붙여 부채질을 했다. 그래도 불씨가 살아나지 않으면 연탄아궁이에다 두 손을 오므리고 바람을 불다 보면 본의 아니게 눈물 콧물이 범벅되었다. 비가 많이 오고 습한 날씨에는 방안에 곰팡이가 발생하기 때문에 습기 제거를 위해 가끔은 불을 피워야 했다. 그럴 때마다 옆 골목에서 자취하시던 선생님과 선배 언니가 연탄가스 중독으로 유명을 달리했다는 안타까운 소식에 가슴 쓸어내린 아픔도 경험했다. 남 일 같지 않아 죽음에 대한 두려움이 남다르게 다가왔다.

여름비는 그냥 여름비가 아니었다. 어마어마한 굵은 빗줄기가 쉬지 않고 쏟아붓는 형상이었다. 금세 홍수로 강둑이 범람하고 도로엔 토사가 떠밀려 오갈 수 없었다. 큰비에는 장사가 없듯 짧은 여름방학을 보낸 뒤 개학이 다가왔다. 갑자기 내린 장마로 마을과 마을 사이를 이어주는 다리가 두 동강으로 끊어졌다. 그 비에 마을이 고립되어 다리 위 난간에 도르래를 연결해 생존을 위한 구호품이 전달되기도 했다. 임시 방편으로 강바닥 아래 길을 만들어 무릎 위로 바지를 걷어 올리며 물 위를 건넜다. 그때는 끊긴 다리로 인해 비가 조금이라도 내리면 학교에 가지 않아도 된다고 해서 철없이 좋아라! 했던 적도 있다. 지금 생각하면 끔찍한 재난이었다.

거세게 내리친 태풍도 떠올리고 싶지 않은 악몽이다. 루사가 휩쓸고 간 구룡령과 한계령의 계곡의 아랫마을은 폐허가 됐다. 도로는 끊기고 시내 담벼락이 무너지고 집과 건물이 침수되었다. 강풍과 호우에 논둑이 터지고 밭이 온통 물에 잠겨 피해가 컸다. 제방 붕괴가 우려되자 친구네 오빠가 논둑에 갔다가 순식간에 불어난 물에 휩쓸렸다. 그 오빠는 탈출하지 못한 채 숨지는 사고를 맞게 되었다. 안타깝기 그지없는 슬픔이었다. 더 안타까운 건 산사태로 친구 부모님께서 매몰돼 숨지는 비보를 전해 들은 거였다.

올해는 유난히 더위가 길다. 후덥지근한 찜통더위가 계속되다가 갑자기 폭우가 내려 사람들을 더욱 힘들게 하고 있다. 덥고 잦은 장마는 재난으로 다가와 모두에게 아픔이 되고 있다.

인도 뉴델리 야무나강 범람으로 45년 만에 폭우와 홍수로 620명이 넘는 사망자가 발생했다는 신문기사를 보았다. 일본에서도 이틀 동안 기상청 관측 이래 최다 폭우로 시내 주택 대부분이 침수됐다고 한다.

우리나라도 다르지 않다. 7월로 접어들면서 집중호우로 충청 등 중부지방이 물난리로 50여 명이 넘는 사망자와 실종자의 안타까운 소식을 접하고 있다.

홍수나 가뭄은 자연재해의 재난이지만, 요즘은 천재지변이 아닌 어처구니없는 인재가 되어버린 현실을 부인할 수 없다. 20년 전이나 지금이나 홍수나 가뭄이 이제는 불가항력이 되고 있다. 지구는 우리에게 더는 안 된다고 경종을 울리고 있다.

청주 오송 지하차도에서 절규하며 죽음을 맞을 수밖에 없었던 사람들, 산사태로 속절없이 죽음을 맞았던 사람들, 안전장비도 없이 수해 현장에 달려가 죽음을 맞은 젊은 군인 등 모두가 안타까운 슬픔뿐이다. 재난영화가 보여준 기후변화는 오늘의 현실과 무관치 않고 있다.

피해의 원인을 인재로 보는 것도 매번 다르지 않다. 천재라면 자연의 변덕을 겸허히 받아들이겠지만, 인재로 인해 홍수피해가 반복되고 있다. 다시 재난의 악몽으로 신음하고 있다. 때가 지난 뒤에 어리석게 애를 쓰는 경우가 아닌 근본적인 문제해결이 하루빨리 모색되길 바랄 뿐이다.

살인적인 폭염주의는 계속되고 있다. 유엔이 지구 온난화시대의 종말을 고했다고 한다. 기상이변은 이산화탄소 배출 등으로 지구의 온도가 1도 올라갔기 때문이라고 한다. 이제 우리가 이산화탄소 배출량을 줄이기 위해 힘써야 할 때가 아닌가 싶다. '칠 년 가뭄에는 살아도 석 달 장마에는 못산다.'라는 이상기후의 무서움을 일깨우는 우리 속담이 절실하게 와 닿는다.

자화상

문정미
2014. 10. 천료

사월의 산은 온통 싱그럽다. 산길을 오르며 자기 모습을 추억하려는 사람들이 사진 찍기에 분주하다. 한때는 나도 사진 찍는 걸 즐겼었는데 이젠 꽃 시절이 돼 버렸다. 멋지고 아름다운 외모를 자신 있게 드러내는 저들이 사뭇 부럽기만 하다.

물오른 산을 바라보며 동안의 인생길을 되짚어 걸어본다. 인생은 기쁨의 시간을 소중히 간직하고 슬픔의 시간을 조용히 견뎌내는 일이다. 저마다의 가슴에 묻어 둔 아픔을 싸안고 남아 있는 사람들과 따뜻한 인정을 나누는 일이다. 그럭저럭 남 보기 흉하지 않게 나이를 먹는 일이며 날마다 거울 앞에서 자신의 지난 삶을 반추하는 일이기도 하다.

미성년 시절부터 나는 독립적이었다. 부모님은 다행스럽게도 '이거 해라 저거 해라' 명령하지 않았고, 소질이니 재능인지를 운운한 적이 없었다. 훗날 무슨 일을 해 먹고 살 것인지도 알아서 정하고 알아서 찾아내 살 궁리도 스스로 하라 했다.

부모의 가르침대로 애써 순종했고, 뭐든 홀로 해

결하면서 독립적인 존재로 살았다. '인생은 배우면서 발견하고, 자유로울 수 있도록 이상을 가져라.' 했던 리처드 바크의 『갈매기의 꿈』을 늘 가슴에 품고 살았다. '높이 나는 새가 멀리 볼 수 있다'라는 진리대로 꿈과 이상을 높이기도 했다.

나는 일 년 열두 달을 예순 번 이상 살아왔다. 그러나 이쯤에서 삶에 대해 겸손하지 않았던 걸 고백하고 싶어졌다. 지나치도록 시건방져서 삶을 대하는 태도가 정중하지 못했다.

근간에 들어, 내 모습이 보기 흉하게 변한 이유가 혹시 삶의 태도가 올바르지 않아서였나 하는 두려움 같은 게 생겼다. 한편으로는 억울한 감정도 들었다.

앞만 보고 뛰어오다 보니 희사나 선행을 외면하고, 여유도 없이 오로지 생존만을 위해 악다구니로 살아온 거였다. 그런데 인상이 흉물스럽게 달라져 갔다. 걸어온 인생 때문이라면 나는 조금 억울하다. 그런 거라면 좀 더 우아하고 고상하게 살아볼 걸 그랬지 하는 안타까움이 있다. 그랬다면 지금쯤은 지적인 이미지로 귀부인처럼 기품 있게 빛나고 있을지 모르겠다.

삶은 지금의 모습이고 얼굴이다. 남들에게 보여지는 모양새로 목소리로 낯빛과 표정으로 인생을 표현하고 있는 게 진실이다. 요 모양 요 꼴이 내 삶이다. 요 모양 요 꼴이 꼭 부정적인 건 아니다.

얼마 전 강화도 고려산에 진달래꽃 구경을 갔더랬다. 야트막한 산등성이조차 제대로 오르지 못하고 애꿎은 나무작대기 몇 개를 '아야야' 부러뜨리며 겨우겨우 기어서 올랐다. 진달래꽃으로 유명하다니까 가겠노라, 나섰는데 산행이 오랜만이라 걱정되는 마음이 컸다. 그래, 시큰둥했는데 인솔자가 동네 뒷산 정도로 해발 370m밖에 안 된다고 했다. 그 말에 그냥 걸음을 떼었다가 꽃구경은 엉망진창이 됐다.

부어 터질듯한 얼굴에 만삭의 몸처럼 튀어나온 퉁퉁한 몸뚱이 탓에

언감생심 사진 한 장 남길 수가 없었다. 정말 내가 봐도 미련해 보이는 한심한 모습이었다. 제 모양새가 어쩐지도 몰랐던 게 더 민망한 일이었고, 동행한 동생들에게 이만저만 민폐가 아니었다. 정말 내 꼴이 꼴이 아니었다. 차마 부끄럽고 창피해서 함께 간 동생들 앞에 처절한 사족보행을 보여주진 않았지만, 꼴찌로 걷는 꼬라지야말로 분홍빛 흐드러진 진달래꽃밭에서는 차마 목불인견이었다.

군락을 이루어 피고 지던 예쁜 진달래꽃은 거친 숨을 헐떡이며 땀투성이로 저에게 다가가 감탄하는 나를 딱하다 할 게 분명했다. 고통과 분노의 감정, 억울함까지 봄을 그린 그림 위에 얹혀진다. 다들 산꼭대기까지 올라서서 달콤한 휴식을 누리는데 난 꽁무니에 뒤처져서 낙오감과 허탈감에 빠졌고, 스스로 경멸하고 있었다.

폐가 찢겨나갈 듯 숨이 차올라 벌겋게 달아오른 얼굴은 비참해 보였다. 서글픈 자화상이 그려졌다. 눈빛 흐려진 내 몰골과 미련만 가득 담긴 슬프디슬픈 자화상이 그려지고 있었다.

가끔은 정직하게 현실 속의 나를 들여다본다. 어딘가 조금은 찌그러지고 조금은 울퉁불퉁하게 뒤틀어져 보기 싫다. 그러나 어쩌랴. 이게 진실한 내 모습이다. 더욱이 어쩔 수 없는 건 누구도 아닌 나 자신이 바로 현재의 인생을 주도해 왔다는 사실이다. 이그러지고 쪼그라든 모습이지만 타인의 조정이나 간섭으로 삶을 지탱한 적은 없었다. 고통과 위기의 순간들까지 주체는 나였다.

거울 앞에 가식 없이 서서 찬찬히 훑어보았다. 흩어지는 정신을 붙잡으려 눈동자에 힘을 주고 서서 반사경으로 들어오는 비어 있는 의식과 몽롱한 눈빛을 정면으로 응시해 본다

'봄 직하니 잘 익었구나!' 할 만큼의 만족스러운 삶은 아니다. 군데군데 비워진 구멍이 보인다. 그건 불가항력이었다고 어쩔 수 없음을 내려놓는다면, 흐뭇한 기분과 희미한 희망을 버리지 않을 수 있다.

지나간 인생이 화려함으로 반짝거리진 않았지만, 더러더러 괜찮은 사람이라고 주목받고 존경받으며 지내 오기는 했었다. 그럼 되었다 싶다. 더는 미끄러지지 않게 산구경 꽃구경 사진을 담아내는 이들처럼 근사한 인물사진 한 장 찍히고 싶은 바람을 부추기면 될 것 같다.

나의 자화상은 너무도 수수하고 너무도 잠잠하게 겨울을 이겨내는 냉이 풀의 그림이다. 가풀막진 들 둑에 달래꽃처럼 무심히 피고 지는 무채색의 그림이다. 구슬프게 자화상이 그려진다. 수식되지 않은 삶은 자칫 초라해 보이는 그림일지 몰라도 그대로의 나이다. 오히려 자연스럽다.

내 인생은 잘은 익었으나, 아주 조금은 시고 맵고 쓴 맛이었나 보다.

노화 방지 및 치매 예방

류춘영
2014. 11. 천료

노화 방지에 대하여

첫째로 노화 방지를 위해서는 걷기 운동이 가장 좋다. 우리 몸의 발에는 무수한 혈관이 있다. 발은 제2의 심장이다. 발바닥이 지면에 닿을 때마다 피를 펌핑해 위로 올려 보낸다. 혈액을 순환시키는 모터의 역할을 한다. 걷기 운동은 고지혈증, 당뇨, 천식, 고혈압, 심근 경색의 예방 운동이다.

발은 우리 몸의 각 기관의 세포에 산소와 영양을 공급할 뿐 아니라 혈관을 청소해 탄성을 유지시켜 준다. 걷기 운동을 하면 근육이 유지되고 새롭게 만들어 진다. 근력(근육)은 자극을 주면 향상되고 방치하면 위축 된다. 천천히 걸으면 1시간 120kcal, 빨리 걸으면 1시간 300kcal까지 열량을 태운다. 걷기가 달리기보다 좋은 것은 운동 손상이 적기 때문이다. 발은 26개의 뼈와 114개의 인대, 20개의 미세한 근육 그리고 힘줄과 신경이 만들어내는 정교한 합작품이다. 죽음의 자객인 뱃살을 빼는 데는 이 보다 좋은 처방약은 없다. 또한 걷기는 인체 골격을 튼튼하게 유지하는 역할도 한다.

둘째로 손가락 박수, 눈동자 굴리기 운동, 귀 마사지를 해 주는 게 좋다. 손가락 박수는 손가락 끝부분과 손목을 소리 나지 않게 치는 박수인데 1일 50회 이상 치면 건강에 매우 도움이 되고 기관지 천식과 혈액 순환이 잘된다. 눈동자 굴리기 운동은 화장실 용기에 앉아서 상하 30번, 좌우 30번, 대각선 30번, 시계 방향으로 10회 회전, 반대 방향으로 10회 회전, 그리고 손을 비벼서 뜨겁게 하여 눈 위에 3회 눌러 준다. 그리하면 눈이 더 나빠지지는 않는다. 그리고 귀에는 우리 몸의 모든 혈관이 다 연결되어 있기 때문에 귀를 마사지하는데 위, 아래로 당기기 10회, 옆으로 당기기 10회, 그리고 귀 전체 마사지 10회를 1일 3회 반복한다.

치매 예방에 대하여

우리가 연세가 들면 물건을 어디 두었는지 기억이 잘 나지 않을 때가 있다. 그 원인은 뇌 위축에 있다고 한다.

우리가 뇌세포를 활성화 시키는 방법으로는 첫째로 기억력을 증진시키기 위해서 성경에서 말씀을 암송하든지 지명이나 인명 등을 암송하여 그 암송한 것을 매일 묵상하는 방법이 있다. 말씀이나 지명을 암송하는 방법은 암송할 부분을 세 번 읽고 보지 않고 암송하는데 생각나지 않을 때에만 다시 보도록 하여 암송한다.

둘째로 혀를 움직여서 뇌 세포를 활성화시키는 방법이 있다.

(1) 혀를 밖으로 최대한 내밀었다가 다시 입안으로 당겨 만다. 이렇게 10번 반복한다.

(2) 혀를 돌린다. 혀를 입안으로 천천히 최대한 크게 시계 방향으로 10번 돌렸다가 다시 반대 방향으로 10번 돌린다.

(3) 혀끝으로 이를 누른다. 혀끝으로 윗니, 아랫니 안쪽 바깥쪽을 10

초간 누른다.

이 운동은 아무 때나 할 수 있으나 아침과 저녁에 하는 것이 좋다.

날마다 아침에 일어나자 양치질을 하고 인체의 모든 기능을 활성화하기 위해서 더운물을 2컵 먹고 소화기능 활성화를 위해 식사하기 전 30분에 더운물을 1컵, 혈압을 낮추기 위해 목욕하기 전 1컵을 먹고 뇌졸중과 심장마비 예방을 위해 취침 전 1컵을 먹는다. 그리고 매일 아침 식사하기 전 사과 1개와 당근 그리고 삶은 계란 1개를 먹고 흑 마늘 보통 크기 6쪽을 식사와 같이 먹는다. 흑마늘은 줄기와 뿌리를 자르고 껍질을 한 겹 벗긴 후 보온밥통으로 11일간 보온으로 해서 만든다.

우리 몸의 건강과 돈도 있을 때 지켜야 보존이 가능하다고 생각된다.

스마트폰 시대

이영주
2014. 11. 천료

오늘 목욕탕은 손님이 없이 한적했다.

청년이 들어오더니 목욕 바가지에 목욕 도구를 들고 와 탕에 들어가지 않고 탕 중간에 걸터앉아 스마트 폰을 열심히 본다. 나는 뭐 바쁘게 할 것이 있나 생각하고 탕에 들어가려니 혹시 스마트 폰에 물이 튈까 봐 젊은 청년에게 물었다.

"탕에 들어가려고 하는데, 스마트 폰에 물이 안 들어갈까?"

"방수로 되었으니까 괜찮아요."

핸드폰이 신형인지 아래위로 접어지는 스마트 폰은 봤지만, 일반 스마트 폰의 크기인데 옆으로 펴지는 스마트 폰은 처음 본다. 탕 중간에 걸터앉아 스마트 폰을 열심히 하는데 가만히 보니 히죽히죽 웃으며 양손이 빠른 것을 보니 오락을 하고 있다. 얼마나 오락에 심취했으면 목욕탕까지 들와서 홀딱 벗고까지 하는지 젊은이의 행동이 좀 의아했다.

서울 병원에 가려고 아내와 같이 춘천으로 향했다.

화천에서 춘천 아들이 운영하는 회사까지 가서 아들하고 며느리와 같이 가기로 했다.

매일 운전을 하다가 막상 아내와 뒤쪽 의자에 앉아 가니 내가 운전할 때와는 차 타는 기분이 달랐다.

며느리가 "아버님, 어머님 어떤 차를 드시겠어요." 물었다.

"아버지와 나는 아침에 춘천 나오면서 커피는 한 잔했으니 유자차로 하려무나." 아내가 말하자 며느리는 스마트 폰을 누르기 시작했다,

나는 속으로 차를 마시고 가다가는 예약시간에 차가 도착할 수 있을까 은근한 걱정이 들었다. 몇 분 차가 도로를 달리다 커다란 스타벅스라는 간판이 보이는 건물 뒤로 차가 들어가더니 주차장에 차를 세우고 찻집으로 들어가는 것이 아니라 건물 밖에서 차를 세우고 차 네 잔이 든 종이상자를 건넨다. 참 좋은 세상이다.

2007년 미국의 애플의 스티브 잡스는 컴퓨터를 손에 들고 다닐 수 있는 스마트 폰을 시판하기 시작했고 한국의 삼성도 뒤를 이어 스마트 폰의 시대를 열었다.

이제 한 세기를 넘어가면서 스마트폰이 없으면 생활을 할 수 없을 정도로 인류는 스마트 폰 시대가 되었다. 모든 물건 사는 것도, 목적지를 찾는 것도 주소나 좌표만 입력하면 된다, 열차 예약도, 차 시동 걸 때도, 퇴근할 때 보일러 작동도, 밥솥 작동까지 너무나 편리한 시대가 되었다. 더 나가 이제 모든 것을 AI가 인간을 대신하는 시대가 될는지 모른다. 인간이 AI에게 바둑도 지는 시대가 아닌가? 점점 이렇게 발전하다가 우리가 만든 기계에 점령을 당하지 않을까? 우려하는 시대가 된 것이다.

2011년 유럽에서 행복지수를 조사한 적이 있다. 156개 나라 중 부탄이 세계에서 가장 행복한 나라 1위로 발표했다. 조사에서 부자가 되지 않아도 행복할 수 있다는 사실에 전 세계인들을 의아해했다. 다른

나라와 비교해보면 부탄은 신호등이 없는 나라이며, 첫눈이 내리면 국경일로 정하는 나라다. 국토의 60%는 산지로 갖고 있어야 한다고 헌법에 표기해 놓은 나라, 이것 말고는 그리 다른 나라들과 별로 다른 것이 없는데 행복지수가 1위일까? 모두 의아해했다.

8년이 흐른 뒤 2019년 다시 실시한 행복지수 조사에서는 부탄이 행복지수 95위를 차지했다. 10년도 안 되어서 1위가 95위가 된 것이다. 이것 또 왜 그럴까? 원인이 뭘까? 세계 뜻있는 기관에서는 원인을 찾기 시작했다. 별로 달라진 것을 찾을 수 없었다. 그러나 한 가지 달라진 것이 있다는 것을 알게 되었다. 원인을 하나 찾은 것이다. 그것은 다름이 아닌 스마트폰이었다. 상황은 바뀌지 않았는데 점점 스마트 폰으로 인해서 시야가 넓어지고 부탄 사람들은 잘사는 나라 사람들과 자신들을 비교하기 시작했기 때문이다. 과거에는 비교 대상이 없었기에 스스로 삶은 만족했던 국민이 지구촌이 하나로 된 세상이 눈에 들어오면서 자국의 가난함을 차츰 알게 된 것이다.

이것을 대하면서 나는 과학의 편리함이 행복을 갖다 주는 것만은 아닌 것 같다.

'산은 산이요 물은 물이다'라는 성철 스님의 경지에는 이르지는 못하더라도 누군가와 비교하지 않고 남에게 피해를 주지 않고 남의 정신으로 사는 것이 아니라 내 정신으로 사는 것이 진정한 나의 삶이라는 생각이 든다.

글을 쓰는 순간에 책상 위의 스마트 폰이 울린다. 너무나 스마트 폰 때문에 편리한 세상이 되었지만 어쩌면 우리는 스마트 폰에 얽매여 사는지도 모른다.

언어를 잃으면

이제홍
2015. 3. 천료

그리스·로마신화의 주신 제우스에게 거인 신 티탄들이 반기를 들었다. 치열하게 10여 년 동안 계속된 신들의 싸움은 티탄 가운데 일부가 제우스 편으로 돌아서면서 종지부를 찍었다. 티탄들 가운데 가장 힘이 세고 끝까지 제우스에게 저항한 거인이 아틀라스다. 반란을 제압한 제우스는 끝까지 저항한 아틀라스에게 하늘을 떠받치는 벌을 내렸다.

하늘을 떠받치고 있는 이가 아틀라스뿐일까? 치마를 만들려면 광목 9만 통이 필요한 여자 신과 그에 못지않은 남자 신이 있다. 광목 9만 통을 길게 이으면 오늘날 기준으로 1,600km가 넘는다. 이 정도면 아틀라스보다 클까 작을까? 여자 신은 산과 벌판, 호수와 바다, 강 등 세상을 만들었다. 여자 신이 세상을 만드는 동안 남자 신은 어깨로 하늘을 받치고 있었다. 세상이 만들어지자 여자 신은 사라져버렸고, 남자 신은 꼼짝없이 하늘을 받치는 신세가 되었다. 시간이 지나면서 어깨가 아파지자 남자 신은 하늘을 왼쪽에서 오른쪽으로 또 오른쪽에서 왼쪽 어깨로 바꿔 받쳤다. 그때마다 하늘이 흔들리며 천둥과 번개가 치고, 땅이 흔들리며 지진이 나고 화산이 폭발했다. 이 거인 신들은 우리나라의 마고와 장길손이다.

그리스·로마 신화에서 세상을 다스리는 신은 제우스다. 지옥을 다스리는 신은 누구일까? 제우스의 형 하데스다. 우리나라에도 그런 신이 있을까? 있다. 이승을 다스리는 신은 소별왕, 저승을 다스리는 신은 형인 대별왕이다. 공교롭게도 그리스·로마신화와 구조가 같다. 다만 우리나라의 대별왕은 하데스와는 달리 합리적이고 착하다는 차이가 있다. 사기, 협잡, 폭력 등이 난무하는 이승보다 저승이 질서가 잘 잡혀 있다는 생각의 반영이다.

사람 사는 세상에는 많은 일이 벌어지고, 많은 이야기가 생겨난다. 그것이 전해지고 각인된 곳이 우리의 유전자다. 또한 조상님들의 삶이 글로 전해지면 역사가 되고 말로 전해지면 신화가 된다. 신화는 말로 전해온 것이니 변이가 많다. 비슷한 이야기가 지역에 따라 조금씩 달라지는 이유다. 그리스·로마 신화에서 사건의 순서가 바뀐 이야기가 발견되는 이유다.

수천 년간 전해오며 우리 정신의 원형질이 된 신화. 그 신화를 우리는 얼마나 알고 있을까? 제우스나 비너스 혹은 헤라클레스를 아는 사람은 많다. 어려서부터 그리스·로마 신화를 읽으라고 권장한 결과다. 그들은 자청비, 바리, 오늘이, 당금이도 알까? 안타깝게도 우리 신화보다는 그리스·로마 신화나 북유럽 신화에 친숙한 이가 더 많다. 우리 신화가 없어질 위기에 처했고 그로 인해 우리 민족의 정체성마저 사라질 위기에 처한 것이다.

신화를 잃는 것 못지않게 큰 문제는 언어를 잃는 것이다. 우리 민족의 원형질을 더는 이어줄 수 없게 되기 때문이다. 금나라와 청나라를 세워 중국을 두 번이나 지배한 만주족은 천만 명 이상의 인구를 가지고 있으면서도 고유의 언어와 문자를 잃고 한족에게 동화되었다. 반면 히브리어를 지켜낸 유대인들은 불과 600만 명의 인구로 3억 명의 아랍인들 틈바구니에서 강고한 나라를 유지하고 있다. 언어가 얼마나 중요한지 보여주는 사례다.

일제강점기 때 일본은 우리말을 말살하려고 갖은 수단을 동원했다. 언어가 사라지면 문화가 희석되고, 결국 민족성도 약해질 수밖에 없기 때문이다. 일제의 강압적 언어 소멸정책도 극복해낸 우리가 지금은 자발적으로 우리말을 소멸시키고 있다. 우리말을 존중하기는커녕 외래어, 외국어는 물론 비속어들을 더 일상적으로 사용하는 등 뿌리 깊은 언어 사대주의가 갈수록 확대되고 있다. 그 결과는 무엇일까?

언어전문가들은 100년 안에 지구에서 사용되고 있는 언어의 2/3가 사라질 것으로 전망하고 있다. 행여 우리말이 그 속에 포함될까 두렵다.

백작약 필 무렵

최승희
2015. 3. 천료

초인종 소리에 문을 열어보니 택배상자가 놓여 있다. 1미터 남짓 길쭉한 박스 모양을 보니 기다리던 그 물건이 확실하다. 서둘러 개봉해보니 큼직한 알사탕 같은 하얀 몽우리가 모습을 드러낸다. 무려 전남 강진에서부터 물 한 모금 못 마시고 여기까지 왔으니 초여름 같은 날씨에 얼마나 목이 탔을꼬? 찬물에 얼음도 가득 채워 서둘러 갈증부터 채워준다. 30여 분 지나니 어느새 지친 잎사귀와 줄기, 몽우리까지 생기가 돌며 생명력을 발산하기 시작한다. 바야흐로 작약의 계절이다.

매화로 시작해 벚꽃, 산수유, 철쭉, 목련까지 앞다투어 미모를 뽐내고 나면 봄은 완연히 무르익는다. 한낮 볕이 제법 뜨거워져 '슬슬 반소매 옷을 꺼내야 하나?' 하는 생각이 드는 매년 이맘때쯤, 마치 연례행사처럼 여름옷보다도 먼저 주문하는 것이 바로 작약이다. 팬데믹 초기, 어려움을 겪고 있는 화훼 농가를 돕는 캠페인의 일환으로 온라인 직거래 장터에서 작약을 주문한 것이 시작이었다. 화훼류를 택배로 받아본다는 건 생각도 못해봤던 일인데, 의외의 낙이 한 가지 생긴 것이다. 답답한 집콕 생활 중에 소담스럽게 피어난 작약이 준 행복감은 예상보다 훨씬 컸고, 그 이후부터 작약 기다리는 즐거움으로 이 계절을 맞이한다.

작약과 매우 흡사한 생김새로 모란이 있다. 아버지께 화투를 처음 배웠던 어린 시절, '육목단' 화투장 속 붉고 탐스런 모란꽃이 한 여배우의 미모를 닮았다는 말씀을 들은 기억이 난다. 그땐 그런가 보다 했던 그 미녀가 바로 원로배우 김지미였다는 건 한참 후에 알게 된 일이다. 젊은 시절 그녀의 사진을 검색해보니, 큰 이목구비와 화려한 표정이 과연 모란에 견줄 만하다는 생각이 든다. 모란의 꽃말이 '부귀영화'이니 뭔가 여배우의 이미지와도 일맥상통하다. 이런 모란꽃이 지고 나면 곧이어 작약이 몽우리를 터뜨린다. 생김새는 비슷하지만 모란은 나무, 작약은 풀이다. 일반 사람들은 꽃만 보고는 구분하기 힘들 정도로 서로 닮았는데도, 유독 작약에는 '함박꽃'이라는 별칭이 있다. 함지박처럼 소담스럽게 핀 모습 덕에 붙은 그 별칭 때문에 좀 더 소박한 느낌이 든다. 예로부터 중국에선 모란을 '화왕(花王)'이라 칭하며 꽃 중의 왕 대접을 해 주었다지. 작약은 그 화왕을 모시는 재상인 화상(花相)이라 불렸다 하니, 품계를 따지자면 작약이 모란보다 한 급 아래다. 꽃말 또한 '수줍음'이라니, '인싸' 기질의 모란에 비해 어쩐지 화려함도 덜하고 나서지도 않는 '내향인' 같은 분위기야말로 내가 작약을 사랑하는 이유다.

작약은 그리 오래가는 꽃은 아니다. 싱싱하게 자태를 유지하는 기간은 고작 일주일 남짓. 그 짧고도 소중한 시간만이라도 최고의 컨디션을 지켜주기 위해 늘 물은 청결하게 관리하고, 긴 외출을 하거나 모두 잠든 밤엔 냉장고에 넣어 보관한다. 이 성가신 과정은 나 좋자고 사서 하는 수고로움이고 스스로를 위해 지불하는 '감정비용'이지만, 그럼에도 불구하고 그 귀한 시간을 즐기려 한다. 숨이 멎을 만큼 우아한 자태를 마음껏 뽐낸 작약은, 자신의 꽃말마따나 부끄러운 듯 하루아침에 꽃을 떨구고 만다. 특히 새하얀 예닐곱 송이 백(白)작약이 한꺼번에 꽃병 아래 떨어져 있는 모습은 마치 날개를 접고 쉬고 있는 백조 같기도 하고, 무희가 벗어둔 흰 드레스 같기도 하다. 범인(凡人)들은 절대 알 수 없는, 왕족의 외로운 뒷모습 같다는 엉뚱한 생각도 들게 하는 풍경이다. 그 모습까지 하루 이틀 두고 보면서 비애감인지, 애틋함인지 알 수 없는 감정까지 즐기다 보면, 테이블 위에 알알이 떨어진 꽃잎은 완전히 마른다. 그렇게 열흘 만에 작약은 우리 집에서 퇴장하고, 어느새 계절은 본격적인 여름으로 진입해 있다.

눈이 즐거워지는 재미에 들이기 시작한 작약은, 해가 갈수록 나에게 남다른 의미가 되고 있다. 작약과 함께 한 이 열흘은, 여름을 목전에 둔 스스로에게 보내는 격려의 시간이자 다음 계절을 맞이할 준비 기간이다. 겨울 초입에 태어나서인가? 나는 유독 여름을 나기가 힘들다. 심적으로나 신체적으로나 맥을 못 추고, 어쩐지 이 계절엔 되는 일도 없었던 것 같다. 이런 연유로, 여름이 다가온다고 생각하면 겁부터 더럭 나곤 했다. 습기와 더위만 생각하면 짜증부터 올라오던 지난날의 나에게, 작약이 선사해 준 이 황홀함을 마치 주문처럼 떠올리게 할 참이다. 본격 무더위가 시작되기 전, 작약을 가꾸며 다가올 계절을 조금 더 안정감 있게, 조금 더 여유를 가지고 지내보자고 나 자신에게 다짐해 보는 것이다. 작약과 함께한 이 준비 기간이 길고 지루한 몸과 마음의 더위를 현명하게 견디게 하는 응원과 위로가 되어 줄 거라는, 밑도 끝도 없는 믿음으로 다가오는 계절을 환대해 보려 한다. 이래저래 심란한 일들이 많은 세상, 살짝 비켜 가는 이런 행운도 괜찮을 것 같다.

권력의 절제

김용관
2015. 4. 천료

권력이 저질러 온 패악(悖惡)과 행패(行悖)를 역사적으로 들여다보면 천인공로(天人共怒)할 만한 일들이 많다. 측천무후(則天武后)는 중국 역사상 처음이자 마지막 여황제(女皇帝)였다.

목재 상인의 딸로 태어나 궁녀의 신분으로 태종(이세민) 때 입궁했다. 성은 무(武)씨, 이름은 조(照), 빼어난 미모로 태종의 부름을 받았다. 태종은 그녀에게 '무미(武媚)'라는 이름을 하사(下賜)했다. 그녀가 14세 때의 일이다. 태종의 시대는 당나라 전성기였다. '정관(貞觀)의 치(治)'라 불린다. 태종이 병석에 누웠다. 태자 치(治)가 병문안을 갔다. 시중들고 있는 미랑을 보고 첫눈에 마음을 빼앗겼다. 태종이 죽자 태자 치는 황제(고종)가 되었다. 고대 중국에서는 황제가 죽으면 궁녀들은 순장(殉葬)하거나 비구니(比丘尼)가 되어 사찰(寺刹)로 들어갔다. 미랑은 감업사로 보내졌다. 고종은 황제가 되자 미랑을 찾았다. 후궁이 되어 소의(昭儀)에 올랐지만 여기에 만족할 수가 없었다. 황후가 되고 싶었다. 경쟁자 소숙비를 제거

하는 데 성공했다. 권력 쟁취를 위해서 자신의 딸을 죽이고 왕(王)황후에게 그 죄를 뒤집어씌워 황후를 내쫓았다. 두 여인 황후와 소숙비는 곤장 백 대를 맞고 수족(手足)이 잘렸다. 측천무후는 궁녀와 환관들에게 각종 선물을 주어 자기편으로 만들었다. 고종은 황후를 재간택하고자 했다. 황후는 명문 귀족 집안에서 간택하는 것이 전통이고 상례였다. 무소의는 선황(先皇) 태종의 궁녀였기 때문에 황후로서는 누가 봐도 결격이었다. 신하들의 반대가 거셌지만 고종은 기어이 무소의를 황후로 책봉했다. 그녀는 32세였다. 황후로 책봉하는데 반대했던 저수량, 장손무기 등 충신들, 그들과 뜻을 함께 했던 신하들은 유배되거나 죽임을 당하고 말았다.

고종은 지병으로 간질병이 있었다. 정무(政務)를 제대로 보기가 어려운 경우가 많았다. 때마다 일 처리를 잘하는 그녀에게 정무를 맡겨 버렸다. 두 사람의 황제가 있는 셈이 되었다. 이 무렵부터 무소의는 측천무후로 불리기 시작했다. 그녀는 황후라는 공식 명칭에 만족하지 못하고 천황(天皇), 천후(天后)로 부르게 했다. 연호도 상원(上元)으로 바꿨다. 죽은 소숙비의 두 딸 의양공주와 신성공주를 사람을 시켜 살해했다. 황태자 홍(弘)은 두 공주를 동정했다가 황태자 자리에서 쫓겨나 유배길에 올랐다. 무후의 둘째 아들 현(賢)이 황태자가 되었다. 얼마 되지 않아 모반 혐의로 태자 자리에서 쫓겨나고 얼마 후에 스스로 목숨을 끊었다. 고종이 죽었다. 셋째 아들 현(顯)이 황제가 되었다. 4대 중종이다. 황후 위 씨가 권력을 행사하려 의도하다가 즉위 1년 만에 폐위되었다. 690년, 마침내 측천무후는 여황제에 올랐다. 나이 67세, 중국 역사상 최초의 여황제가 된 것이다. 나라 이름을 주(周), 낙양을 신도(神都)로 고쳐 사실상 수도로 삼았다. 스스로를 신성황제(神聖皇帝)라 칭했다. 넷째 아들 단(旦)을 황태자로 정했다. 그 성을 이(李)씨에서 무(武)씨로 바꾸게 했다. 이후 측천무후의 천하는 15년 지속됐다.

측천무후가 병석에 눕자 재상 장간지(張柬之)가 쿠데타를 일으켜 쫓겨난 중종을 다시 황제로 세워 당 왕조(唐 王朝)를 재건했다. 측천무후가 죽었다. 82세였다. 권력을 손에 쥐고 천하를 흔든 지 실제로는 50년이었다.

세계사에 폭군으로 유명한 권력자들 하면 가장 먼저 떠오르는 이름은 히틀러이다. 그리고 소련의 스탈린, 로마 제국의 네로, 조선 왕조의 연산군이 떠오른다. 중국 역사에는 헤아리기 어려울 정도로 폭군이 많았다. 천하 통일을 이룬 진시황은 유학자들의 따지는 말이 귀찮아 수백 명을 생매장해서 죽였다.

한 고조 유방(劉邦)이 죽었다.(BC 247~195) 황후 여(呂) 씨는 남편 고조가 척(戚)부인만 사랑하고 자기를 멀리한 것을 분하게 생각했다. 여후(呂后)가 실권자가 되었다. 척부인을 영항(永巷 후궁들의 거처, 후궁이 범죄하면 치죄(治罪)하던 곳)에 가두었다. 머리를 깎이고 재갈이 물려졌고, 빨간색 옷을 입혔다. 그곳에서 방아를 찧는 벌이 내려졌다. 척부인의 아들 '여의'(如意)가 조(趙)나라에 왕으로 가 있었는데 불러들였다.

여후(呂后)의 아들 혜제(惠帝)가 어느 날 아침 일찍 사냥을 나갔다. 틈을 노리고 있던 여후가 조왕(趙王) 여의(如意)를 살해하고 척부인의 두 손과 두 다리를 끊었다. 눈을 도려내고 귀를 잘라 귀머거리로 만들었다. 독약을 먹여 벙어리로 만들었다. 돼지우리에 넣어 놓고 인체(人彘, 사람 돼지)라고 불렀다. 며칠 후 여후는 자기 아들 혜제에게 이 모습을 보였다. 혜제는 충격을 받고 대성통곡했다. 그 후 정사(政事)를 멀리하고 술과 여자에 빠졌다. 병이 들어 1년 후에 죽었다. 23세였다.(BC 188) 병석에 있으면서 사람을 시켜 여후에게 전했다. "이것은 인간으로서 차마 할 짓이 아닙니다. 나는 어머니 아들로서 양심상 도저히 천하를 다스려 나갈 수가 없습니다."

왕위를 찬탈하기 위해 조카 단종, 수많은 왕자 형제들, 충신들을 죽이고 왕이 된 수양대군, 정희왕후와의 사이에 2남 1녀를 두었다. 두 아들 의경세자(덕종, 왕후 인수대비), 해양대군(예종) 모두 단명(短命)했다. 20세 전후(前後)에 죽었다. 형수이자 단종의 생모 현덕왕후의 저주 때문이라 여기고 무덤까지 파헤쳤다. 두 아들의 단명에 무슨 인과관계가 있는지는 검증할 수 없지만 세조의 가족들이 안고 살았을 죄책감(罪責感)에 눌린 괴로움 때문은 아니었을까?

이런 포악한 권력자들은 지난 역사에만 있었던 것이 아니다. 지금도 세계 도처에는 권력의 폭군들이 많이 있다. 사람을 함부로 죽이고, 투옥(投獄)시키고, 인권을 유린(蹂躪)하고 짓밟는다. 마음에 안 들면 권력으로 재산을 빼앗고 보복한다. 언론을 탄압한다. 여론에 귀를 닫는다. 약자를 억누른다. 반대파를 혹독하게 핍박한다. 패거리 정치를 한다. 폭언으로 위협한다. 걸핏하면 체포, 수사, 압수 수색을 한다. 공포 정치를 행한다. 거짓말을 잘한다. 억지소리를 잘한다. 말과 행동이 다르다. 바른말 하는 인사들에게는 회유, 협박한다. 법을 무시하고 법 위에 군림한다. 국민과의 공감 능력 결여. 국민의 고통을 강 건너 불을 보듯이, 분열과 갈등 조작과 편 가르기 정치를 일삼는다.

우리나라 현대 정치사는 불행한 일이 많았다. 민주주의를 위한 많은 희생도 있었다. 정권이 교체되면 정치 보복이 따랐다. 전직 대통령이 감옥에 가고 많은 사람이 처벌받았다. 결코 바람직한 현상은 아니다.

인간이 손에 권력을 쥐면 왜 상상을 초월할 만큼 무자비해지는 것일까? 인간은 누구나 그 마음 깊은 곳에 악령(惡靈)이 거하고 있는 것은 아닐까? 쥐꼬리만 한 힘을 가지면 남을 괴롭히려 한다. 절제하지 않으면 누구나 악인(惡人)이 될 소지가 있는 것 같다. 악마가 될 소지가 얼마든지 있다는 것이다. 모든 죄악은 탐욕(貪慾)에서 시작된다. 인간의 미덕 중에서 가장 으뜸은 '절제'(節制)가 아닐까 싶다.

지금까지도 미국 시민들의 사랑과 존경을 받고 있는 링컨(A Lincoln,

1809~1865) 대통령의 리더십은 정직, 진실성, 소통 능력, 포용력, 사명감, 백악관을 기도실로 바꾼 기도의 삶을 살았던 겸손한 인격이라는 지적이다. 독일의 저명한 20세기 사회과학 철학자 칼 포퍼(K. R Popper. 1905~1994)는 인류 역사상 민주주의가 가장 탁월한 정치 형태라고 한다. 그러나 다수결에 의해 독재 권력으로 변모할 수 있음을 경고한다. 투표에 의해서 무식하고 무능한 사람이 지도자로 선출될 수 있는 위험성을 가지고 있다고 했다. 국민은 냉철하고 합리적인 이성을 바탕으로 판단하는 능력을 가지고 지켜봐야 한다고 했다.

성경에 나오는 경구(警句)의 말씀이다. "사람은 존귀(尊貴)하나 깨닫지 못하는 사람은 멸망하는 짐승과 같도다." "네 마음을 지키라 생명의 근원이 이에서 남이니라."

자신의 부족함을 알지 못하고 잘난 체하는 사람을 '꼴불견'이리고 한다. '꼴불견' 권력자들이 많다. 자신의 부족함을 아는 사람을 '인격자'라고 한다. 쇼펜하우어로부터 '신과 같은 철학자'라고 칭송을 받았던 플라톤(Platon, 그리스, BC 428~348)은 4가지 덕을 강조했다. 정의, 식견, 용기, 절제였다. 필자의 생각으로는 권력자에게 가장 필요한 덕목은 '정직'과 '절제'이다. 동서고금을 막론하고 절제되지 않은 권력은 악을 낳는다. 인간의 탐욕에는 종착역이 없기 때문이다.

필자가 좋아하는 한 장면이다. 갈릴리(Galilee) 호수에서 고기를 잡고 있던 신분 낮은 어부 베드로(Petrus)에게 어느 날 예수님이 찾아오셨다. 제자로 부르시고자 함이었다. 베드로는 그분이 하시는 일과 말씀을 듣고 본 후, 그가 대망의 메시아(Messiah) 구세주(救世主)임을 알았다. 베드로는 무릎을 꿇고 고백했다. "주여 나를 떠나소서. 나는 죄인이로소이다." 자신을 성찰하며 부족한 사람임을 알았기에 기독교 2천 년 역사에 위대한 사도(使徒, Apostle), 교회 지도자로서 이름을 남겼다.

소양1교의 노래

심솔희
2015. 4. 천료

산책을 하러 집을 나서노라면 항상 두 갈래 길에서 망설인다. 바로 소양2교와 소양1교의 양 갈래 길이다. 집에서 나와 큰 건널목을 지나 왼쪽으로 소양2교를 건너면, 음식점과 카페들이 즐비한 강변로가 있다. 더 지나면 두미르 강변로를 따라 멀리 중도가 보이는 시원한 풍경이 그림처럼 펼쳐진다. 그 반대편인 소양1교는 어떠한가. 강변로에 야생화가 방긋거리고, 더 올라가노라면 철쭉꽃이 피어 있는 군락지까지 있어 눈과 마음이 즐겁나.

이러한 이유로 산책을 할 때면 어느 쪽 다리로 건널 것인지 언뜻 정하지 못하곤 한다. 더 자세히 살펴보자면 소양2교는 1교보다 훨씬 넓고, 다니기 편하단 이유로 그쪽으로 발길이 돌려질 때가 있다. 대신 소양1교는 폭도 좁아 자전거라도 만나면 난간에 바싹 붙어야 하는 불편함이 있다. 하지만 그렇게 건너가 강변로에 접어들면 아기자기하게 피어 있는 야생화와 들풀도 보인다. 그 옆으로 물오리들이 헤엄치는 아름다운 풍경들로 인하여 불편함쯤은 싸악

가셔지고 만다.

이렇게 산책을 할 때면 건너게 되는 소양1교와 2교. 어느 쪽으로 갈까 갈등을 하게 되는 이곳은 가끔 인명사고가 발생하곤 한다. 차와 사람들이 밀리고 경찰차가 보인다. 그런 날엔 어김없이 소양2교의 아치형 난관 위에서 사람이 뛰어내렸다는 안타까운 소식이 들려온다. 소양1교도 마찬가지이다. 몇 해 전 여름날, 장맛비에 강물이 흙탕물이었을 때, 삶을 비관한 사람이 그 속으로 뛰어내렸었다. 그날은 다행히 물이 허리도 안 차는 얕은 곳으로 떨어져 소방대원이 오기도 전에 혼자 걸어 나온 다행한 일도 있었다.

그러다보니 언젠가부터 소양1교 난간에는 자살예방에 대한 다양한 문구가 새겨져 있다. 또 인명 구조함, SOS 생명의 전화가 설치되어 있고, 떨어졌을 때 잡고 올라오라고 튜브까지 준비되어 있다. 소양1교를 건너면서 이런 것들을 보노라면 불안과 안심의 두 가지 마음이 뒤섞이기도 한다.

다른 날처럼 집을 나섰다. 어느 쪽으로 갈까 망설이다가 철쭉이 만발한 것도 볼 수 있고, 하얀 그네도 탈 수 있는 소양1교로 건너 아래로 내려갔다. 그러자 다리 기둥에 붙여진 글자를 발견되었다. 위에는 자살예방에 대한 문구였는데 아래에는 대체 어떤 내용이 담겨 있을지 궁금해졌다.

위의 다리 난간보다 더 길게 적혀 있었다. 이 소양1교는 일제가 식민지 지배를 위한 사업의 하나로 건설한 침략적 산업 유산이라고 시작이 되었다. 1950년 6월 25일 북한의 남침으로 한국전쟁이 발발하여 북한군이 춘천으로 남하했던 그 당시, 봉의산과 춘천 시내에 포격을 가하여 진격했다고 한다. 그때 춘천의 남북, 소양강을 연결하는 유일한 교량으로 적의 남하를 지연 저지할 수 있는 중요한 길목이었다는 사실을 알게 되었다.

더구나 6월 25일부터 27일까지 3일간 소양1교를 교두보로 북한군의 남하를 지연시킨 춘천전투는 북한의 남침계획을 수포로 돌리고 유엔군이 도착할 시간을 벌어준 중요한 다리라는 것을 알게 되자 예전과는 다르게 다가왔다. 소양강 위 아래로 나란한 저 소양2교보다 오래되어 낡고 작은 소양1교에 이런 역사가 담겨 있다니. 그러고 보니 다리 기둥에는 여기저기 총탄 자국으로 패여 있었다. 저리 치열한 흔적, 총탄 상흔을 보노라니 대단함에 고개가 절로 숙어졌다.

그 전쟁의 비극 속에서 수많은 생명을 지켜낸 소양1교가 위대해 보였다. 치열한 전쟁, 빗발치는 총탄 속에서 얼마나 무섭고 고통스러웠을까. 하지만 다 이겨내고 지금은 자신의 몸에 글자를 새기며 생명의 소중함을 알리고 있다. 사람들이 소양1교의 내력을 알게 된다면 뛰어내리며 목숨을 버리는 일을 쉽게 하지 않을 것이다. 오늘도 소양1교는 흐르는 강물을 굽어보며 생명의 소중함을 알리고 있다. 노래한다.

"피지 않는 꽃은 없습니다. 더디게 필 뿐입니다."라는 난간의 글자가 보인다. 삶이 힘들고 고통스럽더라도 절망하지 않고 이겨내다 보면, 언젠가는 웃는 날이 있다는 것을 알려주는 글을 읽고 또 읽어 본다.

오늘도 집을 나와 소양1교를 선너는 빌길음은 기볍다. 변함없이 자살예방에 대한 다양한 문구, 인명 구조함, SOS 생명의 전화, 튜브가 보인다. 이제는 예전처럼 불안과 안심의 두 가지 마음이 아니라 삶의 활력소를 얻는다. 이런 내 마음을 아는지 든든히 놓여 있는 이 소양1교와 그 아래로 흐르는 소양강물의 일렁임이 활기차다. 삶의 소중함을 노래하듯 잘도 흘러내린다.

시선 김삿갓

이윤수
2015. 6. 천료

김병연(1807~1863)을 일러 시선(詩仙)이라고 부른다. 원래 시선이라 불리는 시인은 중국 당나라 이태백(李太白: 701~762)를 칭하고, 시성(詩聖)은 두보(杜甫: 712~770)를 말한다. 김삿갓의 생년대와 무려 1,100여 년의 차이가 있다. 아무튼 시를 통해 김삿갓과 이태백을 비교해보면 매우 비슷한 점이 많기 때문에 시선이라 불렀다고 본다.

이태백은 젊어서 여러 나라를 만유하고 이별과 자연을 제재로 많은 시를 남긴 것으로 유명하다. 김병연도 젊어서부터 방랑의 인생을 살았으며 한시와 우리말 구두어를 절묘하게 짜맞추어 해학과 비유로 사회를 풍자하고 관조한 기발한 천재 시인이다.

정처없이 떠도는 내 삿갓 마치 빈 배와 같이
한번 쓰고 다닌 지 어느덧 사십 평생이어라
더벅머리 목동의 소몰이 갈 때의 차림이
갈매기 벗하는 늙은 어부의 모습 그대로 일세
술 취하면 의복 벗어 나무에 걸고 꽃구경하며
흥이 나면 손을 들어 누각에 올라 달구경하네

사람들의 의관이야 겉모습 치장하기에 바쁘지만
내 삿갓은 비바람 가득 몰아쳐도 근심 걱정 없다네

- 김병연 삿갓의 노래

김병연의 「삿갓의 노래」란 시인데, 동가식서가숙으로 방랑 생활을 한 그야말로 자유주의자란 생각이 절로 난다.

무엇 때문에 푸른 산에 사느냐고 나에게 묻기에
웃고 대답하지 않으니 마음이 한가롭다
복숭아꽃 물따라 묘연히 가버리니
인간세상 아닌 별천지에 있네

- 이태백 산중답속인(山中答俗人)

이태백의 시에서는 초자연주의자로 오히려 시선(詩仙)의 단계를 넘어 신선(神仙)같은 느낌이 든다. 시대적으로 천년의 벽을 넘나든 두 시인을 시선이라고 부른 데는 나름대로 이유가 있겠지만, 인간 세상의 번다한 제약과 굴레에 얽매이지 않고 벼슬과 명예와 부귀를 탐하지 않으면서 자연을 벗삼아 유유자적 물처럼 구름처럼 청정하고 고결한 삶을 살아가면서 주옥같은 시를 남겼기 때문이리라. 또 한 가지 공동점은 두 시람 다 술을 좋아하였다는 점이다.

고요한 곳 문짝에 내 몸을 기대어 서니
구경하는 마음과 기쁜 일들 말고 진실하여라
안개 걷힌 외로운 봉우리는 초승달을 밀어 올리고
고목에 핀 꽃은 늦봄을 만드네
술은 좋은 벗을 만나 감개무량하고
시는 명산에 다다랐으니 신이 절로 나네
기묘한 경치는 모름지기 물외에서 구하는 것이 아니로다
그래서 세상 사람들 중 한가한 사람이 적도다

- 김병연 잡영(雜詠)

김병연은 술을 마시면 시상이 떠오르고 술 한잔에 시름을 잊으면서 고달픈 인간 세상의 텃세를 초탈하는 글을 읊었다. 어느 집 사랑이라도 좋았고 어느 고을 주막이라도 개의치 않았다. 그의 초라하고 궁색한 신세를 잊게 해 주는 것은 천부적인 그의 글 재주와 술뿐이었다.

> 꽃 속에 한병의 술을 놓고 짝없이 홀로 술을 드네
> 술잔 속에 명월을 맞이하니 달과 나와 그림자 셋이어라
> 달은 본래 술을 못하고, 그림자는 한갓 내 곁을 떠돌 뿐
> 잠시 달과 그림자를 벗하여 모름지기 봄철 한때를 즐기고자
> 내가 노래하면 달은 배회하고 내가 춤추면 그림자 흔들리네
> 깨어서는 같이 어울리고 취한 뒤에는 제각기 헤어지네
> 길이 얽힘 없는 교유를 맺어 아득히 은하수를 사이에 두고
> 서로 만나기를 기약하세
>
> – 이백 월하독작(月下獨酌)

천년의 저 세월 너머에 시선 이태백은 과연 '달아 달아 밝은 달아 이태백이 놀던 달아'란 노래가 절로 나듯이 시공을 초월한 신선이었다. 당시 안록산의 전란 속에서도 세상의 부귀영화나 인간사의 다툼도 없다. 오직 술과 자연과 시상의 아름다운 세계만이 있을 뿐이다.

김삿갓! 웃음과 풍자로 유명한 방랑시인이다. 삼천리 방방곡곡을 유람하고 말년에 전남 화순군 동복면 구암리에서 종명하였다 하여 화순군에서 '김삿갓 동산'을 만들어 문화 관광 유적지로 개발하고 있다. 그런데 그의 탄생지인 강원도 영월군 하동면 외석리를 2009년부터 '김삿갓면(金삿갓面)'이라고 부르고 '김삿갓 묘'와 '김삿갓 문학관'과 '김삿갓 계곡' 등 김삿갓 문화 유적지로 이것저것 개발하고 있다. 결국 지도를 놓고 보면 대한민국의 남서쪽인 화순 적벽과 정반대 대각선 방향에 있는 북동쪽의 영월 김삿갓면이 서로 김삿갓 모셔가기 경쟁을 벌이고 있으니 참으로 흥미롭다.

이런 모양새의 다툼이 ‘심청전’ 설화 무대에서도 나타나고 있다. 황해도 백령도와 전남 곡성군에서 심청이 전설을 놓고 두 지자체 간에 서로 심청이 축제를 열고 심청각을 짓는 등 심청이 이미지를 서로 가져가려고 다투고 있다. 사실 심청전 이야기는 판소리 사설 ‘심청가’로 구전되어 오다가 영·정조때 작자 미상의 고전소설로 서민들에게 사랑받게 되었다. 설화의 연원을 살펴보면 1)신라 진성여왕때 거타지(居咤知) 설화와 2)효녀 지은 설화와 3)전남 옥과현 성덕산 관음사 연기문에 나오는 ‘홍장(元洪莊) 처녀’ 이야기 등이다. 심청 설화 유적지는 효녀 심청이가 태어난 곳보다는 인신공희(人身供犧)로 물에 빠졌다는 ‘황해도 장산곶 인당수’가 문화유적지로 부각되고 있는 반면 김삿갓 유적지는 오히려 종명지보다는 탄생지 중심으로 부각되고 있다는 점이다.

김병연은 근세에 접어들 무렵인, 지금부터 207년 전의 실존 인물인데도 그의 흔적을 찾는데 어려움이 있었다는 점이 안타깝다. 그의 묘소도 아직껏 여러 이설이 있다. 김삿갓 연구에 일생을 바친 향토사학자 박영국은 1982년 ‘김삿갓의 무덤은 태백산과 소백산 사이의 양백지간, 영월과 영춘 어간에 있다’라는 고문서에 의지해 마침내 영월 와석골 노루목에서 1982년 조라한 무념 하나를 찾아냈다고 주장한다.

한편 김삿갓에 대하여 연구해 온 이건호 박사는 2014년 전남문협의 심포지움에서 화순군 동복면 구암마을에서 1.5km 가량 떨어진 뒷산 모후산 가는 길가에 있는 ‘김샌맷동’이 김삿갓의 묘라고 주장하고 있다. 또한 ‘정대구 교수’는 김삿갓 연구의 최초 박사학위 논문에서 차자 김익균이 선친의 유해를 영월군 의풍면 태백산록에 안장하고 그의 후손들이 신주(神主)를 만들어 가묘로 모셨다 하나, 강원도 영월의 김삿갓 묘에 대해 의구심을 나타내고 있는 점으로 보아 김삿갓의 묘는 아직도 미스터리다.

미술 하는 지영이 이야기

최정숙
2015. 6. 천료

지영은 늦은 나이에 미술 데뷔를 했다. 어릴 때부터 약간의 재능이 보였고 수채화로 그림에 입문을 한 지는 오래되었으나 작가가 될 줄은 몰랐는데 그렇게 되었다. 날마다 아뜰리에로 출근을 한다. 12년 전에 원룸에서 시작해 상가 사무실을 거쳐 집에서 멀지 않은 전원에 작업실을 지은 지 5년이 되었다. 힘겹고 지난한 수고들이 자기 치유로 이어졌고, 간혹은 자신의 작품에서 힘을 얻었다거나, 힐링을 받고 간다는 감상자가 있기에 열심히 했다.

강원대학교 예술대학원과 홍익대학교 평생교육원을 수료하고 한국미술협회 도지부 주관의 공모전 등에서 우수상을 비롯, 다수의 수상을 했다. 미술협회에 가입도 하고 작가단체의 회원이 되기도 했다. 자기애 강한 사람답게 한국미술협회 강원지부의 초대작가 타이틀을 자신에게 붙여주었다. 비전공자의 콤플렉스를 해결하기 위해 관련 서적을 많이 읽었고 해외여행을 하는 동안에는 세계의 유수 미술관과 함께 현지의 동시대미술 전시회를 찾아다녔다. 새 공간을 마련한 후로는 대부분의 시간을 거기에서 보낸다. 캔버스를 들고 계단을 오르내리느라 낑낑댈 필요도 없어졌고 문만 열면 푸른 들판을 지나온 싱그런 공기를 마실 수 있다는 것에 단단히 매료되었다. 이름도 몰랐던 꽃이나 나무들과 사귀는 즐거움도 있고 잡초를 뽑는 노동을 통해 얻는 깨달음도 있었다.

그런데, 지영이 요즘 작업을 못하고 갈등 속에서 허우적댔다. 풍랑이 이는 늪에 빠진 기분이었다. 나무 전정 등의 문제도 있지만 풀 뽑기에 지쳤다. 며칠 게으름을 떨면 풀이 무성해져서 마음이 심란하니 안 할 수가 없다. 손가락 관절과 어깨 통증을 얻었다. 얼굴에 잡티가 늘어나고 양팔에 기미가 낀다. 32평 공간에 온갖 것들로 가득 채워진 것을 볼 때마다 드는 그 불편한 마음도 싫다. 60대 중반이라는 숫자 때문일까? 체력이 달리는 느낌이다. 2주 전에는 대책 없이 어지럽고 먹은 음식은 물론 신물까지 토해내며 몇 시간 야단을 떨다 응급실로 실려 갔다. 밤에 몰입이 잘되고 소산을 내는 체질인데 야간작업이 두려워졌다. 가장 큰 문제다. 온종일 놀다가도 밤이 되면 스멀스멀 흥이 나는데 그걸 못하고 소산이 없으니 마음이 편치 않았다.

시인 이은상은 '고지가 바로 저긴데 예서 말 수는 없다'고 했지만 지영이 생각은 달랐다. 뒤꿈치를 들면 고지가 보이고 하우(How)도 알게 된 것 같으니 그만둬도 될 것 같았다. 신랄하게 말하자면, 고지가 어렴풋이 보이기는 하나 너무나 멀고 험한 길이기에 그만두고 싶은 것이다. 마음 시달림을 내려놓고 싶은 것이다. 자신을 소모하는 것을 안 하고 싶어진 것이다. 편안한 마음으로 시간과 지출의 분배를 다른 것들에다 더 많이 하고 싶어진 것이다. 요즘 들어 부쩍 부질없는 욕망에 붙잡혀 있는 것은 아닌가 하는 생각이 들었다.

작업에서 아예 손을 놓고 바깥일만 하거나 빈둥빈둥 컴퓨터 앞에서 시간을 보냈다. 영화클립도 보고 음악도 듣고 강의도 듣고 푸바오 영상도 보고 그러다보면 귀가할 시간이 되었다. 눈에 띄는 미완성 캔버스를 볼 때 마음이 흔들리지만 손대지 않았다. 그건 사실 회피-회피가 아니고 회피-접근의 갈등 유형인지라 날이 갈수록 힘들고 괴롭기도 했다. 지영이는 육체노동 집약적이기보다 두뇌노동 집약적인 작품을 주로 하는 사람이다. 캔버스에서 시원하게 풀리기 전까지는 머리와 가슴이 온통 생각ing로 차 있다.

지난주에는 불현듯, 생각이 많은 것도 스트레스고 스트레스는 만병의 원인이라지 않는가. 이참에 좋은 친구와 식사도 하고 역마살도 달래주자 하고 버스터미널로 갔다. 예술의 전당 앞에서 점심을 먹고 한가람미술관에 갔다. 라울 뒤피전과, 지영이가 평생교육원에서 지도받은 김찬일 교수가 들어간 '한국 현대미술 30인 Pick' 전시를 보았다. 돌아보는 동안 자신이 잠시 창작의 쾌감을 잊었던 것을 자각했다. 미술관을 나와서 평론가 최광진 교수의 신작을 사러 교보문고에 들렀다가 가슴에 라이터불 만한 불이 일었다. 책을 집어 들고 후루룩 넘기는데 '끝까지 살아남기'라는 챕터가 툭 튀어올랐다. 그렇다. 여기서 그만두면 살아남지 못한 자가 될 뿐인데 자신에게 그런 오명을 붙여줄 것인가 하는 생각이 반사적으로 스쳤다.

전철역까지 걷는 동안 자신이 빠졌던 늪에 대해 반추해 보았다.

몸과 마음에 고장이 좀 났다고 해서 즉시 직장을 때려치는 사람은 없다. 풀 뽑기는 대지예술 한다는 마음으로 하자. 오늘 전시회에서 본 이들만큼 될 것도 아닌데 속도와 양에 의연하자. 미학 강의를 듣거나 책을 볼 때, 자신도 모르게 마치 자신이 대가를 바라보기라도 하는 사람처럼, 활동기간이 꽤나 길게 남은 사람처럼 고양되지 말자고 생각했다. 예술을 하는 건 신의 영역인 창조에 가담하는 것이라는 말에 자부심과 책임감을 느꼈던 어느 날이 가슴 속에서 떠올랐다.

강남 제비

박개동
2015. 10. 천료

예로부터 삼월 삼짓날에 강남 간 제비가 돌아온다고 했는데 올해는 보름도 전에 제비가 와서 '지지배배지지배배' 지저귀니 반갑기 그지없다.

지구 온난화로 날씨가 일찍 따뜻하니 빨리 왔나보다.

제비는 따뜻한 곳을 찾아다니며 사는 철새인데, 중국의 주장강 남쪽을 말하는 강남은 광동성 주변과 베트남, 라오스 등 아열대 기후 지역에서 겨울을 보내고 봄이 오면 우리나라로 찾아온다. 신통하게도 지난해에 태어난 듯한 암수 한쌍이 우리 집을 찾아와서 부지런히 진흙을 물어다 새집을 짓고 산란을 하고 포란을 해서 부화하면 또 열심히 먹이를 물어다 새끼를 기르기를 2회, '곡식에 제비'라고 새끼들은 동물성 먹이만 먹고 자라니 곤충이나 벌레만 잡아다 먹이려니 얼마나 힘들까? 새끼들이 다 자라고 나니 다시 진흙을 물어다 집을 조금 보수를 하더니 지금은 세 번째 알을 품고 있다. 새끼들이 태어나 자라서 독립하는 가을에는 늘어난 식구들을 모두 데리고 다시 떠나면 남쪽 나라로 가서 겨울을 나고 내년 봄에는 얼마나 많은 식구들이 다시 돌아오려나?

제비는 철따라 옮겨 사는 철새인데 나는 타동네로 이사 한번 안 가고 지리산 동쪽 산청군 단성면 매화정마을에서 일제에서 해방되던 해 정월에 태어나 500m도 안 되는 반경 내에서 네 번 이사를 하며 살아온 텃새다. 여남은 집이 옹기종기 모여 사는 조그만 마을 옆에 서기 2000년에 감나무 농장 자락에 집을 지으며 차고부터 넣고 집을 지었다. 추운 겨울 아침에 출근을 하려면 자동차 앞 유리창에 성애가 끼어 긁어내려면 여간 성가신 일이 아니어서 차고를 먼저 생각해서 집을 지었다. 그랬더니 눈비 걱정 없어 그렇게 신통할 수가 없다. 길옆 언덕을 파내서 차고를 넣고 위에다 집을 지어 살고 있는데 여러 해 전부터 제비가 찾아와서 집을 지어 알을 낳고 새끼를 길러 나간다. 참으로 신기한 게 차고 안 가파른 콘크리트 벽에다 진흙을 붙여 집을 짓는 기술이 신통하기만 하다. 올해는 지난해 묵은 집을 놓아두고 새집을 짓더니 두 번 새끼를 치고 세 번째 알을 낳아 품고 있다. 그런데 문제는 새로 태어난 10여 마리의 가족들이 저녁에는 모두 찾아와서 차고에서 잠을 자며 실례를 하니 매일 세차를 하느니 보다는 차고를 내주는 게 편하다. 내 집을 찾아오는 진객들에게 가을까지는 대여를 해 주어야 할까 보다.

조그만 몸집을 지닌 제비가 수만 리 먼 길을 날아가서 겨울을 나고 봄이면 다시 찾아와서 힘들게 집을 짓고 알을 낳고 부화하여 새끼를 치는 것은 자연현상이다. 삼라만상이 자연의 이치로 조물주의 뜻에 따라 원만하게 돌아가고 있는 것을 자연의 일부인 인간들이 천륜을 거스르고 자연을 망가뜨려 지구를 병들이고 있다. 어리석은 인간들이 문화니 과학이니 해서 자연의 섭리를 거스르고 땅속 깊숙이 묻혀 있는 화석연료(석유, 석탄)을 파내어 자동차를 굴리고 공장을 돌리느라 탄산가스

(이산화탄소)를 마구마구 뿜어대니 대기는 오염되고 온실가스 현상으로 지구온난화를 불러와 남북 극지방의 빙하가 녹아내리고 있어 지구상의 해수면이 높아지고 있다고 한다.

이러다가는 해안가 저지대는 바닷물 속에 잠기게 되고 섬나라들은 사라지게 될 판이다. 알량한 인간들의 잔머리가 신의 뜻을 거스르며 자연을 망가뜨리니 생명체가 살아가는 유일한 행성 지구를 파괴하여 생명체가 살아갈 수 없는 세상이 될지도 모르는 판국이다.

이제 우리나라도 아열대 기후 징후가 나타나기 시작한다, 3, 4, 5월이 봄철이었는데 추운 3월이 가고 따뜻한 봄인가 싶더니 무더운 5월이 다가오니 꽃피고 새 우는 봄날이 훌쩍 가 버린다.

봄을 건너뛰는 기후처럼 우리의 젊은이들이 봄을 잃어버린 것 같아 안타깝기만 하다. 인생 팔십의 봄날에 해당하는 젊고 발랄하며 싱싱하게 자라야 할 청소년 시절을 학교와 학원가를 뺑뺑이 돌며 나 자신을 되돌아볼 틈도 없이 쫓기며 살다가 생리적으로 가장 왕성한 시기 20대를 훌쩍 넘겨 혼기를 놓쳐서 봄날을 잃어버린 젊은이들이 부지기수다. 거기다 이기주의가 팽배하여, 결혼해서 친가 처가 만들어 이 눈치 저 눈치 보고 사느니 차라리 혼자 편안하게 실면서 인생을 즐기며 살자는 혼포족(婚抛族)이 늘어만 가고 있으니 말세로 가는 거 같아 걱정스럽기만하다.

늦은 나이에 결혼을 한다고 해도 아이를 둘 낳으면 다행이고 하나 낳고 말게 되니 세상에서 가장 우수한 우리 민족의 인구가 줄어가고 있으니 안타깝기만 하다. "아들딸 구별 말고 둘만 낳아 잘 기르자." 하다가 "둘도 많다"며 산아제한을 강조하던 시대에 우리 내외는 아들 둘에 딸 둘을 낳아 길러서 모두 결혼 시켜서 가정을 꾸리니 손자 손녀가 모두 아홉이다. 친사촌 외사촌 이종사촌 고종사촌 모두 화목하게 지내는 모습이 흐뭇하기만 하다. 딸 둘은 1남 2녀씩 낳아서 외손자 둘에 외손녀가 넷이다. 큰아들은 아들만 하나 낳고 말고, 작은아들은 딸만 둘 낳고 말았으니 아들 며느리 넷이서 셋 낳고 말아서 서운하고 아쉽지만 어쩔 수 없지 않은가! 젊은이들이 육아부담, 자녀 교육 걱정에 하나 낳고 말게 되니 사촌이 없어지는 세상이 되어가고 있다.

위정자들은 자신의 영달과 안위만 추구할 게 아니라 국가와 민족의 발전을 위해서 육아부담을 획기적으로 줄여줄 수 있는 정책을 펼쳐나가고 일반 국민들도 사농공상의 구시대적 사고 방식에서 벗어나야 한다. 노동의 보람을 알고 열심히 일해서 행복하게 살아가는 세상이 되었으면 하고 소망한다. 그리하여 두뇌가 명석하고 손재주가 뛰어난 우리 한민족이 세상을 경영하는 시대가 도래하리라 믿어본다.

양평에서의 2박 3일

문학희
2016. 4. 천료

설렘을 안고 새벽공기를 가르며 KTX가 청량리를 출발해 25분 만에 양평역에 닿았다. 기차여행의 진수를 만끽하기엔 너무도 짧은 거리였다. 젊은 시절의 기차여행만큼이나 기대를 안고 달려온 여행길이기에 한 시간 정도는 더 달렸으면 하는 아쉬움이 있었다. 그래도 서울에서 이렇게 가까운 곳을 KTX로 여행을 즐길 수 있다는 것만으로도 너무도 행복했다. 돌이키면 오히려 노년의 여행객들에겐 안성맞춤의 시간일 수도 있다.

50년 전(60~70년대)만 해도 상상도 못 할 일이다. MT를 위해 청춘들의 꿈과 낭만을 싣고 다녔던 춘천행 기차는 청평역 대성리역을 지나야 숨을 쉴 수 있었으니 말이다. 기타를 맨 청년, 텐트를 욱여넣은 백팩은 입석의 손님들에겐 숨을 막는 흉기(?)였다. 내가 청평에 자그마한 집이 있어 주말이면 아이들과 기차여행을 즐겼기에 아는 일이다.

아무튼 대기하고 있던 셔틀에 앉아 양옆 차창으로 5월의 산과 들 그리고 유유히 흐르는 강줄기를 감상하다 보니 어느새 목적지 '힐하우스'에 도착했다. 20여 년 전에 함께 정년 퇴임한 동료들과 지나는 길에 커피숍에서 차 한 잔을 한 인연이 있다. 너무도 아름답게 꾸며진 정원수와 강물이 어우러진 고풍스런 건물에 눈길을 멈춘 적이 있었던 기억에 남는 아담한 호텔급 맨션이다. 언젠가는 또 오리라 마음 먹었던 곳이다. 친절하게 손님을 맞는 그곳 지배인의 안내로 2인 1실의 객실에 여장을 풀었다. 단정히 정리된 침실과 깨끗한 욕조가 일류 호텔이 부럽지 않다. 커튼을 젖히니 눈앞이 강물이다. 크루즈를 즐기는 것 같다.

시장기가 있어 점심 식사를 하러 중식당에 갔다. 실속있게 차려진 버섯 덮밥이 구미를 돋운다. 알맞은 점심 식사이기도 하지만 그곳 중식 담당 셰프의 솜씨 또한 대단해 보였다. 옆자리 손님의 면 그릇에 눈이 자꾸만 쏠리게 된다. 먹음직스럽고 그릇 또한 묵직하게 운치가 있어 보였다. 우리가 그곳에 머무는 동안 7식을 해야 한다. 이제 1식을 만족스럽게 마쳤으니 나머지도 기대된다. 특히 다음날 정찬이 기대된다.

친구들은 예쁜 옷으로 갈아입고 커피숍에 모였다. 친교 시간이다. 매일 만남도 부족함이 있는 듯 끝없이 얘깃거리는 무궁무진이다. 2박 3일간의 일정을 설명하고 앞으로 기거하는 동안 불편 없는 즐거운 여행이 될 거라는 말로 마무리를 했다. 그리고 우리는 저녁 식사 자리로 옮겼다. 이곳은 한식당으로 아담한 강이 내려다 보이는 한적한 곳이다.

전원이 불고기를 시켰다. 이곳 불고기는 여느 불고기와 조금 달랐다. 숙주를 곁들인 선홍색 소고기가 샤브샤브처럼 소스에 찍어 먹도록 되어 있었다. 부드럽고 연해서 식감만으로도 우리에겐 맞춤 식사인 것 같았다. 7식 중 2식을 마친 우리들은 포만감과 만족함으로 산책 후 각자 객실로 입실했다. 내일 아침 식사가 처음 예약 당시부터 문제가 되었다.

이곳 호텔에선 모든 객실 손님들이 11시에 조식을 하기로 되어 있다

했다. 그러나 우리들은 삼식을 균형 있게 하던터라 11시에 아침을 하면 하루 2식으로 끝내야 한다. 그래서 지배인과 협의를 거듭하고 9시에 식사하도록 예약을 마쳤다. 이튿날 아침 식사를 하러 양식당에 갔다. 이른 아침부터 주방 식구 2명과 지배인이 손수 일을 하며 우리들의 식사를 도왔다. 미안하고 감사할 일이다. 서울에서의 호텔식과 비교해 손색없이 아침 식사를 만족하게 마쳤다. 식사 후 아름다운 경관을 감상하며 2시간의 산책을 하고 방으로 향했다. 강을 아주 가깝게 옆에 두고 산책하는 둘레길은 정말 환상적이었다.

다음날 정찬이 우리들을 설레게 했다. 이번 여행의 큰 목적은 병자생들의 미수 기념 여행이었다. 지난해엔 을해생들의 합동 잔치를 프라자호텔에서 가졌고 이번엔 우기(雨期)가 오기 전 5월에 가까운 곳을 기차여행으로 정해 경기도 양평의 '힐하우스'로 오게된 것이다. 변화 있는 생일잔치에 친구들은 기대가 크고 가족들도 부러워하며 응원했다 한다. 그 연세에 합동 연회를 하다니…. 그리고 단체로 여행까지 80이 넘으면 비행기도 보험이 안 되는데 하며 응원 반, 염려 반이었다고 한다. 그래도 우리는 호기롭게 행사를 진행했다. 다만 13명이 참석해야 하는데 1명이 집에서 넘어져 발목을 다쳐 불참이었을뿐 전원 건강하다. 그 친구도 수십 년을 개근을 한 친구였다. 당일 오찬에 준비된 메뉴는 바닷가재와 스테이크였다. 멋진 식기류와 어우러진 음식은 볼품있고 맛있어 보였다. 한쪽 옆 중앙에 걸친 현수막이 그곳 식당 손님들의 눈길을 끌었다. 「함께여서 고맙고 행복합니다」 배화여자 중·고등학교 동창회 때 마침 5월이 가정의 달이라 부모님 모시고 그곳을 찾은 형제자매들이 부러움으로 자기가 모시고 온 어머님도 이렇게 늦게까지 동창들을 만나고 하면 얼마나 좋겠느냐고 함께 사진찍기를 권유받기로 했다.

다채로운 행사는 아니더라도 우리들 나름대로 처지에 맞는 생일잔치에 한 명도 불평 없이 만족스럽게 치를 수 있다는 건 12명의 움직임에도 만에 하나 실수가 있거나 불편함을 느끼게 해서는 안 되었기에 염려되어 철저히 확인하고 보완해야 할 점을 점검하기 위해 불편하지만 사전답사를 한 덕분이다.

작은 모임도 그럴진대 세계의 눈이 쏠리고 수만 명의 세계의 청소년들이 참가하여 문화교류 및 우애를 다지는 최고의 청소년 국제행사를 사전준비가 미비한 채 진행했다고 하는 것은 경제 10위를 자랑하는 국가 위상을 지닌 국민으로서는 경악과 수치심을 감추기 어렵다. 특히 청소년들의 꿈의 실현을 외면한 미개한 소치의 지탄도 감내해야 하는 무게 있는 부끄러움은 오랫동안 나라의 빚으로 남을 것이다.

우리 일행은 마지막 점심 식사를 전복 갈비찜으로 하고 그곳 식구들의 배웅을 받으며 구순에 꼭 이곳에서 뵙게 되기를 바란다는 지배인의 인사를 뒤로하고 행사를 마무리 지었다. 며칠 더 있고 싶은 아담하고 깨끗한 물 맑고 산이 좋은 양평을 등지고 KTX에 짐을 싣고 지난 며칠을 되새김할 시간도 주지 않고 기차는 서울에 도착했다.

2년 후에도 지금의 벗들이 오롯이 남아 함께 할 수 있을까 하는 생각이 문득 머리를 스친다.

경포호수에서

노승희
2016. 7. 천료

아직 채 어둠이 가시지 않은 이른 새벽, 남편과 함께 집을 나선다. 추분이 지났으니 이젠 제법 선선해져 새벽을 걷는 요즘 기분이 상쾌하다. 소나무가 쭉 뻗은 야트막한 언덕을 오르니 멀리 동해 바다가 온통 붉은 빛으로 물들고 있다. 어둠을 밀어내고 있는 동해의 해오름은 언제나 장관이다. 길옆 밭엔 여름내 하얗게 피어 있던 메밀꽃들이 어느새 까만 열매를 조롱조롱 매달았다. 언덕배기를 내려와 논두렁길로 접어든다. 누렇게 익은 벼이삭들이 새벽 이슬 맞아 무거운 듯 촉촉이 고개를 숙이고 있다.

어~젯-밤 아기별이 뿌~려-논 씨앗 아~침-에 일어나니 열~매가 조롱조롱
작고작아 건드려도 톡 톡 터~지-는 열매 너~무-나 예-뻐서 햇~님이 데려갔나

새벽이슬 흠뻑 머금은 황금들판을 보니 저절로 흥얼거려진다. 가사가 너무 예뻐 내가 가장 좋아하는 동요 「이슬열매」다. '푸드득' 이제 막 잠에서 깬 오리들이 물을 차며 떼 지어 하늘로 오른다. 내 발걸

음에 놀란 듯해 미안한 마음이다. 빙그르르 수많은 오리떼들이 하늘을 한 바퀴 휘돌아 다시 제자리로 돌아와 물위에 앉는다. 여름 내내 오리 가족들이 많이 늘었다. 그 모습을 보니 결혼과 출산까지 포기한 요즘 우리 청년들 생각에 부럽다는 생각과 함께 대견하다는 생각마저 든다. 경포천다리를 건너면 바로 경포생태연(蓮)습지다. 한여름 뜨거운 햇볕 아래 청초하게 피었던 연꽃들. 한여름 소나기도, 새벽이슬도 또르르 굴려 떨어뜨렸던 둥근 연잎들. 이미 가을이 내려앉은 연잎은 누렇게 고개를 숙이고 있다. 단풍처럼 화려하지 않지만 가을의 감성과 함께 저절로 겸허해져 고개가 숙어진다. 그 자리에 총총 부처님 미소 박힌 연밥만이 하늘 향해 조용히 기도를 드리는 듯하다. 여름내 분주히 오갔던 사람들의 발길도 보이지 않는다. 데크 길 걷는 마음도 따라서 더 차분해진다. 이 길 끝자락은 바로 경포호수와 연결되어 있다.

새벽이 내려앉은 경포호수는 아직 깊은 잠에 잠긴 듯 고요하다. 새벽하늘 그대로 담은 호수는 거울처럼 팽팽한 수면 위로 뽀얀 물안개를 서서히 걷어내고 있다. 아! 이름 그대로 명경지수(明鏡止水)로구나. 잔잔한 호수 위로 물고기 한 마리가 튀어오른다. 점점 넓게 동그라미 파문을 그리다 다시 조용해진다. 살아있는 자연의 움직임이 신비롭고 감사하다. 서서히 호수 한가운데 월파정이 멀리 눈에 들어 온다. 철새들의 쉼터인 새바위도 평화롭게 호수에 잠긴 채 정자 옆에 납작 엎드려 있다. 호수 옆 축 늘어진 수양버들도 이미 가을 색으로 물들고 있다. 조금 전 보았던 언덕배기 해오름이 서쪽 하늘 발그레 물들이더니 호수에 그 하늘이 온통 그대로 잠겼다. 붉은 기둥이 서서히 호수 위를 물들이며 힘차게 떠오르는 모습은 처음 보는 풍경이다. 새벽 경포호수의 아름다운 광경에 절로 감탄이 나온다. 신이 우리에게 내린 고귀한 자연의 선물에 그저 고맙고 겸손해질 뿐. 벅차고 설레는 마음으로 조용히 사색하며 호숫가 산책길을 걷는다.

4천 년 동안 엄마의 품속처럼 넉넉함으로 강릉을 품고 있는 경포호수는 해수와 담수가 만나 만들어진 석호다. 경포호수는 독특한 생태계로 각종 철새는 물론 다양한 생물들이 서식하고 있다. 멀리 서쪽으로 대관령을 머리에 이고 가까이에는 시루봉이 내려다보고 있다. 바로 곁에 푸른 파도 넘실거리는 경포바다를 친구하고 있어 주변 환경이 매우 아름답다. 그래서 옛 선인들의 호연지기 장(場)으로 경포대를 비롯한 크고 작은 정자가 경포 호수 주변에 많이 자리잡고 있다.

갈대숲에 숨어 있던 왜가리 한 마리가 우아하게 날갯짓하며 호수위로 날아오른다. 아침 햇살 받은 황금색 갈대들이 호수에 길게 드리운 채 아주 조용히 흔들린다. 이제 곧 온갖 겨울철새들의 보금자리를 준비하고 있을 터. 호숫가에 납작 엎드린 해국의 보랏빛 얼굴이 부끄러운 듯 빙그레 웃는다. 나도 따라 미소로 답한다. 조용하면서도 빠른 발걸음으로 새벽운동을 하는 사람들이 점점 많아진다. 가곡 「내 마음」이 멀리 은은하게 호수 위로 울려 퍼진다. 봄 내내 벚꽃으로 화려했던 벚나무들. 제법 발그스름 곱게 물든 단풍은 또 어디로 떠날 채비를 하는지…. 경포호수엔 이렇게 아직 설익은 가을이 서서히 아름답게 물들어가고 있다.

얼굴 하나야
손바닥 둘로
폭 가리지만,

보고 싶은 마음
호수만 하니
눈 감을밖에.

–정지용 「호수」

가을이 절정에 이를 때쯤이면 또 얼마나 많은 그리움들이 황혼빛 내 마음을 흔들어 놓을까.

비둘기

신중재
2016. 10. 천료

옥상에 올라 아침기도를 올리는데, 옆집 지붕 난간에 비둘기 한 쌍이 한참 동안을 찰싹 붙어 부리로 서로의 깃을 다듬어 주는 모습이 참 다정하게 보였다.

'비둘기처럼 다정한/ 사람들이라면/ 포근한 사랑 엮어갈/ 그런 집을 지어요.'라는 노래 때문에 우리는 비둘기를 좋아하는지 모른다. 아니면 창세기 노아의 방주에서 대홍수 때, 홍수가 끝나고 비둘기를 육지로 내보내 올리브 잎을 물고 돌아오므로 '평화'를 상징하기 때문일까? 올림픽 개막식, 대통령 취임식 때, 수많은 비둘기를 날려 평화를 비는 모습이 각인되어 그런지 비둘기는 우리에게 다정한 새가 아닌가.

우리 고장의 한 마을에는 비둘기에 관한 전설이 유래되고 있다. 마을에 사는 처녀가 빨래를 갔다가 흐르는 냇물에서 둥둥 떠 오는 먹음직한 오이를 발견하고 호기심이 생겼다. 그녀는 보통 오이가 아니라는 생각이 들어 한 입에 주워 먹고 말았다. 아뿔싸! 처녀는 임신이 되어 아이를 낳고 만다. 양반집 규수가 아비도 없는 아이를 출산했으니 얼마나 황당한 일이었겠는가? 그녀 부모는 쥐도 새도 모르게 아이를 포대기에 싸서 월출산 산기슭의 숲속에 무정하게도 버리고 말았으니….

그 후, 처녀는 '혹시라도 그 아이가 죽지 않고 살아 있으면 어쩌지?' 하는 생각이 퍼뜩 들어 아이를 버렸던 그 숲속에 가서 살펴보니 어디에서 날아왔는지 수많은 비둘기 떼들이 날개로 그 아이를 덮어 보호하고 있는 것을 보고 깜짝 놀라 기겁을 하였다. '아! 아! 이 아이는 버리면 안 될 아이로구나!' 그 처녀와 부모는 할 수 없이 아이를 데려다 몰래 키우게 되었다. 아이는 커 갈수록 기골이 장대하여 생김새가 범상치 않았고 무럭무럭 자라 헌칠한 장부로 훌륭한 인물이 되었다. 바로 그 아이가 도선국사이다. 그 후로 이 마을을 '비둘기 구(鳩) 자와 수풀 림(林) 자'를 따서 '鳩林'이라고 명명했다고 전해진다.

우리 고장의 아름다운 전설에서 나온 비둘기가 작금에는 도시환경을 오염시키는 골칫덩어리라니…. 2009년 유해 야생동물로 지정되었는데, 비둘기 배설물은 강한 산성을 함유하여 건축물을 훼손시키고, 주워 먹은 음식물 쓰레기에 의해 살모넬라균을 비롯한 여러 가지 병균을 옮기기도 하고, 자동차 위에 떨어지면 차 색깔을 변화시키며, 우리가 존경하는 인물의 동상이나 주요 건물들에 배설한다면 청소를 할 수도 없이 난감한 일이 아닐 수 없기는 하다. 그래서 비둘기 공해대책을 마련하였는데 생명체를 죽일 수는 없어서 어떤 지자체에서는 비둘기 알을 수거하거나 먹이 주는 행위에 벌금을 부과하는 지침을 마련한다고 한다. 비둘기 퇴치 업체에서는 퇴치시설 철망 버드 스파이크 장치(플라스틱 판에 여러 개 철핀을 꽂아 조류가 앉지 못하도록 하는 설치)를 20~40만 원의 경비를 들여서 하기도 한다니.

환경을 오염시킨다는 비둘기를 보면서 어느 작가의 글에서 공감 가는 대목을 인용해 본다. 남녀가 만나 3초 만에 홀딱 반하여, 3개월 동안 사랑에 빠지고, 3년 만에 결혼하여, 30년 간을 알콩달콩 살아간다면 그래도 아침에 본 비둘기처럼 성공한 사랑이겠지만 갈수록 이혼율이 급증하니…. 친족 사이의 멀고 가까운 정도를 촌수(寸數)로 나타내고, 부모와 자식은 1촌, 형제 사이는 2촌. 태어나면서부터 주어지는 숫자. 그럼, 부부 사이는 어떤 숫자일까? 무촌(無寸). 촌수가 없어 '0촌'이라 한다. 그만큼 가깝다는 의미도 될 수 있겠지만 잘못하면 아무것도 없는 남이 될 수도 있다는 엄청난 의미가 담겨 있단다. 그러나 1에 0이라는 숫자를 붙이게 되면 1의 10배가 됨을 모르는 사람은 없다. 0을 하나 더 붙이면 100이 되어 0이 10배씩 늘어나는 인류가 발견한 십진법이다. 부부 사이는 마법의 숫자 0의 관계라 한다.

조선시대 퇴계 이황 선생은 혼례를 치른 사랑스러운 손자, 손부에게, "부부란 인륜의 시작이고 만복의 근원이므로 친절한 사이지만 지극히 바르게 살고 조심스럽게 살아야 한다. 부부 사이에 항상 예를 갖추어 서로 공경해야 하고, 너무 가깝다고 하여서 깔보거나 업신여기면 틈새가 벌어져 서로 간의 신뢰가 깨지기 때문에 결혼 초부터 극히 조심스럽게 살아야 한다."라고 조용히 타일렀다니 신혼 초의 손자 부부에게 보배 같은 참, 좋은 충고가 아니었는가. 옛날 옛적 선비의 말씀이라고만 치부할 것이 아니라 오늘날 우리 부부들이 살아가면서 깊이 음미해 보아야 할 필요가 있지 않는가….

우리 부부는 비둘기의 고장 구림마을 도갑사에서 흐르는 냇물의 졸졸거리는 장단에 맞춰 사랑을 언약했고, 초수동 범바위에서 아침에 본 비둘기처럼 알콩달콩 사랑의 결실로 부부연을 맺었다. 하느님은 자식 넷을 선물했다. 잘 성장한 자식들이 사회활동을 열심히 하니 늘 감사할 뿐이다. 사랑스러운 손녀 셋이 잘 자라주기를 바라면서도 마음 한 구석에는 손자라도 하나 볼 수 있기를 소망하지만….

비둘기가 우리에게 환경오염으로 피해를 주는 조류라고는 하지만 해로운 벌레나 곤충을 잡아 먹어 먹이사슬을 유지하여 환경보존에 유익한 점도 있을 것 같기는 하다. 부부의 날을 즈음하여 공교롭게도 우리 부부에게 나타난 것은 우리 조상님들 중, 이승에서의 잉꼬부부가 비둘기로 환생하여 매일 아침 찾아온 것일까…. 우리 가족들이 비둘기 부부처럼 서로 사랑하며 다정하게 살아 가라는 메시지를 전달한 것은 아닐는지?

문장부호에 인생을 싣고

우승순
2017. 9. 천료

문장부호는 글의 양념이다.

음식에 양념을 안 해도 원재료의 고유한 맛을 느낄 수 있다. 적당하면 감칠맛이 나지만 지나치면 맛을 버릴 수도 있기에 경험과 노하우(knowhow)가 필요하다. 문장부호도 마찬가지다. 굳이 사용하지 않아도 문맥이 통한다. 꼭 필요한 존재는 아니기에 과하면 글의 질을 떨어뜨릴 수도 있다. 그러나 적절한 자리에 잘 사용되면 글의 가독성(可讀性)을 높이고 의미 전달을 좀 더 효율적으로 할 수 있다. 글자 모양이나 크기, 글자 간격, 줄 간격, 단락 등도 같은 맥락이다. 다만 제목이나 구호 등에는 문장부호를 쓰지 않는 것이 원칙이다.

문장부호가 「한글맞춤법」 규정의 부록에 처음 등재된 것은 1988년부터다. 이후 컴퓨터와 인터넷 중심으로 글쓰기 환경이 급격히 바뀌면서 2014년 문장부호 사용법 일부를 개정·보완하였다. 한글에 사용되는 문장부호는 총 25개다. 나열해 보면, 마침표(.), 물음표(?), 느낌표(!), 쉼표(,), 가운뎃점(·), 쌍점(:),

빗금(/), 작은따옴표(‘ ’), 큰따옴표(“ ”), 소괄호(( )), 중괄호({ }), 대괄호(〔 〕), 홑낫표(「 」), 홑화살괄호(〈 〉), 겹낫표(『』), 겹화살괄호(《 》), 줄표(—), 붙임표(-), 물결표(~), 밑줄(_), 드러냄표(˙), 숨김표(○,×), 빠짐표(□), 줄임표(……) 등이다. 문장부호의 그 익숙한 이야기 속으로 들어가 본다.

마침표는 간결하고 단호하다. 온점이라고도 부르는데 아무리 긴 문장도 마침표를 찍어야 비로소 완성되며 마침표가 없으면 가독성이 떨어진다. 한 문장에 오직 하나만 쓰이며 새로운 문장이 시작됨을 예고한다. 숫자로 연월일(2023. 5. 31.)을 표시하거나 ‘3.1운동’같이 특별히 의미 있는 날짜를 표기할 때도 쓰인다. 여러 개가 모이면 말없음이나 말줄임표(……)가 된다. 인생도 수많은 마침표의 집합이다. 목표를 달성했을 때 오는 행복의 마침표도 있고, 이루지 못했을 때 오는 좌절의 마침표도 있다. 모든 일에는 마침표가 있고 그로부터 또 다른 시작이 전개된다. 마침표는 함축미가 돋보이는 최고의 문장부호다.

물음표는 누가 만들었을까? 그 특이한 생김새는 사람이 앉아서 무엇인가를 생각하는 모습을 본뜬 것이라 한다. 물음표는 가장 짧은 문장을 만들 수 있는 특별한 재주가 있다. ‘왜? 나? 너? 해? 뭘?’ 등과 같이 한글자로 한 문장을 거뜬히 완성해 낸다. 물음표는 사고의 영역을 확장시켜 준다. 나는 누구인가? 생각이란 무엇일까? 사과는 왜 땅으로 떨어질까? 물음표가 있기에 인간은 만물의 영장도 되고, 생각하는 갈대라는 철학자도 되며, 호기심 많은 과학자가 되기도 한다. 정답이 없는 인생이나 이 세상은 그 자체로 물음표다.

느낌표는 감동이다! 기쁨이나 슬픔, 놀람 같은 감정을 표시할 때 주로 쓰이지만 “아무개! 홍길동!” 등과 같이 호칭에 쓰일 때도 있다. 느낌표는 특이하게 수학에서도 쓰인다. 숫자 다음에 표시하여 내림차순으로 곱셈하는 팩토리얼(factorial)이라는 기호다. 예를 들면, 5!=5×4×3×2×1=120

과 같다. 물음표와 느낌표는 짝이 되어 !?, ?! 등과 같이 동시에 사용하기도 한다. 젊은 시절엔 물음표가 많았지만 나이 들수록 느낌표가 많아진다. 예전엔 평범했던 일상도 요즘은 감동이고 감사한 마음이 들 때가 많기 때문이다. 남은 인생도 느낌이 좋은 느낌표가 많았으면 좋겠다!

쉼표는 반점이라고도 하는데, 넓은 범위로는 가운뎃점, 쌍점, 빗금 등도 비슷한 의미로 포함시키기도 한다. 예전에 세로쓰기에서 모점이라고도 했다. 꼬리가 있는 점으로 쉼표 다음은 한 칸 띄어 써야 한다. 마침표와 함께 가장 많이 쓰이는 문장부호로 그 역할은 가독성을 높이는 데 있다. 삶에도 쉼표가 필요하다. 세상 이치가 그렇듯 모든 일에는 오르내림이 있고 나아갈 때와 쉬어야 할 때가 있다. 인생의 마디마다 재충전의 쉼표를 찍을 줄 알아야 하고 쉴 때와 마칠 때를 잘 아는 것이 현명하게 사는 방법이다. 일하고, 쉬고, 또 일하고, 쉬며 그렇게 살다가 영원히 쉬는 게 인생 아닐까.

큰따옴표는 "직접 대화나 직접 인용한 말"에 쓰이고 작은따옴표는 "인용한 말 '안에 있는 인용한 말'"이나 '마음속 혼잣말'에 쓴다. 겹낫표나 겹화살괄호는 책의 『제목』이나 《신문 이름》 등을 나타낼 때 사용하고, 홑낫표나 홑화살괄호는 그림이나 노래와 같은 「예술 작품의 제목」, 〈상호, 법률, 규정〉 등을 나타낼 때 쓴다. 겹낫표나 겹화살괄호는 큰따옴표(" ")로, 홑낫표나 홑화살괄호는 작은따옴표(' ')로 대신할 수 있다. 줄임표의 점(……)은 여섯 개가 원칙이지만 마음 내키는 대로 찍어도 탓할 수는 없다. 그게 문장부호다. 물결표는 기간이나 거리 또는 범위를 나타낼 때 쓴다. 입학~졸업, 서울~춘천, 고려시대~조선시대 등과 같이 가운데 물결표가 들어가면 간결해진다. 인생도 결국은 물결표 양쪽에 탄생일과 사망일의 숫자로 기록된다.

살다보면 물음표가 느낌표로 바뀔 때도 있고, 느낌표가 다시 물음표가 되기도 한다. 때로는 물음표와 느낌표가 겹칠 때도 있다. 큰따옴표로 강조하고 싶은 순간도 있고 굳이 말하고 싶지 않은 말줄임표가 필요할 때도 있다. 적당한 쉼표와 함께 역할마다 마침표를 찍기도 하지만, 쉼표 없이 곧장 달리다 건강을 잃고 마침표나 물결표를 남기기도 한다. 인생은 물음표로 태어나서 온갖 문장부호로 살다가 다시 물음표로 돌아간다. 남은 인생을 어떤 문장부호로 채울지는 일정 부분 스스로 결정할 수 있겠지만 최종 마침표는 내 맘대로 결정할 수 없다. 그러나 인생의 마지막 문장을 어떻게 완성할지를 늘 생각하며 산다면 좀 더 의미 있는 삶이 되지 않을까?

섬망

한정남
2018. 1. 천료

수영하고 나와 옷을 갈아입고 목욕 바구니를 사물함에 넣으러 가려니 열쇠가 없다. 분명 왼손에 쥐고 있었는데 빈손이다. 무심코 바구니에 넣었나, 찾아보아도 없다. 이상하다. 어디로 갔지? 옆에 아우가 '언니 사물함에 꽂아 놓고 안 빼 온 것 아니야?' 한다. 난 강하게 손을 저었다.

"아니야, 분명히 손에 들고 있었어."

다시 가방들을 홀딱 뒤집어엎었다. 아무리 찾아도 없다. 귀신이 곡할 노릇이다, 이렇게 정신이 없을 수 있나. 그러나 바구니를 들고 나올 수 없으니 내 바구니를 아우에게 맡기기로 했다.

"언니! 열쇠를 여기 꽂아 놓고 손에 쥐고 있었다고 그래?"

앞서 자신의 사물함으로 가던 아우가 소리쳤다. 세상에나. 내 사물함에 꽂힌 열쇠를 보니 기가 막혀 헛웃음이 나왔다. 그리고 아주 깔깔거리며 웃었다. 확인도 안 해 보고 손에 쥐고 있었다고 우기던 내 꼴이 한심해서다.

이러다 치매가 오면 어쩌지! 약을 많이 먹어서인가? 지난해 병원 생활이 떠오른다. 급발진 사고로 골반이 부러지고 갈비뼈 11대가 부러지면서 간과 폐가 찢어지고 오른손도 부서졌다. 중환자실의 생과 사의 갈림길에 있는 환자들 신음소리와 아우성은 나를 포함해 지옥을 방불케 했다. 때론 유체이탈 한 것처럼 천장에서 예쁜 레이스가 많이 쏟아져 내려오는 환각에 나는 그 물체를 잡으려고 애를 태우며 허우적거렸다.

그 고통 속에서 뜬눈으로 죽음의 위기를 면한 내가 준 중환자실로 옮겨지던 날은 진통제 맞고 잠 좀 푹 잘 수 있겠다 했는데, 기대가 빗나갔다. 코 줄을 낀 세 분 할머니에 가래 끓는 소리는 병실을 가득 채우고, 오른쪽 침대에 치매 걸린 노인은 딸 이름만 목청 높여 부른다. 그런데 왼쪽 침대! 그 침대에서는 밤새 화투를 친다.

간병인: 칠.

할머니: 먹었어, 빨리해.

간병인: 흑싸리.

할머니: 먹었어, 빨리빨리 좀 해.

간병인: 싫어, 안 칠래. 화투가 없어 재미없어 안쳐.

할머니: 안 하려면 그만둬. 이 xx 맥주나 가져와 먹게.

간병인: 맥주가 어디 있어요, 여긴 병원이라 없어.

할머니: 오빠 맥주 얼른 마시고 나도 따라줘야지. 빨리 따라줘. 응, 아 시원하다. 오빠 담배도 하나 줘 봐.

모든 말이 생경스럽다. 남자가 없는 여자 병실인데 뭔 소리야? 나를 돌보아 주는 간병인이 커튼 사이로 옆 침대를 살짝 들여다보더니 박장대소한다. 양손이 침대 난간에 묶여 있는 할머니가 누워서 천장을 올려다보며 허공에다 대고화투를 치고 있단다. 간병인한테 '빨리 놔!' 하면 초, 비, 똥, 하며 장단을 맞춘다. 노인은 잠시도 입을 다물지 않고 떠들며 화투를 친다. '할머니 잠 좀 자게 조용히 하셔요.' 내가 정중히 부탁해도 누가 짖느냐? 들은 척도 안 하니 어쩌겠나.

잠 한잠 못 자고 밤을 새운 앞 간병인이 '할머니는 세상에 이런 일에 나올 일이야. 신청 한번 해 봐요. TV에서 PD 하고 같이 화투놀이 하면 재미있겠다. 손은 침대에 묶여 공중을 올려다보며 뭘 먹을까? 무얼 먹어? 하면, 사람들이 배꼽을 잡고 웃겠다.' 하며 재연을 해 뜬눈으로 새운 우리는 한바탕 웃음으로 스트레스를 풀었다.

간병인: 아침 먹으면 화투 칠게. 안 먹으면 안쳐.

할머니: 싫어 안 먹어, 너나 많이 먹어.

간병인: 배고플까 봐 그러지요.

할머니: 언제 날 생각했어, 빨리 치기나 해.

간병인: 안 칠래. 화투가 없어서 재미없어. 안 쳐.

할머니: 또 투정 나온다. 빨리해~. 안 하려면 화투 내놔.

간병인: 밥 안 먹으니 기운 없어 땀나는 것 좀 봐, 아침에 목욕했는데.

할머니: (간병인을 힐끔 보며) 나를 씻겼다고, 언제 씻겨줬어. 언제.

간병인: 오늘 아침에 목욕했잖아요.

할머니: 안 했어. 생각 안 나, 하나도 안 나. (앙칼진 소리다.)

간병인은 며느리와 친한 사이라 할머니를 돌보게 되었는데, 평상시 할머니는 화투놀이하며 담배 술 마시는 일이 일상이었단다. 4주를 돌보는 동안 너무 힘들었다며 속에 쌓인 말을 풀어낸다.

하루는 목욕 씻기고, 다음날 뒷물을 해 주면 할머니는 왜 남의 맥주 뺏어다 거기다 붓느냐고 소동을 피우고, 담배는 어디 감췄냐며 소리소리 질러 애간장을 태웠단다. 밥도 잘 안 먹고, 잠도 안 자고 화투만 치자고 해서 마음고생 많았다며 오늘 요양원으로 가는 날이라 속이 시원하다고 말한다.

할머니는 치매가 온 데다 알코올 중독, 심혈관, 뇌질환 등으로 인식저하, 환각, 환시, 소리 지름, 수면장애까지 겹쳐 섬망이 온 것 같았다.

할머니를 생각하니 그동안의 삶의 흔적이 섬망으로 나타나는 것 같아 가슴이 아프다.

목욕 바구니 일을 겪고 보니 나도 걱정이다. 그러잖아도 나이 들어가면서 깜박깜박 잊을 때가 많아졌다. 모든 병은 먹는 음식과 좋은 생활습관의 결과라는데, 내 삶은 어떤 흔적으로 남게 될까? 앞으로 건강하고 건전한 생활 습관으로 제발 바라는데 치매나 섬망까지만은 아니었으면 싶다.

노란 꽃이 피었어요

이종명
2018. 4. 천료

올해는 여느 해보다 폭염이 일찍 우리 곁으로 왔다. 무더위가 연일 기승을 부리고 있어 나들이하기가 버거운 나날들이다. 밤에도 에어컨을 켜야 더위를 피할 수 있는데 걱정이 앞선다. 내일 춘천시 지역사회보장협의체에서 상반기 농촌 일손 돕기를 실시한다고 하여 신청하였기 때문이다.

내가 사는 지역에서 세 명이 자가용으로 춘천 외각 지역에 있는 봉사 장소로 갔다. 가다 보니 처음 가 보는 마을이다. 농촌지역이었지만 도로포장이 잘 되어 있고, 조용하고 주택이 정리가 잘 되어 있어 이런 곳에서 살았으면 하는 생각이 든다. 봉사자들이 모이기로 약속한 곳으로 갔다. 우리 팀이 약속 시간보다 일찍 도착하였다고 생각하였는데 먼저 와서 기다리는 사람들이 많다. 평소 봉사정신이 몸에 밴 분들이라 이런 일이라면 부지런함이 익숙해 있음을 느끼게 한다.

오늘 농촌 일손 돕기는 복숭아 봉지 씌우기 작업이다. 60여 명이 모여 노란 조끼를 나눠 입고 산 중턱에 있는 복숭아 과수원으로 올라갔다. 비탈길을 한참 올라가니 푸릇푸릇한 나무들이 줄을 맞춰 서 있는 과수원이 보인다. 이곳은 옛날 화전민이 논농사를 짓던 곳이었는데 과수원을 만들어 운영하고 있었고 사람의 손이 타지 않는 곳이라 울타리가 없었다.

과수원 주인은 일손이 부족하여 속을 태우다가 이제 근심을 덜었다며 볕에 그을린 얼굴에 환하게 웃음꽃을 피우며 복숭아 봉지 씌우는 방법을 설명하였다. 많은 사람들이 처음 해 보는 일이라 질문도 많았지만 주인은 차근차근 가르쳐 주었다. 설명을 듣고 조끼주머니에 노란 봉지를 넣고 곧장 복숭아 봉지 씌우기에 나섰다. 봉지를 씌우는 이유는 병충해로부터 피해를 막고, 강한 햇빛으로부터 보호하여 이쁜 색을 유지할 수 있기 때문이란다. 결과적으로 품질 좋은 복숭아를 얻기 위해서라 할 수 있다.

봉지를 씌우며 복숭아를 쳐다보니 옛날 생각이 나 혼자 씁쓸한 웃음을 지어본다. 고등학교 3학년 여름방학이었다. 학교 도서관에서 야간 자율학습을 하고 있었다. 밤이 깊어가니 배가 고파왔다. 행동대를 조직하여 복숭아 서리를 하기로 하였는데 나도 그중의 한 사람이었다. 세 명이 빈 책가방을 들고 마을 변두리에 있는 복숭아 과수원으로 갔다. 과수원 주변에는 철조망이 설치되어 있어 쉽게 들어갈 수 없었다. 그러나 이곳 사정을 잘 아는 우리는 침입할 수 있는 곳으로 들어가 책가방 가득 복숭아를 담아 가지고 왔다. 도서관에서 같이 공부하던 20여 명과 맛있게 나누어 먹었다. 한 번 재미를 본 우리는 며칠 뒤에 다시 복숭아 서리를 시도했다. 도둑을 맞은 주인은 약이 올라 범인을 잡으려 지키고 있었고, 그것을 모르고 과수원으로 들어가던 우리는 붙잡히고 말았다. 학교에 연락이 되어 선생님께 매를 맞고 벌로 냄새나는 화장실에서 일주일 청소를 하였다. 집에서도 야단을 맞았고 부모님은 우리가 먹은 값보다 몇 배 변상하였다. 그 후에는 과일 서리는 생각지도 않았고 먹고 싶으면 사서 먹었다.

봉지 씌우는 일을 하며 하나의 복숭아를 수확하기까지 농부들이 고생이 많다는 것을 새삼 느끼게 되었다. 가지치기를 시작으로 병충해를 막기 위해 농약 살포, 열매 솎아주기, 봉지 씌우기 등 하는 일이 많았다. 이렇게 힘들게 피땀 흘려 가꾼 농작물을 아무 거리낌없이 훔쳐 배를 채웠던 일이 새삼 미안해진다.

처음 하는 일이라 힘이 들었지만 모두가 마음을 다하여 봉지를 씌우고 있었다. 푸릇푸릇하던 나무에 노란 꽃이 하나둘 피기 시작하였다. 우리들의 따스한 손길과 정성이 더하여 복숭아나무에 노란 꽃이 피었고 봉사자들의 얼굴에도 동글동글 웃음꽃이 피었다.

복숭아는 다이어트에 도움이 되고 소화 속도를 조절해 주고 간 기능 개선에 좋다. 수분과 비타민 C가 풍부해 피부미용에 효과가 있는 등 다양한 효능이 있다고 한다. 지금까지 맛으로 먹었는데 몸에 좋은 효능이 있다니 건강식품으로 먹어야겠다.

일손이 부족한 농가에 작으나마 보탬이 되었다면 오늘 일한 보람이 있겠다. 자연과 하나로 어우러져 땀 흘려 가며 열심히 봉사하는 지역사회보장협의체 회원들의 고운 모습이 보기가 좋았다. 수확하기까지 장마, 태풍 등 여러 가지 어려움을 잘 견뎌내어 풍성한 결실을 이루기를 기원해본다.

봉사자들의 기운을 받아 맛과 영양이 풍부한 복숭아가 만들어졌으면 하는 바람이다.

왜 이러십니까!

임성규
2018. 11. 천료

2018년의 끝은 유난히 으스스했다. 잔뜩 흐린 날씨와 같이 꼭 비라도 올 것 같고 무슨 일이 일어날 것 같아 마음이 답답하다. 자정이 다 되어 가는 시간에 의사인 셋째 사위가 전화를 걸어왔다. "아버님 어머님, 여기 병원입니다. 큰 처형이 몹시 아픕니다. 내일 일찍 댁으로 가겠습니다." 새벽같이 찾아온 사위가 울먹거리며 "큰 처형이… 큰 처형이… 췌장암… 췌장암…." 그리고 더 이상 말을 잇지 못하고 눈물을 보인다. 이게 무슨 일인가! 눈앞이 캄캄하고 앞에 아무것도 보이지 않았다.

큰딸은 너무 똑똑하고 일찍 철이 들어서 아픈 손가락이었다. 딸 셋 늦둥이 아들 하나 사남매의 맏이어서 그랬는지 너무 일찍부터 제 일은 제가 알아서 하는 아이였다. 공부도 썩 잘했다. 누가 제대로 봐주지 않았는데도 학교에서 항상 칭찬만 받는 학생이었다.

중학교 입학 후 담임 선생님으로부터 학부모 면담 신청이 왔다. "너무 똑똑한 학생입니다. 이번 입학생

중 지능지수가 가장 높은 학생 중 하나입니다. 잘 살펴 주세요. 이런 아이들이 잘못되면 그냥 더 평범해질 수도 있습니다." 한다. 과외도 하지 않고 학원도 보내지 않았는데 학교 성적이 항상 전교 1~2등이다.

3학년 1학기가 지나고 딸이 말했다. "아버지 저 과학고등학교에 갈래요. 서울에 과학고등학교가 신설되는데 선생님이 그 학교 참 좋다고 했어요." 다음날 다시 말했다. "선생님께서 과학고 입학을 위해 따로 공부한 것이 있느냐고 물으셔서 없다고 했더니 그럼 광화문 교보문고에 가서 과학고등학교 기출문제집을 사서 한번 풀어 보라 하셨어요." 하면서 그 책을 사 달라고 한다. 그런데 딸아이 그 문제집을 풀다가 운다. 거기에는 자기가 풀 수 있는 문제가 거의 없다고 한다. 밤새 끙끙거리며 씨름을 하다가 다음날 학교 가서 선생님에게 묻고, 그 다음날 또 울고 끙끙거리고 그렇게 한두 달을 보내고 시험을 봤다. 그런데 도저히 가망이 없다고 한다. 열 문제 중 다섯 문제는 어떻게 풀었는지 모르겠고 나머지는 손도 대지 못했으니 도저히 합격을 바랄 수 없다고 했다. 그런데 합격을 했다.

입학한 지 얼마 되지 않아 새벽에 학교 기숙사에서 연락이 왔다. "딸애가 너무 아파 병원 응급실로 보냈으니 빨리 가시라"고, 대장이 꼬였던 것이다. 너무 한자리에 꼼짝하지 않고 앉아만 있어 생긴 것이다. 중학교 때 선행학습을 따로 하지 못해서 학교 수업을 따라가지 못하니 저 혼자 따로 밤샘 공부를 하다 그 병에 걸린 것이었다. 그런데도 2학년 때는 우등상을 탔다. 그리고 카이스트에 조기 입학을 해서 그곳에서 학사 석사를 마치고 20대에 공학박사가 되었고 국책연구원의 연구원이 되었다. 그러다 당시 열풍처럼 불었던 벤처기업에 합류를 했었는데 그 바람이 사그라질 때 그 애는 실직자가 되었다. 대학 강단으로 진로를 찾겠다고 대전 C대학의 연구교수가 되었다. 그러나 거기서도 1년을 버티지 못하고 또 좌절을 했다. 교수의 길 그것은 실력만으로는 국내 공학박사 학위만으로는 될 수 없다는 것, 외국 명문대학의 학위나 주위의 강력한 추천이나 후원이 없으면 거기에도 길은 없다는 것을 알았기에 그 일을 계속할 수가 없었다.

1년이 지난 다음 딸애로부터 다시 연락이 왔다. "서른다섯의 나이에 다시 대학입학수학능력시험을 봤고 전과목 1등급을 받아 대전에 있는 한의대에 입학을 했다."라고. 그리고 마흔이 넘은 나이에 한의사가 되었고 한의원을 개원했다. 그러나 그 길 역시 순탄치가 않았다. 첫해부터 고생이 시작되었다. 늦은 시작과 심한 경쟁으로 자리가 쉽게 잡히지 않았고 침을 잘못 맞아 병이 악화되었다고 꼬투리를 잡아 금품을 요구하는 악덕 소비자를 만났고 잘못이 없음을 말하고 응하지 않아 고소까지 당하였다.

지난 가을 딸아이를 만났다. 이제 겨우 얼굴에 화색이 돈다. "악덕고객의 시달림도 혐의없음으로 끝났고 개업 3년차가 되어 이제 한의원도 자리를 잡았으니 걱정 마시라고, 늦은 나이까지 부모님 마음 고생시켜드려 죄송하다."며 웃는다. 가슴 속의 무거운 돌덩이 하나가 내려앉은 듯했고 똑똑한 딸 아비가 제대로 살피지 못해 그 애의 진로를 그르쳤다는 후회가 소금이나마 사라지는 것 같았다.

그런데 그게 불과 석 달 전의 일인데 이제 그 애가 아프다 한다. 그냥 아픈 것도 아니고 어쩌면 치료조차 할 수 없는 너무나 큰 아픔이라니 이를 어쩌나…!

췌장암 그것은 수술을 받지 못하면 6개월을 채 견디지 못하는 것인데 발견이 늦는 병이어서 병원에 온 환자의 80% 이상이 암조직이 너무 커졌거나 아니면 타 장기에 전이가 되어 있어 수술조차 못한다 한다. 다행히 수술을 할 수 있다 하더라도 완치율(5년 생존율)은 겨우 20%밖에 되지 않는 무서운 병이라 한다. 딸아이도 암 조직이 너무 커서 수술을 할 수 없다고 했고 유일한 희망은 정말 힘든 항암치료를 잘 견디어서 크기가 줄어들면 수술을 시도해 볼 수는 있지만 그 확률이 10%도 되지 않는다 한다.

"주님 왜 이러십니까! 제가 뭐 그리 큰 잘못을 했습니까! 제 나이 12살 때 마흔네 살 어머니 불러 가셨으면 그만이시지 어찌 그 나이의 딸마저 또 데려가시려 합니까! 용서하십시오. 그러지 마시고 제 딸 그저 살려만 주십시오. 하느님…!"

4년이라는 긴 시간… 세 번의 큰 수술을 했다. 여러 번의 시술도 했다. 십여 차례의 방사능 치료 수십 차례의 항암치료를 했다. 있는 힘 다 모아 같이 투병하고 치료하고 울면서 기도도 했다. 딸애는 견딜 수 없는 극심한 통증을 참으면서 기도했다. "주님 저 10년만 더 살려주세요. 그러시면 저 막내 둘째 아이 대학 입학하는 것 볼 수 있습니다!" 나도 기도했다. 4년 동안 하루도 빠지지 않고 교회에 갔다. "주님 매일 기도하겠습니다. 약속드리니 제가 기도할 수 있는 시간까지만이라도 제 딸 살려주세요." 이렇게 기도했다. 한때 좋아지기도 했었고 다시 살 수 있다는 희망을 가지기도 했다.

2023년 2월 6일 딸애는 내 앞에 누워 있다. 바짝 마른 몸 그 몸에 그어진 수많은 수술 자국을 분홍색 수의로 가리고 누워 있다. 그래도 얼굴은 편안하다. 기도하는 모습이다. "너 지금 뭐라고 기도하고 있나? 이제 너는 한 줌의 재가 될 것인데 그래도 아직 살려달라고 기도하고 있느냐?"

주님 왜 이러십니까! 이제 저도 기도 그만하려 합니다. 죽으라 기도해도 주님이 제게 주실 기도의 응답은 이제 받을 수 없어졌으니…!

5평 1홉 2작에서의 인생 이야기

이종옥
2019. 1. 천료

새로운 세기가 시작되는 해에 새로운 일을 하게 되었다. 업종과는 무관한 일에 홀린 듯 보이지 않는 강한 손에 등 떠밀려서 시작했다는 표현이 적절한 것 같다.

바람이 세차게 불던 98년 11월 17일 새벽 3시, “불났어요, 불!” 연락받고 정신없이 상가에 갔다. 시뻘건 불꽃이 걷잡을 수 없이 하늘로 활활 솟아올랐다. 소방차의 물줄기는 거세지만, 상가 전체를 집어삼킬 것 같다. 화장품매장으로 뛰어 들어가 물건 하나라도 건지려 했으나, “죽으려고 불로 뛰어들어요!” 소방대원이 입구를 막아섰다. 우리 가족을 22년 지켜준 삶의 터전이고 생업이었다. 참담하고 기가 막혀서 눈물도 나오지 않았다. 그렇다고 넋 놓고 한탄만 하고 앉아 있기엔 당장 세 아이의 교육뿐 아니라 생계까지도 지탱할 수 없게 됐다.

그런데 어느 날, 지인이 폐백 교육프로그램이 있는데 배우자고 했다. 지금 화재로 어떻게 살아가야 할지 절박한 상황에서 그런 걸 배우냐며 혼자 가서 배우라고 시큰둥했다. 가기 싫다는 데도 잡아끌려서 갔다. 그런데 배우면서 내가 더 재미가 났다. 지금껏 느껴보지 못한 긍지와 자부심이 생기고 의욕과 용기가 솟았다. 오징어가 민들레꽃, 장미꽃으로 오려지고, 다듬고 매만져 꽃밭을 만들고 나비도 앉게 하고 참깨·들깨는 강정이 되고 배우면서 희망이 생겼다. 내게도 이런 달란트가 있었다니, 뒤늦은 발견이다.

결혼식 후 희망찬 첫날에 신부는 신랑 집안의 새로운 성원이 되었음을 알리는 구고례(舅姑禮), 즉 폐백 때에 상 위에 올라가는 음식을 만드는 일이다. 작품 하나하나에 온 힘을 기울여 만들어 놓았을 때의 성취감은 예술의 대가라도 된 듯 기뻤다. 사람이 살아가면서 일이 있어서 일을 할 수 있다는 것에도 감사했다. 거기에 사람의 정이 흐르고 사랑까지 담는 일을 하고 있으니 이보다 더 큰 기쁨이 어디 있겠는가.

나는 어떤 난관이 닥치더라도 그 자리에 주저앉는 성격이 아니다. 다시 시작하겠다는 강한 의지로 스스로 일으켜 세우려고 노력한다. 다행인 것은 백여 개 상가 대부분이 불탔어도 우리 상가는 누군가 지켜준 것 같다. 내부를 수리하면 아쉬운 대로 무엇이라도 다시 시작할 것 같았다. "하느님 감사합니다." 나도 모르게 기도가 나왔다. 지나던 할머니 한 분이 "하느님이 아니라, 돌아가신 남편이 딱 엎드려서 지켜준 형상이다."라며 퉁바리를 주었다. 누가 무슨 말을 해도 마음 쓰지 않는다.

살기 위해서 폐허가 되다시피 한 상가에서 생소하고 전혀 다른 업종인 폐백 일을 하게 되었다. 그 일을 하면서 돈을 벌거나 생활이 크게 나아진 것은 없지만 다행히 두 아이의 대학원 등록금까지는 줄 수 있었다. 삶이 무겁고 힘들다고 투정 부리지 않는다. 그렇다고 누구에게 손을 벌려 살아갈 생각도 안 한다. 모든 문제는 내가 해결한다는 확고한 신념을 가지고 살았다. 그래서 마침내는 5평 1홉 2작이라는 공간에서 30여 년 동안에, 한의학 박사, 교사와 사회인으로 어린 삼 남매를 키웠다. 어려움도 있었지만, 그런 가운데서도 잘 자라 주었다. 다행히 결혼도 모두 하였고 성실하게 살고 있다. 그리고 나도 늦은 나이에 원하던 학업을 대학원까지 했다. 졸업 후에는 전공을 살려 '아가페의집'을 서울시로부터 위탁받는 일자리가 마련되어 사회에 작은 기여라도 할 수 있었다. 어찌 보면 봉사하는 과정에서 전문성의 결여와 지식 결핍으로 배워야겠다는 평상시의 꿈이 실현되지 않았나, 한다. 공부하는 과정에서 기쁨과 성취감, 앎이 쌓여 갈 때의 행복함을 표현하자면 오장육부가 다 즐거워했다. 나는 주위에 여건이 되는 사람을 만나면 공부하라, 콩나물에 물을 주듯이 무엇이든지 배우라, 라고 한다.

절친한 친구도 대학 못 간 것에 대해 아버지 원망하는 말을 듣고는 "네가 하고자 하면 할 수 있다. 능력이 충분한데 시도하지 않는 네 책임이다."라며 도전하라고 했다. 넉넉지는 않았지만, 공부하도록 권고했기 때문에, 3학년까지 소액 장학금을 주었다. 4학년에 올라가서는 "종옥아! 장학금을 왜 안 주니?"라고 물었다. "너, 4학년이 되었는데, 졸업은 하지 않겠니? 네가 공부하도록 마중물 역할을 한 거야." 그 친구도 열심히 공부해서 대학을 졸업했다. 그리고 그때부터는 아버지 원망을 하지 않는 것으로 안다.

미국의 미래학자인 앨빈 토플러는 '21세기 문맹은 글을 읽고 쓸 줄 모르는 사람이 아니라 배운 걸 잊고 다시 배울 줄 모르는 사람이다.'라고 했다. 배운 것을 잊지 않기 위해, 새로운 것을 배워야 변화되고, 변하는 세상도 따라갈 수 있다. 배운다는 것은 살아가는데 선택의 폭이 넓어지고, 세상을 보는 시각도 전과 다른 차원에서 보게 되고, 인격도 키우게 된다. 그리고 자신감도 생겨서 생활에 활력을 주기도 한다.

화재로 참담한 여건에서 매장에 있던 화장품 처리를 어떻게 하였는지 기억이 없다. 충격이 준 상처다. 오직 자식 잘 키우겠다는 의지가 좌절하지 않고 용기와 희망을 품고 살게 한 것에 감사하고 있다. 그러나 그건 내 의지만으로 이루어진 것은 아니다. 어떤 경우라도 나와 함께 하시는 하느님 은혜다. 어렵고 힘들더라도 마음먹기에 따라서는 행복을 가슴에 머물게도 가슴 밖에서 서성이게도 하는 것이 아닐까. 참으로 긴 세월을 5평 1홉 2작이라는 공간에서 살아온 이야기다.

고구마 꽃을 바라보며

김순자
2019. 3. 천료

이른 아침부터 내 입에서 '어머! 어머!' 하는 감탄사가 쏟아졌다. 지금까지 살아오면서 단 한 번도 보지 못한 꽃이 시야에 들어왔기 때문이다. 베란다 창가에 옹기종기 모여서 아름답고도 온화한 하얀 자태를 뽐내는 꽃들이 나를 불렀다. 한겨울 마트에서 사다 놓은 고구마에서 싹이 돋아나기에 버리기 아까워 화분 흙에 묻어 두었던 게 어느새 줄기가 생기는 것 같더니 날이 풀리자 '쑥쑥' 자랐다. 가느다란 줄기가 바람에 넘어질까 봐 받침목을 대어 주었다. 잎들 사이로 하얀 꽃이 하나둘 피기 시작했다. 어느새 꽃들은 무리를 지어 환하게 자태를 뽐내더니 나의 시야마저 사로잡았다. 분명히 화분에 심었던 울퉁불퉁한 고구마가 맞는지 의심스러울 정도로 아름다운 꽃이다. 더구나 새파란 빛을 띠는 잎들은 그 빛깔만으로도 나의 눈을 개운하게 만들었다. 생전 처음 본 꽃들과 함께 잎들마저 조화를 이루니 그 아름다움은 이루 말할 수 없을 정도였다.

내 생애 한 번도 보지 못한 고구마 꽃이기에 인터넷을 뒤져서 검색해 보았다. 고구마는 꽃이 잘 피지 않아 꽃이 핀다면 '백 년에 한 번 핀다'고 한다. 그런 고구마 꽃이 우리집에 피었기에 설레는 마음에 우리 아이들에게도 알렸다. 더구나 고구마 꽃의 꽃말이 '소녀의 순정, 행운'이라고 하니 나의 마음 한편은 한없이 들떴다. 감수성이 풍부한 딸이 이 소식을 듣고 "엄마! 앞으로 엄마에게 좋은 일만 가득할 것 같아요. 축하해요" 하고 메시지를 보내왔다. 딸아이의 문자 메시지에 소녀 같은 설레는 감정이 솟아나 입가에선 자꾸 미소가 피어난다. 강물처럼 흐르는 세월 속에 이제는 내 머리카락도 거의 반백이 된 이 시점에 '소녀의 순정'이라는 고구마의 꽃말이 마치 나의 이야기 같기만 하다. 입가에선 미소가 도무지 떠나질 않는다. "그래 나이는 숫자에 불과해"라며 난 자위하며 웃는다.

실제, 나는 소녀의 마음처럼 아주 사소한 것에도 한없이 들뜨고 설렌다. 더구나 아들, 딸들이 공감해 주면서 같이 호응해 주면 그 설렘은 더욱 커진다. 그러다 보니 가끔 나이를 망각하게 된다. 고구마 꽃이 이토록 나의 마음을 설레게 한 것도, 고구마 꽃의 꽃말이 마음에 더 다가오는 것도 아마, 이 때문인 듯싶다. 특히, 지금껏 살면서 한 번도 본 적이 없는 것을 보았다는 것만도 왠지 커다란 행운을 얻은 것 같다. 지금 이 순간, 내 마음은 한없이 부풀어 기쁨의 세계에 빠져 든다.

고구마 꽃은 옹기종기 뭉쳐서 핀다. 하지만 개개의 꽃이 지닌 모양은 나팔꽃을 닮았다. 하얀 꽃잎과 노란 암술머리는 마치 나팔이나 트럼펫 등 금관악기처럼 보인다. 이를 바라보던 난 그만 상상의 나래를 펼치게 된다. 금관악기가 되어 버린 꽃은 마치 바이올린이나 비올라 첼로 등을 연상시키는 잎들과 한껏 조화를 이뤄 웅장한 오케스트라의 향연을 펼치는 것만 같다. 나도 모르게 고구마 꽃들에게 '비발디의 사계'를 연주해 달라고 주문하며 슬며시 눈을 감고 음악 감상에 젖는다.

꽃들이 펼치는 오케스트라 향연에 흠뻑 젖다보니 시간 가는 줄도 모른다. 이내, 고구마 꽃의 향연에 한없이 취해서 시간의 흐름도 망각해 버린 내 자신을 발견하게 된다. "이것이 진정한 소확행이구나!" 하고 깨닫게 되자, 입가에선 어느덧 미소가 가득하게 된다.

아들 딸들에게도 고구마 꽃 때문에 느낀 소감을 이야기하며 아침을 연다. 아침 일찍부터 고구마 꽃의 꽃말 '소녀의 순정, 행운'에 들떠 있는 내게 딸아이는 "엄마! 고구마 꽃을 보며 엄마가 기쁨과 사랑을 느끼는 것을 잘 알겠어요. 하지만 먼저, 아침 식사부터 드시고 꽃의 향연을 즐기시죠"라고 말한다. 딸의 말 한마디는 마치 꿈속에서 헤매는 내게 '현실을 직시하라'고 따끔한 침을 놓는 것만 같다. 전화를 끊으며 딸은 내게 "엄마! 건강한 삶을 영위하기 위해선 먼저, 아침 식사부터 꼭 챙기세요"라고 말했다.

그렇다! 좋은 것이나 나쁜 것도 먼저 내 몸이 건강할 때 느낄 수 있다. 아름다운 것을 아름답다고 느낄 수 있는 것도 육체와 정신이 건강할 때 가능하기 때문이다. 육체가 불편하면 아무리 아름다운 꽃의 자태를 보게 되어도 기쁨이 샘솟는다는 것이 쉽지 않기 때문이다. 꽃도 마찬가지다. 저 꽃이 건강하기 때문에 아름다움을 뽐내는 것이다. 꽃도 그 줄기나 뿌리가 아프고 병이 들면 곧 시들게 되고 볼품 없게 된다. 이내 나에게 또 다른 깨달음을 안겨 준 딸에게 문뜩 '고맙다'는 말을 남겼다.

보고 또 보지만 고구마 꽃이 풍기는 하얀 빛깔에서 뿜어나오는 아름다운 자태는 마치 우리 어머니가 늘 즐겨 입으시던 '한복'의 고운 자태와도 같다. 생전 처음 보는 고구마 꽃이 내게 새로운 마음과 기쁨을 안겨 주는 이 순간만큼은 고구마 꽃의 하얀 빛깔이 그 어떤 꽃의 빛깔보다도 훨씬 예쁘고 우아하게 느껴진다.

고구마 꽃은 마치, 내 마음을 대변해 주는 것 같다. 오늘도 세상을 긍정적으로 바라보며 아름답고 감사가 넘치는 삶을 살고자 다짐한다. 자연히 기쁨과 사랑이 가득한 하루가 전개되리라 확신한다. 특히, 무엇보다 '소녀의 순정, 행운'이라는 고구마 꽃의 꽃말은 왜 이토록 나의 가슴에 와 닿고 마음을 한없이 설레게 하는지…!

행운이 살며시 다가와 손을 잡아 줄 것만 같다.

섬을 바라보며

박 태 희
2019. 3. 천료

섬들은 이미 봄빛으로 물들 채비를 한다. 물 한가운데 떠 있는 봉우리들이 그림처럼 지나간다. 가파른 바위틈의 소나무가 제멋대로 굽은 채 물결을 내려다본다. 비바크 꾼들에게 이미 익숙해진 곳. 햇살 받아 반짝이는 등성이가 길게 국사봉으로 이어진다. 반 뼘 고갯짓으로도 깃대봉과 바다의 정취를 고스란히 간직한 배낭여행의 성지 개머리 언덕이 한눈에 들어온다. 호젓한 해변에는 물새만 바삐 움직인다. 밀물 때는 잠기고 썰물이 되면 드러나는 모래밭. 사람의 마음이 이럴까. 충만해 있을 때 마음은 잘 나타나지 않는다. 썰물이 되면 모든 것이 빠져나가듯, 어려움을 겪어봐야 본심이 드러난다.

학창 시절, 가정환경 조사서를 작성하던 때가 있었다. 가족관계와 종교는 물론 재산 상태까지 구체적으로 적었던 기억이 난다. 그중 취미 항목에 이르면 언제나 독서라고 쓰곤 했다. 책 읽는 것이 좋기도 했거니와, 예체능은 물론 다른 어느 것 하나 잘하거나 흥미 있는 것이 없었다. 아니, 조금 더 엄밀히 말하면 다른 것을 하기에는 경제적 여유가 없었다는 표현이 맞다. 가진 게 없다는 것과 힘이 없는 것은 한 뿌리에서 나온다. 가진 것이 힘이었다. 힘이 없으면 할 수 있는 게 많지 않고 포기도 빠르다. 그러기에 꿈이 생겼을 때 그것을 이룰 힘도 같이 주어진다는 말을 믿지 않았다. 성공은 바다의 섬처럼 늘 멀리 있다고 생각했다. 길바닥에 아무렇게나 갈겨진 소똥처럼 한가로이 눈앞에 떠 있어도, 배가 없으면 다가갈 수 없는 섬.

아내와 살아온 서른다섯 해의 영상이 파노라마로 일렁인다. 쪼들리는 생활에 집안일은 오롯이 아내의 몫이었다. 남자는 돈을 벌어오고, 여자는 살림하며 애들만 잘 키우면 된다는 고리타분한 사고가 남아 있던 시절이다. 그땐 그랬다. 가정이 평안하면 만사가 형통한다는 말을 믿었다. 암탉이 울면 안 되었다. 남편이 하는 일을 시시콜콜 알려고 하지 말고, 더구나 참견하거나 걱정할 필요 없다고 했다. 가정을 위해 짊어진 짐쯤이야 기꺼이 혼자 감당할 수 있었다. 먹고 살기 위해, 밖에서 일만 열심히 하면 된다는 생각에 집안일을 제대로 돌보아 주지 못했다. 잘못된 배려는 무시로 수렴된다. 가부장적인 독단적 사고가 아내를 얼마나 힘들게 했는지 그땐 몰랐다. 아내와 꽤 오랜 시간 함께였음에도 서로 단절되어 살았다. 지난 세월이 아쉬움으로 남는다. 삶의 동반자로 아내에게 조금 더 관심 주었어야 했는데. 돌이킬 수 없기에 더욱 애틋해진다.

둘째 아이가 두세 살 무렵이던가. 찬거리를 사러 시장에 나간 아내가 아이를 잃어버린 적이 있다. 시장을 몇 바퀴나 돌고, 파출소 오가며 애타게 아이를 찾을 때, 아내는 혼자였다. 삐삐를 사용하던 시절, 제때 연락이 되지 못한 것이다. 겨우 아이를 찾았을 때 아내는 제정신이 아니었다. 그 탓이었을까. 아내가 유산을 한 것이…. 딸들이 태어날 때 곁에서 살뜰하게 지켜 주지 못했다. 셋째를 낳았을 때야 겨우 꽃을 사들고 와 고생했다고 말했다. 그것이 두고두고 흉이 되었다. 딸을 둘이나 낳았을 때는 모른 척하더니, 아들을 낳으니 챙기더라고. 서운했다고 지금도 말한다. 아들이라서가 아니었는데. 그나마 형편이 좀 나아져 겨우 시간을 냈을 뿐인데.

생소한 병을 얻었을 때도 아내는 홀로 고통을 감내했다. 궤양성대장염, 대장에 궤양이 생겨 출혈을 일으키는 염증성 장 질환이다. 처음 아파본 사람에게는 이름조차 낯선 병이다. 정확한 원인은 밝혀지지 않고, 유전·환경적 요인과 자가 면역질환 등이 원인으로 추정되고 있다. 완치하는 방법은 없고, 악성 종양으로 변질하지 않도록 좌약과 약물복용으로 장기간 치료를 해야 한다. 긴 세월 혹사당한 몸이 제 고달픔을 견디지 못하고 문제를 일으킨 것이다. 내가 할 수 있는 것은 아무것도 없었다. 아내가 걱정할까 봐 그저 내색하지 않고 침묵으로 일관했다. 괜찮을 거라는 위로 같지 않은 위로의 말을 건넬 뿐이었다. 병실에 켜둔 형광등을 맥없이 바라보고 있는 것보다 그게 덜 미안할 것 같아서.

아내도 누군가의 딸이었고 여자였다. 가끔 여행하고, 친정에 가서 엄마와 맛있는 것을 먹고, 친구를 만나 수다 떠는 시간도 필요했을 것이다. 비가 어쩔 수 없이 쏟아져야 하는 것처럼 어쩔 수 없이 쏟아내야 하는 것들이 있었을 텐데. 올가미에 옥죄듯 지내다 보니 정작 중요한 걸 잊고 살았다. 왜 쉼 있는 삶을 생각하지 못했던 걸까. 먹고 사는 데 있어 먹어야 할 것이 밥만이 아니라는 걸 알았어야 했다. 구속된 채로, 먹고사는 것에 집착해 어떻게 살아야 하는지 생각할 겨를이 없었다. 존중하고 배려하며 어울려 살았어야 했다는 걸 이제야 알 것 같다. 그러지 못한 것이 아쉽다. 그리 악착같이 살지 않아도 그럭저럭 살아지지 않았을까. 더구나 그렇게 살았어도 만족하며 잘 살아온 것 같지 않다.

지나왔다는 것은 잘 견디었다는 의미다. 남겨진 흉터들을 되새김하면서 견뎌 온 시간을 퇴고해가는 게 늙음인가보다. 모기 쫓듯 불규칙하게 내젓는 손사래에 적당히 낡아 가고, 마시던 맥주보다 더 미지근한 시간마저도 감사한 것을 보면. 세상에 이른 뉘우침은 없다. 언제나 후회 다음에 온다. 더 늦기 전에 아내에게 감사와 고마운 마음을 전해야겠다. 홀로 감당해야 했던 육아의 시간을. 출산과 모유 수유로 인한 빈혈로 길거리에서 쓰러진 아린 상처에 대하여. 정작 자신은 돌보지 못한 허기진 날들의 상실감과, 힘든 시기를 잘 견디어 온 것에 대해. 아무것도 해 준 것이 없는 부족한 남편을 용서해 달라고.

망각의 시간이 길어진 요즘, 살아온 날들에 대한 아쉬움과 나이 들어간다는 것에 대한 초조함 때문일까. 있어야 할 곳에 있지 않은 물건, 있었는지조차 기억나지 않는 희미한 상처들을 끄집어내 본다. 바닷길에서 건져 올린 시간은 뭍에서보다 빠르게 지나간다. 꾸미지 않아도 있는 그대로 아름다울 수 있는 섬, 솔향 머금은 소야도에 어둠이 내린다.

불시착 소고

김선환
2019. 3. 천료

몇 년 전 사랑의 불시착이라는 드라마가 시청자들에게 상당한 인기를 끈 적이 있다. 내용은 다소 황당한 소재로 남한의 재벌 상속녀가 패러글라이딩을 하는 중에 실수로 북한 지역으로 넘어가면서 일어나는 사랑 이야기이다. 역경에 처한 남녀의 사랑과 배우의 연기력으로 높은 시청률을 기록하였다. 한류의 영향으로 외국에서도 인기리에 방영되고 있다고 한다.

2023년 7월 어느 날 이번에는 실수가 아니라 의도적으로 미군 병사 한 명이 판문점을 통해 북한으로 넘어갔다. 미군부대 내에서 저지른 범죄행위로 자국으로 소환되는 과정에서 처벌을 면하기 위해서 웃으면서 넘어갔다고 한다. 이를 두고 어느 국회의원은 지옥의 불시착이라고 이야기했다.

처음 것은 드라마이고 두 번째 내용은 엄중한 현실이다. 젊은 미군은 북한을 잘 모르고 이해가 부족한 탓에 북쪽으로 탈출을 시도한 것이다. 마치 동물원에서 경찰에게 쫓겨 사자 우리로 들어간 것과 같은 상황이 되었다. 다행히 미국 측에서 발 빠르게 접촉을 시도하여 환송하려는 노력을 한다 하니 다소 안심이 된다.

안타까운 일은 북한 주민들을 도와주다가 자의도 아니고 타의로 북한에 억류 중인 우리 국민이 있다는 점이다. 과거 미국이나 일본의 지도자들은 자국의 국민을 송환시켰다는 점에서 더욱 마음이 아프다. 억류 중인 우리 국민은 난데없는 지옥의 불시착이 된 것이다. 우리 정부가 지속적인 관심을 가지고 송환 노력이 계속되기를 희망해 본다.

우리의 삶도 살아가는 동안에 수없이 많은 불시착을 한다. 다행히 모든 불시착이 꼭 불행하거나 지옥이 되지 않는다는 점이다. 목표한 지점으로 가다가 날씨가 나쁘거나 비행기관의 고장 등으로 목표한 지점이 아닌 중간에 잠시 기착을 할 수 있는 것이다. 더욱이 드라마와 같이 불시착이 사랑으로 이어진다면 아름다운 착륙이 되는 것이다.

대부분의 삶들은 완벽한 목표를 가지고 살아가지 못한다. 하나의 목표를 평생 추구하면서 사는 경우도 있으나 많은 사람들은 생계에 우선을 두고 살다보면 자신의 목표가 애매하거나 있다 하더라도 희미해지는 경우가 많다. 사실 인생의 과정에서 꼭 하나의 목표를 가질 필요는 없다고 생각한다. 상황에 따라 여러 개의 작은 목표를 가지고 하나씩 수행할 수 있고 중간에 수정할 수도 있다. 처음부터 목표를 갖지 않고 산다고 해도 어느 정도 사회의 통상적인 흐름을 타면서 그런대로 살아갈 수 있다. 이때 일을 통해 얻어지는 다양한 경험을 바탕으로 새롭게 자신의 목표를 정립할 수도 있다. 목표를 추구하다 보면 몇 번의 불시착이 일어날 수 있다. 이럴 때는 불시착을 통해 쉬어가면서 자신을 충전하고 목표를 세부화하고 수정해서 다시 출발이 가능하다.

큰 목표는 없어도 일상에서 움직이려면 작은 목표가 필요하다. 목표는 움직이는 원천이 된다. 하나씩 수행하여 나가는 과정에서 만족과 행복을 느끼게 된다. 목표의 완성보다도 그 과정을 즐길 수 있다면 이미 목표를 달성한 것이나 다름없다. 크고 작은 목표를 갖는다는 것은 모든 사람에게 중요한 것이나 세대에 따라서 그 내용이 달라질 수 있다. 그 강도의 세기도 다 다르다.

경험적으로 보면 젊은이들은 좀 더 장기적이고 진취적인 목표를 설정하여 추진하는 일이 바람직하다. 나이든 이들은 단기적이고 쉬운 목표를 세워 나가면 좋을 것이다. 그 이유는 간단하다. 젊은이들은 그들의 삶이 길고 그 속에서 아이들을 교육시키고 부양해야 한다. 따라서 경제적인 목표가 중심이 된다. 요즈음같이 젊은이들이 살아가기 힘들다고 느끼는 현실에서는 목표 또한 제대로 세우기 어렵다. 이들이 목표를 만들어 수행할 수 있도록 격려해 주고 지원해 주어야 할 것이다. 은퇴 즈음한 나이든 이들은 홀가분할 것 같지만 현실은 그렇지 못하다. 독립하지 못한 자식들의 지원이 필요한 경우가 대부분이다. 그리고 금전적으로 자신들의 노후가 불안하기 때문이다. 이런 상황에서 재기불능의 불시착이 예견된다. 노후자금 부족과 노인질병 등으로 작은 목표라도 세우고 진행하기 어렵다. 많은 욕심을 버리고 홀가분한 계획을 세우는 것이 필수적이다.

세계에서 유일하게 절대빈곤에서 벗어나고 가난한 나라에서 부유한 나라로 급상승을 하였지만 사회적 문제는 여전히 많다. 북한의 핵과 남북문제 그리고 변하는 국제정세는 자칫하면 국가의 불시착을 가져올 수 있는 환경이다. 지난번 IMF처럼 뜻하지 않은 국가의 불시착은 절대 일어나서는 안 되는 일이다. 지구 세계 자체도 불시착 중이다. 기후변화로 우리나라를 비롯하여 모든 세계인들이 고생을 하고 있다. 더욱이 체제전쟁의 판이 너무 커지고 있는 것도 큰 문제이다. 외부에 의한 문제도 대처하기 어려운데 우리의 내부는 너무 혼란스럽다. 국가가 발전하고 잘되려는 몸부림으로 좋게 볼 수 있지만 사실 심각하다. 치유 불가능한 고질적인 한국병이라는 생각이 든다. 국가 전체가 흔들리면서 안정을 찾는 데 실패한다면 그것은 공멸로 가는 과정일 것이다.

국가와 개인은 불가분의 관계이다. 국가의 불시착은 일어나면 안 되는 일이니 단단히 지켜보고 예방조치를 해야 한다. 특히 국가의 자원이며 미래 주인공인 젊은이들이 회생 불가의 불시착을 하지 않도록 도움을 주는 일은 아주 중요하다. 나이 든 이들은 주변에서 그런 일들을 찾아 활동하는 것을 생의 마지막 개인의 목표로 삼아도 좋을 것이다.

감정을 대하는 슬기로운 자세

조영자
2019. 3. 천료

낯선 남자의 목소리는 지난밤의 피로와 취기를 짐작할 만큼 잠겨 있다. 차 좀 빼주세요, 한마디면 될 것을. 해당 차량 번호를 불러 차주가 맞는지 확인 후 상황을 설명한다. 출차를 시도했는데 도저히 방법이 없다며 죄송하다는 말까지 덧붙이고는 그제야 차를 이동시켜 달라고 요청했다. 고객센터의 노련한 직원처럼 적당한 친절과 예의를 갖춘 말투로 말이다. 내 잘못이 아닌데 기다리면서 별의별 걱정이 앞선다. 그가 허겁지겁 달려 나오면 최대한 감사한 표정을 지어 보이는 가상 시나리오를 생각한다. 혹시 생길지도 모르는 시비에 대비한다. 다행히 출근 시간이 여유롭게 남아 느긋하게 차 안의 먼지를 닦는다. 3분, 5분, 10분이 지나도록 달려 나오는 사람이 없다. 15분의 마지노선이 지나고 전화를 걸었다. 전화를 받지 않는다. 이런, 젠장. 택시 정류장으로 달렸다. 출근 시간이라서 택시가 없으면 어쩌나, 한 번도 지각한 적이 없는데. 등에 식은땀이 흐른다.

구세주처럼 택시 한 대가 '빈차' 불빛을 으스대며

멈춘다. 택시에 오르면서 손목시계와 앞차를 번갈아 바라보며 가쁜 숨을 쉰다. 슬슬 약이 오르고 분노가 차오른다. 그것도 표정 변화 없이 속으로만 말이다. 전혀 궁금해하지 않는 택시 기사에게 일러바치듯 조금 전 일을 고한다. 사소한 나의 불행을 위로받고 싶었는지, 당사자에게 표출하지 못한 분노를 대체하려는 심산인지 알 수 없다. 택시 기사는 15분이나 기다렸냐며 나의 무던함을 다독인다. 나 대신 시원하게 욕이라도 해 줄 것을 기대했나. 의외다. 그리고 묻지도 않는 자신의 무던함을 내게 툭 치듯 던진다. 택시 기사의 사연인즉, 친구는 맹지 400평 땅을 투자하고, 자신은 농작물의 모종값으로 육십여만 원을 투자하여 함께 농사를 짓고 있다. 그런데 정작 농사는 본인 혼자만 짓고 친구는 옆에서 엉뚱한 일만 한다. 택시 운행 시간까지 줄여가며 일하는데, 친구에게는 말을 못 하고 혼자서 화를 삭이고 있다고 한다. 돈도 잃고 친구까지 잃게 생겼다며 한숨을 쉰다. 그의 뒤통수가 표정을 말해 준다. 오지랖 넓게도 택시비 위에 풍년 농사의 덕담을 곱으로 얹었다. 다행히 지각은 면했다.

어린이집에서의 보조교사 업무는 단순하다. 아이들 사이에 안전사고가 일어나지 않도록 집중관리 하는 일이다. 단순해 보이지만 예측할 수 없이 시시각각으로 변하는 영유아들의 기분에 흔들리지 않도록 적정한 감정의 기준을 유지해야 한다. 감정을 넘치지도 모자라지도 않게 사용하는 일이 성인보다 어려울 때가 있지만 조금씩 자라고 성장하는 아이들을 보는 만족감은 더할 나위 없는 기쁨이다.

나에게 분노의 감정이 없는 걸까. 오만가지 감정 중에 쓸모없는 것으로 가득하다. 과잉 친절과 불필요한 배려, 남아도는 인내심 같은. 교묘하게 연출되는 '좋은 사람' 코스프레일지도 모른다. 끝내 나타나지 않은 차주에게 다시 전화를 걸어 따져 물었어야 했나. 결코 하지 못한다는 것을 안다. 겨우 자신을 향한 분노라니. 개도 안 물어갈 소심함 때문에 분쟁이나 갈등을 두려워한다. 그리고 이미 지난 일로 치부해 버렸다.

차가 묶인 덕분에 퇴근은 걷기로 했다. 생각을 정리하기에는 혼자 걷는 것만큼 좋은 것이 없다. 무엇보다도 눈곱만큼의 체지방 감소는 물론, 사고로 균형을 잃은 다리를 교정할 수 있는 숨은 효과까지 노릴 수 있다. 집까지 보통의 걸음으로 한 시간 정도면 충분하다. 직장이 있는 아파트 단지를 지나 개나리 터널을 통과한다. 폐업한 대형쇼핑센터의 임시가림막을 빠르게 지나치면 드디어 단원미술관 사거리. 중앙대로의 왕복 10차선 횡단보도를 건널 때는 마음이 쨍하다. 마치 멈춰 선 차들의 시선을 한 몸에 받으며 걷는 모델 같다고나 할까. 순전히 혼자만의 착각이지만 혼자만 누릴 수 있는 짧은 축제다. 건널목을 건너서 오른쪽으로 돌아 가면 길게 늘어선 꽃시장을 지나가야 한다. 화려한 화초의 유혹이 곤혹스러워 주로 왼쪽 길을 택한다. 물리적 거리는 좀 멀어지지만 아주 환상적으로 길이 숨어 있다. 수인산업도로를 끼고 상록수역까지 이어지는 공원길이다. 특히 오월의 공원길은 나무랄 데가 없이 산뜻하다. 토끼풀꽃, 민들레꽃 등 들꽃을 책갈피에 끼워 향기를 데려온다. 서서히 분노의 감정이 희석된다.

공원길 중간에 이르면 소규모의 야외공연장이 보인다. 아이러니하게도 공연장의 무대에는 각양각색의 낡은 의자 십여 개가 빈 객석을 마주하고 있다. 어쩌면 저들끼리 공연을 열고 있는지도 모를 일이다. 누가 먼저 가져다 놓기 시작했는지 알 수 없다. 출처를 모르는 빈 의자들은 저마다의 사연을 담고 있을 테지. 그 옆을 지날 때면 나도 모르게 귀를 기울이게 된다. 그리고 내 멋대로 상상한다. 쓸모없어 버려진 의자들의 이야기를 말이다.

하루에도 수없이 많은 감정을 마주한다. 난해한 변주곡처럼 파고드는 감정을 조절하는 일은 생각보다 쉽지 않다. 자칫 나와 타인의 감정을 왜곡할 수도 있기 때문이다. 때로는 긍정의 감정은 과하게 앞서기도 하고, 부정의 감정은 지나치게 뒤로 물러나기도 한다. 세상과 나를 바라보는 통찰력과 혜안이 필요하다.

벚꽃과 철쭉의 시절이 끝나고 이팝나무꽃이 한창이다. 바람을 타고 아까시나무의 꽃향기가 은은하게 스며든다. 집으로 가는 길은 언제나 즐겁다.

꿈이 꽃 피다

허남국
2019. 3. 천료

한여름 불볕더위가 대지를 태울 듯 뜨겁다. 올여름도 어김없이 더위가 찾아왔다. 지구가 온난화를 넘어 열화 시대를 맞았다는 신문 기사가 나올 만큼 무덥다. 오늘도 몇 번의 폭염경보 안전 안내 문자를 받았다. 농촌 온열질환 예방을 위한 야외활동 자제와 휴식을 권장하고 있다. 하지만 농사는 때가 있어 무한정 쉴 수만은 없다. 올해 중 가장 덥다는 날 김장배추를 심을 옥수수밭을 정리하였다.

농장이 먼 거리에 있다 보니 문전옥답 드나들듯 수시로 농작물을 보살필 수 있는 형편이 아니다. 일주일에 한두 번 정도 농작물과 교감하며 일을 몰아서 하다 보니 한낮 더위에도 일할 때가 있다. 작열하는 팔월 태양 열기가 대단하다는 것을 체험하였다. 이 무더위 속에도 잡초는 잘 자란다. 작은 풀은 뽑고 키가 큰 풀은 예초기로 깎다가 너무 더우면 목마른 곡식에 양수기로 물을 주며 쉬는 시간을 갖는다.

더위 속에서 일할 수 있는 건강이 있다는 것을 늘 감사하게 생각한다. 비관론자는 기회가 찾아와도 고난을 보고 낙관론자는 고난이 찾아와도 기회를 엿본다. 여름은 무더위가 우리를 괴롭히기만 하는 게 아니다. 여름이 더워야 풍년 농사를 지을 수 있다. 땀 흘려 일하다가 초록 숲 그늘에 들었을 때 땀을 식혀 주는 실바람이 그렇게 시원할 수 없다. 청량한 매미 소리에 머리가 맑아지기도 한다.

여름은 무더위로 고통만 안겨 주는 계절만은 아니다. 여름에만 만날 수 있는 즐거움도 있다. 밭에서 딴 옥수수를 바로 쪄 달콤함을 맛보는 즐거움도 있다. 땀을 뻘뻘 흘리며 옥수수를 따다가 쪄 먹으며 청정 계곡 맑은 물에 발 담그고 쉬는 시원한 그 느낌! 안 해 본 사람은 모른다.

쫀득쫀득하게 찰진 인연으로 행복하기를 바라며 이웃과 달콤한 옥수수 나눔을 하고 있다. 우리 가족 휴식 공간인 '청록원' 작은 농장에 봄 일찍 옥수수를 심었다. 식감이 좋은 찰진 옥수수를 수확할 수 있는 기간은 그리 길지 않다. 2~3일 정도만 달콤한 옥수수를 맛볼 수 있다. 조금 일찍 따면 먹을 게 없고 늦게 따면 딱딱해지며 당도가 급격하게 떨어진다. 찐 옥수수는 냉동해 두었다가 눈 쌓인 겨울에 데워 먹으면 언제나 제맛을 즐길 수 있다. 냉동실 공간이 부족하면 알로 따서 저장해 두고 밥 지을 때 조금씩 넣어도 좋다. 옥수수 알갱이를 전자레인지에 가열 후 치즈를 얹어 간식으로 먹어도 좋다.

옥수수가 익을 때면 어릴 적 보릿고개 추억이 살아난다. 6.25전쟁이 끝난 후 먹을 게 없을 때 옥수수는 간식이 아니라 배고픔을 달래는 주식이었다. 그때는 지금처럼 단맛과 찰진 옥수수가 아닌 사료용 노란색 메옥수수였다. 먹어야 살 수 있었으니까 맛이 있는지 없는지 생각할 겨를 없이 먹고 살았다. 열 식구 대가족이 흙 마당 멍석에 둘러앉아 옥수수로 저녁을 먹었다. 전기가 없던 시절이었다. 까만 밤하늘 가득 은하수 강이 흐르고 별이 총총 빛나는 여름밤. 별똥별이 긴 꼬리를 그리며 어디론가 떨어지는 것이 보였다. 그때 그 식구가 한자리에 모여 옥수수를 먹으며 별을 세던 여름밤을 꿈꾸고 싶다.

여름은 달콤한 찰옥수수를 쪄먹는 즐거움도 있지만 짙푸른 색으로 쑥쑥 자라는 옥수수를 보며 힘을 얻기도 한다. 정성 들여 키우며 아이들과 자연을 관찰하는 재미도 쏠쏠하다. 사람 나이로 20대처럼 옥수수도 어느 정도 자라면 생식 생장기를 맞는다. 섶이 한 키 이상 자라면 늘씬한 옆집 총각 같은 개꼬리가 먼저 나온다. 개꼬리 꽃가루가 피어 수놈 준비를 마치면 부잣집 규수 같이 볼 빨간 수염이 나온다.

그때부터 옥수수밭은 온통 잔칫집이다. 꽃가루를 뭉쳐가는 벌이 축가를 부른다. 산들바람에 노란 꽃가루가 쏟아지며 옥수수수염에 달라붙으면 꽃잠 신혼을 보내며 자식을 키운다. 수정된 알이 커지면 수염이 마르고 옥수수 토생이가 통통하게 배가 불러온다. 이때가 가장 달고 찰진 옥수수 맛을 내는 시기이다.

찰옥수수는 더운 여름 제철 기호식품으로 자리매김하고 있다. 보통 우리가 먹는 곡류는 껍질과 씨젖, 씨눈으로 구성되어 있다. 우리는 쌀과 밀가루처럼 껍질과 씨눈이 가공 과정에서 제거된 불완전 식품을 먹고 있다. 찰옥수수는 껍질과 씨눈이 포함된 알갱이를 통째로 먹는 유일한 완전식품이다. 탄수화물과 섬유질, 비타민B 등 풍부한 영양분을 가지고 있다. 비타민B는 여름 무기력증을 이기는 데 도움을 준다. 씨눈에 많은 비타민E는 피부노화와 건조를 막아주는 건강식품이다

여름은 무덥고 뜨거운 계절이다. 덥기도 하지만 화창한 날씨가 식량생산에 중요한 역할을 하는 계절이기도 하다. 계속되는 무더위와 열대야에 짜증이 날 때도 있다. 이럴 때일수록 긍정적 삶으로 지금 여기 나의 삶을 값지고 소중한 꿈의 자리로 꽃피워야겠다.

올여름은 더욱 행복하였으면 좋겠다. 같은 여름이지만 누군가는 행복한 꽃을 피우고 또 다른 누군가는 불행한 떡잎의 계절일 수도 있다. 긍정과 열정은 나의 몫이다. 오랫동안 꿈을 그리는 사람은 마침내 그 꿈을 이루게 마련이다. 옥수수 나눔으로 행복을 불러오겠다는 믿음과 소망의 땀을 흠뻑 흘렸다. 20여 년 전 아내와 청록원을 꾸미며 약속했던 달콤한 사랑 나눔 꿈이 활짝 피었다. 긍정과 열정의 아름다운 꿈이.

내가 어디 가는지 아세요?

계영연
2019. 4. 천료

전철 안 내 옆자리에 앉았던 사람이 내리자마자 누군가 얼른 자리에 앉았다. 이른 아침이어서 그런지 조용했다.

"오늘 내가 어디 가는지 아세요?"

멍하니 앉아 있던 나는 뜻밖의 질문에 조금 당황하기는 했으나 말을 건네 온 것이 반갑기도 했다.

곱게 화장을 하고 좀 상기된 얼굴이었다.

"일찍이 어디 좋은 데 가시나 봐요."

"내가 오늘 세계 합창 대회에 나가거든요."

"그럼 강원도까지 가시겠네요?"

강원도 강릉에서 세계 합창 대회가 열린다는 것을 방송을 통해 알고 있었다.

"합창 대원들이 잠실에 모여서 같이 출발하게 되어 있어요."

"그럼 하룻밤 자고 오시겠네요?"

"아니요, 우리 합창 순서가 오후 1시니까 순서 끝나자마자 귀가하기로 했어요."

우리나라에서 개최하는 만큼 더 잘해야 한다며 긴

장된 듯 기대에 차 있었다.

"내가 몇 살인지 아세요?"

두 번째 질문에 나는 또 머뭇거렸다.

"여든세 살이라오."

생각보다 나이가 많음에 놀랐다.

노래 부르기를 좋아해서 젊어서부터 합창을 했다고 한다.

노래 실력 향상을 위해서 그렇게 넉넉한 편이 아니지만 유학 다녀온 교수님한테 한 달에 세 번 성악 레슨을 받는다고 한다.

대화를 더 나누고 싶었지만 내가 먼저 내리면서 헤어졌다.

여든셋이라는 나이가 믿기지 않을 만큼 생기에 찬 모습이 아직도 잊히지 않는다.

몇 년 전 지인이 인사동에서 개인 미술 전시회를 열었다. 말수도 적고 조용한 편이어서 평소 그림 그리는 것을 아무도 몰랐다.

그녀는 전시장 입구에서 미소로 우리를 맞아 주었다.

정성을 쏟아부었을 그림들이 액자에 담겨 벽에 나란히 걸려 있었다.

누군가 미술을 전공하였느냐고 물었다.

전공은 하지 않았고 취미가 같은 사람들끼리 동아리 활동으로 모여서 몇 년 동안 그림을 그리다 보니 작품이 많아졌다고 한다. 혼자 보고 만족하는 것보다 많은 사람들과 공감하고 싶어서 자녀들에게 도움을 좀 받아 이렇게 전시회를 열게 되었다고 한다.

봄바람이 살며시 불어 오듯이 잔잔한 감동을 주기에 충분했다.

그림을 돌아보고 나니 과일이 곁들여진 차를 마실 수 있는 탁자가 마련되어 있었다. 차를 마시며 담소를 나누는 동안에도 그녀의 남편은 분주하게 다니며 전시회를 돕고 있었다.

그저 자녀들 뒷바라지에 신경 쓰느라 정작 자신들에게는 인색했었는데 자신의 생각과 색채를 표현해 내고 당당하게 세상에 보여 준 그녀에게 박수로 축하해 주었다.

지난 이월 지인의 아들로부터 전화를 받았다. 어머니가 중환자실에 계시는데 생명이 위독하다고 하였다.

다음 날 아침 어머니가 돌아가셨다고 울먹이며 전화를 했다.

갑자기 심한 급성이어서 손 쓸 틈도 없었다고 한다.

장례를 치르고 몇 달이 지났을까 한창 무더위가 기승을 부리던 날 다시 아들로부터 전화가 왔다.

더위가 좀 지나면 식사 대접을 하고 싶다는 내용이었다.

아무것도 해 준 것이 없는데 식사 대접이라니.

만나서 이야기도 할 겸 내가 식사 자리를 마련해야겠다. 어쨌든 전화해 준 것이 고맙다.

멀리까지 가지 않더라도 나무가 있고 풀이 있는 한적한 곳에 가서 수다도 떨고 노래도 부르고 좋아하는 시를 암송하기도 했었다.

그렇게 훌쩍 떠날 줄 알았으면 차도 더 마시고 맛있는 음식도 한 번이라도 더 먹었을 것을.

한 가지 안타까운 것이 있다.

가까운 거리에서 살다 보니 언제든지 쉽게 만날 수 있다는 생각에 꼭 하고 싶은 말이 있었는데 미루다가 하지 못했다. 너무 후회가 된다.

좋아하는 노래를 더 잘 부르고 싶어서 레슨 받는 팔십 삼 꾀꼬리.

취미로 그린 그림을 함께 공감한 행복한 미소의 화가.

인간의 생명은 유한하고 살아 있을 때 미루지 말고 사랑을 실천할 것을 가르쳐 주고 길 떠난 고마운 친구.

그 친구가 보고 싶고 그립다.

고독하다는 것

이근영
2019. 8. 천료

사람은 누구나 외롭다. 그래서 사람들을 만난다. 동창회 친구들, 옛 직장 사람들 또 새로 만난 동아리 사람들 등, 만나고 며칠이면 다시 허전해지곤 하지만 사람들은 그렇게라도 외로움을 메꾸며 일상을 꾸려간다.

학교 동창이라 해도 자주 만나는 사이가 아니라면 깊은 이야기는 어렵다. 사회생활 대부분을 함께했던 직장 사람들과의 대화는 지금도 그저 그렇다. 나름 치열했었건만, 고작 서로 속내 감추기만 했던 것인가 싶다. 나이 들어가는 탓인지 매사 진정성에 대한 갈증이 크다. 마음에도 없는 시시한 대화를 나누느니 차라리 혼자서 책을 본다. 점점 친구와 친한 사람까지 구별되고 만남도 줄어든다.

내 경우 속 얘기까지 나눌 수 있는 상대는 기껏 아내와 절친 정도다. 하나밖에 없는 고향 절친은 약속을 잡고 기다리는 것부터가 행복이다. 만나서는 물론이고 헤어지고서도 한동안 좋은 기분이다. 그러던 것이 최근엔 자주 만나지지가 않는다. 멀어졌다는 게 아니다. 자주 안 보고도 알고 충분해서다. 언제부턴가 근황이나 안부 정도는 전화 한 통화로 끝내곤 한다. 한 번씩 갖는 동부인 식사 자리가 그나마 큰 행사다. 목소리만 편안하다면 그것으로 좋다. 이 친구, 요즘은 전화도 뜸하다. 하긴 나도 그러고 있다.

아내와는, 은퇴하고 알게 된 것이지만 그렇게 오래 함께 살았는데도 막상 나눈 대화가 적었음에 놀란다. 매일같이 보면서도 정작 대화는 매일같이 미루었던 거다. 하긴 바쁘기도 했다. 당시 사회상을 풍자한 우스개가 있다. 오늘도 퇴근이 늦은 경상도 남편 이야기인데, '밥은요?' 하고 묻는 아내 말에 '무-따(먹었다), 아-는(아이들은?), 자자(잡시다)'라고 한다는 세 마디 대화다. 실제로 나도 주말이나 되어야 아내랑 외식하며 아이들이나 양가(兩家) 이야기를 나눌 수가 있었다.

부부간 우리 이야기가 적었다는 것이다. 아마도 혼전에는 많이 했을 것이다. 근데, 결혼할 욕심에 진심을 넘은 이야기가 많았던 건지 그때도 사는 게 바빠서였던 건지 그다지 기억에 없다. 그렇다고 함께한 세월 진짜 아무 생각 없이 산 건 아니지만, 하여간에 '그대와의 대화'란 건 은퇴하고서야 많이 하게 되었다. 나와 비슷한 사람들은, 사람 수명이 길어져 만회할 기회가 남았다는 걸 정말이지 다행으로 여길 일이다.

요는 언제든 교감이 되는 상대와는 막상 만남도 대화도 적어진다는 역설이다. 이미 절친은 전화 한 통화로도 충분하고, 아내와의 일상도 이와 비슷하다. 휴일인 오늘도 각자 자기 일을 즐기는 것으로 했다. 그래서 아내는 꽃 그림을 그리고 있고 나는 이 수필을 쓰고 있다.

이래저래 혼자 되는 시간이 는다. 물론 이런 혼자됨은 외로움과는 다르다. 어느 시인이 이걸 고독이라고 했다. 외로움이란 것이 그래서 느껴지는 우울함이나 고통이라면, 고독이란 말에서는 왠지 의연함이 느껴진다면서. 그러니까 그가 읊은 '그대가 곁에 있어도 나는/ 그대가 그립다.'라는 구절이 그리움이나 외로움의 영역이라면, 고독을 즐긴다는 건 '그대가 곁에 없어도 나는/ 그대로 하여 행복하다.'쯤 될 것 같다. 혼자이긴 하나 그다지 외롭지 않고 오히려 조금은 편안하기도 한 상태 말이다.

다 잠들어 있는 새벽 고요한 시간에 책을 본다든지, 구릉지나 하천가을 길을 홀로 걷는다든지, 지난겨울 휴양림에서처럼 한밤중에 혼자 나가 있어 본다든지 하는, 아마도 혼자서 떠나는 기차 여행도 그럴 것이다.

사실 고독을 즐긴다는 말은 좀 묘하다. 어쩌면 자신이 진정 혼자가 아니라는 고백인 건지도 모른다. 나도 혼자서 자주 걷지만, 결코 나 홀로 걷는 길이 아니었다. 그 길은 동무들과 고기잡이 가던 들길이었고, 영화관서 잠들어 아버지 등에 업혀 돌아오는 내내 잠든 척했던 길이었다. 화사한 봄날엔 한 여자아이와 잘 마주치던 캠퍼스 벚꽃 길이기도 했고, 추운 겨울엔 정든 이를 떠나보내며 맘 시려했던 버스 정류장 하얀 눈길이기도 했다.

곁에는 늘 누군가가 있었고 가끔은 그게 내 자신이기도 했다. 새벽에 책 읽다가 행간에 걸려 넘어져 감전된 참새처럼 굳어 있다가, 아침 먹자는 아내 목소리에 쑥스럽게 얼굴 고친 일도 있지 않았던가.

사람이 온선히 혼자 된다는 건 애당초 없는 얘기다. 몹시 외로울 때조차도 나를 외롭게 하는 이와 함께였다. 지난 이별도 지금 내 사랑도 내 안에선 영원한 것, 내 살면서 쓸쓸하다 싶을 때면 한 번씩 그런 추억 꺼내어 만져 볼 것이다.

엄마의 젖가슴

장용식
2019. 9. 천료

사람은 태어나면 본능적으로 젖을 찾는다. 우리의 사람도 엄마의 젖가슴을 찾아 1년에서 1년 반 정도를 먹는다. 옛날에는 산모가 잘 먹어야 젖이 나올텐데 하루하루 살아가기도 힘이 들어 엄마의 젖은 그리 많이 나오지 않았다. 아이는 배가 고픈데 젖은 나오지 않고 아이는 힘껏 빨아도 나오지 않으면 있는 힘을 다해 악을 쓰고 운다. 엄마의 마음은 얼마나 미어졌을까.

먹을 것은 부족하고 자녀들은 대추나무에 열매 맺힌 듯 줄줄이고 못 먹고 못 살아도 어느 부모가 자기 자녀를 소중히 여기지 않겠는가. 젖을 충분히 먹이지 못한 엄마는 밥을 지을 때 국그릇을 솥 안에 넣어 두고 불을 때면 밥이 끓으면서 밥물이 국그릇에 담기면 그 밥물을 약간 달게 해서 아이에게 먹인다. 그것도 양이 부족하면 엄마들은 밥을 아주 부드럽게 씹어서 아이 입에 대면 아이는 젖 빨듯이 쪽쪽 빨아 먹는다. 아마 60년 이전에 태어난 사람은 거의 그렇게 자랐을 것이다. 저수지가 없어 농수로도 정비가 되지 않아 그저 하늘만 쳐다보고 농사를 지었으니 논밭에서 무슨 수확이 나오겠는가. 거기다 나라를 빼앗기고 해방은 되었지만 또다시 전쟁으로 지금 생각해 보면 너무도 고생들이 많았다.

어려서 젖배부터 곯았으니 성장 과정에서도 잘 자랐겠는가. 어려서 젖을 못 먹어 면역력이 약해 성장 과정에서도 자주 아팠을 것이다. 아마 그래서 청년이 되어서도 많이들 죽었다. 요즘은 어떠한가. 병원에서 출산을 해서 일주일 뒤에는 회복실에서 15~20일 정도 조리를 하고 퇴원을 하지 않는가. 아이의 면역력을 높이기 위해 몇 달간을 모유를 먹이다 차츰 분유로 바꾸어 먹인다. 대부분 산모의 몸을 관리하기 위해서 그러기도 하지만 요즘은 모두가 맞벌이를 하기에 그럴 수밖에 없는 상황이다.

어려서부터 우량아로 자라는 아이들이 얼마나 많은가. 대부분 분유를 먹이니 엄마의 젖가슴을 알지 못한다. 내가 어려서 동생들이 엄마의 젖을 빨 때면 한쪽 손가락은 엄마의 한쪽 젖가슴을 만지며 젖을 빤다. 그것이 바로 내가 본 엄마의 젖가슴이 아닐까. 옛날 엄마들은 정말 위대했다고나 할까. 당신은 배가 고파도 먹지 않고 배고픔에 굶주린 자식을 위해 그 밥을 가져와 자식들에게 먹이지 않았던가. 나는 그러한 걸 많이 보았다.

가을이면 벼를 홀태에 훑다 보면 뒷정리를 어두워질 때까지 한다. 엄마는 큰 가마솥에 밥을 지어 저녁까지 먹게 하고 큰 양푼이 여기저기에 퍼담아 놓았다. 그분들이 가실 때면 한 분 한 분 드렸다. 젖먹이 아이를 두고 온 부모들은 얼마나 마음이 급하겠는가. 집에 가자마자 엄마들은 젖가슴을 내밀어 아이에게 물릴 것이다. 엄마의 젖가슴은 아직도 젖냄새가 내 콧끝을 적신다.

너와 나의 공존의식이 왜 절실한가?

조인형
2019. 9. 천료

한반도가 분단된 지 70년이 지나 1세기를 향해 질주하고 있다. 제2차 세계대전 후 분단된 나라들이 모두 통일되었음에도 불구하고 남북한은 아직도 같은 동포끼리 총부리를 겨누고 있다. 특히 북한은 적화통일을 위해 1950년 6·25전쟁을 일으켰다. 국군과 유엔군이 반격에 나섰으나 중공군의 개입으로 결국 1953년 7월 27일 휴전협정을 체결하여 오늘에 이르고 있다.

그러면 왜 같은 동포끼리 이렇게 오랜 세월 동안 총부리를 겨누고 있는 것일까? 그것은 한마디로 말하면, 좌와 우의 이념문제 때문이다. 그러면 좌와 우의 이념은 과연 절대적 가치를 가진 것인가? 인류 역사를 거슬러 올라가 보면, 기원전 5세기경 플라톤과 아리스토텔레스는 이상적 국가체제는 무엇인가 체제 논쟁이 있었다. 플라톤은 자유를 적절히 통제하면서 공동체 생활을 강조하는 사회주의적 스파르타를, 아리스토텔레스는 개인의 자유와 능력을 인정하는 합리적이고 자연적인 아테네 체제를 선호했다.

이런 주장은 좌익과 우익 이념의 초기 단계의 주장으로 볼 수 있다.

그후 로마제국이 대두하여 서구와 동방지역에 막대한 영토를 강점하였다. 로마제국이 정복한 영토를 지배하는 과정에서 라티푼디움(Latifundium)이라는 대토지소유제가 실시되었다. 소규모의 자작농이 몰락했다. 이들이 도시로 집중하여 일일 노동자가 되었다. 이들을 프롤레타리아(proletaria)라고 부른다. 이들이 사회적으로 문제가 되었다. 그라쿠스 형제가 농지개혁을 통해 해결하려 했으나 형 티베리우스 그라쿠스는 피살당하고 동생 가이우스 그라쿠스는 자살하였다. 그런 혼란기에 민중파(populares)의 거두 마리우스(Marius) 장군 세력과 벌족파(optimates)의 거두 술라(Sulla) 장군 세력 간에 내전이 발생하여 많은 희생자가 발생하였다. 그 후 근세에 이르러 1789년에 프랑스혁명이 발생하였다. 이 혁명의 발생 배경은 앙시앵 레짐(Ancien Regime)이다. 이것은 불평등한 사회구조의 누적된 모순을 타파하여 정치·경제·사회의 신분적 평등사회를 이룩하려는 대표적 근대 시민혁명이라고 할 수 있다. 좌익과 우익의 근대적 기원은 프랑스혁명 당시 국민의회에서 혁명파는 좌측, 왕당파는 우측에 나뉘어 앉은 것에서 비롯되었다. 로베스피에르(Robespierre)를 중심으로 한 자코뱅파(Jacobins)는 왕당파인 지롱드파(Girondins) 인사들과 기득권 세력들을 적폐로 몰아 단두대에 처형하였다. 그 후 1848년 엥겔스와 마르크스에 의해 공산당 선언 이후 공산주의 인터내셔널이라는 국제공산주의운동(Comintern)이 빈부격차가 많은 빈곤한 나라들에 프롤레타리아혁명이라는 명분으로 전 세계에 들풀처럼 확대되어 러시아와 중국, 그리고 일본 유학생들을 통해 한반도에까지 확산되어 오늘의 좌익과 우익의 갈등사회를 초래하게 되었다.

하지만 프롤레타리아 종주국 소비에트연방공화국이 1991년 붕괴되고, 동구권 국가들이 탈이념 국가로 변했고, 중국마저도 실사구시적 시장경제를 인정하는 수정공산주의 국가로 변신하였다. 하지만 북한만 세계 유일하게 문을 굳게 닫아 매고 남북한이 공멸(共滅)에 처할 핵무기로 공포 분위기를 조성하고 있다. 북한은 권력욕에 사로잡힌 외고집을 버리고 문을 열고 탈이념의 세계 사조를 수용해야 한다. 인류 역사는 순리적이며 자연적인 세계 보편 이성을 누구나 인정하는 방향으로 흘러가고 있다. 북한은 적화통일의 환상을 버리고 너와 내가 상생하면서 평화스럽게 순리적으로 난제를 풀어가려는 코페르니쿠스적 공존의식으로의 사고의 전환이 절실하다. 그렇게 북한이 생각을 바꾸면 남북통일도 자연스럽게 도래하게 되리라 생각된다.

양심 초상화 그려보기

김휘규
2020. 1. 천료

사람과 동물의 차이점은 다양하다. 사람은 동물에 비해 지적 능력이 뛰어나고 문자와 언어로 소통한다. 지구 생명체 중에 유일하게 불을 다루고 이용할 줄 안다. 생존하기 위해 도구를 활용하고 개발하여 과학 문명을 이루었고 문화예술을 창조하고 함께 즐길 줄 안다. 사람이 동물보다 상대적으로 우수한 지적, 과학적, 문화적 창조 능력으로 세상의 만물을 지배하고 이용할 수 있다고 하여 만물의 영장이라 자칭한다. 하지만 사람과 동물을 구분 짓는 기준은 양심(良心)이다. 양심은 사람만이 가진 특별한 능력으로 도덕과 윤리에 반하는 언행을 부끄러워하며 반성하는 인식 능력이다. 양심은 사람을 사람답게 만든다.

사전에서 양심이란 '사물의 가치를 변별하고 자기의 행위에 대하여 옳고 그름과 선과 악의 판단을 내리는 도덕적 의식' 또는 '도덕적인 가치를 판단하여 옳고 그름과 선과 악을 깨달아 바르게 행하려는 의식'으로 정의한다. 칸트(Kant, Immanuel)는 양심이란 자신이 올바르다고 믿는 행위를 행하였는가 아닌가를 판단하는 '도덕적 판단력'이며, 인간의 내면에 있는 법정 의식이라고 했다.

나치의 친위대 장교였던 아돌프 아이히만은 인두겁을 쓴 인간 괴물이다. 그는 유대인을 집단으로 학살할 장소로 운송하는 실무 책임자였다. 제2차 세계대전 후 전범자로 수배 중이던 그는 1960년 이스라엘 특수요원에 의해 체포될 때까지 가명을 사용하며 아르헨티나 수도 부에노스아이레스에 숨어 지냈다. 이스라엘 법정은 그의 죗값으로 교수형을 선고했다. 하지만 그는 죽음 앞에서도 유대인 인종청소에 가담한 행위에 관하여 어떠한 양심의 가책이나 후회의 감정을 표하지 않았다고 한다. 오히려 심문 과정에서 "상부의 명령, 국가적 행위로 필요하면 자신의 아버지라도 죽음으로 보낼 것"이라고 답하여 세상을 경악하게 하였다. 유대인으로 정치철학자인 한나 아렌트(Hannah Arendt)는 그녀의 저서 『예루살렘의 아이히만』에서 "악의 평범성(Banality of evil)"이라는 말로 도덕과 윤리 의식이 결핍된 사람들이 죄의식 없이 악행을 도모하고 저지른 행위를 정의했다.

개인보다 지배 집단이 양심을 상실한 사회는 더더욱 불안하고 위험하다. 나치 정권이 유대교에서 짐승을 통째로 구워 신 앞에 바치는 전번제(全燔祭)의 제물 다루듯 600만 명에 이르는 유대인을 학살한 홀로코스트(the holocaust) 사건이 대표적인 사례이다. 홀로코스트를 배경으로 만든 영화 「쉰들러 리스트」나 무지막지한 나치의 폭력에 맞서는 유대인의 생존기를 다룬 「피아니스트」와 「인생은 아름다워」를 보면서 사실 여부를 떠나서 양심을 상실한 집단이 저지른 끔찍한 만행에 분노하지 않을 사람이 없을 것이다. 그런데 나치의 홀로코스트 사건이 역사의 끝이 아니었다. 1975년부터 1979년까지 4년 동안 캄보디아의 크메르루즈(Khmer Rouge) 정권은 200만여 명의 자국 양민을 학살하였다. 이른바 킬링필드 사건이다. 어디 이뿐이겠는가. 전쟁사에서 승자가 저지른 만행은 수없이 많다.

그런데 요즘 우리 사회가 불안하다. 최근 불특정 다수를 향한 '묻지마 흉기 난동' 사건처럼 여기저기에서 성격이 짐승처럼 흉악하고 잔인한 사람이 뉴스에 자주 등장한다. 도덕과 윤리 의식의 결핍을 보여주는 이상행동이다. 현대의 이상심리학에서 이러한 행위를 반사회성 성격장애, 사이코패스(psychopath)로 부른다. 문제는 이상행동 범죄자를 영구히 사회에서 격리하라는 여론이 빗발치고 있는데도 공개적으로 흉기 난동을 모방하고 예고하는 예비 범죄가 잇따르고 있다는 점이다. 혹자는 세상이 황금만능주의에 매몰된 이기주의로 각박한 탓이라고 진단한다. 하지만 양심을 상실한 시대에나 있을 법한 '악의 평범성'이 이미 우리 사회에 만연했다는 징조로 보인다.

더 두려운 행태는 비록 일부이긴 해도 지능적으로 선한 척, 공정한 척, 정의로운 척하는 권력 집단이다. 그들은 권력과 권위를 이용하여 은밀하고 부당한 방법으로 각종 정보와 기회를 선점하여 신분 상승을 하고, 교묘한 방법으로 부정한 흔적을 남기지 않고 축재(蓄財)한다. 그러고도 양심의 가책이나 부끄러움을 외면한 채 떳떳하고 당당하다. 팬덤(fandom)을 방패로 삼아 진실을 은폐하거나 왜곡하여 거짓을 진실로 둔갑시키려 한다. 의식적으로 양심을 속이거나 가식적으로 피해자인 척하는 행위도 넓은 의미로 보면 일종의 사이코패스이다. 양심을 상실한 권력이 백성을 선동하여 저지른 역사적 만행을 응용한 듯하여 불쾌할 때가 한두 번이 아니다.

사람은 사람다워야 사람이라고 했다. 사람답다는 말을 요약하면 개인의 지적 능력이나 학문적 지식이 아니라 양심이 있어야 한다는 말이다. 양심이 사회를 건강하고 튼튼하게 만들기 때문이다. 양심의 모습은 맹자(孟子)가 말하였듯이 불쌍한 사람을 보면 가엾이 여기며, 생각과 말과 행동이 옳지 못하면 부끄러워하며, 겸손하고 양보하는 마음과 사리를 분별하는 마음으로 나타난다.

사이코패스임을 숨기고 선한 척, 공정한 척, 정의로운 척하며 권력을 누리는 자들도 사회를 병들게 하는 바이러스이다. 소위 '묻지마 흉기 난동' 사건도 겉모습만 사람일 뿐 양심이 없는 동물과 다름없는 사람이 저지른 이상행동이다. 거리에서 마주치는 수많은 사람 중에 양심을 상실한 누군가가 갑자기 밀림에서 굶주린 맹수처럼 돌변할까 불안하고 두렵다. 이들을 걸러낼 방법은 없을까. 사람의 양심을 찍어 볼 수 있는 사진기나 양심을 그린 초상화라도 있으면 좋겠다.

정(情)을 나누다

신영숙
2020. 3. 천료

아침이다. 창문을 활짝 열고 바람결에 흔들리는 커튼을 묶는다. 봄 내음이 물씬 풍긴다. 서둘러 쌀을 씻어 밥솥에 앉힌다. 오늘 하루도 우리 가족이 이 밥을 먹고, 건강하고 행복하게 하루를 보낼 수 있게 해 달라고 마음속으로 빌어본다. 기름을 두른 냄비에 무와 고기, 다진 마늘 반 큰술을 넣고 살짝 볶아준다. 무가 투명해지면 물을 넣고 팔팔 끓인다. 아침 메뉴는 노릇하게 구운 생선구이와 소고기 뭇국과 김치다. 간소하지만 정성을 다한 아침 밥상이다.

우리 가족은 아침을 꼭 챙겨 먹는다. 매일 함께하는 30분의 식사 시간은 밥을 먹는 것과 동시에 대화를 나누는 시간이다. 그런데 아이들이 대학에 다니면서부터는 각자 달라진 생활 습관으로 인해 다 같이 밥을 먹기 힘들어졌다. 하지만 다시 아침상을 정성껏 차리는 이유는 이제 막 사회 초년생이 된 아들에게 든든함을 채워주고 싶어서다. 맛있게 밥을 먹는 아들을 보고 있으려니 언제 저렇게 컸는지 새삼 대견하다.

다 커버린 아이들의 시간은 늘 바쁘다. 가족과 함께하는 식사 시간이 줄어들었다. 당연히 대화하는 시간도 줄었다. 그래서일까, 서로에 대한 이해와 배려도 같이 줄어드는 것만 같았다. 가족이기에 서로에 대해 잘 안다고 생각했다. 하지만 줄어든 대화는 오해를 불러왔다. 가족이 한자리에 앉아 얼굴을 마주하고 밥을 먹는다는 것은 대화를 나누며 서로를 이해하고 알아가며 마음을 나누는 일이다. 그래서 우리 가족은 다시 아침을 먹기로 했다.

밥은 한국문화에 매우 중요한 역할을 한다. 인간관계를 매개(媒介)로 하기 때문이다. 밥을 통해 우리는 상대방에 관한 관심과 사랑을 표현하고 느껴왔다. 살아가는 데 있어 가장 중요한 건 먹는 일이다. 미운 사람을 대할 때도 밥은 중요하다. 영화 「살인의 추억」에서 형사 송강호가 범인과 마주쳤을 때 한 말은 "밥은 먹고 다니냐"였다. 드라마 「나의 아저씨」에서는 아들을 모욕한 건축업자가 사과하러 왔을 때 어머니가 건넨 말 역시 "밥 먹고 가요"였다. 한국인들에게 함께 밥을 먹는 행위는 우리 가족(식구)임을 확인하는 동시에 서로를 위로하고 용서하는 의식이다.

직장인들에게 즐거운 시간은 점심시간이다. 다행스럽게도 내가 다니는 곳은 직장 내 구내식당이 있다. 무얼 먹을지 고민하지 않아도 된다. 가끔 구내식당 메뉴가 마음에 안 들 때나 약속이 생기면 근처 식당을 찾는다. 점심 시간은 짧고도 귀한 시간이다. 단순히 밥 먹는 것 이상의 특별한 의미가 있다. 좋은 사람들과 밥을 먹으며 함께 할 수 있는 것만큼 즐거운 일도 없다. 짧은 시간이지만 많은 이야기가 오고 간다. 가정사, 연애사, 진상 민원에 대한 뒷담화 등 시시콜콜하고 다양한 이야기가 서로의 공감대를 만들어 낸다. 점심시간은 각자의 시간이기도 하다. 식사 후 산책한다든지 커피를 마시기도 하며 때론 혼자만의 시간을 갖기도 한다. 오전의 스트레스를 날리고 에너지를 재충전하는 시간이기 때문이다.

한집에 사는 가족이나, 동고동락할 만큼 친밀한 사람을 식구(食口, 끼니를 함께하는 사람)라고도 한다. 이런 이유로 친한 사람들과의 식사는 떼려야 뗄 수 없는 관계처럼 느껴진다. 직장 소속 구성원들과 다 함께 식사하는 경우가 있다. 직원들 간의 친밀도를 높이기 위해 갖는 회식 자리이다. 회식은 팀 구성원들 간의 관계에 긍정적인 효과가 있다고 한다. 그런데 왜 하필 식사일까, 같이 차를 마시며 수다를 떨거나, 영화를 볼 수도 있고, 운동이나 게임을 할 수도 있는데 말이다. 그런데 여기에는 특별한 이유가 있다. 바로 숨겨진 심리학, 오찬 효과(Luncheon effect) 때문이다. 오찬 효과는 사람들이 함께 음식을 먹을 때 상대에 대해 호감을 느끼게 되는 현상을 말한다. 맛있는 것을 먹을 때 엔도르핀(endorphin)이 나오면서 기분이 좋아지고, 이런 긍정적인 감정이 상대방에 대한 호감으로 연결되기 때문이라고 한다.

며칠 전, 친구의 남편이 갑자기 쓰러졌다는 소식을 들었다. 병원에서 '뇌경색'을 진단받았다고 했다. 다행히 빨리 병원에 갈 수 있어서 약물로 치료할 수 있지만, 후유증이 남을 거라고 한다. 하루아침에 건강했던 사람이 환자가 되었으니 얼마나 놀랐을까, 갑자기 변한 상황이 기막히다고 말하는 친구가 염려스러웠다. 그새 수척해진 친구와 밥을 먹기 위해 밥상을 차렸다. 친구나 지인이 힘들어할 때, 나는 그와 함께 밥을 먹는다. 분위기 좋은 레스토랑에서 먹는 일류 요리가 아니다. 될 수 있으면 내가 지은 밥과 반찬으로 집밥을 함께 먹으려고 한다. 나 역시 언젠가 다른 사람이 나를 위해 차려 놓은 밥상에서 크게 위안 받았던 기억이 있기 때문이다. 마음이 힘들 땐 밥이 최고다. 혼자서 먹는 밥이 아닌 누군가와 함께 먹는 밥은 위로가 되어 주기 때문이다. 나는 친구에게 언제라도 좋으니 힘들 때 밥 먹으러 오라고 했다.

외국인들이 우리나라 정서(情緖) 중에 이해하지 못하는 것 중 하나가

"언제 밥이나 한번 먹자"라는 말이라고 한다. 가볍게 마시는 커피도 아니고 그렇다고 술도 아닌 밥을 함께 먹자는 말에는 정확한 날짜가 없다고 했다. 기약 없는 약속을 정하는 것도 이상하지만 그 약속을 아무렇지 않게 받아들이는 사람들이 더 이상하다고 했다. 하지만 그들은 알 리 없다. 숱한 하루 중에 어느 날인 '언제'는 함께 밥을 먹으며 마음을 나누는 시간이고 또 위로받고 싶은 날이다. 같이 먹는 밥의 따뜻함과 위로, 그리고 밥의 힘을 말이다. 쌀 한 알 한 알이 모여 밥이 된 것처럼 함께 밥을 먹는 일은 "걱정하지 마, 넌 혼자가 아니야 네 곁에 우리가 있어"라는 따뜻한 의미가 있기 때문이 아닐까. 우리는 밥을 함께 먹으며 정(情)을 나눈다.

비만입니다

최정란
2020. 3. 천료

내가 38세의 팔팔한 아줌마일 때였다. 그때 나는 날마다 밥상을 들고 배달하러 다니던 밥집 아줌마였다. 오전 11시 30분부터 오후 1시 30분까지는 눈썹까지 휘날려야 하는 바쁜 배달맨이었다. 여름이면 뜨거운 시간에 제일 뜨거운 밥과 찌개를 들고 반팔과 반바지 차림으로 정신없이 뛰어다녔다. 가무잡잡한 나의 피부는 8월 하순이 되면 까맣게 타서 반질반질 윤이 났다. 태양 아래 서면 땀과 함께 촉촉이 빛을 발하는 구릿빛 피부는 누가 봐도 건강한 배달의 민족 그 자체였다. 오늘날 배달의 민족 그 원조가 바로 나였다.

그러던 어느 날 전기세를 체납했다는 독촉장이 날아들었다. 한전에 전화해서 나는 완납했노라고 지금까지 살면서 공과금 따위를 체납한 적이 없는 성실한 시민임을 주지시켰는데 전화를 받은 아가씨가 자기네 서류로는 안 낸 걸로 되어 있다면서 영수증이 있냐고 묻는다. 당연히 있다고 하자 그럼 한전으로 영수증을 가지고 방문해서 입증하란다. 나도 날마다 휘날리게 바쁜 사람이다. 그러니 당신들이 와서 확인해가라고 하자 그러면 자기들은 요금 고지서를 다시 발부할 수밖에 없다는 말만 되풀이하고 있었다. 내 참, 자기네가 잘못했으면서 민원인보고 방문해서 입증하라니 어이가 없었다.

8월도 막바지인 어느 날 밥상 배달을 어느 정도 끝내 놓고 주방을 봐주시는 분에게 마무리를 부탁하고 한전을 찾아갔다. 마침 담당자가 자리에 없다며 기다리란다. 슬며시 화가 났다. 나도 바쁜 사람이고 시간이 돈인데…. 하지만 그런 내 기분을 아는지 모르는지 아무도 내게 미안하다거나 얼마를 기다리라는 설명을 하지 않는다. 오후 세 시의 햇살은 사람들을 적당히 늘어지게 하고 있었다. 이 층 창구는 조용하다 못해 적막이 감돌았다. 심심한 나머지 한 바퀴 휘~ 돌아보는데 몸무게를 재는 기계가 눈에 띄었다. 그냥 체중계가 아니라 손잡이도 달려 있고 뭔가 복잡하고 정밀해 보였다. 호기심이 많은 나는 얼른 올라가서 양 손잡이를 잡고 시키는 대로 따라 하는데 화면이 그래프를 그리며 한참 움직이더니 갑자기 "비만입니다. 비만입니다. 비만입니다." 기계음이 촐싹 맞은 여자의 목소리로 오두방정을 떨고 있었다. 그 순간 함께 간 5살짜리 딸이 벌떡 일어나더니 거의 울 것 같은 표정으로 나를 쳐다보고 발을 동동 굴리며 고개를 돌려 이리저리 살피고 있었다.

나른하던 사무실에서 갑자기 튀어나온 소리를 따라 직원들 모두의 시선은 일제히 내게로 쏠리고 있었다. 오! 이런 맙소사, 얼른 뛰어내려 기계음을 잠재우고 나서 그 측정기를 말없이 째려봤다. 키 158cm 몸무게 53kg을 그렇게 비만이라고 외쳐 대니 에이 C 저런 기계 같으니 확 그냥, 막 그냥…. 다시 구석으로 가서 조용히 앉았는데 생각할수록 화가 났다. 벌떡 일어나 창구로 가서 민원인을 오라고 해 놓고 언제까지 기다리란 거냐? 따졌다. 당신들만 바쁜 게 아니다. 나도 식당을 비워 놓고 왔다. 이게 말이 되느냐? 하니 그제야 영수증을 보자더니 처리해 주곤 아주 무성의하게 됐으니 돌아가란다. 하다못해 미안하다던가 죄송하다는 상투적인 사과 한마디도 없었다. 너무도 당연하고 당당한 한전이었다.

40이 넘고 건강검진 대상자가 되고 나서 검진을 하러 가서야 그것이 체지방 측정계라는 것을 알았다. 40대 이후부터 해마다 야금야금 한 해에 1kg씩 나잇살이 쪄서 어느 날 몸무게와 키가 나란히 평행을 달리더니 키가 2cm가 줄었다. 그리곤 또 줄고, 줄더니 키는 무려 4cm가 줄었고 몸무게는 해마다 늘어 이젠 정말로 비만이 되었다. 건강검진을 할 때마다 비만이라고 체크 된 항목을 보면 그날의 "비만입니다."가 떠올라 웃음이 나온다. 모두 양호한데 체중을 관리하란다. 나이를 먹으면서 아무리 세찬 바람이 불어도 괜찮을 매우 안정적인 몸무게가 되어가는 나를 그냥 받아들여야 할까?

지금도 궁금한 건 1998년도에 한전에 그런 기계를 왜 갖다 놓았을까? 민원인을 위한 배려라면 따로 조성된 공간이어야 하건만, 많은 사람이 오가는 사무실 한쪽에 그렇게 시끄러운 "비만입니다."가 버젓이 자리해 있었다는 건 지금도 도저히 이해되지 않는 대목이다. 한전에서 굳이 방문고객의 체지방 분석까지 해 줄 필요가 있었을까? 공공기관을 방문해서 살피다 보면 쓸데없는 기획과 행정으로 국민의 세금이 줄줄 새는 것을 부지기수로 목격한다. 예산의 지출을 기획하고 실행할 때는 반드시 그에 따른 책임과 의무가 병행돼야 하건만 잘못된 예산의 비만은 아무도 책임지지 않는다.

서울시 교육청이 '스마트 교실' 사업의 목적으로 2021년 287억 원의 예산을 들여 서울 시내 중학교 1학년 교실 2,878곳에 전자칠판을 깔았다. 하지만 전자칠판은 도입 당시부터 '예산 낭비'라는 지적이 끊이지 않았다. 기존 빔프로젝터와 컴퓨터를 연결해 디지털 자료를 수업에 활용할 수 있어서 전자칠판의 활용도가 떨어진다는 것이었다. 전자칠판 가격은 대당 1,000만 원에 달했다. 전국 교직원 조합 서울지부가 "멀쩡한 칠판과 멀티미디어 기기가 있는데도 국민 혈세를 낭비한다."라고 비판했다. 학교 예산으로 심야에 치킨을 시켜 먹고 뮤지컬을 관람하고 바리스타 자격증을 취득했다고 뉴스에 보도됐다. 경남의 모 고교에서는 음파 전동칫솔까지 사들인 것으로 조사됐다.

> 강원도교육청이 일선 학교에 총 2,700억 원을 내주면서 소진 시기를 내년 2월로 못 박아 각 학교에 비상이 걸렸다. 예산을 소진해야 하는 시기가 5개월밖에 남지 않은 데다 이월도 불가능하기 때문이다. 도 교육청은 추경에서 3,469억 원의 예산을 추가로 확보했다. 이 중 학교에 내려보낸 전출금은 2,738억 원으로 확보 예산 대비 78.9%에 달한다. 학교마다 수천만 원에서 수억 원 규모의 예산이 한꺼번에 내려오면서 예산을 미처 소화하지 못해 애를 먹고 있다고 한다. 교육지원청 공문을 보면 지난달부터 이달 초까지 일선 학교에 보낸 공문에 나온 예산만 39억8,000만 원이다. 학교 도색과 비품 교체, 지능형 과학실 운영비, 학교 현안 사업, 체육관 시설개선 등의 명목이다. 비슷한 내용의 사업들이 제목만 달리해 적게는 몇백만 원에서, 많게는 몇천만 원 단위로 내려오고 있어 일부 학교는 멀쩡한 비품까지도 교체를 검토하고 있다. 학교 관계자는 "지난해 과학실 리모델링을 했는데 올해 또 지능형 과학실 구축을 명목으로 5,000만 원이 내려왔다."라며 쓸 수 있는 책, 걸상도 예산 소진을 위해 바꿔야 하나 고민 중이라고 했다.
>
> – (2021.10.15. 도민 일보 발췌)

> 감사원이 강원도교육청을 대상으로 2021년 제2차 추가경정예산 편성사업을 점검한 결과 "예산에 여유가 있다는 사유로 겨울철에 공사가 어려운데도 333억 원의 도색 사업을 추진하는 등 불필요하게 예산이 집행된 사례가 확인됐다"라고 밝혔다. 강원도에서 부모가 도내 거주자일 경우 출생일로부터 48개월간 매월 50만 원을 지급하고 있음에도 2021년 교직원만을 대상으로 지급되는 출산축하금을 첫째는 30만 원에서 100만 원으로 둘째는 200만 원에서 300만 원으로 증액했다. 관리 교원 전원에게 스마트 단말기 600대를 지급했다가 210대는 사용하지 않은 채 보관만 했고, 지급된 152대 가운데 95대는 수업 활용 실적이 없는 것으로 나타났다. (2023.5.31. 강원일보 발췌)

2017년 572만 5,060명이던 전국 초·중·고교생 수는 2022년 527만 5,054명으로 5년간 45만여 명(7.9%) 감소했지만, 이듬해 지방재정교부금은 76조 원으로, 2017년 48조6,000억 원보다 56% 급증했다. 학생 1인당 교육교부금은 이 기간 850만 원에서 1,442만 원으로 예산이 비만해졌다. 학생 수와 관계없이 현행법에 따라 내국세의 20.79%는 지방교

부세로 자동 배정된다. 학생 수는 해마다 10만 명가량 줄고 있지만, 경제 규모는 해마다 커지면서 세원은 큰 폭으로 늘었다. 행정은 이를 뒷받침하지 못하고 일선에선 과다 책정된 교부금을 반납하지 않으려고 어떻게든 모두 쓰려다 보니 이런 문제점을 만들었다. 열심히 벌어도 세금으로 모두 나간다며 자조하는 사람들도 많다. 힘들게 벌어서 성실히 납세하는 사람들을 위해 현실성 있는 제도와 편성으로 고쳐야 한다.

살펴보면 교육부만은 아닌 것이 전국 곳곳의 지자체에서도 예산 낭비는 심각하다. 최근 도내에서 개발한 공공 앱도 강원도가 출시한 배달앱 '일단 시켜'와 춘천시가 개발한 '불러 봄'은 중복된 앱이라서 사용자와 자영업자들의 불편만 초래했다. '불러 봄'은 개발비와 유지비가 4억 5천이 들어갔고 '일단 시켜'라는 6억이 소요됐다고 하는데 상인들은 2개를 함께 쓸 수 없어서 어느 걸 써야 할지 몰라 곤란하다고 했다. 춘천 '호수길' 앱도 '스마일 콜택시' 앱도 다운로드 수가 저조해 폐기 대상이라 했다. 동면 사무소 인근에는 3년도 안 된 마을 가로수를 생육 부진이라는 말도 안 되는 핑계로 교체하면서 예산을 1억 2천이나 낭비했다. 누군가는 그 나무를 심는 조경회사와 고위 공무원 모 씨가 인척 관계임을 말하기도 했다.

기관에 넘쳐나는 예산은 공무원들의 업무 비만을 초래한다. 그들이 맡은 바 업무에만 치중할 수 있도록 해야 한다. 남아도는 예산을 반납하면 다음 해 예산 배정이 어려울 수 있다는 말도 안 되는 구시대적인 논리로 배정받은 예산을 어디에든 써야 한다며 업무수첩을 뒤적이는 것은 심각한 업무 비만이다. 눈부신 과학기술의 발달로 하루가 다르게 변해가는 세상에서 가장 더디게 변해가는 조직이 정부 기관은 아닌지? 묻고 싶다. 경제순위 세계 10위의 나라답게 예산의 비만을 모두 걷어내고 모든 기관은 업무 비만에서 벗어나 자신들 고유의 업무에만 치중해 준다면 좋겠다.

새로운 여정

사혜나
2020. 4. 천료

이사 후 생소한 곳에서의 나의 하루는 모든 일상이 그러하듯 미세한 변화만 조금씩 내게 보여준다. 그와 달리 이곳의 바다는 잘 달릴 준비가 되어 있는 한 마리 잘 빠진 말의 등과 같다. 어딘가로 달려갈 것만 같은 순간의 반짝반짝 빛을 내는 바다에는 너울대거나 일렁이는 파도는 없다. 파도가 없는 바다 건너편에는 큰 선박이 서 있다. 그 모습은 마치 항구를 그려낸 외국의 한 점 그림 같다.

나는 바둑판 같은 도로 한복판에서 신호를 따라 내가 가야 할 방향으로 동선을 정하고 액셀을 밟아 오늘 처음 새롭게 만나게 될 도서관으로 향했다. 도서관 창밖 정원의 짙은 녹음이 박하사탕처럼 시원하게 보였다. 서가에서 소설책 한 권을 뽑아 들고 비어 있는 자리를 찾아 책을 펼쳤다. 그때 와글와글 쏟아져 나오는 글자들, 조금 전의 영상들은 다 지워지고 나는 또 다른 세계의 좌표를 그린다.

시간이 책의 한쪽 날개에 점점 힘을 싣기 시작하자 책은 균형을 잃지 않으려고 잠자리 날개에서나

들릴 것만 같은 소리를 냈다. 그것은 마치 한 척의 목선이 항구의 어귀를 벗어나 잔잔한 물결을 헤치고 도착한 지점에서나 들려올 것 같은 소리였다. 그 순간 나의 머릿속 해마가 눈을 번쩍 떴다. 출렁이는 수면 사이에서 고래를 발견하듯 한 페이지씩 넘기는 동안 깊은 해저의 신비한 세계에 빠져드는 느낌이었다.

오후, 기울어진 햇살을 등에 받으며 도서관 뜰 벤치에서 잠시 휴식을 취했다. 드맑은 코발트색 하늘엔 흰 구름이 흘러가고, 바다는 주홍빛 태양을 흰 천으로 가린 듯 엷은 햇빛으로 치장하고 마치 바다의 신이 연주하는 듯한 오카리나의 음향이 출렁이고 있었다.

바다 향기와 소리를 뒤로 하고 실내로 돌아와 다시 읽던 페이지를 넘긴다. 마지막 장에 이르러 이번에는 힘차게 달리는 한 마리 준마의 말발굽 소리가 내 의식의 저변을 요동치고 있었다. 나는 물결에 깃을 적시고 파도를 따라 오르내리며 낯선 곳의 시간을 탐색하는 한 마리 바다새가 되어 또 하루를 보냈다. 생각은 들숨날숨의 고요 속에서 소금기 품은 해풍의 찝질한 입맛을 다시며 일상의 경계선에 선을 긋고 있었다. 이미 이곳 바다의 풍광에 한 부분으로 음각된 나를 발견한다.

나는 오래전부터 내 시간을 여행할 수 있기를 바라고 있었다. 생각은 들숨날숨의 고요 속에서 서해의 염전을 어렴풋이 떠올리게 했고, 그런 생각 때문인지 나는 혀끝에서 소금기를 맛보게 된 듯했는데, 그것은 나를 현실로 혹은 상상의 나라로 데려가 주기에 충분한 재료가 되었다.

나는 새로운 경험의 시작을 알리는 백로의 비단물결 같지만 하얗고 흰 반투명의 날개 수신호로 새로운 경험을 준비 중임을 직감한다. 나는 코끼리 등허리 같은 암벽 같은 덩어리가 내게 찾아들고 시간의 통로를 닫아 또 다른 세계로의 시간을 맞으려 한다.

머나먼 나라의 산호들도 운율을 이루기 위해 발 빠르게 움직이고 있다고 소식을 전해주는 듯 바다 혹은 강가의 물결이 조금씩 변화를 주며 미동한다. 나는 이 모든 것이 이 땅의 자연이 내게 주는 선물이라는 것을 짐작할 수 있었다.

주섬주섬 가방을 챙겨 일어났다. 창문을 중심으로 나란히 앉아 있던 사람들과 서가 사이를 오고가는 사람들을 지나 몇 권의 책을 대출기계 위에 올려놓았다. 지금까지 이용해 왔던 방식과 조금 다른 것이 서툴러서였는지 책 빌리기에 몇 번이나 실패를 하고 있을 때 지나가던 사서 한 분이 다가왔다. 오늘 새로운 책이음카드를 만들어 주던 분이다. 자세히 신속하게 대출방법을 알려주더니 왼쪽 코너로 서가 트랙을 밀고 사라져 갔다. 가방 안에 가득해진 새로운 책들에 대한 기대가 집으로의 걸음을 재촉한다. 도서관도 제각각 특성과 개성을 가지고 있다는 것을 새삼스레 다시 생각나게 하는 새로운 도시에서의 도서관 탐방이 앞으로 어떻게 지내야 하는지 구체적 계획을 말해주는 것 같았다.

집으로 오는 길에는 서해의 낙조가 산등성을 붉은 색상이 끼어든 보랏빛으로 곱게 물들여 놓고 있었다. 낙조를 보며 생각한다. 언젠가는 갯벌에서의 저녁을 보고 싶다고.

사진 사랑, 자연 사랑

나종경
2020. 5. 천료

카메라를 장만하고 풍경 사진을 찍기 시작한 지 1년이 훌쩍 지났다. 남도의 풍경을 찾아 이곳저곳 많이 다니기도 했다. 별다른 취미도 없이 열심히 살아온 터라, 은퇴 이후 새로 시작한 것이 사진이다. 많은 사진작가나 애호가를 만날 수 있어서 좋다. 비슷한 처지에 있는 사람들과 쉽게 어울리기도 했다. 출사 가는 날이면 전날 밤에 잠을 설칠 정도로 마음이 설렜다. 학창 시절 소풍 가기 전날과 비슷한 기분을 몇십 년 만에 느낄 수 있었다. 있는 그대로의 자연과 마주해서 대화하는 시간이면 행복감은 이루 말할 수 없다.

출사지에서는 긴장감이 흐른다. 자연과 내가 어느 정도의 소통이 가능할지, 내가 원하는 풍경을 보여줄지 촬영 전에 자연과 교감의 시간을 갖는 것은 특권이다. 있는 풍경을 아무 때나 찍는 것이 아니고 촬영 시간은 빛이 정해준다는 것을 알아차리기 시작했다. 해가 어둠을 뚫고 솟아오르는 일출 직전과 직후, 일몰 직전 30분~1시간이 이른바 매직아워이다.

순간을 기다렸다가 만물이 기지개를 켜거나, 어둠으로 사라지는 모습을 담아낸다. 장소에 따라서는 새벽에 출발해서 동트기를 기다려야 한다. 조금 먼 곳은 전날 가서 야산에서 밤을 지새우기도 한다. 자연이 휴식을 취하고 있는 밤의 기운을 적나라하게 느껴본 것도 소중한 경험이다. 태양이 떠오르는 모습만 바라보면서 감탄하고 소원을 빌던 신년 일출과는 전혀 다른 마음으로 자연을 본다.

어둠 속 안개 자욱한 저 산 너머로 태양이 떠오를 것이고, 앵글은 태양을 모티브 삼아 말없이 흐르는 강줄기의 숨소리를 들어야 하고 풀벌레들의 재잘거림도 봐야 했다. 긴 숨을 내쉬면서 대지에 산소를 공급해 주는 식물들의 모습도 빠짐없이 읽어내야 했다. 사진을 시작하기 전에 보던 자연의 모습은 아무것도 아니었다. 이렇게 자연을 하나의 생명체로 보고 촬영하는, 나와 동일시하면서 함께 하루를 맞이해 본 적은 없었다. 자연 속에 인간은 일부였고 눈앞에 보이는 것 모두가 자연을 살아가는 공존의 공동체였다. 자연을 사랑하라고 말할 필요도 없이 발걸음과 카메라의 손길이 조심스러워졌다.

새봄, 매화꽃이 마음을 들뜨게 하더니 흐드러진 벚꽃은 많은 사람을 자연으로 불러냈다. 파릇한 새순이 세상 구경나오나 싶었는데 화무십일홍이라, 능소화의 기품을 들여다볼 여유도 없이 신록이 우거진 여름을 보냈다. 비바람이 몰아치고 폭우가 많은 생채기를 남기고 갔다. 짝을 찾아야 하는 절박함이 매미 울음소리로 전해져온다. 목백일홍꽃이 녹음을 더욱 빛나게 하고 상사화 연정의 손짓은 가슴을 아리게 한다. 자연은 헤아릴 수 없는 가을꽃을 곳곳에 펼쳐댈 것이다. 내가 좋아하는 코스모스를 올해는 어떤 설렘으로 맞이해야 할지 벌써 두근거린다. 자연은 무한하고 다양한 모습으로, 그러나 흐트러짐 하나 없이 그 모습 그대로 오가기를 반복한다. 얄팍한 내 마음이 오락가락 변할 뿐 자연은 의리를 저버린 적도 늑장을 부린 적도 해코지를 해 본 적도 없다. 올해도 그럴 것이다.

가끔 그런 마음을 휘젓는 일도 있다. 완주의 사찰 근처로 야생화를 촬영하러 갔던 날. 시작한 지 얼마 되지도 않았는데 일행들이 갑자기 일어서서 철수하자고 보챈다. 영문을 모르고 왜 그러느냐고 묻다가 눈길을 따라 머문 곳. 타지에서 온 사진가 세 사람의 행동에 아연실색했다. 야산 바위틈에 곱게 피어 있는 얼레지를 뽑아다가 계곡 옆에 옮겨 놓고 바위에서 이끼를 떼어내 야생화 주변을 감싸듯이 깔아 놓았다. 스프레이로 물을 뿌리고 있었다. 우산 모양의 소품까지 이용해 모델과 촬영하고 있었다. 분노한 일행들이 차마 볼 수 없어 촬영을 중단하자는 것이었다. 충격이었다. 대나무를 꺾어 잎사귀가 달린 동백꽃 가지에 꿀을 바르고 새들을 유혹하는 사람들도 있다는 얘기도 들었다. 자연 속에서 새들이 노는 모습을 연출한다는 것이다. 꽃과 가지를 꺾고, 부러뜨리고, 이끼를 밟거나 떼어내 옮겨 놓고, 자연을 찍는 것인지 훼손하는 것인지 구별이 안 되는 행태도 보였다.

풍경 사진가들에게 자연은 자신만의 감성과 영혼을 채워주는 풍성한 터전이다. 거기에는 피사체만 있는 게 아니다. 작은 풀 한 포기, 보일 듯 말듯한 야생화, 수많은 풀벌레들이 함께 산다. 사진을 찍지 않는다면 접근할 이유가 없는 자연 속으로 그들은 가까이 간다. 그 자연을 독점하듯 자신의 카메라에, 자신의 방식대로, 쏙 빼서 담아오는 특혜를 누린다. 그런데 과욕으로 자연을 훼손하는 잘못된 부류도 있다.

스님들의 화두 중에 '방하착'이란 것이 있다. 집착하는 마음을 내려놓으라는 것이다. 다섯 손가락에 바람이 통하도록 빈손을 펼쳐 보이라는 말이다. 사진가들이 자연을 대하는 마음이 그랬으면 좋겠다.

호칭 이래도 되는가?

임혜순
2020. 6. 천료

우리나라는 한 핏줄의 단일민족이라 하지만 벌써 고려시대 이조시대 이전부터도 순수한 혈통에 다소 타민족의 유전자가 섞였지만 그 숫자가 그리 많지 않아 우리 민족은 그래도 단일민족이라 볼 수가 있었다. 그러나 지금은 다문화시대의 형태로 흘러가고 있어 옛 백의민족의 표상은 사라지고 있다.

의료계에 있는 딸이 미국에 있을 때 어떤 회사에서 유전자 분석 검사를 했는데 놀랍게도 딸과 유전자가 부분적으로 일치하는 사람들이 있었다고 했다. 아마도 조상 중에 어떤 분이 미국을 가셨고 그로 인하여 저도 모르게 먼 친척이 미국에 흩어져 살고 있다는 사실이 놀라웠다고 했다.

요즈음의 아이들은 친척 간의 척의가 어떻게 되는지 잘 모르는 아이들이 많다.

그냥 형이다, 누나다로 몇 촌인지 물으면 모른다고 한다. 나의 교직 초년에는 한 클래스 내에 성씨가 같은 아이들이 많았다. 이상해서 물으면 사촌 육촌 등 집성촌의 일가들이 대부분이었다. 하나 아니면 둘을 낳는 이 시대는 사촌이 없는가 하면 이모 고모도 사라지고 있다. 친척의 범위가 축소되고 있다. 그래서인가 요즘의 젊은이들의 호칭은 척의가 없음에도 불구하고 생판 남을 오빠 또는 누나라고 부른다. 물론 격의 없이 친근감을 가지고 서로가 가깝게 느껴지는 호칭이다. 벌써 우리 세대와는 차이가 난다.

혈연관계가 없는 사람들끼리 남자 친구를 오빠라고 불러도 누구 한 사람 나무라는 사람이 없는 세태가 되었다. 애인을 오빠 오빠라고 하면서 결혼을 한 후에도 호칭을 바꾸지 못하고 계속 남편을 오빠라고 부르고 있다. 그래도 될 것인가?

나의 어릴 적만 해도 아버지께서 집안 친척을 만나면 꼭 우리들에게 촌수를 가르쳐 주시고 너희들은 종반간이다, 또는 재종형… 당숙이시다, 인사드려라 하고 챙겨주셨다. 당시는 어려워서 뜻도 모르면서 고개를 끄덕끄덕한 기억이 난다.

정작 지금은 자녀 일 세대와 이 세대 손주들이 태어나면서 호칭을 짯짯이 가르치지 못했다.

옛 어른들이 이 모습을 본다면 무엇이라 나무람 할 것인가?

촌수를 가르쳐 주시던 아버지 생각이 난다. 많은 세월이 흘렀다

대학을 다니는 셋째 딸이 자존심이 좀 강한 편이었다. 캠퍼스 내에서 친구들이 오빠 오빠하고 남친들에게 아양을 떠는 것을 보면 영 못마땅하다면서 집에 와서 투덜거린다. 너는 그럼 무어라고 부르니 하니까 나는 형! 하지 뭐, 아양 떠는 오빠 호칭은 싫다고 했다.

나는 또 웃음이 나왔다. 여자가 남자보고 '형' 하는 것은 또 무슨 해괴한 호칭인가.

옛 어른들은 말(馬)도 팔촌까지는 알아본다는 데 인간은 이래서는 안 된다.

어느 날 아들 가족들과 식사를 할 때다. 네 살배기 손녀가 식사기도

를 제가 하겠다며 밥상머리에 앉는다. 참 기특하다. 식사기도를 어떻게 할 것인가 궁금하기도 하고 하여튼 온 식구가 호기심 가득… 며느리는 난처한 표정이었으나 말릴 수도 없고 모두 눈을 감았다.

아니나 다를까 차분한 목소리로 "하나님, 할아버지 감사합니다. 밥도 주시고 반찬도 주셔서 감사합니다. 그리고 할아버지 할머니도 건강하게 해 주시고 아빠 엄마도 건강하게 해 주세요. 예수님 이름으로 기도합니다." 온 식구가 아멘 했다. 얼마나 기도를 잘 하는지 깜짝 놀랐다. 그런데 "하나님 할아버지"라고 기도의 대상을 어떻게 그 어린것도 인간적인 촌수로 자신 있게 부르며 기도했을까? 아빠 엄마가 하나님 아버지라고 했으니까 나에게는 하나님 할아버지가 된다는 자신 있는 호칭이었다.

나의 철없는 초등학교 시절에도 지금의 학교 폭력 같은 그룹들이 있었다. 담임 선생님은 전혀 모르고 계셨다. 그룹을 이끄는 우두머리는 급장이었다. 한 십여 명쯤 되는 패거리들은 우리를 매일 괴롭혔다. 머리를 잡아당기기도 하고 발로 차고 행패가 심했다. 그래도 꾹 참고 시달렸다. 어느 날 휘하의 학급 아이들을 자기 집으로 데려가서 S언니 S동생을 맺자면서 팔에 문신을 넣었다. 그 당시로는 적령기를 2-3세 지난 아이들이 많았다. 인위적인 자매간을 맺자는 것이다.

지금 생각해도 초등 삼 학년이 끔찍한 짓을 했다. 늦게야 알고 난 담임 선생님은 놀라서 해당 아이들을 모두 불러냈다. 그 아이들의 팔목에는 파란 점 문신이 있었다.

어린것들이 가당찮은 일을 했다. 그래서 학교가 벌컥 뒤집어진 일이 있었다. 해묵은 지난날 학교생활에서 좀 아픈 추억이다. 사학년이 되어서 남녀 공학 반으로 편성되니 급장 아래에서 권력을 잡던 아이들이 자연스럽게 해산되어 교실 폭력은 사라졌다.

호칭 이대로 되는가? 참 정리하기 힘든 문제다, 옛날로 돌아갈 것인가?

시대의 흐름에 맡길 것인가?

몰입

원광호
2020. 10. 천료

요즈음 유튜브 방송을 보는 사람들이 부쩍 늘고 있다 한다. 여러 가지 이유가 있겠지만 내 짧은 생각에는 기존 방송에 싫증도 있을 것이고 정치에 대한 못마땅함도 있을 것이나 가장 큰 이유는 다양한 정보를 속도 빠르게 볼 수 있다는 좋은 점일 것이다. TV 시청률이 떨어져 광고 수입이 줄고 있다는 게 사실이라면 시선은 유튜브 방송 쪽으로 돌아가는 추세가 맞을 것이다.

나도 웬만한 새로운 소식은 유튜브 방송을 통해 보고 있고 특히 생활 정보는 거의 유튜브에서 얻는 편이다. 취미, 역사, 건강부터 실생활에 유익한 정보까지 쏟아지고 있다. 멀리는 아프리카 밀림지대 원시적 삶도, 문명 발달로 문화 혜택을 톡톡히 보고 복을 누리는 삶까지도, 상상할 수 없는 기이한 현장도 볼 수 있다.

그중에서도 나는 최근에 매우 값진 삶의 가치와 일의 성취감에 흠뻑 젖는 원인을 깨닫게 한 유튜브 방송을 소개하고자 한다.

얼마 전 우연히 목적 없이 손 빠르게 검색하다가 '몰입'으로 인생을 바꾼다는 큰 제목을 보자 '이거다' 주먹을 불끈 쥐며 감탄했다.

나의 지금까지 성공 사례의 가장 큰 비결은 무엇일까? 찾던 차에 '몰입'이라는 단어를 보고 옳거니, 혼자 책상에 앉아 킥킥대며 반가워했다.

감정을 가라앉히고 차분히 강의를 들어보니 똑 떨어지는 명답이요, 감탄사 연발이었다. 강사는 서울대학교 황농문 교수이다. 이름은 낯설었으나 이미 구독자 수가 많다는 사실에 놀랐고 학생뿐만 아니라 모든 사람들에게 희망과 성공으로 이끄는 비결를 제시해 줌에 고마움이 더 컸다. 그래서 누구에게든 권하고 싶다.

'몰입'으로 인생을 바꿔라' '천재성을 깨우는 힘, 몰입' '사고력 향상을 위한 몰입' '공부하는 힘 몰입' '몰입 훈련방법' '이 방법으로 노벨 수상자 7명이 나왔다' 등 제목이 붙어 있다.

나는 지금까지 '나의 성공 비결은 창의력과 도전에 있었다'라고 글이나 강연할 때 주장해 왔는데 오늘 이 시간부터는 다소 생소한 단어지만 '몰입'으로 바꾸기로 마음먹었다. 내가 걸어온 체험에 공감하기 때문이다.

대표적인 사례로 세계 기네스 도전 성공을 들 수 있다.

영국의 허닝은 22개 국어를 동시통역하여 구사 능력을 인정받아 인문분야 세계 기네스 1인 자요, 나는 2003년 세계에서 문자를 가장 많이 아는 사람으로 도전, 성공한 바 있다.

한글은 총 12,768자인데 이것을 한 자 빠짐이나 중복 없이 모두 암기하여 폭 90센티, 길이 150미터 천에 24시간, 밥도 안 먹고, 한 자리에서 30명의 심사위원과 감독관이 지켜보고 EBS 교육방송이 감독 촬영 책임을 맡아 여러 대의 연속 감시 촬영기가 촬영하는 가운데 써서 '세계에서 문자를 가장 많이 아는 사람'으로 인정받은 것이다.

이 도전 목적은 세상에 최고 과학적 우수문자는 대한민국 문자, 한글임을 널리 알리고 증거 하기 위한 도전이었고, 그 목적을 달성한 것이다.

처음 시작할 때 주변 누구도 해 보라는 사람 없이 미친 짓이다, 하지 마라, 밥도 못 먹고, 잠도 안 자고, 한 자리에서 24시간 이상을 쓰겠느냐며 쓰러진다, 실수하면 어찌하려느냐, 별별 말로 말렸다. 그러나 나는 오히려 내가 할 일이요, 나는 할 수 있다, 더 굳게 다짐하고 대회 며칠 전부터 '몰입'했다. 결과는 내가 이겼다.

'몰입' 성공 사례는 들춰내기 힘들 만큼 많다.

그중에서 잊을 수 없는 일들은 유난히도 한자 고집 국회, 국회소집 공고문을 헌정사상 46년 만에 한자에서 한글로 바꾼 일, 국회의원 명패, 배지는 물론, 한국은행을 비롯한 공공기관 837곳의 한자 간판과 해외 영, 대사관 142개 한자 간판을 한글로 바꾼 일, 한글날을 국경일로 바꾼 일, 여주 영릉역을 세종대왕릉역으로 바꾼 일, 이 모두가 쉽게 할 수 있는 일은 아니었고 오직 '몰입'했기 때문이다.

'몰입'은 내가 품고 있는 창의와 도전 정신보다는 훨씬 더 강한, 보이지 않는 힘을 발휘하기 때문이다. 수십만이 운집한 집회 연설장도 수천여 명 앞에 선, 해외 강연장에서도 흔들림 없이 관중을 울리고 웃기고 감동을 주어 함성과 함께 받는 박수는 나를 더욱더 신나게 하였고 내가 가지고 있는 잠재능력보다 엄청난 힘이 솟아나기 때문이다. 오늘날 세계 젊은이들로부터 인기를 휩쓰는 K팝 BTS 방탄소년단의 무대 위에서 상상을 초월한 춤과 노래는 바로 '몰입'에 있다고 생각한다.

비록 내 인생 일흔여덟, 지금까지 내가 이룬 성공치고는 미치지 않고 도저히 넘볼 수 없는 높은 고지였으나 끊임없는 '몰입'을 했기 때문에 가능했다. 그 '몰입'은 잠시만 이탈하면 실패라는 점도 알았다.

황 교수 주장처럼 15분이든, 1시간이든, 10일이든, 한 달이든, 1년이든, 5년이든, 내가 하고자 하는 목표에 따라 예상되는 시간과 시기에 맞춰 무조건 시작하고 또한 시작했다 하면 0.1초도 잡생각을 하면 이탈되고 실패함을 명심하고 '몰입'하라고 권한다.

좀 더 구체적인 실행 방법은 황 교수의 강의를 적극 추천한다.

한여름 밤의 추억

박 찬 승
2020. 11. 천료

금년에도 어김없이 장마철 폭우는 충청과 경북지역에 엄청난 물난리와 산사태로 많은 인명피해를 입히고 물러갔다. 장마가 끝나자 전국은 연일 폭염으로 36도를 오르내리더니, 급기야 8월 초하루에 여주지역은 38.4도를 찍었다. 지구가 펄펄 끓고 있는 것이다. 이제 지구의 온난화 시대는 끝나고, 정말 열대화 시대가 오는 것인가?

지난해에도 후덥지근한 더위와 함께 북상한 태풍 '힌남노'와 '난마돌'이 우리나라 남부지역을 무섭게 할퀴고 지나갔었다. 도둑고양이 눈 모양의 커다란 두 눈을 빙글빙글 굴려 세력을 확장하더니, 큰 눈 외눈박이가 되어 우리나라 남부에 강력한 폭풍우를 쏟아 붓고 사라진 것이다. 조용히 가을을 맞이하기가 그리도 어려웠단 말인가. 누런 흙탕물만 봐도 겁을 먹게 되는 국민 트라우마를 만들었다. 인간의 지구환경 파괴와 공해 배출이 극단적 이상기후로 나타나고 있는 것이다.

예전에는 배는 고팠지만 낭만이 있었다. 먹구름 속

에서 짧은 장대비가 쏟아질 때면 땅바닥의 열기를 식히고 피어오르는 증기를 보며 호랑이 장가감을 감사해했다. 저녁때에는 무더위를 조금이라도 식히기 위해 우리 식구는 안마당에 밀대방석을 깔고 그 위에서 식사를 했다. 그럴 때면 더위가 한결 덜했고 분위기도 새로웠다. 벽면으로 막힌 마루보다는 사방이 열린 마당이 훨씬 시원했던 것이다. 연신 되새김을 하면서 부러운 듯 멀거니 쳐다보는 외양간의 암소를 보면서 우리는 식사를 했고, 구수한 숭늉을 마시고 난 후 자리에서 일어났다. 그때의 그 가마솥 숭늉의 향과 맛은 다른 어떤 것과도 비교가 되지 않았다.

모두가 식사를 마치면 그 밀대방석은 바깥마당으로 옮겨졌고, 그 위에 누워 아름다운 밤하늘을 바라보면서 유행가를 흥얼거렸다. 그 시절 배운 옛 노래 몇 곡이 지금 내가 알고 있는 유행가의 전부다.

그때는 생각도 많았었다. 밤하늘의 수많은 별을 보면서 꿈을 키웠고, 서로 다른 크기와 밝기를 확인하기 위해 고개를 젖히고 뱅뱅 돌면서 별자리를 헤아렸다.

바깥마당 옆 돼지우리 지붕 위에 얹힌 달빛에 빛나는 하얀 박과 박꽃을 보면서 또 다른 생명이 내 옆에 살아있음을 느꼈다. 밤하늘의 별을 가리키면서 저것은 북극성, 그 아래 저것은 북두칠성이라는 것을 알았고, 대자연의 장엄함을 깨달았다.

미국에서도 밤이면 이와 똑같은 모습으로 보일까. 머나먼 남쪽나라 호주에서는 어떻게 보일까. 유행가 가사에 나오는 남십자성이라는 별은 또 어디에 있는 별일까?

모기가 달려들면 쑥대를 베어다가 모깃불을 피워 놓고, 이웃과 두런두런 이야기꽃을 피우면서 하루의 고단함을 달랬다. 삶은 옥수수와 감자는 저녁식사 후의 멋진 디저트가 되었고, 푹신푹신한 밀대방석 위를 뒹굴면서 먹는 재미가 솔솔 했다.

머리 위에서는 반딧불이가 파란불을 꼬리에 달고 날아다니고, '쓰름

따름' 우는 쓰름매미와 '맴맴'거리는 참매미 소리가 아름다운 교향곡처럼 귀를 호강시켰다.

잠시 후 이웃집 대모(大母)가 아기를 안고 놀러 오면, 장난기 있는 삼촌이 제안을 했다. 아기의 손으로 빨랫줄을 잡게 한 후, 살짝 놓아 보는 거였다. 이웃집 대모는 기겁을 하면서 아기를 안고 도망갔지만, 얼마 후 아기의 본능을 알아보고 싶은 마음에 제안을 수긍한다. 아슬아슬한 모험이다. 어른들이 모두 일어나 아기의 기저귀 찬 궁둥이를 받치고 있다. 차마 손을 떼지 못하는 아기 엄마의 불안한 눈빛을 보면서 모성의 지극함을 알았다.

하지만 아기의 본능적인 삶에 대한 의지는 그 여린 손가락으로 빨랫줄을 꽉 잡는 모습을 보면서 신이 주신 인간의 삶에 대한 가치를 새삼 깨달았다. 모두가 놀라운 순간을 본 것이다. 이제 삼촌은 돌아가셨고, 그때의 그 아기는 어느덧 환갑을 바라보는 나이가 되었지만, 잊히지 않는 영원히 뇌리에 각인된 인간 본능에 대한 아슬아슬했던 추억이다.

어느덧 시간은 흘러 밤은 깊어가고 모두가 잠자리를 찾아 집으로 돌아간 시간. 나는 수많은 상상을 하다가 어느새 스르르 잠이 들어 버렸다.

잠시 후, 엄마가 깨우는 소리에 일어나 방으로 들어간다. 모기를 호강시키지 않기 위해 벽에 걸려 있는 모기장을 훌훌 털고, 방구석 네 모퉁이에 박혀 있는 못에 걸고 잠을 청했다. 그러나 실수는 있게 마련. 아침이 되면 모기에 뜯겨 가려운 몸을 긁어 보지만, 긁을수록 가려움은 더욱 심해졌다. 긁어 부스럼이라 했던가.

어느덧 세월이 흘러 내 머리가 백발이 되었으니, 부모님도 정다웠던 이웃 어른들도 다 돌아가시고 지금은 안 계시다. 세월은 누구에게나 공평한 것. 세월을 역류하여 살 수는 없다. 무덥더라도 춥더라도 마음 같아서는 고장 난 벽시계처럼 그대로 세월이 멈춰줬으면 좋겠다.

위층 여자, 아래층 남자

신영애
2020. 12. 천료

세상과 이웃에 대한, 따뜻한 관심과 지혜의 힘이 그 어느 때보다 필요한 요즘이다. 층간 소음뿐만 아니라 벽간 소음도 견디기 힘들어진 세상이다. 위층 이웃이 바뀌었다. 재작년 어느 날, 아침엔가 엘리베이터 내벽에 훼손을 방지하는 가림막이 처져 있고, 언제부터 언제까지 인테리어로 인해 소음이 발생할 수 있으니 양해를 바란다는 안내문이 붙어 있었다. 우리가 이사 오기 전에는 인테리어를 위해 가가호호 방문하면서 양해 인사를 드렸는데, 이제는 안내문 하나 붙이는 것으로 양해를 바라는 인사로 끝내는가 보다 생각했다.

그러고 2주 즈음 주말 아침엔가 윗집에 쿵쿵 소리가 나고 이삿짐센터 사람들이 드나들었다. '아, 우리 윗집에 새로운 사람이 이사 왔구나.' 하고 충분히 인지할 만한 소음과 장면 연출이었다. 그런데 그 이웃은 더 확실하게 그들의 존재감을 드러내고 싶었던 것일까. 이사 온 이후로 다양한 말소리와 쿵쾅대는 소리, 호탕한 웃음소리 등으로 이 집에 새로운 이웃이 왔다는 사실을 아주 열심히 알려주었다.

하루는 사람들의 왁자지껄한 웃음소리가 아래층까지 들려오고, 현관부터 베란다까지 다다다닥 뛰어다니는 듯한 발걸음 소리가 가득 울려 퍼질 때도 집들이하는가 보다 하고 웃어넘길 수 있었다. 어느 날은 아침부터 마늘 찧는 듯한 방망이 소리도 들리고, 밤늦은 시각 잠을 거절하는 어린아이 울음소리에 "어쩌라고."를 연발하는 젊은 아기 엄마의 날카로운 목소리가 들리기도 했다. 간혹 식탁 의자를 끄는 듯한 소리, 누군가 방문했는지 밤늦도록 웃고 떠드는 소리가 계속되기도 했고, 강아지가 앙칼지게 짖는 소리가 났고, 이내 강아지를 혼내는 소리도 났다. 참 다양한 소리를 내며 활발하게 사는 이웃이라는 생각이 들었다. 그즈음 새벽까지 일하던 큰아이의 신경을 건드리고 말았다. 큰아이는 인터넷으로 층간 소음을 해소하는 방법을 검색해 보았다면서 어느 날 퇴근해서 들어서는 나를 붙잡고 하소연하기 바빴다.

결국 계속된 소음으로 신경이 곤두서고 마음이 심란해졌다. 큰아이에게 참으라고 하기에는 끝이 없는 소음과의 전쟁이었다. 하지만 시국이 시국이니만치 자유로운 외출이 어렵고, 더구나 어린 아이들이 맘껏 놀 수 있는 공간조차 제한된 시기이다 보니 하루 종일 집안에 갇혀서 얼마나 답답할까 하는 생각과 함께, 그들은 소음을 내고 싶어 내겠는가 하는 생각에 적당히 눈감아 주는 수밖에 없었다. 어쩌면 우리가 이사 오던 날도 아래층에서 그렇지 않았을까 생각하니 차마 위층에 올라갈 수 없었다.

신혼 초, 1층에 살던 시절, 아이들은 침대에서 뛰거나 소파에서 바닥으로 뛰어내리는 일들이 많았다. 식탁 의자가 제힘으로 움직이지 않아 질질 끄는 소리가 났어도 크게 신경 쓰지 않았다. 그러다가 아파트 2층으로 이사하던 날, 유치원에 막 다녀온 아이들은 친척들이 다 모인 집에 들어서며 "잔칫집 같아." 하면서 소리를 질러대었다. 그러더니 사촌들과 이리 뛰고 저리 뛰고 하는 통에 뛰지 말라는 소리를 입에 달고 살았다. 당연히 식탁 의자 다리 밑에는 고무 받침대를 달았다. 어느 날 이웃들 모임에서 층간소음 얘기가 나왔다. 과거에는 대부분 주택에 살아서 그런 거 신경 쓰지 않고 마음껏 뛰어다니며 살았는데, 요즘은 아파트 문화라서 이런 것도 예의를 지켜야 한다고 했다. 우리 아래층은 고등학생 아들 둘이 있는데 큰아이는 수험생이라고 했던 기억이 났다. 나는 아이들이 뛰어다니던 생각이 나서 과일 바구니를 준비하여 아래층의 초인종을 눌렀다. "문 열려 있습니다. 들어오세요." 안에서 굵직한 남자의 목소리가 들려왔다. 조심스레 문을 열고 과일 바구니를 들이밀면서 쥐구멍으로 기어들어 갈 것 같은 목소리로 "죄송해요, 위층에 이사 온 사람인데요. 저희 아이들이 너무 많이 뛰어서요. 늘 조심하라고 주의를 주는데. 많이 불편하셨지요?" 했다. 아래층 남자는 휠체어를 타고 나오면서 "보시다시피 제가 걷기가 불편합니다. 우리 아들은 고3이라서 학교에서 끝나고 학원 갔다가 12시에 들어옵니다. 아이들 클 때는 다 그렇지요, 뭐. 저들 딴에는 얼마나 신나겠습니까." 정말이지 세상에 천사가 있다면 아래층 남자 같았을 테다. 아이들이 뛸 때마다 소음으로 왜 말하고 싶지 않았겠는가. 그런데도 그렇게 말해주니 더없이 감사한 마음이었다. 미안하고 송구한 마음에 더욱 조심시키겠다고 말하고 올라왔다.

그랬는데, 이제는 내가 20년 전의 아래층 남자가 되어 위층의 소음을 듣고 있다. 그런 우리 가족의 마음을 읽기라도 한 듯 어느 날 저녁 위층 여자가 딸기 한 바구니 들고 찾아왔다. "좀 시끄러웠지요. 아무리 뛰지 말라 해도 저희 아이가 말을 듣지 않네요. 죄송해요." 한다. 사실 계속된 소음으로 신경이 곤두서고 마음이 심란해졌다고 어떻게 말을 할 수 있겠는가. 그동안 그 소음으로 인해 날카로웠던 마음과는 달리 "괜찮아요, 아이들 클 때는 다 그렇지요. 애들 금방 크더라고요." 하고 말았다. 이후 조심하는지 소음은 점점 약해지더니 어느 날부터 아이 소리가 들리지 않았다. 경비 아저씨한테 물어보니 무슨 일인지 급하게 이사를 갔다고 했다. 친해질 시간도 없이. 하마터면 이기적이고 못난 이웃이 될 뻔했는데. 지금도 어딘가에서 힘차게 뛰며 달리고 있을 그 꼬마가 참 궁금한 저녁이다.

시간에 기대어(註1)

김인건
2021. 3. 천료

거실에서 재잘거리는 소리에 눈을 뜬다. 딸애가 요즈음 애 둘을 데리고 우리 집에서 잠을 잔다. 출근하기가 바빠서 아침을 챙겨 주지 못하다 보니 친정 엄마에게 기대고 있다. 우리 집 아침 시간은 출근하는 딸, 학교 가는 손자 손녀가 준비하느라 부산하다. 학교까지 차로 데려다 주는 건 내 몫이다. 아침 시간이 느긋하던 우리 부부는 이제 시간에 쫓기는 신세가 되고 있다. 30대 직장 시절 도곡동에서 서울역까지 83번 버스로 출퇴근 하였다. 버스 정류장에서 회사까지는 300m, 뛰어야 한다. 9시가 넘으면 지각이다. 지각 3번이면 결석으로 취급되고 인사고과 감점이다. 요즈음이야 지각하면 머리 한번 쑥스럽게 긁고 팀장 눈치 보며 자리에 슬그머니 앉아버리면 되지 않을까? 시간에 쫓기는 아침이 힘들기도 하지만 다시 찾아와서 반갑기도 하다.

시간에 매인다는 건 살아가고 있다는 징표가 아닐까? 인생의 꿈을 이루기 위해서 젊었던 시절에는 평생의 계획을 짜 보지 않았을까? 학교 시절 일주일

시간표는 생활을 인도해 주는 이정표였고 직장 시절 간직하던 다이어리는 나의 일과 인생이었다. 놓쳐서는 안 되는 시간을 우리는 Dead Line이라고 하지 않는가. 그 선을 넘어버리면 우리는 죽은 목숨이 된다. 죽지 않고 살아남기 위해서 그날을 정해 놓고 D-day minus를 카운트 한다. 직장 시절, 대규모 차입금 상환 일이 다가오면, 중요한 공사 입찰 일이 다가오면, D-day가 하루하루 다가오면, 초긴장 상태에서 비상이 걸린다. 그날이 지나고 살아남으면 안도의 숨을 쉬고 다음의 D-Day를 준비하여야 한다.

시간을 잘 쓰고 못 씀에 따라 인생이 바뀐다고 하지 않는가? 하루 종일 공부에만 매달려야 했던 고3 시절, 시간을 잘 쓴 날은 잠자리에 들면 뿌듯한 자기만족으로 달콤한 잠에 빠져들었고 시간을 잘 못 쓴 날, 헛되이 쓴 날은 후회로 잠을 이룰 수가 없었던 것 같다. 천재는 99% 노력과 1%의 영감으로 탄생한다고 하지 않았던가? 기회를 잡으라는 말도 우리가 시간을 쓰는 방법과 무관하지 않다. 인생에는 야구와 같이 3번의 기회가 온다고 한다. 이 기회를 잡을 수 있는 것은 평소에 시간을 잘 썼느냐 못 썼느냐에 달린 것이다, 시간 싸움이라는 말도 있다. 주어진 시간은 한정되어 있을 때 시간과 싸워서 이기라는 이야기이다. 잘 쓴 자만이 이 싸움에서 이길 수 있다. 깊이 들여다보면 시간을 효과적으로 활용하라는 이야기이다.

"시간의 노예가 되지 말라"라는 시간 활용에 대한 역설적인 이야기도 곱씹어 볼 가치가 있지 않을까? 역사로 들어오는 전철을 타려고 뛰어야 할까? 꼭 그 차를 타야만 할까? 다음 차 그다음 차도 얼마든지 있는데 이 차를 놓치면 그 일이 틀어진다고? 네게 일이란 이 일뿐일까? 이 일을 하지 않으면 죽을 일이라도 있는가? 여기까지 자문을 이어가면 꼭 이 차를 타야만 할 이유가 없다. 다음 차를 기다리자. 그러면 뛸 일도 없고 문 닫히는 엘리베이터를 눌러 그들의 눈치를 볼 일도 없다. 아내를 먼저 보내고 혼자 사는 친구가 있다. 그와 식사 약속이라도 잡을라치면 다다음 달까지 일정을 살펴보아야 한다. 매 요일마다 문화 센터 등의 일정이 꽉 차 있는 나는 그와는 사정이 다르다고 말할 수 있을까? 우리는 가장 한가로워야 할 때, 왜 시간의 노예가 되기를 자청하고 있을까?

그렇다, 시간과 세월은 사람들을 기다리지 않는다. 아차 하고 흘러간 시간은 다시 오지 않는다. 지나간 시간은 이미 활시위를 떠난 화살일 뿐이다. 과녁에 적중하든 바닥에 구르든 쳐다보고 있을 뿐이다. 우리 연약한 인생이 시간표를 짜고 시간에 매이고 시간을 잘 써야 한다는 강박감에 싸이고 시간의 노예가 되는 것은 세월이 우리를 기다리지 않기 때문일 것이다. 그리고 시간은 우리가 연습할 수 없는 무게로 다가오기 때문이다. 한편 우리는 시간이 그냥 흘러가 주기를 바라기도 한다. 괴로운 일을 잊어버리고 싶을 때 세월이 약이라고도 한다. 시간이 지나가면 하루가 가고 계절이 바뀌고 세월이 흘러간다. 흘러간 세월은 기억의 빛을 흐리게도 하고 체념할 수 있는 여유를 준다.

이렇게 우리는 시간에 기대어 산다. 조용히 자문해 본다. 태어나서부터 이때까지 시간은 나의 인생을 지배하고 있은 것이다. 시간은 자기 방식으로 지나가고 흘러갈 뿐인데, 왜 내가 시간의 방식에 매달려야 했을까? 이제 시간에게 구걸할 것도 없다. 시간은 시간대로 나는 나대로 갈 길을 가면되지 않을까? 살아온 세월과 계절이 수놓은 시간이라는 덤 위에(註2) 추억이라는 그림만 간직하자, 흘러가는 시간에 매이지 않고 그 세월을 올라타고 여유를 가지면 편안하지 않을까? 이제 시간을 놓아 주자. 아니 시간아 나를 놓아 주려마. 이제는 이별을 고할 때이다. 네가 가더라도 나는 머물 수 있는 자유를 갖고 싶다. 이런 자유가 아쉬움인지 즐거움인지 나도 알 수 없다.

註1: 최진 작사 작곡의 가곡 註2: 「시간에 기대어」 가사 일부

꿈에서 만난 오빠

양희옥
2021. 3. 천료

"오빠! 왜 이제야 왔어? 내가 누군 줄 알아? 어머니가 나를 낳아놓고 기르지 못하고 가셨던 젖떼기 막내야. 오빠 그동안 어디 있다 이제야 왔어? 아버지가 얼마나 기다린 줄 알아? 아버지는 진즉 돌아가셨어. 지금 어디서 살아?"

"북한에, 나는 잘 살고 있다."

"지금 몇 살이야?"

"90…. 나는 가야 돼…."

오빠와 꿈속에서 나눈 대화다. 나는 생시처럼 오빠의 턱밑에 앉아서 어린애처럼 조잘대었다. 오빠가 집 나간 지 올해가 꼭 72년째다. 오빠는 모자를 푹 눌러써서 코 위로의 모습은 자세히 보지 못했지만 코 밑으로 보인 오빠의 모습은 얼굴형이 자라죽하고 입모습이 흡사 돌아가신 아버지 모습과 같았다. 내 뒤에는 우리 남매들이 빙 둘러앉아서 오빠와 대화하기를 기다린 듯했다. 잠시 후에 여러 남매들이 예약해 놓은 식당에서 오빠와 식사 하러 간다고 모두 일어나서 가 버리는데 나는 어쩌다 그들과 함께 가지 못하고 홀로 떨어졌다.

위의 몇 마디 대화체 안에 당시 우리 가정사가 오버랩되어 있다. 내가 태어나서 갓 돌 넘기고 친모가 돌아가시니 아버지는 재혼을 하셔서 내 동생이 새엄마 배 속에 있을 때 6.25가 터졌다. 당시 큰오빠는 19세, 광주에서 서중학교를 다니고 있었다고 한다. 시국이 혼란하니 행여 우리 가족들은 어떤가 하고 밤에 은밀히 집에 와서 동네 공기를 들어보니 아버지가 살생부 1호에 올라 있다는 것을 알게 되었다. 당시는 아버지가 40대, 동네에서는 힘 있고 땅도 많이 가지고 있어 대지주가의 명단에 올라 있었다. 그 상황을 알아차린 오빠는 우리 집안 장남으로서 손 놓고 있을 수만은 없어서 가족들을 구하기 위해 스스로 인민군에 자원했다고 한다. 당시는 혁명을 위한답시고 산속으로 숨어들기 위해 새어머니한테 찹쌀로 만든 미숫가루와 쌀을 한 포대를 요구했었다고 한다. 아버지는 이미 피신을 하고 안 계시니 새어머니 맘대로 오빠를 인민군에 가게 할 수 없어서 가더라도 아버지한테 허락받고 가라고 했으나 어머니 모르게 준비한 곡식 자루를 짊어지고 바람같이 사라져 버린 후 지금까지 소식이 없다. 온 식구들은 사변이 끝난 후 애타게 기다렸으나 큰오빠는 끝내 돌아오지 않았다. 당시 지방 빨갱이 짓을 하여 지주들을 괴롭혔던 반역자들은 돌아와서 자수하고 자유대한민국에서 잘 살았지만 돌아오지 못한 오빠 때문에 우리 가정은 또 쑥대밭이 되고 말았다. 박정희가 대통령이 되고부터 연좌제를 만들어 우리 같은 가정은 요시찰 대상이 되었으니 많은 형제간들이 자유롭게 살지 못하고 무슨 일에나 형사들에게 감시를 받았다. 사변이 끝난 후 돌아오지 않은 자의 가족들은 전사 통지서를 내서 보훈청에서 연금도 나오지만 우리 아버지는 자식이 죽은 것을 눈으로 확인도 하지 않고 어떻게 부모 손으로 자식의 전사 통지서를 낼 수 있냐고 극구 반대했던 결과 우리 가족들은 국가로부터 혹독한 피해를 입게 되었다. 밑에 오빠들이 대학을 졸업하고도 취직을 할 수 없었고, 사업해서 돈을 벌어 집을 사도 행여 북한에서 지원받아 사업하고 집 샀느냐고 터무니없는 조사에 시달려야만 했다. 국민을 보호해야 할 정권이 국민을 죽이는 말살정책을 썼으니 그 정권은 몰락할 수밖에….

당시 나는 너무 어려서 큰오빠의 존재를 기억하지 못한다. 그런데 내 꿈이 너무 신통방통하여 언니에게 꿈 이야기를 하며 오빠의 생김새를 물었더니 큰오빠가 아버지를 제일 많이 닮아서 아주 잘 생겼다고 한다. 생존해 계신다면 올해 연세가 90세란다. 20년이 지나도 돌아오지 않으니 죽은 영혼끼리 혼사도 시켜 주었다는데 내 꿈에는 살아있었다. 이산가족 찾기 할 때 몇 번을 신청했어도 생사 확인이 안 되어서 실패하고 말았다. 그렇다면 죽은 것이 확실한데… 살아생전에 애타게 기다리셨던 아버지는 어쩌다 술 한 잔 드시면 허공을 향해 돌아오지 않는 큰오빠 이름을 목 놓아 부르셨던 모습이 눈에 선하다. 어서 통일이 되어야 오빠의 생사를 확실히 알겠는데 그놈의 통일은 언제 될는지….

건강과 치아

이한재
2021. 3. 천료

6월 9일은 구강보건의 날이다. 속담에 인간의 치아 건강이 오복에 든다고 하지만 사실과 다르다. 유교에서 오복(福)은 수(壽) 부(富) 강녕(康寧) 유호덕(攸好德) 고종명(考終命)을 말하는데 치아가 좋아야 건강할 수 있고 건강해야 오복을 누리며 행복하게 살 수 있다는 생각에서 전해진 것으로 생각된다. 예를 들면, 유호덕(도덕 지키기를 낙으로 삼는 일)이나 고종명(제명대로 살다가 편안히 죽음)도 일생동안 건강해야 한다. 구강보건의 날은 1946년부터 '이의 날'로 제정되어 지켜오다가 1973년 보건의 날에 합쳐졌다. '이의 날'도 귀의 날(9월 9일), 눈의 날(11월 1일), 약의 날(10월 10일)처럼 그동안 해당 부서에서 시행하다가 1973년부터 매년 4월 7일에 보건복지부가 주관하는 '보건의 날'로 통합하여 국가기념일로 되었지만 아직도 일반 매체에서는 이전처럼 부르고 있다.

'이가 자식보다 낫다'는 말도 있다. 그만큼 치아 건강이 중요하다는 의미다. 평생 두 번밖에 나지 않는 치아는 한 번 손상되면 회복이 어렵다. 전신 건강을 넘어 삶의 질에도 많은 영향을 미친다. 맛있는 음식을 제대로 씹고 뜯고 맛보고 즐기는 삶에서 치아는 아주 중요하다. 보통 생후 6개월부터 치아가 난다. 유치는 위아래 10개씩 총 20개다. 유치를 결국 빠질 이라고 생각해 관리에 소홀히 할 수도 있는데 영구치가 나올 자리를 유지하는 역할도 하는 만큼 6~7세 무렵 영구치가 상하좌우에서 나올 때까지 유치 관리도 잘해야 한다고 한다.

이처럼 치아 관리를 영유아 시절부터 잘해야 하지만 나의 경우는 그렇지 못했다. 내가 이를 처음 닦았던 기억은 초등학교 시절 4학년쯤이다. 선생님이 이를 검사한다고 아침에 이를 닦고 오라고 했다. 오른손 둘째와 셋째 손가락에 소금을 묻혀서 닦았는데 왕소금이었기에 알이 굵고 거칠어서 잇몸에서 피가 났다. 칫솔은 중등학교 무렵부터 사용했다. 칫솔에 소금이나 가루 치약을 묻혀서 닦았는데 가루 치약은 돌가루처럼 입안이 텁텁했다. 요즘 치약은 크림, 분말, 액상 등으로 사용하기도 편리하고 소독 작용, 치석 용해작용, 냄새 감퇴 작용이나 충치 등의 예방치료에 도움이 되도록 만들어져 시판되고 있으니 격세지감이 든다.

요즘 지방의 웬만한 도시에도 치과 병원이 없다고 하지만 나의 유년 시절에도 그랬다. 전기도 들어오지 않는 농촌에서 살았기에 영구치가 나오기 전에 유치가 빠지려고 흔들거리면 치과 대신 손가락으로 잡아서 빼거나 실로 묶어 당겨서 빼냈다. 그때마다 피가 흐르고 몹시 아팠지만 참고 기다리면 지혈이 되곤 했다. 영구치가 나온 후에도 치아의 중요성에 대해 별로 관심이 없었으나 직장생활을 시작하면서부터 치아 건강보다는 대인관계를 고려하여 양치질에 신경을 더 많이 썼다. 특히 서양인들은 김치 같은 한국적인 음식 냄새에 민감하므로 식후나 회의 참석에 앞서서 수시로 양치질했다.

최근에는 탄산음료뿐만 아니라 치아에 도움이 되지 않은 음식을 많이 섭취하는 경향이 있어 나이와 상관없이 원래의 치아를 그대로 보존하는 사람들이 많지 않다고 한다. 보통은 한두 개 이상의 충치나 의치를 가지고 있다고 한다. 65세 이상은 치아를 임플란트하는데 평생에 걸쳐 2개까지 보험 혜택을 받을 수 있고 기술도 많이 발달하여 가격도 저렴해졌다. 몇 해 전까지만 해도 한 개 하는데 수백만 원을 훌쩍 넘어서 웬만한 사람은 고급 승용차 한 대를 입안에 넣고 다닌다는 우스갯소리가 있었다. 임플란트 대신 틀니를 하는 사람들도 있다. 틀니는 평소에 끼었다 뺐다 할 수 있어 편리한 점도 있지만 임플란트처럼 단단한 음식은 씹기가 곤란하다고 한다. 그뿐만 아니라 틀니를 끼었을 때는 평시 얼굴이지만 빼면 홀쭉이 얼굴로 변신하기 때문에 다른 사람이 보고 알아보지 못하여 낭패당하는 경우도 많다고 한다.

일반적으로 건강한 치아를 유지하려면 하루 3번 식후 3분 이내, 3분 이상 칫솔질해야 한다는 '333 법칙'이 양치질의 기본이라고 한다. 19세 이상 성인이면 누구나 연 1회 보험 혜택으로 스케일링을 기본적으로 할 수도 있다. 나는 직장생활을 시작하면서부터 치아 관리보다는 대인관계를 고려하여 양치질을 자주 했던 습관을 정년퇴직 이후인 지금까지도 계속하고 있다. 양치 기본 원칙을 지킬 뿐만 아니라 치실과 치간 칫솔질도 게을리하지 않는다. 그래서인지 어금니의 마모가 잘되는 부분은 도금한 곳도 있지만 원래의 치아를 그대로 보전하고 있으니 어쩌면 나도 오복에 가까운 조건 하나는 충족하고 있는 것 같다.

오복의 기본은 건강이고 건강의 기본은 치아에서부터 시작된다고 하면 너무 비약된 발상이라고 말할 수도 있겠지만 양치가 건강과 행복에서 아주 중요한 부분이라는 사실은 예나 지금이나 변함이 없는 것 같다.

또 다른 길을 걸어간다

박 대 식
2021. 4. 천료

미로의 순간을 벗어나면 또다른 세계가 펼쳐진다.

어디까지 나의 생각일까.

아니다.

자연과의 접촉하며 뭔가 이어주는 가교의 꿈이 들어와 인지적 이야기를 하고픈 순간들이 싹트는 듯한 묘한 감정이 다가온다.

소나무가 울창한 숲길을 맨발로 걷는다. 신경망을 통해 느끼지만 다른 삶의 갈래로 가는 새로운 무언가에 의해 이끌어주는 이분법적인 삶이 존재한다.

소소한 관계의 경우 세대가 다른 사람들의 생활이 된다.

이처럼 자연의 일부가 되어 허전해지는 노을을 바라보라. 색감은 눈의 시신경에 비친 느낌이 그 순간의 영상을 나는 홀로 남겨진 외톨이가 된 적이 한두번이 아니다. 맨발로 들어선 하루의 어떤 시간 속에 땅과의 교감하며 펼쳐지는 자유가 된다. 순간 변하는 어둠 속으로 안내하는 듯한 표정을 보고 있노라면 조석으로 바뀌는 감정이 사람의 영혼을 보게 된다. 판단의 실수를 하면서 삶이 존재한다.

일본 북알프스의 히다산맥을 겨울에 종주할 때의 일이다. 삼천미터의 고봉에서 바람은 세차게 불고 눈이 얼어 빙판이 된 새벽에 내던져졌을 때 당황한 적이 있었다. 사면지를 걸을 때 고산지대라 눈이 얼어 빙판이 되어 있었다. 그러던 중 앞에서 걷던 동료가 미끄러져 내려간다. 아래는 밑이 보이지 않는 절벽이다. 마침 튀어나온 돌에 걸려 살 수가 있었다. 순간의 일이다. 운이 좋아 무사히 산행을 마칠 수 있었다. 순간적으로 어떻게든 해야 한다는 생각만 있을 뿐이다. 무한한 인간의 본성인 자신을 믿고 선택하다 보면 길을 찾을 수가 있었다. 지치고 무거운 배낭을 지고 걸어도 보이지 않은 길을 걸어간다. 수도 없이 넘어지고 포기를 하고픈 마음을 추스르며 자신을 믿었다. 먼발치 어느 골짜기에 불빛이 보였다.

아! 살았구나 하는 탄성이 절로 나온다. 안도감에 발걸음은 가벼워진다. 말도 통하지 않는 외국이지만 가야 할 길이 있어서 헤쳐 나갈 뿐이다. 지나온 과정이 파노라마처럼 뇌리를 스치고 지나가고 또다른 세계가 찾아온다.

오직 물질과 평안한 미래만을 위해 존재하는 듯 하지만 항상 어떠한 고통과 걱정을 동반하는데 이것을 어떻게 헤치고 나가는 것이 운명 아닌 숙명으로 받아들여야 한다.

혼자서는 살 수가 없다. 관계로 연결되어 순환되는 과정을 숙명으로 받아들이면 편해진다. 당황하면 남을 원망하거나 비난하는 것은 인간의 본성 자체는 똑같다는 생각이 들었다.

멍하니 내려오다가 길을 잘못 선택해서 엉뚱한 곳으로 접어들었다. 내려오다 산세를 보니 산을 가로질러 가면 된다고 판단했다. 그런데 내가 맨발인 것을 산을 오르고서야 알게 되었다. 아니다 싶어 다시 되돌아 길로 내려갔다.

걷기를 동행하던 젊은 분에게 미안해하며 어떤 조치가 필요했다. 동료에게 차를 가져오라고 전화를 걸었다. 마음을 다독이며 기다리려고 하였으나 여건상 기다릴 처지가 안되었다.

인내하고 차분히 상황을 판단하고 다음 행동으로 이어나가야 한다는 것을 인지하지 못하고 순간의 자신을 자제하여야 하다는 것을 생각조차 못하고 막무가내로 주저앉을 태세다. 현 상황을 타계해야 하다는 생각이 들었다.

상황을 판단하고 시도는 그 당시 그 순간 여건을 보고 있노라면 무언가 돌파구가 생긴다. 잘될 때는 잘 풀리지만 어떨 때는 잘 안될 때도 있다. 그래도 시간이 가면 해결할 수 있는 길이 열린다.

산모퉁이 사이로 먼발치에 하얀 차가 보였다. 맨발로 걷는다는 것을 알지 못하고 반가워 단숨에 달렸다. 어렴풋이 보이는 차 안에 누군가가 있었다. 여자분이 차 문을 열고 바라본다. 경계심이 역력하다. 맨발에 다가선 나의 모습이 어떻게 보였을까 상상해 보았다. 내가 설명을 하니 이해를 했는지 뒷좌석을 치우며 타라고 한다. 구세주를 만난 기분이다. 세상은 이래서 살맛이 난다. 무사히 일찍 도착했다. 안도의 숨을 몰아쉬고 있다. 긴 여행을 한 것처럼 영화의 자막이 스쳐 지나간다. 맨발에서 따뜻한 기운이 다가와 손짓하며 말한다.

파도 타듯 유연하게 대처하는 슬기로운 순간이 다가왔다.

또 다른 길을 가시겠습니까?

길에서 인생을 배운다.

모두 다 꽃이야!

이병원
2021. 4. 천료

그 시기… 가을꽃과 단풍으로 물든 학교 교정은 눈이 부시게 아름다웠다.

고운 풍경에 지나간 내 추억과 오늘 만나게 될 학생들에 대한 기대가 겹쳐지며 가슴에 설렘마저 느껴졌다. 교문을 지나 복도로 들어서는데 학생들의 국악풍 노래 소리가 귀를 울렸다. 가만히 귀 기울여 들어보니 노랫말이 재미있고도 의미가 있었다.

노래의 가사와 곡조가 쉽게 귀에 착착 감겨 금방 입속에서 흥얼거려졌다.

산에 피어도 꽃이고 들에 피어도 꽃이고
길가에 피어도 꽃이고 모두 다 꽃이야!

아무 데나 피어도 꽃이고, 생긴 대로 피어도 꽃이고
이름 없이 피어도 꽃이고 모두 다 꽃이야!

어느 분의 곡인지 몰라도 이 노래는 참으로 지금의 상황에 정곡을 찌르는 힘이 있었다. 어른에게는 어린이에 대한 생각을 다시 하게 하는 메시지가 들어있고, 어린이들에게는 자존감을 높여 주고, 어른들에게 차별 없는 세상을 만들어 달라는 염원이 들어 있는 듯했다.

그렇지. 아이들은 어떤 환경, 어떤 조건에 있어도 그들은 모두 다 꽃 같은 존재이다. 아이들은 어떻게 태어났든 평등하게 존중받으며 살아가야 할 권리가 있다.

은퇴 후 나는 인천인성개발연구원에 몸담고 있었고, 서구청 인재육성과의 지원으로 관내 학교의 인성교육에 참여했었다.

글 앞머리에 쓴 그 가을 즈음이었다.

'지식은 누구나 가르칠 수 있지만 인성은 아무나 가르칠 수 없다'는 말처럼 인성교육은 사람의 마음을 움직여야 하는 쉽지 않은 일이어서 나에게 주어진 단지 2시간의 교육 시간은 어렵고도 귀한 시간으로 다가왔었다.

동료들과 수업 준비에 공을 들였고, 아이들이 집중하도록 마술 자료와 영상 자료를 활용하기도 했다. 덩치 큰 코끼리 호튼이 티끌 속의 조그만 사람을 구하기 위해 갖은 고생을 하는 애니메이션 「호튼」을 시청한 후 마지막 대사 "아무리 작아도 생명은 소중한 거야"라는 말을 같이 합창하기도 하였다.

나의 인성교육 가이드라인은, 교육부의 인성교육에 대한 개념으로 "다른 사람과 더불어 행복하게 살아가는데 필요한 심성, 행동을 길러 주는 교육"이라 하여 제시된 8개의 덕목에 있었다.

그중 가장 중점을 준 덕목은 바로 존중(Respect)이었다. 수업을 하다 보면 8가지 덕목 중, 존중이라는 한 덕목 속에 배려, 협동, 예절 등을 비롯한 나머지 덕목들이 모두 줄줄이 꿰어 있음을 알게 된다.

기실 오래전인 2005년에 미국 일리노이주의 학교들을 돌아 볼 기회가 있었다. 그때 학교 교실마다 공통적으로 'Respect'라는 단어를 특별하게 게시한 것을 보았었다. 그때 관계자의 설명을 들으며 다민족 국가인 미국에서 'Respect'란 덕목을 중시할 수밖에 없는 절실함을 이해했었다. 섬나라 일본에서 그 민족의 존속을 위해 강조되었던 덕목인 '와'처럼, 미국도 다양한 인종의 연합체로서 그 나라의 존속을 위해 가장 절실했던 것은 바로 'Respect'가 아니었을까…. 특히 내면화를 위해 어릴 적부터의 체득이 중요하여, 학교교육에 강조되고 있었다. 그들의 아동을 존중하는 몸에 배인 모습은 언어가 통하지 않아도 저절로 느껴졌었다.

이 세상에 존재하는 모든 것을 소중히 여기고 사랑하자며 실천할 행동을 써 보고 서로 의견을 나누는 시간을 가진 후 부른 '모두 다 꽃이야'란 노래는 의미와 깊이를 더하였다.

지난해 우리나라에서 학대로 사망한 아이는 30명에 달해, 매달 2명의 아이가 세상을 떠난 것으로 드러났다고 한다. 하루 67건 발생하는 아동학대를 없애기 위해 정부가 관리감시체계를 강화하기로 했다고 한다.

'꽃으로도 때리지 마라.' '아이가 행복이다.'란 말이 허망하게 들린다.

이 글을 쓰고 있는 도중 서울의 한 초등학교에서 새내기 선생님이 스스로 생을 마감하는 안타까운 사건이 터졌다. '얼마나 힘들고 답답했으면….' 가슴이 떨리다 못해 참담했다.

내가 이제까지 강조하고 교육해 왔던 '존중'이란 한쪽만의 마음가짐을 말하는 것이 아니다.

존중하는 쪽과 존중 받는 쪽 모두 그 입장이 뒤바뀌는 것이 삶인 것이다. '꽃으로도 아이들을 때리지 말라.'는 것은 '꽃으로도 서로를 때리지 말라.'는 말과 같다.

내 아이가 소중하다면 내 선생님, 내 부모도 소중한 것이며, 내 자리가 소중하다면 아이의 자리도 소중한 것이다.

내가 존중 받으려면 먼저 남을 존중해야 한다는 말은 진리인 것이다.

선생님의 죽음 이후, 도리어 상호간의 증오와 혐오의 목소리가 커지는 것 같은 요사이다.

교사와 학생 사이에서 서로의 결점을 파고들고, 일거에 서로를 단죄하려는 분위기가 감지된다. 교사의 교권과 학생의 인권은 서로 대립되는 것이 아니다.

그 해결책을 찾는 일은 어렵고도 힘든, 지난한 여정이 될 것이다.

관념적이고 이상적인 외침으로만 들릴 것이라 생각도 되지만, 결국 서로에 대한 '존중'이 그 실마리가 될 것이다.

학생들이 각 가정에서 '금쪽같은 내 새끼'라면 선생님들 또한 그 부모에게 '금쪽같은 자식'이니까…. 모두 다 꽃이니까….

쓰고 있습니다

전명주
2021. 4. 천료

서점에서 나와 신호등 앞에 선다. 길 건너 한 무리의 외국 관광객들이 이순신 동상과 세종대왕상 앞에서 사진을 찍느라 여념이 없다. 그렇게도 지겹던 바이러스가 한풀 꺾이니 여행객들이 부쩍 느는 것 같다. 사실 사무실이 그득 몰려 있는 지역에서 바쁘게 지나치는 한국인들에겐 새삼스러운 일일 것이고, 별생각 없이 자주 오가는 나도 그곳에서 사진을 찍으라면 굳이?라는 생각이 들 것 같긴 하다. 하지만 서울을 방문한 관광객이라면 서울 시청 앞의 'I love seoul' 표지판 앞에서나 광화문 한복판에서 사진을 찍는 건 당연하다. 그들에겐 언제 다시 볼지 모르는 새로운 것을 만난 즐거움과 이곳에 왔었다는 기억의 증거가 되기 때문이다.

이정표가 되는 유명한 장소들뿐이랴. 여유로이 걷다 만난 작은 골목 골목, 처음 맡아 보는 음식의 향과 시끄러움으로 가득할 시장이나 그저 걷기만 하여도 기분 좋은 생경함을 안겨줄 이국 거리의 풍경, 한국어로 쓰인 메뉴판이나 서점의 책들, 지하철 티켓이나 택시 부르는 방법, 왠지 모르게 다른 것 같은 구름이나 나무의 모양… 여행지의 모든 순간을 놓치고 싶지 않을 것이다.

우리는 알아채지도 못할 만큼 당연하고 뻔한 일상을 그들은 꽤나 행복했던 삶의 순간으로 품고는 자신의 나라로 돌아갈 것이다. 마찬가지로 우리가 여행지에 가서 느끼는 것들도 크게 다르지 않다. 사는 곳을 벗어났다는 해방감으로 맘이 너그러워지고, 나와 다른 곳에서 매일을 살아내는 누군가의 삶이 까닭없이 더 근사해 보이기도 한다. 때로는 처음 만나는 경험들에 놀라거나 당황스런 일들도 일어나지만 이 모든 시간들은 잊고 싶지도 않고 잘 잊히지도 않는다. 덕분에 '여행'이라는 단어는 생각만으로도 두근두근 맘이 설렌다.

잘 생각해 보면 여행지에서의 감탄은 꼭 낯설고 멋진 광경과 놀라움들이 펼쳐지기만 해서가 아닐지도 모르겠다. 여행지에서의 아침엔 으레 오늘은 또 어떤 즐거움이 우릴 기다릴까 하고 기대하게 된다. 걷고 보고 먹는 내내 한순간도 빼먹지 않으려 집중하고 무엇이든 열심히 살핀다. 사람이든 동물이든, 꽃이든 나무든 우리를 대하는 누구에게도 여유롭고 넓은 마음으로 대할 준비도 되어 있다. 여행의 기억이 아름다운 건 쉬이 지나칠 것들을 충분히 바라보고 오래오래 곱씹어 즐거움의 순간을 발견하기 때문은 아닐까.

글을 쓰겠다고 마음 먹은 뒤 조금은 더 여행자의 마음과 가까워지는 연습을 하게 되는 것 같다. 늘 주변에서 일어나는 일과 만나는 사람들의 말에 이전보다 더 신경을 쓰게 되었다. 왜 그럴까 또는 그럴 수밖에 없었구나 깊이 생각하려 노력한다. 오감에 더 민감해지고 일상 곳곳을 들춰 보고 세밀하게 보려 한다. 항상 전철을 타고 가던 곳을 버스를 타거나 일부러 걸어가며 보이는 간판이나 모습을 눈에 담아보기도 한다. 물론 이런 과정들이 써먹을 글감이 없나 애타게 찾는다는 걸 어떻게든 우아하게 표현해보려 한 것이긴 하지만, 별일 없는 내 삶을 자세히 들여다보게 된 것만은 틀림없다.

더 가까이, 천천히 보게 된 만큼 내 삶의 조각들은 더 많이 붙들리게 되었다. 베란다에서 내다보이는 풍경을 4계절에 걸쳐 찍어보겠다든가, 매번 맞는 노을이나 하루도 거르지 않는 커피의 사진과 짧은 글을 남기면 어떨까 마음먹어 보기도 한다. 새 책을 살 때마다 날짜와 구입한 서점, 읽기 시작할 때의 기분을 남겨보면 어떨까. 늘 함께인 가족들의 전화통화 목소리를 녹음해 두면 어떨까. 기분 내킬 때 쓰던 일기를 짧게라도 매일 써보면 더 좋지 않을까. 일부러 붙들어 소중한 것들로 만들어버린 하루를 지내면 역시나 쓰지 않을 수 없는 순간들과 맞닥뜨린다. 이런 것들이 삶을 희망한다는 것과 크게 다를까.

여전히 무엇을 써야 할지 어떻게 써야 할지 잘 모른다. 그냥 사랑하는 것들이나 사랑하는 만큼 실컷 적어두어야겠다. 애써 적어두지 않으면 다 사라질 것들을. 광화문 앞의 동상을 무심코 지나치는 대신 잠깐 멈춰 한 번 쳐다본다. 3월의 오후, 해는 뜨겁고 바람은 차가웠던 날. 안과를 가는 길에 잠시 바라본 이순신과 세종대왕상 그 뒤로 보이는 경복궁과 인왕산까지. 시력이 너무 떨어진 것 같다는 생각을 하며 걷다 갑자기 이들을 주인공으로 만든 영화나 드라마부터 그것을 같이 봤던 친구들. 그날 먹은 음식과 나눈 대화. 돌아가던 친구의 뒷모습까지 떠올랐다. 오늘 일기장엔 '이순신과 세종대왕의 동상을 처음으로 자세히 봤던 날'이란 제목이 달릴 것이다.

잊지 않기 위해, 하루치만큼의 자신을 기억하기 위해 써 내려간다. 먼 훗날 나에게도 이렇게나 기뻐서 출렁인 순간이 있었다고, 힘들기만 한 건 아니었다고 들려주려고 매일매일 종이 위에 모으고 있다. 나만 아는 내 이야기를 쌓고 있다. 나는 쓰고 있다. 살고 있다.

달걀의 진실

김정원
2021. 8. 천료

어릴 적, 뒷마당에 5평 남짓한 닭장이 있었다. 닭은 물론 꿩, 금계, 메추리 등을 키웠다. 닭과 꿩의 서두르지 않는 걸음걸이는 도도하고 낭만적이었다. 닭은 흰색 알을 낳았고 꿩은 갈색 알을 낳았다. 가끔 꿩 알을 프라이 해서 약간의 간장과 참기름, 깨소금을 넣고 밥에 비벼 먹었다. 꿩 알 맛이나 달걀 맛이나 다르지 않았다. 도시락 반찬으로 계란말이는 최고였다. 짭조름한 달걀 장조림은 우리 식구가 좋아하는 반찬이었다. 밥상에 달걀이 빠지면 섭섭했다. 지금도 달걀을 즐겨 먹는다. 토마토와 달걀을 볶아서 샌드위치 속으로 만들고 달걀 국, 달걀찜, 스크램블, 달걀 볶음밥 등 맛도 좋고 요리가 쉬운 달걀은 하늘이 주신 만나와도 같다.

달걀에 새겨진 도장을 유심히 보지 않아서 잘 몰랐는데 모든 정보가 거기에 있었다. 끝 번호는 사육 환경 번호였다. 1번은 자연 방목이라고 한다. 4번보다 가격은 2배 정도 차이가 난다. 고기를 즐겨 먹지 않는 난, 단백질 섭취를 위해 달걀로 보충하는 터라 자연 방목이라는 문구에 끌려 기호 1번 달걀을 주문했다. 달걀은 다음 날 로켓 배송 됐다. 그런데 문제가 생겼다. 달걀 다섯 개를 깼는데 노른자 세 개가 터졌다. 볼에 담긴 다섯 개 모두 하수구에 버렸다. 다른 달걀도 마찬가지였다. 너무 화가 났다. 사진을 찍고 내용을 담아 구매한 사이트에 보냈다.

3시간 뒤, 고객센터에서 전화가 왔다. 상담사 직원은 몇 가지를 묻더니 노른자가 터진 이유에 대해 설명을 했는데 놀라웠다. 닭이 과식하면 노른자가 터질 수 있다는 게 답변이었다. 듣도 보도 못한 설명은 이해하기 어려웠다. 나의 언성은 높아졌다. "살다 살다 닭이 과식했다는 얘기를 들어본 적이 없습니다. 동물이 과식하면 소화제를 먹어야 하나요? 그럼 소식한 닭이 낳은 달걀로 교환해 주세요. 노른자가 깨지는 건 싱싱하지 않다는 게 상식 아닌가요?" 상담사는 업체의 답변을 전하는 거라며 내 탓은 아니라는 뉘앙스로 말했다. 결국 반품 처리로 마무리를 지었다.

냉장고에는 아직 세 개의 달걀이 남아 있었다. 혹시나 하는 생각에 싱싱한 달걀 구별법을 검색했다. 컵에 물을 반 이상 채우고 달걀을 넣고 확인하는 간단한 방법이 있었다. 달걀이 위로 뜨면 상한 거고 아래로 가라앉으면 싱싱한 달걀이라고 한다. 컵에 물을 넣어 실험을 했다. 이럴 수가 달걀 세 개가 모두 가라앉았다. 모두 싱싱한 달걀이란 말인가? 그렇다면 닭이 과식했다는 말이 맞는 건가? 얼마나 먹었길래 노른자가 터지는 걸까? 깨뜨려보니 두 개의 달걀노른자가 터졌고 하나는 괜찮았다. 그러나 석연치 않은 마음에 모두 버렸다. 미련 없이 버리는 건 좋은 일이다. 좋은 행동, 좋은 말은 좋은 기운을 불러온다.

최근에 좋아하는 말이 생겼다. '그럴 수 있지'라는 말이다. 누구와 어떤 이야기를 하든 '그럴 수 있지'라는 말로 시작하면 대화가 부드러워진다. 이 말은 악보의 쉼표 같기도 하고 공원의 벤치 같기도 하고 후

후 불며 마시는 한방차 같기도 하다. 하지만 아쉽게도 아직 훈련이 되지 않은 이유인지 그 말을 잊곤 한다. '그럴 수도 있지, 닭이 과식할 수도 있지.'라며 숨 고르기를 했다면 어땠을까? 나의 언성에 반품의 무게가 실린 건지도 모르겠지만 차분하게 얘기해도 결과는 같았을 것이다. 나의 태도는 선반 끝에 놓인 접시처럼 아슬아슬했다. 닭의 가슴살처럼, 통통한 닭 다리처럼 '그럴 수 있지'라는 말의 근육을 키워야겠다.

그 여름밤의 설악

이우재
2021. 8. 천료

그해 여름 매미는 확성기에 대고 소리치는 계란 장사처럼 울었다. 다른 해보다 긴 장마로 도시는 습식 사우나를 따로 갈 필요가 없을 만큼 습했다. 버스 정류장 옆 간이매점의 아저씨는 러닝셔츠 아래단을 돌돌 말아 가슴 아래에 두었다. 가만히 서 있어도 온몸에서 비가 내리고 옆 사람의 몸의 온도에 자꾸만 거리를 두었다.

배낭에 각자의 식량과 필수도구를 챙겨서 모인 다섯 명 중 둘은 신혼부부였다. 휴가 날짜를 맞출 수 있는 고등학교 동창생끼리 뒤늦은 여행을 계획했고 아무도 차가 없던 상황이라 터미널에서 버스를 타고 이동을 했다. 그들은 배낭 위에 텐트 두 동을 준비해 한 여름의 설악으로 들어갔다. 그들은 가장 힘들다는 오색 코스를 선택하고 등반을 시작했다.

오색 약수터에서 단맛을 뺀 톡 쏘는 약수를 마시고 대청봉을 목표로 진행해서 오르다가 한 친구가 잠시 쉬자고 말했다. 그러면서 배낭이 너무 무거우니 좀 비우자고 했다. 그 친구의 배낭에는 감자, 양파, 호박에, 양배추까지 들어 있었다. 무게가 나가는 것만 골라서 등에 메고 올랐으니 제대로 등산을 시작하기도 전에 두 다리가 너덜거릴 만 했다. 무엇을 비울까 서로 쳐다보다가 각자 하나씩은 꼭 필요하다 말 하다 보니 버릴 게 없었다. 결국 서로의 배낭을 열고 나누기로 했다. 한 친구 배낭에서는 오이, 당근, 김치, 쌀이 나오고, 또 다른 친구의 배낭에서는 생수병과 두꺼비, 된장, 고추장이 나왔다. 그 누구의 것도 비울 것이 없었다. 생각 끝에 앉은 자리에서 한 끼를 비우기로 하고 각자 배낭의 무게를 줄여나갔다.

그렇게 배속에 짐을 옮겨 싣고는 대청봉을 향해 올랐다. 얼마 올라가지 않아 어린 신부가 다리가 아프다고 주저앉았다. 등반 코스 중 가장 고되다는 오색을 택했을 때 신부를 염두에 두지 못한 게 불찰이었다. 새 신부의 양말을 벗고 보니 발에 물집이 생겼다. 일행은 계속 진행하면 일정에 차질이 있을 수 있다고 판단했고 중턱에서 1박 하기로 결정했다.

각자 배낭을 내리고 텐트를 쳤다. 각을 잡아 잘 지어진 집 두 채를 보며 다들 만족스러워하면서 산속에서 저녁식사를 준비했다. 배낭에서 꺼내 놓은 많은 식재료를 보며 미련하게 무거운 것만 가져왔다고 낄낄거리며 서로를 타박한다. 그것도 잠시 각자 맛있는 최고의 요리을 만들겠다고 부산하게 움직였다. 설악의 밤은 맛 속으로 자꾸만 끌려들어 갔다.

산속의 밤은 어둠이 빨리 찾아오고, 깊은 밤은 한여름이 무색할 만큼 서늘했다. 어두워 보이지는 않지만 계곡이 바로 옆에 있는 듯 물소리가 폭포 떨어지는 소리처럼 들렸다. 하늘의 별은 어디로 마실을 갔는지 아무리 찾아도 보이지 않았다. 손전등으로 서로를 비추면서 일행은 두꺼비도 먹고, 노래도 부르면서 여름휴가가 이렇게 멋져도 되냐며 설악에 취해갔다.

목청 높여 장기 자랑이 한창일 때 갑자기 하늘에서 괴성이 울리고 비가 퍼붓기 시작했다. 게다가 산은 바람을 부르더니 텐트 한 동을 순식간에 날려버렸다. 모두들 혼비백산하여 남아 있는 텐트 속으로 몸을 던져 날아가지 못하게 부여잡았다. 텐트를 때리는 바람에 이리저리 구르며 폭풍우가 멈추기를 기다렸다. 모두들 산속에서 조난을 당할 위기에 처하고 보니 잘못하면 설악에서 죽을 수도 있다는 생각에 눈앞이 캄캄했다. 꽉 다문 입속 어금니는 그대로 턱 밑으로 빠져버릴 것 같고, 두려움에 비명조차 밖으로 나오지 못했다.

꽤 많은 시간이 흐른 후 바람이 조금 잦아들었다. 만신창이가 된 몸을 이끌고 밖으로 나오니 이미 날아간 텐트는 보이지도 않았다. 그칠 기미가 보이지 않는 빗줄기에 일행 모두 비좁은 텐트 속에 앉아서 밤새 멈추지 않는 비바람과 싸우느라 지쳐갔다. 몇 시간 전의 짜릿한 즐거움은 누가 훔쳐 갔는지 온데간데없었다. 날이 밝아왔고 비도 바람도 숨 고르기를 하는지 잠시 멈추었다. 일행은 서로 무사히 살아 있음에 부둥켜안고 안심했다.

비바람은 멈추었는데 하늘은 아직도 한참 성이 나 있었다. 라디오에서 폭풍우가 또 온다는 예보에 짐을 서둘러 꾸려 하산하면서 날아간 텐트의 흔적을 찾았으나 발견을 못했다. 텐트를 포기하고 그냥 내려오는데 산 아래에 많은 사람들이 모여서 내려오는 그들을 보고 환호 소리를 지르며 박수를 쳤다. 그들이 올라간 것을 본 등산객이 독수리 5형제가 대피소에 오지 않았다고 신고를 했다고 한다. 날이 밝아 수색에 나설 준비를 하던 중이었다고 말하면서 모두 안도의 박수를 쳤다.

그들이 떠나고 그날 오후부터 또다시 시작된 폭풍우에 설악은 머리채를 휘둘리고 온몸을 얻어맞으며 산을 지켜냈다. 하루 만에 끝나버린 여름 휴가였지만 폭풍우에 살아남은 전우애로 대청봉을 오른 것 같은 짜릿함을 느낀 그들은 아쉬움과 노곤함도 잊었다.

그들은 각자 설악산을 한두 번쯤은 등반을 했었던 경험이 있었지만 이렇게 위험한 상황은 처음이었다. 이후 동창 모임 때마다 정신이 아득했던 그날의 일을 무용담처럼 이야기했다. 함께여서 그 무서운 밤을 이겨낼 수 있었다는 것을 우정의 무게처럼 높여 말했다. 그리고 다시 한 번 그때의 독수리 5형제끼리 대청봉을 정복하러 가지고 목소리를 높였다. 그러나 그 이후 독수리 5형제가 함께 설악을 찾은 적은 없다.

아줌마, 잘 지내시죠?

곽영주
2021. 9. 천료

'아줌마'라고 부르면 실례의 시대에 살고 있다. 언제부턴가 암묵적으로, 아줌마는 부르면 안 되는 호칭이 되었다.

중년쯤이 되면 여자들의 사회적 호칭으로, 경계가 다소 분명치는 않지만 대부분 '아줌마'라고 불린다. 스스로 '이제 아줌마지'라고 느끼면 호칭의 수용에 문제가 없지만 아가씨인데 아줌마로 불려 억울한 친구도 제법 있던 시절이었다. 그런 호칭의 시절이 갑자기 온네간네없이 사라져버리고 그 대체 호칭으로 거짓말 섞어 한반도의 반을 차지하는 절대 명칭 '이모'의 탄생이 도래했다. 이모라는 호칭은 단순히 이모같이 느껴져 친절한 유대감을 표현한다고 부르는 것이겠지만, 엄밀히 혈연 관계로 맺어진 호칭을 가져다 쓰는 건 오히려 사회가 혈연의 필연성만을 중심의 가치관으로 두기 때문이 아닐까 염려스럽기도 하다. 또 그 이면에는 아줌마라는 호칭이 예의 없다고 느끼는 사회 전반의 시각도 없지 않아 보인다. 결혼한, 자녀가 있는, 외적으로 보기에 아줌마 같은,

이런저런 규정을 넣어도 아줌마를 규정짓기엔 어려움이 있다. 거기에 다수의 여성들이 자신은 일반적인 아줌마 부류로 불리는 것에 극도로 부정적이어서 상호 간의 관계에서 대등한 호칭으로는 부르기가 쉽지 않다. 그 이유로 상대적 '사모님'의 과대 출현을 볼 수 있다. 사실, 사모님이란 나의 스승님에 부인을 높여 부르는 호칭인데, 우리는 너무 많은 사모님을 우러러봐야 하는 사회가 되어 있다. 이렇듯 왜 아줌마가 사회적 낮춤의 대명사가 되었을까?

아줌마의 호칭이 통용되던 시절 조금 가깝고 친근한 분에게는 아줌마로, 존중과 예의로 대해야 할 분에게는 아주머니로의 구분은 있었다.

어린 시절, 엄마의 친한 친구분이 놀러 오시거나 만나면 으레 '아줌마'라고 부르며 반갑게 안기거나 좋아서 팔짝팔짝 뛰곤 했다. 그렇게 아줌마는 즐겁고 좋은 대상이었다. 엄마의 친구분을 부를 땐 성함을 넣어, '계주 아줌마' '영애 아줌마'라고 불렀는데 그것이 엄마 친구에게 예의가 없거나 낮추는 호칭이 전혀 아니었다. 오랫동안 연락이 없거나 뜸한 아줌마들의 안부를 물을 때도 '부산 영옥이 아줌마는 잘 계셔'라며 묻곤 했는데, 성함 속 아줌마라는 호칭 안에는 내 나름의 애정과 깊은 존경심이 묻어 있었다. 사실 엄마의 친구분들은, 친이모보다 더 자주 보며 오히려 내가 더 가깝게 다가갈 수 있는 분들이었다. 이렇게 아줌마가 이모보다 못지않은 사회에서 자랐는데 어느 사이 아줌마가 이모로 둔갑한 사회가 돼 버렸다.

요즘 근, 십수 년 전부터 내가 아이들을 키우면서 사귀었던 주위의 내 또래 친구들이 내 아이들에게 '이모'가 되는 친척 관계로 돌변해 버린 것이다. 이 웬 괴이한 일일까!

식사를 하러 가면 손님들이 서비스를 요구할 때 부르는 호칭이 100프로 '이모'가 아니면 극존칭의 '이모님'이다. '이모님, 여기 반찬 좀 더 주세요.' 그러면 안 나올 반찬도 나오는지, 알다 가도 모를 일이다. 그렇다면 왜 고모, 고모님은 배제되었을까라는 의문도 남는다. 시대 상황까지는 거창하지만, 자매간의 혈연지간이 훨씬 더 가깝고 유대감에서의 차이가 고모의 자리와는 비교 대상이 될 수 없는 모양이다. 극단적으로 표현하자면 작금의 고모는 그저 호칭만이 근근이 남아 있는 애처로운 대상일 뿐이다. 우리 사회는 남자 성을 따르고 굳이 따져 가계의 계승을 아들이 하는데도 불구하고 '사회적 이모'는 거의 불가항력의 군림이며 사회적 위상은 조상대를 넘는 무게감이다. 이렇듯 그 현실적인 기류가 대중의 모호한 여성에게 호칭만 부여한 것일지라도 혈연 관계에서만 허용된 호칭의 양도는 사회적 규범으로만 따져도 볼썽사납게 느껴진다. 또한 대중에 '이모'로의 전환은 그 이면에, 혈연 관계 만을 부추기는 당연함이 묻어 있고 이타의 마음은 간데없다. 이모는 존중되어야 하는 대상이고 아줌마로 부르면 절대적인 하대인가?

사회 현상이 문화와 물질의 힘으로 흘러 정형화되는 경우는 자연적인 상황으로 이해가 되지만 인위적으로, 굳이 쓸 필요 없는 호칭이 사회 전반에 양해되는 일은 무겁게 받아들여야 한다. 때문에 호칭과 명칭의 구획은 분명히 있어야 하며, 아줌마가 이모가 되고 아저씨가 삼촌이 되는 전 인구의 혈연화는 선선한 사회에서는 새비로서도 허용될 일은 아니다. 씨족 사회에서나 있을 퇴보한 문화는 하루빨리 제자리를 찾아야 하고 타인을 존중하며 귀히 여기는 마음이 '아줌마'로부터 자유로워질 수 있도록 사회 전반 분위기의 형성을 기다려본다.

오늘, 핸드폰을 지그시 누르며 오랜 엄마의 친구분에게 소식을 띄웠다.

"아줌마, 잘 계시죠?"

등대 한 그루

한지나
2021. 9. 천료

컴퓨터를 켰다. 갑자기 눈이 밝아지면서 싱그러운 화면이 뜬다. 푸른 바다를 바라보고 있는 빨간 지붕의 등대와 반짝이는 햇빛을 받으며 비스듬히 누워 있는 돌 바위들. 등대 옆으로 하얀 집이 보이고 언덕 위엔 나무와 덤불이 무성하다. 바다를 닮은 파란 하늘을 배경으로 서 있는 등대와 집은 정갈해 보인다. 해풍에 껍질이 벗겨져 반들반들해진 몸통을 꼿꼿이 세우고 서 있는 주목은 단단해 보이지만 적막과 외로움을 동시에 느끼게 한다.

외로움은 내게도 익숙한 일상이 되었다. 3년째 이어지는 팬데믹은 마스크 쓰기와 거리 두기가 일상화되면서 사람과의 교류나 만남의 끈이 툭툭 끊겨 나갔다. 사람과의 네트워크가 워낙 성긴 나로서는 세상과 담을 쌓은 채 홀로 섬에 갇혀 사는 기분이 들 때가 많다. 만나야 할 사람도, 만나고 싶은 사람도 그리움만 간직한 채 전화나 컴퓨터를 이용한 간접 만남으로 달래야 했다.

등대는 항상 바다를 향해 품을 벌리고 서 있다.

누군가에게 도움을 주려는 자세이다. '등대지기'라는 노래가 떠오른다. '얼어붙은 달그림자 물결 위에 차고~' 등대지기의 거룩하고 아름다운 사랑의 마음을 생각하는 노랫말이 좋다. 가 보지 않았고 경험하지 못했지만 쓸쓸한 겨울의 거친 바다를 지키는 등대지기의 모습이 마음에 채색된다. 그렇게 바다를 지키는 등대는 내게 희망을 상징하는 존재로 각인되었다.

햇빛을 받아 물결이 반짝이는 낮이나, 바람이 잔잔할 때는 바다의 끝에서 조는 듯이 평화롭게 서 있는 등대. 하지만 캄캄한 밤이나 폭풍 속에 파도가 거세어지면 환한 불빛을 바다로 보내어 항해하는 배와 사람에게 안전한 길라잡이가 된다. 도움을 요청하기 전에 먼저 손을 내밀어주는 베풂이 있다. 등대는 자기의 존재를 알리고 바다 멀리 빛을 보내기 위하여 의젓하게 높이 서 있지만 거만하지 않고 손은 항상 낮은 곳을 향하는 겸손을 보여준다.

자라면서 어른들은 겸손하고 친절해야 한다고 가르쳐 주셨지만 나는 때로 그러지를 못했다. 겸손한 것이 비겁해서 한 걸음 물러나는 것으로 생각할 때도 있었고 비굴하다고 생각한 적도 있었다. 성숙하지 못했고 생각이 얕았던 탓이다. 나이가 들면서 벼가 익으면 고개를 숙이는 자연의 이치에 조금씩 순응하면서 자신을 낮추는 겸손이 가장 아름다운 성품임을 깨달아간다.

화면 속의 등대는 바다의 끝과 육지가 시작되는 경계에 서 있다. 배는 바다의 끝에서 닻을 내리고 휴식을 취한다. 닻을 내린 배는 발이 묶여 있다. 그러나 사람은 육지에 발을 붙이면서 스스로의 삶을 풀어내기 시작한다. 등대는 시작과 끝을 연결하는 톱니바퀴처럼 맞물려 있다. 부푼 희망을 안고 깃발을 펄럭이며 바다로 나가는 배의 안전을 빌어 주기도 하고 오랜 항해 끝에 무사히 돌아온 배를 보듬어 주기도 한다. 이별의 슬픔과 재회의 기쁨이 한데 어우러지는 곳이 등대가 아닐까.

이민 생활 속의 나 또한 한국과 미국의 경계선을 넘나들고 있다. 미국으로 건너올 때는 뿌리째 뽑아왔다고 생각했다. 하지만 40년을 발붙이고 살아도 한국인의 의식은 엷어지지 않았고 오히려 이곳이 낯설 때가 있다. 사회적인 규범이나 생활양식은 미국화되었어도 한국인의 정서는 아직도 몸에 배어 있다. 문화적인 사고 또한 한국적이고 한국 소식에 기쁨과 슬픔을 나눈다. 몸은 미국 땅에 있지만, 마음은 자주 한국을 바라보며 경계선에서 수구초심으로 살아간다. 마음속에, 머릿속에 한국과 미국을 오가며 살고 있다.

작가 김훈은 '배들은 등대의 불빛을 보고 자신의 위치를 인식한다. 상대의 위치를 알아야 나의 위치를 알 수 있는 것이다. 나 혼자서는 나의 위치를 알 수 없다.'라고 했다. 나아가려 할 때, 내가 어디에 있는지 알아야만 어디로 가야 하는가를 알 수 있기 때문이다. 등대의 주된 임무는 지표이다. 배들의 안전이 무엇보다 우선이기에 지표 역할은 중대하다. 나도 앞으로의 방향을 찾으며 어디로 가야 할지 망설여질 때는 확실한 삶의 지표를 제시해 주는 등대가 있었으면 하는 바람이 있다.

지표나 방향만큼 관계도 중요하다. 세월과 함께 만들어가는 인생의 나이테 속에는 함께한 사람들의 희로애락이 들어 있고 그들과의 시간이 쟁여져 있다. 세월과 사람들은 때로 내게 등대가 되어 준다. 나를 성장케 하고 질 높은 삶으로 이끌어 준다. 두툼해진 나이테 속에서 모나고 뾰족했던 나의 성정들을 둥글려 주고 포용의 덕을 키워 준다.

오랜 세월 풍상을 겪은 등대는 조약돌같이 동글동글한 이야기를 가득 품고 의연하게 서 있는 나무 한 그루 같다. 맘속에 지표를 알려 주는 든든한 등대 한 그루. 등대처럼 품을 넓게 벌려 일상과 사람을 보듬으면서, 마땅히 가야 할 바른 방향으로 천천히 나아가고 싶다.

가을 향기

김동희
2021. 12. 천료

가을 향기가 말갛게 스며온다.

아기의 젖 내음이 가을 향기다. 여울물 소리마저 깊어가는 가을이 되면 풋고추 따러 오라고 친구가 부른다. 늘 한결같이 후덕한 친구가 있어 행복을 한 바구니 따게 된다.

찬 바람이 불기 시작하면 고추는 오롱조롱 새끼 치느라 정신이 없다. 온 여름내 애써 키운 붉고 실한 고추를 모조리 따 버려 열매 잃은 나무는 후대(後代)가 끊길까 봐 마음이 바빠신 모양이나. 고추나무는 가지 끝마다 올망졸망 자식들을 매달았다. 저무는 가을 햇살에 채 익지도 못할 작은 고추들을 가지가 휘도록 달아 놓았다. 말 못 하는 식물들도 종족 본능이 대단하구나, 감탄하게 된다. 생물의 가장 소중한 가치는 후세의 번식에 있다.

어쩌다 우리네 젊은이들은 애 안 낳기가 대세가 되어버렸다. 가정에 아이가 없으면 어디서 웃음을 찾을까? 가족이 행복할까? 철부지(不知)란 계절을 모른다는 말이다. 반면 철이 든다는 말은 때를 안다는 말이다. 때를 아는 일이야말로 모든 판단력의 정점이요, 최상위급 지혜가 아니던가. 제철에 할 일을 알고 사는 일을 고추를 보면서 새삼 묵상하게 되었다.

의술이 발달하면서 노인네들 수명은 100세를 넘어가는데, 임산부나 아가들 울음소리는 귀하디귀하다. 아기의 첫울음은 한 생명이 되기 위한 기다림의 소리다. 사람 꽃만큼 귀한 꽃은 없지 않은가.

나이는 안 먹을 수는 없지만 잘 먹을 수 있는 거라 생각된다. 어쩌다 임부를 만나게 되면 어찌나 사랑스러운지, 낯모르는 사람도 내 딸처럼 대견하고 예쁘다. 태동을 느낄 때마다 엄마가 되는 그 감동과 아기와의 그 교감이 어찌 귀하지 아니한가. 아기의 폴폴 나는 젖 내음이 가을 향기였으면 한다. 결실로 풍요로운 인간의 가을 향기가 온 동네에 퍼졌으면 싶다. 가을 향기를 맛보고 싶은 건 나만일까?

보리는 아무리 추워도 땅속에서 뿌리를 내린다. 늦가을에야 씨를 뿌린다. 인생 여로에는 왕복표가 없다고 한다. 채근담에 '역경과 곤궁함은 훌륭한 인격을 단련시키는 용광로다.' 하였다. 첫애를 낳고 나도 모르게 눈물이 났다. 제일 먼저 떠오르는 게 어머니였다.

"그래, 장하다. 애썼다." 손잡아 주시던 어머니가 떠오른다. 어머니는 모든 사람에게 영원한 본향이다. '어머니'라는 단어처럼 귀한 것이 있을까? 빼곡하게 매달린 귀여운 고추들이 흥부네 가족 같다. 같이 고추 따던 친구가 넋두리한다. 늦게 장가간 하나뿐인 아들 녀석이 달랑 딸 하나 낳고서는 이젠 더 낳지 않겠다고 한단다.

손녀는 벌써 학교에 입학했는데 동생 볼 생각도 안 한다는 것이다. 팔순이 넘은 남편이 한잔 걸치고 오는 날이면 허탈해한다고 한다. 100세 시대에 밀려오는 걱정은 말년 고독이다. 총총히 매달린 고추를 보며 회한이 깊어지나 보다. 대를 이어야 함이 큰 도리로 생각해 온 세대가 아니던가. 나무들마다 한 겹씩 마음을 비우고 훌훌 가을 여행을 시작하려 한다.

어쩌다 이 사회가 젊은이들을 이토록 살벌하게 만들고 있는지? 아이가 없으면 기쁨이 적고 열심히 살아갈 희망도 없어지는 게 아닐까? 담장 옆 감나무가 파란 도화지에 주홍빛 물감을 칠하고 있다. 가을은 흥겨운 여름 잔치가 끝나면 소리 없이 그림자처럼 따라온다.

처칠의 어머니는 67세에 세상을 떠났다. 유언 없이 이런 말을 남겼다.

"나는 영국을 위해 처칠을 남겼다. 이것이 내 일생의 가치다."라고. 곱씹어 볼 말이다.

끝 고추를 한 바구니 따 왔다. 매콤한 고추 향이 집안 가득하다. 감기 예방, 시력 증진, 혈액순환에도 좋은, 버릴 게 없는 고추 사랑에 빠지고 있다. 자잘한 고추는 무명실에 꿰어서 시원한 곳에 매달아 말리고, 중간 고추는 새콤달콤한 피클을 만든다. 큰 고추는 반으로 쪼개서 밀가루에 무쳐 살짝 쪄낸다. 뜨거울 때 튀김가루를 솔솔 뿌려 대바구니에 담아 말린다. 눈꽃이 핀 것 같은 고추부각은 우리 집 겨울 밑반찬이다.

해마다 빠지지 않는 아낙의 일상이 되었다. 소소한 일거리가 있어 행복하다. 나무들이 알록달록 열매를 익혀가고 있다. 결실로 풍요로운 이 가을. 우리네 젊은이들도 예쁜 아기들을 오롱조롱 안고 가을을 익혔으면 좋겠다. 기다림은 인생사의 덕목이니까. 젖 내음 폴폴 나는 아가의 냄새가 이 가을 향기로 번져갈 수는 없을까?

손주를 안았을 때의 그 아기 내음이 가을 향기로 날아온다.

경의선 숲길공원

최정옥
2022. 3. 천료

경의선 숲길을 걸었다. 초가을 태풍 힌남노가 거센 바람과 함께 폭우를 몰고 왔다 지나간 뒤였다. 은행나무 아래 열매가 소복하게 떨어져 있었다. 강한 바람에 견디지 못해 익지도 않은 채 낙과가 되어 비에 젖은 모습이 애처롭다.

이곳은 공원이 조성되어 있어서 나무와 꽃과 잔디가 깔려 있다. 철로는 옛날 모습 그대로 있어서 화물열차 다니던 시절이 생각난다. 경의선 숲길은 4구간으로 나누어져 있다. 우리 동네는 연남동 구간으로 가좌역에서 홍대입구역이다. 홍대입구역 3번 출구로 나오면 바로 연남동 구간의 숲길로 이어진다. 2000년대 들어 용산과 가좌를 연결하는 용산선 구간이 지하화되었고 남은 지상 철길은 도시재생 사업의 하나로 시민들을 위한 쉼터로 탈바꿈했다.

2016년에 조성한 경의선 숲길은 총길이 6.3킬로미터다. 마포구에 속하는 여러 구간 중 연남동 구간은 '연트럴 파크'라 불리며 경의선 숲길 중 가장 젊은 구간이다. 숲길을 걷는 동안 싱그러운 풀냄새에 맘껏 취할 수 있다. 한쪽으로는 흙길이다. 맨발로 걷는 분이 더러 보인다. 신발을 신고 걸어도 흙의 부드러운 감촉이 느껴져 피로가 풀리고 상쾌하다. 시멘트 길과는 다르게 몸이 유연해진다. 길 가운데로는 시냇물이 흐르고 있어서 청량감이 든다. 물의 부드러움은 마음까지 녹일 것 같다.

화단에는 갖가지 꽃이 활짝 피어 있다. 쑥부쟁이 화단에는 보라색 꽃이 몰려 있어 풍성한데 코스모스 화단의 꽃잎은 빨강, 진분홍으로 영롱하지만 드문드문 있어서 멀쑥하니 초라하다.

화단마다 줄을 쳐 놓고 '화단조심'이라 써 붙여 놓았다. 가꾸는 손길이 충분하지 못한 느낌이 들지만 사람들이 워낙 많이 다녀 감당하기 힘든가보다. 사람의 본성은 식물이 자라는 푸른 초원이 그립기 때문이리라. 삭막한 도시 가운데 이런 숲길이 있다니 참 다행한 일이다. 사람들의 발길이 많아서인지 나날이 피폐해지는 느낌이 들어 매우 안타깝다. 산책하는 강아지도 흔하다. 반려견이라니 어쩔 수 없지 않은가?

경의선숲길공원에 있는 나무 중에 대왕 참나무가 있다. 가을이면 잎이 반질반질 윤이 나면서 빨갛게 물이 든다. 너무 곱고 화려해서 단풍이 절정을 이루면 무아지경에 빠질 정도다. 이 나무는 일명 '미국참나무'로 불리기도 하는데 북아메리카가 원산지이다. 서양 참나무가 우리나라에 처음 들어온 때는 1936년 독일 베를린 올림픽이 열릴 때 손기정 선수가 마라톤 경기에서 우승을 하면서였다.

시상대의 가장 높은 자리에 우승자로 우뚝 선 손기정 선수는 유럽참나무 가지를 엮은 월계관을 쓰고 화분을 들고 있었다. 우승의 감격과 기쁨에도 표정은 그리 밝지 못한 이유가 있었다. 그 당시 대한민국은 없었고 일본의 속국으로 일장기를 달고 출전해야만 했었다.

우승자에게 주어진 화분으로 일장기를 가렸다는 것이다. 그 화분에는 유럽참나무가 심어져 있었고 독일의 통치자인 히틀러가 내리는 부상이었다고 한다. 삼등으로 시상대에 함께 오른 남승룡 선수는 그 당시를 이렇게 회고했다.

"일등한 손기정 선수가 가장 부러웠던 것은 일등보다도 화분으로 일장기를 가릴 수 있었던 것이다."

그 당시는 마라톤에서 우승한 선수는 바로 귀국하는 것이 아니고 두 달 동안 세계 여러 나라를 돌며 세리머니를 해야 했다. 그것도 비행기가 아니고 배를 타고서. 여기에 손 선수의 깊은 고뇌가 있었다. 너무 가난하게 살아서 화분에 식물을 키워본 적이 없었고 처음 보는 이 나무를 어떻게 죽지 않게 잘 살려서 돌아갈 수 있을까 하는 우려 때문이었다.

온갖 정성을 다하여 무사히 귀국했다. 그 당시 양정고에 재학 중이었던 손 선수는 학교에 그 화분의 식물을 기증했다. 학교에서도 처음 보는 이 나무를 어떻게 관리해야 하는지를 몰라서 교사들 간에 의견이 분분했다. 식물원에 맡기자는 의견이 모아지려 할 때 생물교사 김교신이라는 분이 맡아 길러 보겠다고 자처하고 나섰단다. 그래서 옛 양정고 운동장에 우리나라 최초의 유럽참나무가 자라게 되었다. 이 나무가 품고 있는 사연을 알고 나니 볼 때마다 암울했던 우리나라의 역사가 상기되고 감회가 새롭다.

그런데 재미난 것은 이 나무의 특성이다. 붉은색으로 물들었다가 갈색으로 변한 나뭇잎은 가을바람에 대한 예의로 조금만 흩날린 후에는 점점 오그라드는 이파리를 매달고 한겨울을 버티며 보낸다. 바짝 마른 잎사귀들이 겨우내 바스락 소리를 내며 시린 겨울바람을 막아주다가 봄이 오면 비로소 새잎을 위해 자리를 내어준다. 바람에 날리는 단풍잎은 종이로 접은 비행기처럼도 보인다. 겨울이면 다른 나무들은 잎을 다 떨어뜨리고 나목으로 서 있는데 유럽참나무만 갈색 잎을 달고 있는 모습이 너무나 특이한 매력이라 그 나무를 보려고 자주 산책을 한다.

나무는 계절 따라 옷을 갈아입으며 그들이 해야 할 임무를 다 한다. 수줍고 애틋한 봄에 새싹을 내고, 지루한 여름 더위를 감수하면서 부지런히 성숙한다. 풍성한 가을을 만들기 위하여 태풍과 맞서고 햇살을 품어 열매가 영글어 완성된다. 황량한 겨울에도 봄을 맞이하기 위한 작업을 쉬지 않고 한다. 또 한 해가 지나가고 있다. 겨울을 맞은 인생길에 나는 무엇을 했는가? 경의선 숲길을 걸으며 상념에 젖어본다.

빨간 마후라

강일권
2022. 4. 천료

5월 아카시아가 온 산을 하얗게 수놓으면 꿀벌은 기뻐할 것이다.

어느 날 그 꽃이 지고 나면 꿀벌은 슬퍼할 것이다.

나 또한 아카시아꽃이 피고, 지는 때가 되면 기쁨과 아쉬움이 교차한다.

빨간 마후라, 영화 때문이다.

나는 국민학교 5학년, 형님은 중학교 2학년 때다.

계절이 봄에서 여름으로 넘어가는 무렵이면 철새같이 찾아오는 반가운 손님이 있었다. 서울화성영화사 지방순회반이다.

'문화와 예술을 사랑하시는 ○○면민 여러분, 그간 안녕하셨습니까? 여기는 서울…' 하면서, 통통배로 섬과 섬을 외고 다니면, 바람 한 점 없는 더운 공기에 축 처져 있던 어촌 마을이 금방 잠에서 깨어난 것처럼 살아서 움직이기 시작한다.

가설극장이 서는 일주일 남짓은 청춘 남녀들의 카니발 축제 기간이다. 10리 길을 걸어서, 노로 바다를 건너서 몰려가는 청춘들, 어른들 눈에는 짙게 근심이 어린다.

이팔청춘은 영화를 핑계 삼아 춘심을 발동시킬 호기였고, 아직 그 축에 들지 못하는 우리도 덩달아서 우쭐거렸다.

형님은 영화를 보려면 돈을 마련해야 하는데, 어떻게 구해야 할지 장고하였을 것이다. 그러다가 마침 탈곡을 마치고 집 구석구석에 놓여 있는 보리 가마니를 보고 무릎을 탁 쳤을 것이다.

보리가 가마니에 가득가득 담긴 채 마루고 축담이고 지천으로 놓여 있었다. 그냥 퍼 담기만 하면 될 일이었다.

형님은 하굣길에 면을 지나오면서 구멍가게를 하는 먼 고모님을 잡고 늘어졌을 것이다. 영화를 꼭 보고 싶은데 돈이 없으니 대신 보리를 가져오겠다고.

고모님은 보리와 쌀을 사서 끼니를 때우는 처지니 조카의 요구를 들어줄 용의가 넘쳤을 것이다. 보리 서 되가 표 두 장이었다.

조카가 가지고 오겠다는 보리는 질 좋기로 소문났다. 고모님도 익히 알고 있었다.

그런 머리를 튼 조카가 귀여웠을 것이다. 조카도 좋고, 고모도 좋다.

형님이 보고 싶어 안달하는 이유는 영화가 시네마스코프 총천연색 '빨간 마후라'였기 때문이다. 동네에 굴러다니는 청춘 잡지에서 보았을 것이다. 형님은 나에게 그 영화가 어떤 영환지, 왜 봐야만 하는지 몇 번이고 강조했다.

고모님이 웃으며 가져오라고 했지만, 들키지 않고 집에서 반출하는 난제가 우리 앞에 놓여 있었다.

그것 때문에 형님이 나에게 공을 들인 것이리라.

가끔 이 간다고 잠자리에서 냅다 내 턱을 한 방 먹이고 하던 형님은 두려운 존재였다. 낮에 큰형 편을 들었다고 밤에 이빨을 핑계로 코피를 내주곤 했으니.

그러나 이때만은 정말 형님이 형님답게 보였다.

스스로 기획하여 동생과 같이 영화를 보겠다는 눈물겨운 형제애에 감읍하여 나는 그 어떤 모의도 함께 도모할 준비가 되었다.

책가방을 이용해보자. 포대에 보리를 넣고, 칭칭 조여 가방에 넣으면 되지 않을까? 서 되가 들어간 책가방은 흡사 복어 같았다.

터질 것 같은 책가방을 들고 이 저녁에 무슨 학교냐고 하면?

포기하고, 보따리로 바꾸었다.

그러나 큰 보따리를 안고 마당을 통과하는 관문이 남았다.

보리 보따리 하나는 미리 내어 꼭꼭 숨겨두었다. 그리고 또 다른 보따리 하나, 작은 방에 대기하고 있었다.

저녁을 드신 아버지와 아랫방에 자취하는 처녀 선생님, 그리고 부엌일을 마친 엄마가 큰 방 마루에 앉아서 이런저런 이야기로 어두워지는 밤을 즐기고 있었다.

분위기가 익어있는 그때 조용히 보따리 하나를 품고 마당을 가로질러 슬그머니 나가는 나의 모습은 너무나 어울리지 않는 그림이다. 무작정 상경해 서울역에 내린 시골 처녀 같은 꼴을 보여줄 수는 없는 노릇.

보따리를 안고 있는 것을 눈치채지 못하도록 눈길을 돌려놓는 묘책이 필요한 순간이다. 여섯 개의 눈이 나를 쳐다보고 있을 것이니.

형님이 연출이고, 나는 주연이다. 그런데 조연 한 사람이 더 필요하다.

죽마고우 판순이에게 이야기해 두었더니, 시간 맞춰 그가 왔다.

형님이 미리 나가 친구에게 레디고를 손짓했을 것이다.

'야, 일권아, 빨리 나와 봐.'

큰 소리가 문밖에서 들려왔다.

나는 짐짓 놀란 듯 방에서 뛰어나와 재빨리 마당을 질러 나갔다. 그러고는 보따리를 형님에게 맡겨 놓고 금방 마당으로 되돌아왔다.

'판순이가 할 일이 좀 있다고, 자기 집에 가자고 해서…' 짧게 보고하고, 곧바로 마당을 돌아 나갔다. 세 분께 말할 틈을 주면 정말 곤란하다고 형님이 몇 번이나 주의를 환기시켰기 때문이다.

훨가분함에 날아갈 것 같았다.

숨겨 놓은 또 다른 보따리를 집어 하나씩 안고 5리쯤 떨어진 고모님 구멍가게까지 한달음에 내달렸다.

형님은 보따리를 고모님께 넘기고, 돈을 받아쥐고 나왔다. 풀빵은 덤이었다.

둘은 가설극장으로 날아갔다.

빈 논에 키 높은 나무 말뚝을 여러 개 빙 둘러 꽂고, 높은 휘장을 친 원형 극장이 거기 서 있었다.

영화가 상영되려면 한참이나 남아, 장막에 걸어 놓은 여러 포스터를 구경하다가 뭔가 이상을 발견했다.

휘장의 맨 앞쪽에 붙어 있어야 할 '빨간 마후라'가 아예 보이지 않고, 형색이 초라한 흑백 포스터가 대신하고 있었다. '아카시아 꽃잎 필 때'다.

어안이 벙벙했다.

빨간색으로 강렬하게 쓴 '빨간 마후라', 그리고 신영균과 최은희, 그리고 다섯 용사의 그림을 본 적이 있었는데, 그 미려한 포스터는 어디로 가고, 이런 칙칙하고 심상한 포스터가 붙어 있단 말인가?

관람객들이 삼삼오오 모여 웅성거렸으나, 시끄러운 소동은 없었다.

어리숙하고, 영악하지 못한 사람들이었다.

서울 양반들이 이 시골에 와 준 것만도 고마워하던 시절이 아니었던가.

다들 언제 다시 볼 때가 있겠지… 하는 생각인 것 같았다.

짜증이 났다.

입장하긴 했으나 막을 걷어 내릴 때까지 내내 우울했다. 지금도 영화 내용은 생각나지 않고, 그 영화도 주연은 신영균이었다는 것만 기억될 뿐이다.

나는 보고 싶은 영화를 놓친 것에 크게 실망했지만, 형님은 오히려 태연히 웃으며, 내년에 '빨간 마후라'가 다시 들어올 것이니 너무 애달파 하지 말라고 했다. 이번에 맞추어 본 형제 팀워크가 있으니, 그때는 아주 쉽게 영화를 보지 않겠느냐고 위로하면서.

내년 아카시아 꽃잎 지고, 보리가 쑥 커가는 시절, 혹은 타작할 무렵 서울화성영화사는 틀림없이 '빨간 마후라'를 가지고 다시 올 것이다.

꿀벌은 아카시아꽃이 지고 나면 슬퍼하겠지만, 곧 밤꽃이 핀다.

그러나 우리는 한 해를 기다려야 한다.

그때도 보리가 집안에 지천으로 널려 있을까.

그때도 오늘처럼 형님과 함께 보따리를 안고 달려갈 수 있을까.

돌아오는 하늘에는 상현달이 우리를 비추고 있었다.

발걸음이 조금은 가벼워졌다.

돈뭉치

박봉희
2022. 4. 천료

세상에서 돈을 만지는 기분이 제일 좋아 시나브로 시장에 간다.

사고 싶은 장거리를 미리 수첩에 적어 마트에서 살 물건은 먼저 카드로 결제하고, 본격적 시장 구매에 들어간다.

제철에 나는 식재료를 눈으로 직접 보고 싱싱한 재료를 살 수 있으며, 특히 생선을 살아있는 그대로를 다듬어서 가져 올 수 있으니 시장의 매력에 빠질 수밖에 없다.

신혼을 조금 넘길 무렵 남편의 작품에 반한 소장자께서 작품 대금인 돈뭉치를 커다란 봉투에 싸서 가방에 넣어 주셨다. 난생처음 받아보는 현금의 무게감에 약간 정신이 혼미하여 트럭을 타고 어떻게 집에 도착하였는지 의식이 분명하지 않았다.

집에 와서는 혹시 도둑이 들세라 장롱이며, 삼층장, 서랍장을 열고 닫기를 여러 번, 세고 또 세어 보며 돈을 만져보며 그 밤을 설쳤었다. 아마 태어나 처음 느낀 돈의 위력은 상당 기간 뇌리에서 떠나질 않았으며 돈이 많으면 힘들겠다는 깨달음도 얻었다.

큰아들이 새 아파트 분양을 받아 이사한다기에 그때 느꼈던 희열을 아들도 한번 맛보면 좋은 추억이 되겠다 싶어 오래전 기억을 소환하여 재현에 보았다.

실행에 옮긴 이는 꼼꼼한 남편 몫이었다. 깔깔한 새 돈을 은행에서 찾아 와 분홍 한지 위에 한 다발씩 포개어 놓고 한 뭉치로 멋지게 포장하였다. 마음의 글귀도 새기면서 새 출발에 부모의 작은 마음을 전달하고 왔으니 흐뭇한 웃음이 입가를 떠나지 않았다.

뒤늦게 아들의 전화를 받고 현금을 받아보기는 처음이라고 하였다. 아들의 마음도 묘하여 부모님이 주신 돈을 함부로 쓰지 못할 것 같다고 하였다. 마중물 역할에 돈을 은행에 넣고 포장지만 액자에 날짜 적어 걸어두라는 우스갯소리로 자식 간의 정을 나눌 수 있었으니, 소소한 행복에 푹 빠져나오고 싶지 않았다.

요즈음에는 얇은 카드 한 장으로 신용이 거래되는 투명하고 가볍고 편리한 세상에서 살아간다. 어쩐지 노인 세대여서 그럴까? 사람 사는 인정이 그리워서인지 시장 좌판을 기웃거리며 신선한 먹거리에 눈도장을 찍는다. 지갑을 열어 나란히 누워 있는 돈들의 이야기에 귀를 기울이며, 세상 구경하라고 후딱 보내며 다음 장거리에 눈길을 돌린다.

인생을 살아가는데 딱히 정답은 없는 것 같다. 상상을 초월한 기발한 생각이 온 가족을 웃게 하고 즐거운 한때가 된다면 무얼 더 바라겠는가!

오늘도 웃음기 머금고 씩씩한 어머이* 되어 바삐 시장에 가고 있다.

*어머이(어머니)

한 장의 사진을 보면서

박찬숙
2022. 4. 천료

얼마 전 고향 친구가 사진을 하나 보내왔다. 고창 청보리밭 사진이었다. 푸른 보리밭을 생각하고 갔는데 가서 보니 반청 반황이더란다. 벌써 보리가 누렇게 익어가는 모습이었다. 하기사 금년은 6월 5일이 보리 망종으로 이 주일 정도 전에 갔으니 그럴만도 하겠다.

오늘은 남도지역 출사다. 원래 고창 청보리밭으로 출사 가려다가 이끼 계곡으로 방향을 바꾸었다. 이른 새벽 열차 타고 가면서 보는 차창 밖의 풍경은 평온하고 몽환적이다. 때마침 새벽안개가 도시 속에서 떠오르는 태양과 어울려 환상적인 빛을 연출한다. 어렸을 때, 저 몽환적인 안개 속으로 아버지가 쟁기 지고 소를 몰고 가는 풍경이 눈에 선하다. 이제 그런 전원풍경은 꿈속에서나 볼 수밖에 없게 되었다. 대부분의 농촌은 도시화 되어 아파트가 들어섰기 때문이다. 열차가 두 시간 정도 지나니 넓다란 평야지가 보인다. 만경 평야의 한쪽 자락을 열차가 지나간다. 스마트폰을 꺼내 셔터를 눌렀다. 보리가 누렇게 익어가고 일부 논에는 모내기 준비하느라 논에 물을 대고 분주한 모습이다.

전주에서 내려 동료(홍민기 작가)를 만나 굽이굽이 돌고 돌아 완주 만덕산 아래에 있는 계곡을 찾았다. 계곡엔 최근에 비가 많이 와서 수량이 풍부하다. 이끼와 하얀 물줄기가 연출하는 풍경은 한 폭의 수묵화가 되기에 충분했다. 계곡 입구에 들어서니 모기, 날 파리 등이 먼저 반긴다. 손으로 그들을 쫓아내기 바쁘다. 혹시나 해서 긴팔 옷을 입고 온 것이 다행이라는 생각이 든다. 첫 장소부터 한 장소에서만 열심히 카메라 셔터를 누르고 있으려니 홍 작가가 저 위 더 좋은 데가 있으니 대충하고 빨리 올라가잔다. 나는 어린아이가 장남감 가게 가서 장난감이 너무 많아 입구에서 더 이상 나가지 못하고 그걸 구경하고 서 있는 모습과 같다는 생각이 들었다.

홍 작가는 최근 비가 많이 와 수량은 풍부하나 이끼가 물줄기에 씻겨가 기대하던 이끼가 아니라고 안타까워한다. 그래도 처음 찍어보는 이끼 계곡이라 초보 진사인 나는 셔터를 누르는 것만으로도 행복하다. 골프를 처음 치러 필드 나가는 것을 머리를 올린다고 한다. 처녀가 시집가면 머리 올린다고 하는데 처음 골프 치러 가는 것이 신부가 시집가는 것처럼 가슴이 설레기 때문이란다. 뭐 꼭 그것하고 똑같다고는 할 수 없으나 이끼 계곡에서의 첫 출사는 머리 올리는 것 하고 비슷한 기분이다.

너무 들떠서일까? 계곡을 따라 올라가다 바위에 낀 이끼에 쭉 미끄러져 어이쿠 소리와 함께 그대로 앞으로 고꾸라졌다. 그 와중에 오른손에 든 카메라는 물 밖에 두고 왼쪽으로 넘어졌다. 왼쪽 무릎이 계곡에 있는 바위에 부딪혀 쓰라리고 아프다. 신발은 물에 잠겨 물이 흥건하다. 잠시 한적한 곳에 자리 잡고 신발 속의 양말을 벗어 쥐어짜니 물이 한 사발은 나온 것 같다. 다리 쪽 바지를 들춰 보니 왼쪽 무릎이 세 군데, 오른쪽 무릎이 한 군데 타박상이다. 이제서 쓰라리고, 아픈 게 더 크게 다가온다. 그런데 카메라는 멀쩡하다. 불행 중 다행이라고 할까? 문득 여자분들이 명품 백을 들고 길을 가다가 비를 맞을 때 가방을 머리에 이고 가면 그 가방은 짜가요, 가슴에 안고 가는 것은 진품이라는 말이 생각나 피식 웃음이 나왔다. 몸은 다쳤어도 카메라가 멀쩡해 다행이라고 생각하다니….

두 번째 가 본 곳은 위봉폭포다. 도로에서 그리 멀지 않은 곳에 있다. 깎아지른 듯한 절벽에 폭포 아래쪽으로 데크로 길이 잘 나 있다. 폭포 아래, 물줄기가 시원하다. 폭포 길이가 대략 30미터는 되는 것 같다. 폭포도 구경하고 이끼도 찍고 일석이조다. 위에서, 옆에서, 아래쪽에서 사진 찍기에 바쁘다. 한참을 찍다가 더 좋은 곳을 찾아 폭포 아래 계곡으로 내려가려고 보니 경사가 가파르고 바위에 물기가 많다. 발걸음을 옮기려니 다리가 후들거린다. 나이 들면 제일 먼저 다리부터 허약해진다더니 그 말이 맞는 것 같다.

홍 작가는 폭포 아래 계곡으로 내려갔으나 나는 아까 넘어진 것도 생각나 더 이상 폭포 아래 계곡으로 내려가지 못하고 그냥 폭포 앞에서 풍경을 즐겼다. 사진 찍는 중의 망중한이다. 세상의 온갖 시름을 지 폭포가 전부 앗아가는 것 같다. 거기엔 세상의 걱정 근심도 까칠한 정치도, 암울한 경제도 없는 것 같다. 이만한 자유와 여유를 갖는 것이 어디에 있을까 하며 행복감을 느꼈다. “참 아름다워라”의 찬송가의 노래가 저절로 나온다. 아, 좋다. 여기에 황진이같이 아리따운 여인네가 있으면 벽계수가 부럽지 않을 것 같은 생각도 들었다. 고려말 송도의 박연폭포 앞에서 황진이가 벽계수를 상대로 지었던 시구절이 생각나 조용히 읊조려 본다.

청산리 벽계수야 수이감을 자랑마라/ 일도 창해 하면 다시 오기 어려우니/ 명월이 만공산하니 쉬어간들 어떠리.

집에 도착해 가방을 정리하다 보니 수필창작론이라는 책이 없다. 열차 안에서 책을 읽다가 놓고 온 것이다. 허탈하다. 여행을 갈 때마다 무엇인가 빠뜨리고 왔는데 이번엔 책이다. 책을 놓고 오고 추억을 가져왔다고 위로해 본다. 카메라에 들어 있는 사진을 정리하는 것은 또 하나의 일이다. 카메라에 들어 있는 사진을 컴퓨터로 옮겨 한 장씩 들여다본다. 항상 아쉬움이 있다. 왜 좀 더 잘 찍지 못했을까? 탄식도 해 보지만 그래도 다음엔 더 잘 찍어야지 하는 다짐 속에 힘든 것도 묻힌다. 장노출로 제일 잘 찍은 한 장을 들여다본다. 폭포의 물줄기가 참 곱다.

이 사진 한 장 속에 새벽 열차, 평화로운 농촌 풍경, 잃어 버린 수필책, 쓰라린 무릎 상처, 화심순두부, 송도삼절을 생각해 보는 폭포 아래서의 망중한이 들어 있다.

"그래 바로 이 맛이야! 이만한 행복이 어디 또 있으랴!"

커피의 시간

정호백
2022. 5. 천료

몇십 년 만에 최고기온을 갈아 치운 올여름, 극성스러운 폭염을 피해 시원한 해변을 찾았다. 요즘 뜨는 핫 플레이스 강릉 안목해변이다. 인근 죽도봉의 솔향이 상큼하고, 항포구의 비릿한 바다 내음이 해풍에 신선하다. 시선을 돌리면 해변의 카페 거리에서 풍기는 커피 향이 후각을 자극한다. 거리 초입, 파란 지붕에 하얀 벽을 두른 건물이 시선을 사로잡는다. 이국적이다. 지중해 파란 바다에 하얀 파도가 어우러지는 그리스 산토리니에 온 듯한 풍치를 자아낸다.

여기 포구에는 예부터 선술집 풍의 횟집과 조개구이집이 많았고, 외지인보다는 현지인이 즐겨 찾던 곳이었다. 1990년대, 경포해변보다 인적이 드문 이곳에 커피 자판기 몇 개 정도 있었다. IMF사태 직후 어깨 처진 사람들이 일출을 보러 오기 시작했고, 그들은 자판기 커피를 마시면서 일출을 가슴에 담고 희망을 염원했다. 이후 자판기 숫자가 늘고 커피는 고급화되었다. 점차 커피 전문점이 들어서면서 안목

해변은 전국적인 커피 거리로 탈바꿈했다.

커피는 청춘을 유혹하며 이곳을 생기발랄한 거리로 만들고 있다. 힘차게 밀려오는 파도에 발을 담그는 청춘들은 물보라를 뿜으며 요동치는 제트보트와 함께 질풍노도를 공유한다.

피톤치드 쏟아지는 해송 숲을 거닐다 보면 어느덧 강문해변에 다다른다. 여기도 예전보다는 많은 카페가 들어서 있고 유명 프랜차이즈 'S업체'도 보인다. 지역 카페가 즐비한 틈새에 글로벌 카페도 한몫하며 거리 분위기를 고조시킨다.

경포에 당도하여 강릉의 대표 커피업체인 'T업체' 분점에 들렀다. 콘크리트 벽으로 싸여 감옥으로 들어가는 듯한 분위기를 한 독특한 구조의 건물이다. 강릉 외곽 구정면에 있는 이 업체 본점에 오래전 가 본 적이 있다. 커피원두 포대에 앉아 작은 음악회를 감상하며 커피를 맛볼 수 있는 곳이었다. 널브러진 포대에 자유분방하게 앉아 핸드드립 커피를 마시며 라이브 음악을 감상한 커피의 시간이었다. 지금은 널리 알려진 기업형 카페로 대형화되어 있다. 인근에 있는 'B업체'와 강릉 커피의 양대산맥을 이룬다. 그때 핸드드립 커피로는 처음 접한 '케냐 AA'를 주문했다.

창 너머 경포호수를 바라보며 상념에 잠기자 지난날 접한 커피의 시간이 모락모락 피어올랐다. '커피'라는 음료를 처음 안 것은 중학교 때였다. 오락시간으로 운동장에 전교생이 모인 자리였다. 선생님의 지도로 한 반에 한 명씩 나와서 노래를 부르게 되었는데, 우리 반 친구가 「커피 한잔」이라는 노래를 불렀다. 듀엣 가수 '펄시스터즈'의 노래이다. 다른 학생들은 음악 시간에 배운 노래를 불렀지만, 그 친구만 당돌하게 대중가요를 불렀다. 당시 인기곡이었고, 그때 '커피'라는 음료가 있다는 것을 처음 알게 되었다.

실제로 커피를 처음 마시게 된 것은 고등학교 시절이다. 기말고사를 며칠 앞두고 친구와 밤샘 공부를 하기로 한 날이었다. 커피가 잠을 쫓는다기에 엄마에게 커피를 준비해 달라고 했다. 자식의 공부를 위해서라는데 못할 것 없는 엄마는 가루 커피를 구해왔다. 커피잔이 있을 리가 없어 밥공기에 커피를 담아 주었다. 우린 잠을 날려 보내려 서둘러 커피를 공기째 들이켰다. 급히 잔을 비우자 엄마는 커피를 더 마시라며 냄비에 커피를 담아 들고 들어왔다.

그날 엄마의 정성이 담긴 커피를 마시며 친구와 했던 밤샘 공부, 생생한 기억이다. 혈기왕성한 시절, 커피가 잠의 홍수를 막지는 못했지만, 커피가 쓴맛이라는 것은 알았다. 인생 첫 길목에서 쓴맛을 보고도 다가오는 인생길이 달지만은 않다는 건 미처 몰랐다. 쓴 커피에서 느껴지는 내면의 깊은 맛을 알게 된 것은 그로부터 많은 시간이 지나서였으리라.

사회생활을 하면서 인간관계에서 필수 매개체가 커피라는 것을 알았다. 사회적 관계가 술로 주로 맺어지지만, 커피를 통해서 이루어지는 경우도 많다. 사업 관계 또는, 이성과 만남도 커피가 맺어주기도 한다.

직장생활에서도 커피 마시기는 일과의 중요한 부분이었다. 출근부터 하루에 5~6잔의 커피를 마시는 것이 일상이다. 직장생활 초기, 귀한 손님에게는 다방 커피를 시켜 대접하기도 했다. 일상적 커피 타는 일은 여직원이 했으나, 이후 업무 부담 때문에 각자 커피를 타기로 했다. 적어도 우리는 양성평등 실천을 거창한 구호가 아니라 커피 타는 일에서부터 시작했다. 커피 탈 때는 티스푼으로 커피 2, 설탕 2, 프리마 2라는 황금비율을 적용했다.

얼마 후 커피 자판기가 등장하면서 커피 타 먹는 일이 줄었다. 혼자서 자판기 커피를 뽑아 먹기도 했지만, 직원 전체로 먹을 땐 주로 '사다리 타기'로 물주를 정했다.

마침내 1인용 봉지 믹스커피가 나오면서 직장 커피문화는 획기적으로 달라졌다. 자판기 앞에서 줄 서서, 부대끼면서 커피 뽑는 번거로움에서 해방되었다. 각자 원할 때 한 봉의 커피를 종이컵에 타 마시면 됐다. 우리나라 한 업체에서 세계 최초로 만들었다는 믹스커피를 실제로 접해본 건 한참 후인 그때였다. 커피문화가 선진화된 영국에 한국의 믹스커피 전문점이 있다는 얘기를 들었을 때, 문화 역수출의 묘미를 느꼈다.

'T업체'에서 커피를 맛본 후 강릉 커피의 또 다른 산맥 'B업체'를 찾았다. 여기선 내가 평소 즐기는 '에티오피아 예가체프' 커피를 주문했다. 노(老) 바라스타가 직접 커피를 내려주는 모습을 볼 수 있었다. 대한민국 바리스타 1세대라는 유명세를 가지고 계신 분이다. 매일 매장에 나오지는 않는데 그날은 운이 좋았다.

로스팅하고 그라인딩한 원두를 여과지에 담아 물을 내린다. 커피 가루에 물이 떨어지면 안경 너머 시선은 서버에 떨어지는 커피 물방울에 집중한다. 물방울 소리와 은은한 커피향은 시간과 공간을 넘나든다. 적막한 시공을 가르는 숨 멈춤의 긴장이 교차하면서 커피는 하나의 작품으로 탄생한다. 핸드드립 커피의 진수이다. 명인이 내린 커피 향과 정성을 음미한다. 쓴맛일까? 깊은 맛, 아니면 묵직한 맛? 이 분야 전문가들은 이런 맛의 묘미를 바디감(body感)이라고 한다고 들었다. 바디감까지는 몰라도 나의 커피 맛은 시간을 돌고 돌아 인생이라는 여과지를 거쳐 내 입맛에 달라붙을 것이다.

이왕 내친김에 '커피 박물관'을 찾았다. 'C업체'에서 운영하는 박물관은 커피를 주문해야 관람할 수 있다. 지금은 경포에 있지만, 초기엔 강릉 외곽 왕산면 깊은 산속에 있었다. 커피 농장과 카페를 함께했다. 그때 비닐하우스에서 재배하는 커피나무 화분과 우리나라 최고령 커피나무도 관람하며 그곳에서 키운 알갱이로 만든 커피 시음도 했다. 그때 무료로 받은 커피 묘목을 몇 년 키웠는데, 어느 겨울 동사해버려 묘목도 다시 살 겸 들렀다.

이번엔 최근 입맛을 사로잡은 '과테말라 안티구아' 커피를 주문하여 한잔했다. 1층부터 3층을 거닐며 커피 로스팅 기구, 그라인더 종류, 드립 도구, 커피잔 등 오랜 세월을 거친 커피의 시간을 함께했다. 들러볼만한 곳이다. 관람을 마치고 커피나무 묘목을 2개 샀다. 이번엔 잘 키워서 내 손으로 원두를 따는 체험도 해 봐야겠다. 과연 빨간 원두가 달릴 때까지 제대로 키울 수 있을까? 원두를 쉽게 딸 수 있을까?

에티오피아 원주민이 커피 원두 따는 모습을 TV에서 본 적이 있다. 우리가 커피를 즐기는 속내에는 커피 산지 원주민들이 열악한 환경에서 손이 부르트도록 원두를 따는 고충이 있다. 우리가 커피 한잔 마실 때 적잖은 금액을 지불하지만, 그들의 보수는 일당에 턱없이 부족한 수준이라고 한다. 원주민의 낮은 임금과 중간단계의 이익은 공정하지 못한 과정이라는 것이다. 그래서 세상은 '공정무역'을 통하여 이를 해소하려 노력한다고 한다. 그들이 공정한 대가를 받을 때, 우리는 커피를 제대로 즐기게 될 것이다.

서양 사람들이 오래전부터 커피를 기호 식품으로 즐길 때, 우린 근대까지 감자, 옥수수와 같은 구황작물을 경작하며 생계를 걱정해야 했다. 커피는 조선 후기에 '가배'라고 부르며 우리 생활에 스몄고, 격랑의 세월을 거치면서 커피도 많이 변화하였다. 경제발전에 힘입어 생활의 질이 나아지고, 마침내 커피는 우리의 일상에 중요한 자리를 차지하게 되었다. 이제 커피가 숨가쁜 일상에서 우리에게 잠시라도 휴식을 주는 활력소가 되었으면 하는 바람이다.

아버지의 편지

허원봉
2022. 5. 천료

선친께서는 늘 배움에 목마르셨던 분이다. 그것은 내가 50여 년간 소중히 간직해 온 아버지의 편지에서도 엿볼 수 있다. 다음은 그 손 편지의 전문인데, 내가 스물세 살 때 주경야독으로 대학원 입학시험에 합격했다는 소식을 듣고 보내주신 글이다.

> 원봉에게
> 참으로 반갑다. 합격을 축하한다.
> 그간 집안이 다 별고 없겠지. 너도 건강히 있을 줄 믿는다.
> 이곳은 집안이 다 무고하니 안심하여라.
> 내가 11일쯤 등록금을 준비해 가겠다. 형한테 들으니 육성회비 일만오천 원을 현직교원은 감면된다고 하니, 사실이라면 미리 재직 증명을 맡아다 두어라.
> 그리고 더 열심히 공부하여라.
>
> 12월 6일 허만훈

지금도 10원짜리 우표가 붙어 있는 이 편지를 읽으면 콧날이 시큰해진다.

우리 집엔 유난히 교직자들이 많다. 그 이유를 생각해 보면, 선친의 영향이 아닌가 싶다. 선친께서는 강원도 의회 민선 2대 의장을 역임하셨는데, 우리나라 격동기의 정치 상황에 온몸으로 부딪치면서 살아오셨던 분이다. 그러면서 얼마나 많은 고초를 겪으셨을까?

그래서 그런지 자식들에게는 늘 '교직이 제일이다'라고 말씀하셨다. 여러 직업 중에서, 비교적 세파에 시달리는 일이 적고 또 학생들을 지도하는 일을 하는 교육자이니 그 일에 대한 보람도 있다는 이유에서다. 우리 형제들은 그 영향을 많이 받았다. 내가 강원도 홍천에서 초등학교에 입학했을 당시, 그 학교의 교감 선생님은 우리 큰형님이었다. 1학년 때 춘천으로 이사해서 학교에 다녔는데, 6학년이 되니, 우리 옆반 담임 선생님이 둘째 형님이었다. 그 후 셋째 형님도 영어과 부부 교사였고, 작은 누님도 고등학교 교사를 역임했으니 7남매 중 5남매가 선생님이었다.

선친의 가르침은 내 자녀들에게도 영향을 미쳐서, 내 삼 남매 중 큰딸은 부부가 대학교 교수요, 작은딸은 동물들의 아픔을 치료하는 수의사지만, 한때 여러 대학에서 강의를 통해 학생들을 지도했으니 역시 교직자다. 막내인 아들도 우리 부부와 똑같이 각각 중등학교와 초등학교에서 근무하는 부부 교사다.

나는 스무 살이 되던 해 3월에 첫 월급을 받았다. 2년제 대학을 졸업하고 발령받았으니, 지금 생각하면 아기 선생님이다. 첫 월급봉투를 받아 부모님 앞에 놓고 절을 올리니, 어린것에게 돈을 벌어오게 해서 미안하다시면서도 참 대견스러워하셨다.

나는 그 월급을 반씩 나누어 어머니, 아버지의 손가락에 맞는 백금 반지를 사 드렸다. 부모님께서는 무척 기뻐하시며 돌아가실 때까지도 그 반지를 끼고 계셨다. 아마 주위 분들에게 '우리 아들이 첫 월급을 받아서 이 반지를 사 주었다네'라고 자랑도 많이 하셨으리라.

두 번째 월급으로는 내가 그동안 사고 싶었던 책을 샀다. 청계천 서점에 가면 비교적 싼 값으로 책을 살 수 있었는데, 한국 문학전집과 세계 문학전집을 몽땅 사서 집에 꽂아 놓으니 얼마나 든든하고 좋았던지, 그 느낌이 아직도 기억에 새롭다. 나는 책을 참 좋아해서, 어릴 적에 형이나 누나들의 책꽂이에 있던 책을 모조리 찾아 읽었고, 심지어는 사상계 등 월간지의 뒷부분에 실린 연재 소설까지도 탐독하였다.

덕분에 국어국문학과 계통을 전공하고 평생을 국어 교사로 봉직하였으니, 내가 좋아하는 직업으로 평생을 살아온 셈이다. 이 모든 것이 선친의 가르침 덕분이라 늘 부모님께 감사드리며 살고 있다.

세 번째 월급부터는 철저하게 절약하시는 부모님의 가르침에 따라 시내버스 교통비 정도만 남기고 모두 적금을 들었다. 당시 가장 혜택이 큰 32개월 만기 적금 통장을 만들어 불입하였는데, 만기 때 찾은 돈으로 내 신혼집을 장만하는 데 요긴하게 사용하였다. 내가 그렇게 할 수 있었던 것은, 어머니께서 싸 주시는 도시락을 가지고 다니면서 달리 돈 쓸 일이 없었던 때라 가능했을 것이다. 이 또한 부모님의 덕분이니, 나는 복을 타고난 셈이다.

선친께서는 내 월급은 전액 적금을 들었으니, 대학원 졸업 때까지도 등록금을 보내 주셨다. 자식을 사랑하시는 지극한 마음이 절절히 느껴진다.

당시의 보통학교만 졸업하신 선친의 향학열은, 자식들에게도 평생의 소원으로 남아 있었다. 심지어 석관동의 집을 팔고 관악산 밑으로 이사하라고까지 입버릇처럼 이르셨다. 이제 선친께서 그토록 보내고 싶어하시던 대학에 자손들이 줄줄이 합격했으니, 선친께서는 하늘나라에서도 빙그레 미소 지으시리라.

내 안의 모든 감각을 누리며

김명희
2022. 8. 천료

자왈(子曰) 지지자불여호지자(知之者不如好之者)요 호지자불여락지자(好之者不如樂之者)니라.

공자(孔子)께서 말씀하셨다. "아는 자는 좋아하는 자만 못하고, 좋아하는 자는 즐거워하는 자만 못하다."

–『논어집주』 옹야편 18장

감히 나는 나를 락지자(樂之者)라 칭한다. 지지자(知之者)와 호지자(好之者)의 경지를 차근차근 넘어야만 한다면 평생을 바쳐도 누릴 수 없는 경지에 내가 서 있다고 우기는 것이나. 내 멋대로 담을 넘고 샛길로 돌아가서 개구멍으로 빠져나와 운 좋게 끼어든 락지자(樂之者)의 삶. 하지만 단계를 건너뛰었다고 거저 얻은 것이라고 한다면 나로서는 참으로 억울한 일이다. 노력 없이는 그 어떤 것도 얻을 수 없는 것이 세상의 이치거늘. 숱한 시행착오를 겪으며 잔가지를 쳐내고 정제된 것을 만나게 될 때까지의 과정 또한 앎의 과정에 속하지 않는가 말이다. 한없이 이어지는 지식의 지평선, 그리고 그 지식의 가치. 하지만 삶이야말로 세상 그 무엇보다 강하고 절대적인 가치가 있지 않을까.

이순(耳順)에 다다르면 하고 싶은 것만 하고 살아도 바쁠 나이다. 세월을 훌쩍 뛰어넘으며 정신없이 살면서도 나는 도시의 삶에 완벽하게 적응했다. 가만 보면 날로 세련되어 가는 중이다. 하지만 확신은 없다. 문득 떠오른 나만의 생각일 뿐 지금까지 누구도 그렇게 말해준 사람도 없으니까. 모든 변화를 당연하게 여기며 앞으로 나아갔다. 찍어내는 기성복처럼 튀지 않는 사람으로 세상에 녹아드는 것이 성숙이라 믿었다. 이제 어디에 끼어도 편안해 보이지만 나만의 특별한 것은 모두 사라졌다. 감각을 누리지 못하고 오감이 전하는 메시지를 무심히 흘려보내는 동안 다른 인생을 살 수 있었던 기회도 따라갔을 것이다. 이제 와서 다른 인생을 꿈꾸는 것은 다음 생을 기약하는 것만큼 하릴없는 넋두리에 불과하다. 어떻게 보낼까 고민하는 시간도 낭비다. 지금은 좋아하는 일을 즐기며 내 삶의 중심을 지켜야 할 때다.

날이 갈수록 관절은 삐걱대고 눈은 흐려지며 생각은 자꾸 어지럽게 흩어진다. 신열은 약을 이기고 몸살은 뜨끈한 온수 매트를 이긴다. 나는 아플 때 병원 대신 시끌벅적한 연습실을 찾는다. 신기하게도 아픔이 사라진다. 오합지졸 밴드는 오는 순서대로 빈자리에 앉으면 결성된다. 드럼과 건반, 기타와 색소폰 주자가 자리를 잡고 마지막으로 노래방에서 90점은 넘길 법한 아마추어 가수가 등장하면 합주는 시작된다. 시끌벅적한 이 공간에서 나는 줄곧 정신을 놓고 연주하며 혼자 불꽃을 태운다. 불협화음 속에서도 내가 내는 소음에 집중하며 자아도취에 빠져든다. 오합지졸 앞에는 볼록볼록 까만 방음벽이 있을 뿐 구경꾼 하나 없는데도 환성이 귀를 울린다. 누군가 지치면 곧 자리를 바꾼다. 그리고 다시 시작되는 합주. 어느새 나는 마이크 앞에 서 있다. 몇 곡 되지 않는 레퍼토리가 흐르면 에코는 나를 잠식하고 꼭 닫힌 합주실을 가볍게 넘어 세상을 향해 퍼져 나아간다. 그 순간 나는 BTS 못지않은 명가수다. 나의 잔병치레에 자아도취만큼 잘 듣는 약은 없다. 장르는 중요하지 않다. 때로는 아름답고 몽환적인 노래를, 때로는 시끌벅적한 노래를 지르듯 부르며 즐길 뿐.

아주 오래전 일이다. 학생 음악 콩쿠르대회에 나가서 좋은 성적을 거두지 못하고 풀이 죽어 있는 나에게 어머니는 슬그머니 다가와 하모니카를 쥐여 주었다. 하지만 기쁨도 잠시, 보란 듯이 바이올린을 메고 아버지와 함께 나타난 아이가 얼마나 아프게 내 마음을 후벼 파던지. 하모니카를 얼른 감추고 나는 서럽게 울었다. 어머니 가슴에 아로새겨진 피멍은 모른 채 세월이 한참 흐른 후에야 그 하모니카가 얼마나 많은 것을 대신한 것인지 깨달았다. 철이 들어갈수록 그렇게 간절하게 갖고 싶었던 피아노는 작은 하모니카 뒤로 숨어 점점 더 멀어져만 갔다.

벌써 8번째 레슨이 끝났다. 피아노를 향한 가슴앓이를 너무 오래 방치하다 보니 흉통은 슬그머니 사라졌다. 좁은 집에서 자리만 차지하고 있는 피아노도 이제 늙어간다. 돌고 돌아와도 미련이 남아 있으니 도전해 보기로 했다. 흑단(ebony)으로 만들어진 검은 건반은 가지런한 흰 건반 위에서 더욱 광채가 난다. ♯과 ♭이 붙은 악보는 겁부터 나지만 반음의 소리가 얼마나 매혹적인 음을 내어 감정을 뒤흔드는지. 꼭 닫힌 문을 다시 한번 확인하고 조심스럽게 손가락을 움직여본다. '도레미파솔솔파미레도' 고작 다섯 개의 음으로 그렇게 많은 노래를 연주할 수 있다니. 성인용 교본 1권이 딱 세 장 남았다. 나는 천재인가보다.

기타는 피아노에 대한 갈망을 달래기 위한 것이었다. 언제 어디서든 솔로 연주가 가능하고 몇 개의 코드만 익히면 노래 반주도 할 수 있다. 하지만 금속으로 되어 있는 현을 눌러 소리를 내기 때문에 손끝의 통증을 참아내고 굳은살을 만드는 것이 우선이다. 기본기인 코드 반주를 넘어 본격적인 연주로 들어가면 더욱 어려워진다. 나는 여기에서 멈춰있다. 더 나아갈 의욕도 없으려니와 지금도 충분히 즐기고 있기 때문이다. 더 솔직히 말하자면 아무리 재미있어도 어려운 것은 싫다. 하지만 나는 무대를 갈망한다. 벌벌 떨다가 내려올 것을 알면서도 나는 언제나 기타를 메고 짠! 나타날 준비가 되어 있다.

날마다 허물어지던 나를 날마다 깨어나게 하는 문학동아리 '글풀'. 하얗게 비어 있는 머릿속을 헤집으며 문장을 만들어가고 있는 지금 나는 글쓰기 과제를 즐긴다. 집중하다 보면 잡생각은 사라지고 새 기운이 솟는다. 자신을 돌아보는 시간에 몰입하여 뜻밖의 깨달음을 얻고 작은 성취를 확인할 때 가슴이 뜨거워진다. 글을 쓰는 시간은 곧 정화의 시간이다.

단순한 삶이 주는 것은 생각보다 크다. 나는 더 이상 경쟁하지 않는다. 매시간 내 안의 모든 감각을 누리며 조화롭게 즐기는 탐미주의자로 살고 싶을 뿐. 내 모든 일상은 숭숭 뚫린 결핍의 구멍을 채워 나가는 과정이다. 다 채워져 있었더라면 나는 이 소소한 즐거움을 만끽할 수 있을까. 락(樂)은 정진에만 있는 것은 아니다. 채울 수 없는 욕심의 무게만 덜어내면 더 가까이 다가온다.

오래된 기억들

최남미
2022. 8. 천료
(평론)

오솔길을 걷다가 재를 넘으면 우리 집이 부치던 밭이 있고, 그 아래 작은 웅덩이와 도랑이 있었다. 그 도랑을 지나면 아미네 집 논이 있었는데, 겨울이면 어른들을 따라서 그 논으로 미꾸라지를 잡으러 가곤 했다. 한 삽 수북이 흙을 떠서 얼음 위로 던지면 겨울잠을 자던 미꾸라지들이 놀라서 몸을 비틀어 댔다. 몇 삽만 떠도 추어탕 재료를 충분히 얻을 수 있었으니, 그야말로 미꾸라지 밭이라고 할 만했다.

이야기에 관심을 보이던 남편이 그곳에 가 보자고 하였다. 오솔길이 시작되는 곳에 차를 세우고 숲으로 들어섰다. 뱀 허물이 있을 때가 많아서 공포심을 안겨주던 셋째 집 산소를 지나고, 도깨비 이야기에도 나오는 개암나무를 지나고, 할머니 산소도 지났다. 그런데 길을 잘못 든 것 같았다. 할머니 산소를 지나면서 바로 높은 재가 있었는데, 길이 너무 완만하였다. 큰 나무와 잡목들이 우거져서 하늘이 한 뼘도 보이지 않는 것이 흡사 밀림 같았다.

"나무와 풀을 보니 논이 있던 자리 같은데…. 미

꾸라지 밭이 여기 아니야?"

"엄청 높은 재가 있었는데, 더 가야 될 것 같은데…."

산짐승들 똥이 여기저기에 있어서 더럭 겁이 났지만, 조금만 더 가보기로 했다. 밀림 같은 숲을 헤치고 나아가자 조릿대 군락지가 나왔다. 우리 집 뒤꼍에 울타리처럼 둘러쳐져 있던 조릿대일까? 사람들의 자취가 사라지자 제 세상을 만난 조릿대가 집터와 논밭과 오솔길까지 영역을 넓힌 걸까? 미꾸라지 밭은 고사하고 우리 집이 있던 자리가 어디쯤인지 짐작조차 되지 않았다.

며칠 후 부모님과 함께 둘째 고모님 댁을 방문하였다. 이런저런 이야기를 나누다가 옛 집터를 찾아 나섰던 일을 이야기하였다.

"도깨비라도 만나면 어쩌려고? 예전에 도깨비한테 얼마나 놀랐던지…."

옛날이야기에 단골로 등장하던 도깨비가 사라진 건 한국전쟁 때문이라는 이야기를 들은 적이 있다. 도깨비들이 총과 포탄 소리에 놀란 데다, 전쟁으로 인해 터전이 망가지면서 멀리 떠났다는 이야기였다. 시골까지 전기가 들어오자 더는 숨어 살 수가 없어서 사라졌다는 이야기를 들은 적도 있다. 어쨌든 한국전쟁 때 사라졌다는 도깨비를 고모는 60년대 초에 경험했다고 하였다.

"친구들이랑 놀다가 해가 저물 즈음 집으로 돌아오는 길이었어. 산소 뒤에서 '야!' 하는 호통 소리가 들리는 거야. 그 순간 맥이 탁 풀리면서 발을 뗄 수가 없었어. 간신히 힘을 내서 다리를 끌다시피 하면서 왔는데, 집 앞 우물가에서 엄마를 만나니까 살았구나 싶더라. 그 후에도 도깨비 소리를 들은 적이 있는데, 도깨비들은 장단을 어찌나 잘 맞추는지 몰라. 새벽에 뒷집 아줌마가 다듬이질하는 소리가 아주 가까이서 들렸어. 첫 새벽부터 다듬이질하는 게 이상하다고 생각했는데 나중에 알고 보니 도깨비가 한 짓이더라. 또 하루는 옆 산에서 장단을 맞춰가면서 신명나게 돌 깨는 소리가 들리는 거야. 그래서 뒷집 아저씨가 이렇게 깜깜한데 돌 깨고 있다고 했더니 엄마가 아무 말 말고 자라고 그러더라. 네 할머니도 그 소리를 들었는지 어쨌는지."

옛집을 떠올렸을 때, 고모는 도깨비 때문에 무서움에 떨던 이야기를 먼저 떠올렸다. 그런데 한집에 살았지만, 엄마는 도깨비 소리를 들은 적이 없다고 하였다. 엄마는 다섯 살밖에 안 된 내가 바느질을 하겠다면서 반짇고리를 뒤지다가 바늘을 잃어버리는 일이 잦자 혼을 내려고 꾸몄던 일을 떠올렸다. 다시는 바느질을 못 하게 하려고 웅덩이에 빠져 죽으러 가겠다고 겁을 줬단다.

그런데 그 일은 내 기억에도 남아 있었다. 집을 나서는 엄마의 치마꼬리를 붙잡고 눈물 콧물 범벅이 된 채로 질질 끌려갔는데, 웅덩이 근처까지 갔을 때 돌아서며 웃던 엄마 모습이 내게는 아픈 기억으로 남아 있었다. 엄마가 떠나버릴까 봐 어떻게 하든지 붙잡으려고 했던 절박한 마음, 울며불며 매달리는데도 돌아보지 않는 엄마에게서 느꼈던 좌절감이 나를 아프게 했지만, 엄마가 왜 그런 행동을 하였는지 기억하지 못했다. 오십여 년 만에 진실을 알게 되자, 군락을 이룬 조릿대처럼 한없이 뿌리를 뻗으며 부정적인 감정을 건드리던 기억이 새미있는 추억으로 변화되었다. 바느질을 하고 싶어서 고사리손으로 반짇고리를 뒤지고, 엄마가 떠나버릴까 봐 눈물 콧물 범벅이 돼서 매달리는 어린 내 모습이 상상되면서 맹랑하면서도 귀엽다는 생각이 들었다.

옛집에 대한 기억을 나누면서, 같은 경험이라 할지라도 자신이 이해하고 싶거나 이해한 대로만 기억하게 되므로, 오래된 기억일수록 왜곡될 확률이 높다는 사실을 알게 되었다. 고모에게는 공포를 안겨주었던 도깨비 소리였으나 엄마는 들은 적이 없고, 어린 딸이 다칠까 봐 불안한 마음에 한 행동이 어린 딸에게는 엄마에게 거부당한 아픈 기억으로 남아 있었던 것처럼 말이다. 고모가 도깨비 소리를 들었다고 했을 때 그 소리를 듣지 못한 엄마가 고모의 두려움에 공감할 수 있었을까? 엄마가 이유를 말해주고 혼을 냈을 텐데 어린 나는 정서적인 폭력을 당한 일로 기억하고 있었다. 이렇게 같은 경험이라도 주관적으로 이해하고 기억하다 보니 오해가 생기는 것 같다.

근래 들어 원가족이나 친척들을 만나면 오래된 기억을 소환하여 이야기보따리를 풀어놓을 때가 많다. 서로 공감대가 형성될 때면 눈물까지 흘리면서 웃기도 하고, 이야기 속 인물에 대한 그리움에 젖기도 한다. 때로는 아픈 기억을 재경험하면서 오해를 풀고, 서로 미안한 마음을 전하기도 하는데, 그럴 때마다 마음이 점점 편안해지는 것을 느낀다. 오래된 기억들이 비로소 제자리를 찾았기 때문이리라.

이국땅에 핀 무궁화

유순이
2022. 9. 천료

수년 전 나파밸리(Napa Valley) 와인트레인(wine train)에서 우연한 기회에 만난 인연으로 이어져 교분을 나누는 천년지기 같은 벗이 있다. 살다보면 인생에서 누적된 인연은 언젠가 때가 되면 만나게 되어 있다. 평소 느끼는 경험적 생각이다. 서로 자주 만나지는 못하더라도 가끔 안부를 주고받는다. 금처럼 견고하고 난초처럼 향기로운 '금란지교'의 사이까지는 못 미치더라도 믿음과 신뢰를 잃지 않고 우정을 쌓아왔다. 사소한 일에도 허심탄회하게 마음을 나누고 위로와 아낌없는 격려를 보낸다.

모처럼의 방문길에 나서니 마음까지 설레인다. 이것 저 것 챙겨줄 몇 가지와 책 대여섯 권을 들고 날아가는 새의 깃털처럼 가벼운 마음으로 길을 나섰다. 각자 바쁘게 살다보니 지난 방문이 언제였는지도 어렴풋하다. 희미한 기억을 더듬으며 그 집을 찾느라 미로같이 갈라지는 대단지의 주택을 다람쥐 쳇바퀴 돌 듯 맴돌고 있다. 전날 전화 온 친구의 배려도 사양하고 호언장담한 것이 실로 후회막심이다.

예전에는 눈썰미 좋다는 소리도 꽤 들었건만…. 애꿎은 세월 탓으로 돌리며 스스로를 다독인다. 바로 그때 내 눈을 의심하듯 어느 집 앞에서 가던 발길을 멈추었다. 나도 모르게 집 앞 화단에 소담스럽게 핀 하얀 꽃에 눈길이 꽂히고 말았다. 가까이 다가가 보니 겹잎이 세 갈래로 갈라진 흰 꽃잎과 그 안에 다소곳이 숨어 있는 붉은 단심 노란수술을 보니 영락없는 무궁화다. 요즈음 한국에서도 무궁화는 흔히 보기 힘들어졌다. 하물며 멀고먼 태평양을 건너 미국 샌프란시스코에서 난생처음 보는 무궁화는 말해 무엇하랴. 순간, 심장이 멎는 듯 경이로움과 반가움이 교차하며 감격스럽기까지 하였다.

유난히 맑고 푸르른 9월의 하늘 아래 그 먼 이국 낯선 땅에서 수려하게 피어 있는 하얀 무궁화를 보았다. 아름답다 못해 처연하게까지 느껴졌다. 암흑의 일제 강점기 시대 우리나라 민족과 함께 무궁화도 갖은 수난과 아픔을 겪었다. 무궁화가 독립운동가는 물론 우리나라의 민족을 대표하는 상징물로 여겨지고 있음을 우려해 무궁화 말살정책을 자행했다. 일제 치하에서 무궁화는 무모한 줄기와 가지치기를 당하여 한국에서도 무궁화 거목을 찾아보기가 힘들다. 지난 역사가 말해 주듯 우리나라는 외세의 침략으로 인해 끊임없는 고통 속에 지내왔다. 나라꽃인 국화(國花)는 그 나라의 자연과 문화 그리고 역사와 관련이 깊은 식물로 정해지는 것이 일반적이라고 한다. 무궁화가 병충해에 강하면서도 유난히 진딧물 등 벌레들이 많이 꼬이는 것도 나라꽃 무궁화의 숙명이런가! 착잡한 마음에 만감이 교차한다. 집 앞 화단의 무궁화를 심어 놓은 주인은 어떤 사람일까? 자못 궁금해진다. 아마 한국인이 아닐까 미루어 짐작해본다. 애틋한 사연과 특별한 의미가 담겨 있을 것 같다.

무궁화는 본토 땅에서도 잘 키우기가 쉽지 않다. 이국땅에서 뿌리를 잘 내리고 자라는 걸 보니 오랜 세월 정성들여 가꾼 공력이 한 눈에 들여다보인다. 한국인이면 분명 타국에서 조국의 꽃 무궁화를 보며 고향에 대한 그리움과 진한 향수를 달랬으리라. 우여곡절 끝에 찾은 친구의 집에서 무궁화에 대한 이야기가 화두가 되어 이야기 꽃을 피웠다. 지금도 귀에 익은 무궁화 노래며 어린 시절 동무들과 어울려 시끌벅적 "무궁화 꽃이 피었습니다."를 외치며 재미나게 놀았던 잊지 못할 추억거리다. 근래 해외에서 「오징어 게임」이 유명세를 떨치며 한국놀이 열풍으로 이어져 오고 있다. '가장 한국적인 것이 가장 세계적인 것이다'라는 말이 실감난다. 모처럼 그 시절 동심으로 돌아가 이런 저런 얘기로 화기애애하였다. 같은 민족의 동질성과 감정의 교감이 하나로 녹아들었다. 다시 한번 조국과 무궁화에 대한 끈끈한 사랑과 애착을 느낀 계기가 되었다.

집으로 돌아가는 길에 다시 그 집을 한 번 더 둘러보았다. 여전히 아무도 없는 듯 적막감이 감도는 집에 곱게 핀 한아름의 무궁화만이 의연하게 서 있다. 자기를 알아보고 쓰다듬어 준 손길을 잊지 않고 스쳐 지나가는 바람에도 손짓하듯 잎이 흔들린다. 역시 너와 나는 서로를 알아보는 운명 같은 존재인가 보다. 원래 무궁화는 목근(木槿) 또는 순화(舜花)로 불리다가 꽃이 오래가는 특징에 따라 무궁화로 불리게 되었다고 한다. 무궁화의 영어 명칭은 '성스러운 땅에서 피어나는 아름다운 꽃'이라는 의미를 간직한 '샤론의 장미(Rose of Sharon)'이다. 일편단심, 영원히 피고 또 피어서 지지 않는 꽃이라는 뜻을 지닌 무궁화! 그날 이후로 머나먼 이국땅 어느 집 앞에 호젓이 핀 무궁화는 내 가슴을 적시며 들어와 나의 진정한 꽃이 되었다.

나의 다정한 이웃

윤지선
2022. 11. 천료

똑똑똑 현관문이 두드리는 소리에 나가 보니, 환한 웃음의 따뜻한 눈을 가진 청년이 옥수수 한 바구니를 들고 서 있다.

"누구신지…?"

"저 12층에 사는 태훈이입니다."

어? 내 기억 속의 12층 태훈이는 귀여운 꼬마가 분명한데 이 청년이 그 아이라고? 세월도 유수하지만 삶이 바쁘다는 보기 좋은 핑계로 그동안의 이웃들과 얼마나 왕래 없이 살았는지, 무방비 상태에서 한 방 맞은 듯한 느낌이었다.

"시골 외가에서 옥수수를 많이 보내주셔서 엄마가 나눠주셨어요!"

"승강기에서 만나면 인사를 예쁘게도 잘하던 꼬맹이가 이렇게 멋지게 자랐구나. 고맙게 잘 먹을게. 엄마께도 안부 전해주렴."

청년이 된 그 꼬마가 청미하게 인사하고 떠난 뒤, 그 모습이 마음에 남아 생각에 잠겼다. 내 딸아이가 여섯 살 때 이 아파트로 이사 와 스물셋이 되었으니 거의 17년째 살고 있다. 그동안 우리 앞집도 네 번이나 바뀌었고, 서로 의지하고 지냈던 위층 할머니도 애석하게도 떠나셨다. 요양원에 계셨던 할머니가 돌아가셨다는 소식을 듣고 며칠을 처연하게 지냈던 기억이 난다. 아이가 어릴 때는 친구 엄마라는 공통분모를 가지고 친하게 지냈던 이웃들도 자주 생각이 난다. 잠든 강아지 맥박처럼 늘 고요했던 유진이의 친정 엄마가 보내준 맛난 봄 두릅을 맛보며 이웃 유진 엄마의 일흔 송이의 꽃을 혀끝으로 느끼기도 했었다. 지금은 대부분이 이사를 가고 또 새로운 이웃들이 들어오고, 얼굴도 모르고 지내는 경우도 많다.

나의 어릴 적 동네 이웃들은 어쨌었는가? 철수 집의 숟가락이 몇 개 있는지부터, 각 이웃들의 가족 구성까지 정확하게 알고 있을 정도로, 그들과의 인연은 얼마나 끈끈했는지 지난날의 이웃들과 조우하듯 그때의 기억들이 다시 살아난다.

내가 살던 곳은 윤씨 작은 부락이 모여 사는 '국동'이라는 지명의 동네였다. 작은아버지, 작은할아버지, 고모할머니, 아버지의 사촌 형제들까지 분주하고 시끌벅적 이던 그 빛나던 정스러운 웃음들이 오늘따라 그리워진다.

그 동네의 어린 시절은 그랬다. 오줌싸개였던 막내 여동생은 아침마다 바가지를 들고 어떤 날은 작은집으로, 또 어떤 날은 할아버지 집으로 소금을 얻으러 다녔었고, 작은할아버지 포도밭에서 탐스럽게 익은 포도 한 송이를 서리해 동생과 함께 걸음아 나 살려라 하며 줄행랑을 치기도 했었다. 비 오는 날에는 비 맞으며 맨발로 온 동네를 뛰어다니며 밤새 고열로 죽을 고비를 넘기기도 하고, 동네 샘터에서 첨벙첨벙 물놀이하다 누구네 엄마에게 혼나기도 하고, 옆 동네 아이들과 싸우다 엄청 맞기도 하고, 하하 참 나지막이 쌓인 추억이 그리워진다.

온 동네에서 밥 짓는 고소한 냄새가 나는 저녁 무렵에 '누구야 밥 먹어라' 소리가 이 집 저 집에서 들려올 때쯤 골목에서 노는 아이들은 약속이나 한 듯이 집으로 들어가는 풍경이 펼쳐지기도 했다.

"엄마, 오늘은 현순이 집에서 저녁밥 먹을래요."

"나는 희영이 집에서 먹을래요."

하며, 내 동생들은 포동포동 고사리손으로 스텐 밥그릇에 밥 한 공기씩을 들고 친구 집으로 가서 곧잘 먹고 오곤 했다. 그때는 꼭 자기 밥 한 그릇을 챙겨 가는 나름의 작은 규칙이 있었던 것 같다. 우리 어린 시절은 이렇게 눈물 나게 정스럽고 풍성했었는데, 정작 내 아이들에게는 그러한 정을 제대로 느끼게 해 주지 못해 새삼 미안한 마음이 든다.

나도 지금의 이웃들과 마음을 나누기 위해 노력이 필요하다는 생각을 한다. 그동안 짬 내서 손뜨개로 만든 수세미와 며칠 전 무안에 사는 큰 시누이가 보내준 양파를 나눠 담아 이웃집 초인종을 눌렀다. 마주 보는 앞집 이웃이어도 특별히 왕래가 없었지만, 머쓱하게 마음을 전하니 수줍게 받아주어서 참 고마웠다. 태훈이네도 위층에 홀로 사시는 다리가 불편하신 할아버지께도 그동안 자주 찾아뵙지 못해 죄송하다는 인사와 함께 수세미와 양파를 전해드리니 큰 선물 상자를 받은 것처럼 웃어주셨다. 묵묵히 계셔서, 너무 익숙해서 소홀했던 경비 아저씨와 아파트 청소하시는 아주머니께도 따뜻한 담벼락처럼 살며시 마음을 전했다.

사실 우리들 삶이 온 존재가 소중하듯 가까운 곳부터 챙겨보는 마음을 가져야 하는데 그러지 못하고 사는 것 같다. 어느 순간부터 나부터 이웃들을 낯설어 했었다. 승강기에서 만나면 어색한 인사를 나눈 후 맹숭맹숭 올라가거나 내려가는 숫자를 바라보다 내리기 일쑤였고 공원에서 우연히 봐도 가벼운 목례를 한 채 음악을 들으며 걷기 바빴으니까. 아무도 먼저 말 걸지 않고 말 붙이는 순간이 얼마나 삐걱거리고 아득한지 잘 알면서 실천하지 못하고 살았다.

혼자 라테를 한 잔 마시고 집으로 가는 공원길에 누군가 나를 부르는 소리가 들린다. 돌아보니 이웃 언니다.

“윤서 엄마, 하늘의 해 좀 보세요!.”

매일 지는 해를 처음 마주하는 사람처럼 바라보다 사진으로 남기려고 폰을 찾는 사이 해는 어느새 구름에 가려져 보이지 않는다.

“제 삶을 보는 것 같네요.”

농담을 건네는 내 말에 이웃 언니가 웃는다.

“이 노래 들으면서 같이 가요.”

언니가 폰에서 음악을 켜는 순간 20대의 나로 돌아간다.

“아 우리 어릴 적 듣던 노래네요.”

“네, 시내를 걷다 리어카에 검정 고무줄로 칭칭 감겨 장착되어 있던 카세트에서 흘러나오던 감미로운 노래들이죠!”

집으로 향하며 함께 듣는 그 노래가 나의 몸을 온기로 가득 채워주었다.

그동안 두고 온 마음, 놓고 온 시간들이 이 노래와 함께 바람결에 이웃들에게 닿길 바라본다. 집에서 전화가 온다.

“잠시만 더 걷다가 들어갈게! 딸아, 숲 공원 바람이 정말 좋다.”

이 순간 삶의 작은 기쁨과 아름다움이 계속해서 이어지기를 바라며, 다정한 바람이 곁에 느껴지는 곳에 나도 함께 앉아본다.

서울 구경

윤기관
2022. 12. 천료

책상 정면에 세 개 사진이 나란히 걸려 있다. 가운데 백일 사진은 배냇저고리만 입어 아랫도리는 벌거숭이다. 여자아이는 그렇게 하지 않았다. 그때는 그랬다. 오른쪽에는 내 사타구니에 앉은 딸 백일 사진이 있다. 딸은 지금 열 살 아들이 있다. 왼쪽에는 아버지 고등학교 때 사진이 있다. 아버지는 올해 일흔아홉이다.

노트북에 작품을 정리하다 잠시 쉴 때면 자연스럽게 이 석 장의 사진과 마주친다. 3대의 사진은 볼 때마다 내 동공을 정지 상태로 만든다. 추억과 회억이 교차한다.

추억은 옛날을 지금의 내 곁으로 데려와 회상하는 것이고, 회억은 현재의 나를 그 옛날의 속으로 가져가는 것이다. 나는 이렇게 석 장의 사진을 보고 추억과 회억을 오가다 보면 시간 가는 줄 모른다. 모두 그리움 탓일 것이다.

나이를 먹어간다고 해서 모든 옛날이 모두 그리운 것은 아니다. '컬러시대'라도 흑백이 더 좋을 때가 있다. 사진도 그렇다. 컬러 사진을 흑백 사진으로 전환하면 더 정감이 간다. 내가 수묵산수화와 목판화를 좋아하는 것도 같은 이유이다.

뜬금없이 시골 소년 시절이 아른댄다. 시골에서는 서울 구경 가는 게 제일 큰 꿈이었다. 아니, 소원이었다. 고등학생 때, 콧수염 코미디언 서영춘 씨가 부른 「서울 구경」은 언제 들어도 배꼽을 쥐곤 하였다. 원곡은 미국 흑인 가수(Georg W. Johnson, 1898년생)가 부른 「The Laughing Song」이다. 여러 명이 번안해 불렀다. 하지만 서영춘 씨가 부른 노래가 인기가 제일 높았다. 음치인 나도 한때 유희 장소에서 자주 부르던 노래이다. "시골 영감 처음 타는 기차 놀이라…. 차표 파는 아가씨와 승강이 하네…."

당시 중고등학교에서 연례적으로 가는 봄가을 소풍은 서울이 최고 인기를 누렸다. 소풍 가는 날이면 엄마가 바쁘다. 달걀 삶고, 선생님 드릴 도시락 싸느라 그랬다. 전철을 한 구간 타 보기도 하고, 창경궁 원숭이를 보면 시간 가는 줄 모른다. 덕수궁 돌담길을 신기한 듯 쳐다보기도 했다. 내 본향 한산 지현리 고려 시대 성벽처럼 보였던 탓일게다.

시내 한복판에서 하얀 제복 입은 순경이 손춤 추면 자동차들이 서고 가고를 반복했다. 신기했다. 시내버스는 어머니가 기르던 콩나물시루였고 우리는 콩나물이었다. 버스 안내양은 대개 여성이었다. 운전사는 능숙한 솜씨로 휙휙 곡예 운전하였다. 손님들은 안쪽으로 쓸려 들어갔다. 안내양은 출입문을 뒤로하고 엉덩이로 손님을 좌우로 쑤셔 넣고 버스 옆구리를 탁탁 쳤다. 운전수한테 출발하라는 신호이다.

당시 남학생들은 장발 머리에 나팔바지가 유행이었다. 여자처럼 길게 기른 머리가 그렇게 부럽게 보였나 보다. 바지 아랫도리를 넓게 벌려 바짓단이 펄럭펄럭하는 게 그렇게도 좋았을까.

여학생들은 머리카락을 언니들처럼 길게 늘어뜨리고 치마를 무릎 위로 올리느라 정신이 빠졌다. 지금 생각하니 피식 웃음만 나오리라. 나중에는 중고등학생들도 따라 했다. 선생님은 등교하는 교문에서 가위와 잣대를 들고 족집게로 뽑듯이 골라 단속했다. 밤에 성인 흉내 내고 유흥업소를 출입하지 못하도록 한 사랑의 지도이었다.

순경은 시내를 돌아다니며 장발 단속에 여념이 없었다. 파출소는 늘 북적이였다. 교통질서 위반자, 통행금지 위반자, 술 취한 자들은 파출소 유치장에서 하룻밤을 지새워야 했다. 경범죄였다.

더 이상 단속이 어려워지자 어느 날 장발 단속도 통행금지도 없앴다. 얼마 가지 않아 시큰둥해졌다. 단속보다 자유롭게 놔두면 처음은 방종하다 점점 제자리에 찾아온다. 성숙 과정의 성장통이었을 것이다.

시골에서는 새마을 운동이 한창이었다. 미루나무 꼭대기에 걸려 있는 마이크에서 새벽 종소리가 울려 퍼지면 모두 빗자루 들고 나와 청소하느라 바빴다. 좁은 데다 곡선인 마을 길을 직선으로 넓혀 트랙터가 왕복으로 지나갈 수 있게 만들었다. '잘살아 보세, 잘살아 보세, 우리도 한번 잘살아 보세' 새마을 노래는 노동 생산성을 올리는데 한몫했다.

서울역은 신문 구직 광고를 보고 무단으로 상경한 시골 여성들로 붐볐다. 서울역 앞 빨간 공중전화기 앞, 긴 줄이 끊이지 않았다. 구직 광고 쪽지를 들고 회사로 전화하는 장면이다. 공중전화기마다 얼굴이 '환했다 어두웠다'가 교차했다. 서울 전철이 1968년 11월 30일 중단되고 1970년에 서울역 고가도로가 세워졌다. 이때까지 나는 주로 대전에서 살았다. 서울은 가끔 올라왔다.

1970년대에 다방마다 DJ가 인기를 누렸다. 다방 레지는 커피 나르느라 발이 통통 부었다. 하루 십 리를 걷는다고 하였다. 아침 손님을 받으려고 모닝커피도 팔았다. 달걀 반숙이 곁들여 나왔다. 대학생 미팅 장소로 다방이 최고였다. 거기서 만난 커플들이 지금 할아버지 할머니들이다.

라디오에서는 한밤중에 「밤을 잊은 그대에게」라는 프로그램이 최고 인기를 누렸다. 서울방송국에서는 12시 정오와 자정이 되면 시보를 알렸다. 밤 10시가 되면 "청소년 여러분, 밤이 깊었습니다. 이제 가정으로 돌아가기 바랍니다." 착 가라앉은 목소리가 호소력이 있었다.

두 시간이 지나면 12시 통행금지 사이렌이 울린다. 간첩들이 거리를 배회하기 때문에 통행을 제한하였다. 선한 시민이 통행금지로 잡히면 곤욕을 치르기에 도망쳐야 했다. 나는 학교 앞 술집 주인이 재워줘 하루를 신세 지기도 했다. 그때는 그런 시절이었다.

저녁마다 라디오 전파사 앞에는 동네 사람들로 북적였다. 당시 아시아 축구대회였던 메르데카배나 킹스컵 축구대회가 열리는 날이면 동네 전파사는 영화관이 되었다. 어머니 몰래 중계방송 듣는 재미가 쏠쏠했다. 지금도 축구를 좋아한다.

한밤이면 "북한 동포 여러분, 자유의 소리 방송입니다." 목소리가 흘러나왔다. 간첩들이 '도스 돈도스 도스' 모리스 부호로 북한에 보내는 시간에 맞춰 나온 방송이었다. 방송에서는 간첩 식별 방법이 소개되었다. 아침 일찍 신발에 이슬이 묻은 자, 버스 요금을 잘 모르는 자, 물가를 잘 모르는 자들이 간첩 신고 대상이었다.

팔순을 눈앞 둔 연로한 과자들이 여전히 구멍가게 앞자리를 차지한다. 해태 연양갱(1945년) 캬라멜(1946년)이다. 우리나라는 1960년에 1인당 국민소득이 79달러였다. 지금의 서아시아와 아프리카보다 더 못살았다. 그 당시 새로 출시된 크라운 샌드, 웨하스, 새우깡, 브라보콘, 새우깡, 초코파이는 지금도 최고 인기를 누린다. 1953년 서울 서린동과 무교동에서 개업한 한국 최초의 대중음악감상실, '세시봉'은 최고의 인기를 누렸다. 당시 최신 팝송을 통기타 라이브로 들을 수 있었다.

세시봉 삼총사 가수 조영남, 송창식, 윤형주는 대학가를 주름잡았다.

명륜동 혜화동 유명 다방에는 통기타와 청바지 차림 가수들이 시간대별로 불려 다녔다. 가수 양희은이 부른 「아침이슬」의 가사 중에 '붉은 태양', '묘지', '떠오른다'는 구절이 문제가 되어 금지되었다. 남북 대치가 극심했던 시기였다.

시골 사람이 서울 구경 오던 시기가 지나고 이제는 외국 사람이 서울 구경하러 온다. 광화문, 북촌, 남산 타워, 명동, 인사동, 삼청동, 팔판동, 동대문, 남대문 등은 외국인들로 붐빈다. 서울 구경은 여전히 관광 진행형이다.

며칠 후 방글라데시에서 손님이 온다. 외국인들은 서울 구경을 마친 후 분단의 현장을 보는 게 큰 관심거리가 되었다. 외국인 상대로 하는 DMZ 관광 상품이 인기이다. 서울 구경은 이제 세계적인 명물로 등장했다. 광화문광장이 새롭게 변신했다. 청와대가 개방되었다. K-컬처가 큰 역할을 하고 있다. 지금 한국은 서울에 이어 세계적인 도시 또 하나를 만들고 있다. 부산이다.

대통령이 2030년 부산 엑스포 박람회에 올인하고 있다. "부산은 준비되어 있다. Busan ia ready." 서울 구경 신조어가 자리잡을까.

"서울 구경하고 부산 구경 오이소."

용서보다 헤어짐을 선택하며

강경아
2022. 12. 천료

꼭 용서가 필요한 것일까. 나는 사람을 좋아한다. 어떤 만남은 친분이 깊었는데 이유 없이 멀어진 경우가 있다. 왜 소원해진 것인지 곰곰이 자문해 본다. 그러다 뒤늦게 깨닫는다. 누군가가 잠시 나를 필요로 했을 뿐이라고. 그럼에도 나는 사람을 믿고, 좋아한다. 타고난 성향이다. 타인과의 관계에서 원인 제공자는 생각지도 못한 일에 혼자 감정 상할 때가 종종 있다. 지난 일을 이야기하면 왠지 속이 좁아 보일 것 같아 나 스스로 묻어 둔 감정도 있다. 이런 감정들은 시간이 지남에 따라 흩어져 사라지기도 한다. 그러나 사라진 줄 알았던 감정이 꿈에 나타나 목을 조르기도 한다. 오래 쌓였던 분노와 미움, 불안과 공포는 일정량을 넘기면 형체 없이 무게를 갖는 것 같다. 가슴이 답답하고 무엇인가 짓누르는 기분이다. 쌓였던 감정을 없애버리는 방법을 찾고 싶다. 하루하루 산뜻하고 가벼운 마음으로 새날을 맞이하며 살 수는 없는 것인가.

얼마 전 방송에서 「지선아 사랑해」의 저자 이지

선 씨의 이야기가 마음을 두드렸다. 스물셋에 사고를 만나고 떠났던 이화여대에 23년 만에 사회복지학과 교수로 돌아온 것이다. 첫날 수업하는 모습을 봤다. 마이크를 잡은 손가락에 마디가 없다. 얼굴을 보는 순간 가슴이 아프다. 2000년 스물세 살 이지선 씨는 학교 도서관에서 공부를 마치고 오빠의 차로 귀가하던 중 음주 운전자가 낸 7중 추돌사고로 전신에 중화상을 입었다. 수십 번이 넘는 고통스러운 수술과 재활치료를 이겨냈다. 낯선 얼굴, 엄지손가락을 제외한 여덟 개의 손가락을 한마디씩 절단하고 장애 진단을 받았다. "하루 한 가지씩 감사한 것을 찾자"라는 마음으로 살았고, 습관처럼 하루에 한 가지씩 감사할 것을 찾으며 버텼다고 한다.

대학교수로 돌아온 소감을 묻는 인터뷰에서 사고에 대해 어떻게 생각하는지를 물었다. 내가 만났다고 표현한 그 순간부터 헤어지기 시작했다고. 사고가 더 이상 오늘의 나를 괴롭히지 않는다고 했다. 인터뷰를 본 순간 아, 하는 감탄사가 나왔다. 오래 쌓였던 감정을 만남과 헤어짐이라는 흐름 속에 놓아두기로 한다.

올 초, 인사이동 스트레스로 인해 화라는 감정이 치밀어 밤마다 애꿎은 이불만 걷어찼다. 직장 생활을 하다 보면 본의 아니게 상처받을 때가 있다. 바로 인사발령이 그렇다. 정기 인사는 1월과 7월에 있다. 2천 명이 넘는 직원과 여러 직렬이 공존하는 직장이다. 나는 프리미엄이 붙은 자리로 인사 배치되었다. 프리미엄이 붙었다는 것은 승진으로 가는 중요한 자리라는 것이다. 새로운 일에 대한 기대와 멋있게 일하고 싶은 각오가 생겼다. 그런데 한 달 안에 다시 인사 배치를 해 주겠다고 한다. 누구의 잘못이라고 말할 것인가. 그럼에도 기분이 나쁘다. 자다가도 화가 난다. 존재 자체를 거부당한 기분이다. 타 부서로 가는 인사는 예견되었고 시간이 다가오자 급기야 위경련으로 응급실에 갔다. 직장 생활의 경험상 인사 배치 후 부서장에게 첫인사를 가자마자 잘못

된 인사라는 이야기를 들은 적은 없다. 보통은 어렵겠지만 함께 일해 보자고 한다. 한 달 만에 다시 인사발령이 나는 경우는 더더욱 없었다. 이제는 나 자신의 감정보다 타인의 시선을 의식하게 된다. 왜 나였어야 했는가. 꼬리에 꼬리를 무는 생각이 올라오자 주변의 모든 사람들이 거슬렸다. 몸과 마음이 하나라는 생각이 든 건 아프고 나서다. 좋은 생각만 하고 살아도 오십이 넘으면 몸의 여기저기에서 신호를 보낸다. 나처럼 어이없는 일로 잠을 설친다면 위경련은 당연한 일인지도….

용서할 대상이 있기나 한 것인가. 신입 시절 인사팀 막내로 일했던 경험이 있다. 팀장님은 인사발령 후에는 어김없이 항의 전화에 시달렸다. 인사 배치가 억울한 듯 화가 잔뜩 난 직원의 전화를 받은 그는 괴롭다고 했다. 그때 만약 팀장님이 사과했더라면 그 사람의 화는 풀렸을까. 용서가 되었을까. 아니다. 자기가 원하는 자리로 가거나 승진이 되어야 풀릴 일이다.

> 말이란 게 작은 돌과 같아서, 비틀대는 누군가를 그 돌로 맞혀
> 영원히 일어서지 못하도록 쓰러지게 만들기도 하고,
> 혹은 중심을 못 잡고 기우뚱대고 있는 빈틈에 잘 끼워 넣어서
> 올바르게 중심을 잡는 주춧돌의 역할을 하기도 한다.
> …….
> 지금 흔들리는 너에게 이 말을 꼭 해주고 싶다
>
> 넌 지금
> 잘하고 있어.
>
> \- 참 잘했어요 中에서 -

나의 감정과 이 감정의 원인이 되는 어떤 일이나 사건을 분리할 필요를 느낀다. 인사 교통사고가 난거야 하며 나 자신을 다독인다. 감정의 큰 폭발인 화가 풀려야 합리적인 생각을 할 수 있다. 간혹 안타까

운 인사로 인해 승진에서 오랫동안 밀려난 직원을 본 적 있다. 어떤 사람은 사표를 내기도 한다. 사표는 조직의 차가운 습성에 진저리가 났다는 표현이다. 직장인이라면 누구나 사표를 겉옷 안주머니에 넣고 다닌다는 말이 있다. 자기 내면의 화는 스스로 풀어야 한다. 아니면 화병에 걸릴 가능성이 높다. 내 마음 같지 않은 직장. 내 마음 같지 않은 남편과 자녀. 내 마음마저 나의 통제를 벗어나 혼자 감정의 널뛰기를 할 때가 많다.

오늘은 새로운 감정을 만날 것이다. 원치 않는 일로 내면의 분노와 미움의 감정을 만날 경우 때로는 용서보다 이별이 답일 수 있다.

당당한 녀석

서완석
2022. 12. 천료

내 친구 병후는 마장동에서 식육판매업을 한다. 나와는 정읍에 있는 초·중학교 동창이다. 내가 중학교 1학년을 마치고 인천으로 전학을 온 후 소식이 거의 끊겼다가 나이 50을 훨씬 넘겨 다시 만난 친구들은 40여 년의 단절에도 불구하고 마치 어제 만난 양 친하게 지내고 있다. 병후도 그들 중 한 명이다. 작년 11월 11일에는 서울 종로에서 '50년간의 만남 새로운 시작'이라는 펼침막을 걸어 놓고 중학교 동창들이 모였다. 나는 3년 과정을 온전히 마치지 못해 모임에 나가는 일이 좀 께름칙하고 쭈뼛거려졌다. 그러나 막상 만나보니 서먹서먹한 것은 잠시였다. 서울은 물론이거니와 정읍, 전주, 군산, 그리고 양양 등지에서 달려온 친구들까지 모두 27명의 벗들이 모였다. 모임이 끝나갈 즈음에는 분초를 다투어 가며 사는 서울의 현 구청장, 전 구청장 친구들도 참석하였다. 용산 전자상가에서 돈을 많이 번 친구, 판사 친구, 금융감독원 조사국장과 한국예탁결제원 전무를 지낸 친구, 치과의사, 수의사, 카페나 전통 찻집을 운영하는 친구 등 직업들이 아주 다양했다.

꾀벅쟁이 친구들이 모이면 통속적인 사회적 출세(careerism)는 아무 의미가 없다. 상대적 비교가 힘을 잃어버리기 때문이다. 나이 60이 넘은 친구들에게는 세월이 지나고 사회적 환경이 변하면 사라지는 권력, 재력, 그리고 명예와 같은 외형적 충족보다는 그동안의 체험을 통해 형성된 만족, 보람, 자긍심 등이 깊게 뿌리 내리고 자존감이 뒷받침해 주는 내면적 성공이 더 부러워지기 때문이다. 내가 입은 옷은 어느 재봉사의 손을, 그리고 내가 먹은 쌀 한 톨과 김치는 어느 농부의 손을 거쳤을 것이며, 버스나 지하철 기관사의 도움이 없다면 내 출근길은 매우 어려울 것이다. 그러함에도 불구하고 우리는 사회적 출세를 인생의 성공과 동일시하여 인간의 값어치를 매기려는 우를 범한다.

소문에 따르면 과거에 정읍에서 상경한 친구들은 식육판매업을 하며 장만한 병후네 빌딩에 머무르며 많은 덕을 보았다고 한다. 그런데 문제는 심성이 착한 병후가 판매한 고깃값을 제대로 받지 못한다는 점이다. 돈을 받으려고 애를 써도 소용이 없자 "이까짓 돈 있어도 살고 없어도 살 수 있어"라며 40여 억 어치나 되는 어음을 모두 불태운 후 아내와 함께 소주 한잔 마셨노라는 녀석 앞에서 밴댕이 소갈머리인 나는 부아가 돋았다. 이제 병후는 전셋집에서 산다. 몇 년 전에는 병후 아내가 곗돈 사기를 당했다. 내 제자 변호사를 통해 그 돈 일부를 회수했지만 왜 세상은 착한 사람 편이 아닐까 하는 생각이 들었다.

앞에서 말한 친구 중에서도 6명은 따로 정기적인 만남을 지속하고 있다. 나는 40여 년 만의 해후를 위해 설레는 마음으로 똑같은 옷 6벌을 사서 친구들과 나눠 입었다. 비싼 옷이 아님에도 불구하고 친구들 모두는 즐거워하며 이를 교복이라 불렀다. 그런 일이 두어 차례 있었는데 아직도 그 옷을 입는 친구들이 있다고 하니 고마울 따름이다. 그리고 추운 겨울 새벽 3시에 오토바이를 타고 출근해 냉동고 속에서 정육 작업을 하느라 고생하는 병후에게는 따로 겨울 스웨터를 선물했다. 스웨터가 아주 따뜻해서 마음에 든다던 병후는 다음 날 내게 전화를 걸어 그 스웨터를 잃어버렸다고 하였다. 같이 술을 마신 터라 혹시나 잃어버릴까 염려스러워 녀석의 손목에 스웨터가 담긴 봉지를 비끄러매 준 후 집 앞까지 바래다주었기에 허망한 생각이 들었다. 그러나 도저히 찾을 수가 없다기에 똑같은 스웨터를 다시 선물했다. 그런데 얼마 지나지 않아 병후는 처음에 사 준 스웨터를 장롱 속에서 찾았다고 했다. 참 '해괴한 일'이 아닐 수 없다. 녀석이 두 벌을 노린 게 아닐까?

올봄에는 생필품을 사러 이마트라는 곳에 들렀다가 의류 할인매장에서 병후가 입으면 참 좋겠다 싶은 검은색 윗도리가 있기에 사 들고 즐거워할 병후의 얼굴을 떠올리며 마장동에 갔다. 병후는 매우 좋아하며 같이 있던 후배에게 "이제는 이 옷이 내 외출복이야"라고 소리쳤다. 주는 기쁨은 받는 기쁨에 비할 바가 못 된다. 비록 비싼 옷은 아니지만 좋아하는 친구의 모습에 너무나 행복했다. 나는 "겉옷이 어두운 색깔이니 안에 밝은 색깔의 옷을 받쳐 입으면 훨씬 더 멋있을 거야"라고 말해 주고 돌아왔다.

그런데 다음 날 병후가 전화를 걸어오더니 다짜고짜 "야! 너 때문에 우리 마누라한테 야단을 맞았어"라는 게 아닌가. 싸구려 옷을 받아왔다고 병후가 야단을 맞은 것은 아닐까 싶어 찔끔한 기분이 들었다. 병후는 "제기랄! 우리 마누라가 왜 당신은 진즉 이런 스타일의 옷으로 멋을 내지 못하는 거야? 라고 꾸중하잖아"라고 하였다. 마음이 놓인 나는 다시 한번 "밝은 색깔의 옷을 받쳐 입으면 네 아내가 더 좋아할 거야"라고 했더니 병후는 "아이 씨, 그러면 밝은 색깔의 옷도 같이 사줘야 할 거 아냐" 하고 냅다 소리를 질렀다. 당황스럽지 않을 수 없었다. 며칠 후 흰색 줄무늬 셔츠를 산 후 전화를 해서 옷을 사 놓았는데 언제 가져다주면 좋겠느냐고 물었더니 병후는 매우 건조한 목소리로 "나

오늘은 매우 바쁘니 나중에 전화해"라고 한다. 참으로 당당한 녀석이다. 얼마 전 병후는 몸이 아픈 우리 어머니를 위하여 최상품의 소고기와 사골을 보내왔다. 식사를 거의 못 하시던 어머니는 잡냄새 하나도 없는 뽀얀 사골국물에 밥을 말아 맛있게 드셨다. 옷값보다 몇 배는 더 비싼 것이니 내가 이문을 남긴 셈이다.

오르락내리락 사는 건 그런 거지

최은희
2022. 12. 천료

늦은 밤 울리는 전화는 불안함을 동반한다. 아니나 다를까 내일 약속을 지킬 수 없다는 언니의 연락이다. 안 좋은 예감은 왜 틀리지 않는 건지.

국립중앙박물관에서 열리는 영국 내셔널 갤러리전 티켓을 예매했다. 마네, 모네, 고갱, 반 고흐 외 서양미술 거장들의 명화를 본다는 생각에 설레었다. 책도 그림도 처음과 다시 볼 때와의 느낌이 다르다. 그리고 나이와 생활하는 환경의 상황에 따라 감정 역시 많이 다르다. 이번에 보게 되는 그림에 대한 궁금증과 전에 보았던 그림은 다시 보면 어떤 다른 느낌으로 내 의식을 바꿔 놓을지 몰라 기대 속에 기다렸는데….

조카가 맹장 수술을 하게 되었다. 며칠 전부터 배가 아프다고 병원에 오갔다. 사소하게 자주 병원에 다니는 편이라 이번에도 그저 그런가 보다 했다. 결국 맹장이라는 진단을 받고 위험한 순간이 오기 전에 급하게 수술을 결정한 것이다. 조카는 간단한 수술이라며 아빠도 있으니 아무 걱정하지 말고 다녀오라고 한다. 물론 아무 문제 없겠지만 엄마의 마음이 어디 그리되는가. 아무리 사소한 수술이라도 그 상황을 뒤로하고 편안하게 그림이 눈에 들어오기란 쉽지 않다. 가지 못하는 언니 마음은 충분히 이해한다. 나라도 같은 결정을 내리지 않을까 생각하기에. 전시회 관람을 하고 먹을 맛있는 점심 메뉴도 고르고 골라 찾아 놓았는데 아쉬움만 가득 남았다.

어쩌면 조카가 나를 구해준 것인지도 모르겠다. 사실 내게도 문제가 생겼다. 며칠 전 평소 부지런하거나 깔끔하지도 않으면서 화장실을 반짝거리도록 윤을 내 보겠다며 무리하다 사고가 발생했다. 어쩌자고 이 타이밍에 허리를 삐끗한 걸까. 잠시 허리를 구부리거나 돌리기만 해도 통증을 동반한다. 하지만 천천히 걷는 일은 수월한 편이라서 욕심을 내려던 차였다. 그런데 막상 뻣뻣해진 허리로 몇 시간의 강행군을 하자니 어떤 여파를 몰고 올까 염려된다. 표현은 하지 못한 채 마음속에 조금씩 고민이 커가고 있던 차였다.

몇 년 전 허리를 심하게 다친 적이 있다. 혼자 힘으로는 옆으로 돌아눕지도 못했다. 배에 힘을 주는 일은 상상 못 할 정도로 아파서 일어서는 일이 가장 큰 문제였다. 그런데 신기한 일은 일단 일어나면 아무렇지도 않다는 점이다. 나 자신이 봐도 말짱한데 누가 봐도 허리가 아픈 사람이라고는 생각지도 못한다. 허리가 바닥에 닿도록 눕지만 않으면 모든 것이 좋았다. 더구나 명절 연휴 기간이라서 빠른 치료도 못하고 이래저래 미루다가 치료 시기를 놓쳐버렸다. 그 이후로는 살짝만 잘못해도 고질적으로 아파지는 느낌이다. 언니에게 차라리 잘 되었다고 말할 수밖에 없었다.

언니와는 취미도 취향도 잘 맞는 편이다. 언니는 수채화를 시작한 지 10년이 넘었다. 비록 유명인처럼 작품을 비싸게 팔거나 개인 전시회를 갖지는 못하지만, 가끔 서울미협 전시회에 출품한다. 관심을 두고 있다 보니 함께 그림을 그리는 동료와 교수님과도 안면을 트게 되었다. 덕분에 가끔 전시회나 미술관에 따라가는 행운도 얻는다. 내게는 더할 나위 없이 기분 좋은 선물이고 행복한 시간이다.

설상가상 일이 더 생겼다. 동아리 모임에서 문화탐방으로 연극을 보기로 했다. 다행히 지역에 있는 예술의 전당에서 유명 배우가 출연하는 멋진 연극공연 계획이 잡혔다. 멀리까지 움직이지 않아도 되고 좋은 기회라서 재빨리 예매했다. 피곤하고 혼잡스러운 서울로의 나들이를 피하게 되어 회원들도 좋아하는 분위기다. 그런데 기획사에 무슨 일이 생긴 건지 공연 자체가 취소되었다는 통보를 받았다. 결국 취소된 문화탐방은 나중을 기약하며 뒤로 밀렸다. 마음을 흔들던 계획이 줄줄이 펑크나며 뜨거운 여름을 맞이한다. 왠지 가끔의 호화로운 일탈이 나를 외면하는 건 아닌가 싶어 기분이 바닥을 스친다.

삶의 길에는 늘 복병이 숨어 있다. 부딪히고 싶지 않은데 내가 궁금한가 보다. 작년 여름에도 그랬다. 오랜만에 듣고 싶은 강연이 있었다. 다른 시간을 비워가며 맞춰놓은 강연. 그런데 어쩌면 그리 심술을 부리는 건지 그날은 아침부터 태풍을 닮은 비람과 장대비가 쏟아진다. 뚜벅이인 내게 어찌하려는지 시험하나 싶은 난감한 상황이다. 어차피 택시를 타는 곳까지 간다고 해도 그사이에 다 젖을 판이다. 그렇다고 포기하기도 싫다. 씩씩하게 샌들을 신고 무릎까지 젖어가며 걸었다. 우산은 바람 따라 마음대로 흔들리고 샌들에서는 처벅처벅 발끝 따라 물이 올라온다. 애써 준비한 옷차림이나 머리카락은 이리저리 휘둘려 흉흉한 몰골이 되었다. 이런 모습으로 참여한다는 것이 좀 미안할 정도다. 도착해서 빠르게 물을 닦고 옷매무시를 가다듬고 예쁜 척 얼굴도 정리하고 강의실로 향한다. 좀 젖으면 어때 싶을 만큼 나름 흡족한 강연이다. 축축한 몸은 시원한 에어컨 바람에 깔끔하게 말랐다. 더구나 오랜만에 만난 지인이 있어 더없이 반가웠다. 빗속을 뚫고 고생한 따뜻한 보상 같았다.

새옹지마라 했던가. 얼마나 뜨겁게 기쁜 일이 마중 오려고 연이어 구멍을 냈을까. 얼마 있으면 맑은 날을 먹어버린 장마가 눅눅하게 분위기를 잡을 때다. 내려오는 빗방울만큼 내게 기쁜 소식이 많이 들려오기를 바라는 건 너무 큰 욕심이겠지.

강화 그 너머엔

강정수
2023. 1. 천료

강화는 원래 삼십 개가 넘는 섬으로 이루어져 있었다 한다. 그동안 바다를 매립하고, 개간하여 해안선이 만들어져서 지금은 우리나라에서 네 번째로 큰 섬이 되었단다. 지금은 다리로 연결되어 있어 배를 타지 않아도 육지로 다닐 수 있지만, 조선 시대에는 아주 외지여서 임진왜란과 병자호란 이후에는 군사적 요충지였고, 병인양요, 신미양요를 겪어낸 곳이기도 하다. 일본과 강화 조약을 맺은 곳으로 민족의 애환이 담겨 있는 곳이 강화이다. 연산군, 임해군, 영창대군, 광해군 등이 유배되었던 곳으로서 유배지로도 유명한 곳이었다. 지금도 북한과 거리가 가까워 6.25 때 피난민들이 교동도에 정착하여 살며, 고향을 그리워하고 있다.

얼마 전 남편과 강화 교동도에 있는 화개산에 모노레일을 타러 갔다. 가을의 끝자락이라 산은 벌써 잎새들을 많이 비워내어 썰렁했으며, 바람이 스산했다. 정상에 오르기 위해서 모노레일을 탔다. 경사진 곳을 용케도 헉헉대며 느린 거북이 마냥 오르고 올라 드디어 산꼭대기에 가쁜 숨을 몰아쉬며, 우리를 토해놓았다. 전망대는 아직 수리 중이어서 올라가 보지 못해 아쉬움이 남는다. 예성강 건너 손에 닿을 듯 보이는 곳이 북한이란다. 강물은 모든 걸 초월한 양 유유히 흐르고 있었고, 가을 철새들만이 자유로이 남과 북을 가로질러 날아가고 있었다. 강 너머 황해남도 연안군까지 거리는 불과 2.3km밖에 안 된다 한다. 하늘은 북쪽으로 쭉 이어져 있고, 우주선은 달나라까지 가는데, 유독 그곳만 하늘길마저 막혀 있는 현실이 안타까웠다. 분단의 아픔을 아는지 모르는지, 멀리서 흐르는 강물조차 내겐 통곡의 눈물이 모여 강을 이룬 듯 아픔이 깊게 파고들었다. 저 강물이 얼면 북한 주민들이 우르르 썰매 타고 넘어올 수 있지 않을까, 어쩌면 저 멀리 한 뼘밖에 안 되어 보이는 강의 넓이가 이렇게 긴긴 세월의 무게를 가로막고 있단 말인가. 깊이를 알 수 없어 힘조차 느낄 수 없는 저 강물이 가로막아, 수많은 나날을 이별하고도, 아픈 가슴만 끌어안고 왔단 말인가, 우리네 역사가 야속하기만 했다.

산 중턱을 온통 깎아 조성 중인 화개 정원은 아직도 벌겋게 살을 드러낸 채 포클레인 소리가 요란하다. 연산군의 유배지로 지어놓은 초가집이나 조형물들은 관광객에게 아직도 큰 교훈으로 남게 될 것 같았다. 위리안치라고 하여 주위에 가시가 많은 탱자나무를 심어 죄인이 밖에 못 나가게 만들어 놓았다. 유배 생활의 어려움을 한눈에 보는 듯했다.

산을 내려와 대룡시장을 둘러봤다. 연백 출신의 실향민들이 고향을 생각하며, 만든 대룡시장은 1960년~1970년대 모습 그대로 보존되어 있었다. 주민들이 비좁은 골목 시장에 마주 보고, 가게를 지켜가는 모습이 안쓰럽기도 했다. 실향민들이 제비집을 고향의 상징으로 생각하는 것도 이해가 되었다. 강아지 떡(인절미)도 인상적이었다. 일제 강점기 때 일본인들이 곡물을 다 빼돌려서, 떡을 못해 먹이는 것이 안타까웠다 한다. 그래서 강아지 떡이라 이름 붙여, 어린이들에게 먹였다 한다. 향교는 들르지 못해서 아쉽다. 관광객 유치에 홍보가 되긴 했는지, 주말이라 그런지, 사람들로 북적이는 모습에서 강한 생존의 힘을 보았다. 밤이 되면 썰물처럼 빠져나가 고요해지겠지. 강화하면 밴댕이회도 빼놓을 수 없는 별미여서 요맘때 제일 맛난 밴댕이회로 점심을 먹었다. 막걸리 한잔이 간절했을 남편 대신 운전할까 하다가 컨디션이 안 좋아 모르는 척했다.

교동도는 아무나 들어갈 수 없는 지역이어서 군인들이 검문소에서 주는 임시 출입증이 있어야만 드나들 수 있었다. 왠지 공포스러웠고, 이북 땅이 가까이 있음이 실감 났다. 휴전선 같은 철조망은 보이지 않았지만, 높은 마음의 장벽이 느껴져서 내 나라인데도 성큼 가 볼 수 없다는 것에 비애를 느꼈다. 늦가을 쓸쓸한 바람만큼이나 휑한 마음 금할 길이 없었다. 교동도는 고려 시대부터 왕족들의 유배지였다고 한다. 이러한 최북단 지역에 사는 주민들은 늘 그런 마음을 안고 살아내야 하는데, 그 무게가 얼마나 클지 가늠도 안 되었다. 대룡시장 골목에서는 과거로의 시간여행을 한 듯 향수를 잔뜩 불러일으켰었는데, 저물어가는 햇살 따라 집으로 향하는 발길은 가볍지만은 않았다. 늘 가슴 한편에 이북이라는 불편한 관계가 도사리고 있다. 그들과 공존하며 살아야 한다는 불안감에서 자유롭지 못한 심정은, 우리 국민들이 짊어져야 할 십자가 같아, 후손들에게 미안하다.

온 나라를 자유로이 만끽하며, 살아볼 그날은 언제나 되려나. 무거워진 마음 다스리며 남편도 말없이 운전만 했다. 때로 행복을 느끼며 살고 있는 나 자신이 맞는 것인지. 그곳에 살고 있는 주민들께 송구스러운 마음이 생기는 것은 왜일까. 오늘의 나들이는 다 떨구어 낸, 앙상한 나뭇가지 사이로 스쳐 지나가는 바람처럼, 을씨년스러웠다. 먹은 것이 얹힌 듯 가슴이 답답하다. 그 마음 그곳에 묻어두고, 북에서 불어와 맞이해 준 바람으로, 바람 샤워를 하고 나니 다소 위안이 되었다. 강화 그 너머엔 교동 주민이, 아니 실향민이 옹기종기 모여 사는 동네, 교동도가 있었다. 남한 땅 끝자락을 부여잡고 마음은 고향을 향해 늘 그 자리를 지키고 있었다.

고려시대 문인 이색의 시가 떠오른다.

> "바닷속 화개산은 푸른 하늘에 닿았는데/ 산 위 옛 사당은 언제 지었는지 모르겠네/ 제사한 후 잔 마시고 이따금 북쪽을 바라보니, 부소산 빛이 더욱 푸르구나"

그 옛날 이색 선생도 이곳에서 시를 읊고 노래했다고 생각하니, 유구한 역사가 더욱 가슴 아프게 느껴진다. 하루빨리 실향민들을 예성강에 있는 나룻배로, 사공이 데려다줄 날이 오기를 두 손 모아 빌어본다.

이기자여 영원하라

이유준
2023. 3. 천료

혈연(血緣), 학연(學緣), 지연(地緣)….

한국 사회의 대표적인 연고주의(緣故主義)라면 아마도 이 셋을 꼽을 수 있을 것이다. 이는 특수적이고 폐쇄적인 관계여서 이를 근간으로 사람들이 뭉치고 서로 돕고 편의를 봐주기도 한다. 이외의 사람들에 대해서는 차별로 이어지다 보니 종종 이로 인한 사회적인 문제도 일어난다.

2011년 초여름, 지금은 없어진 춘천의 102보충대에 아들을 내려주고 돌아오는 길이 영 마음이 편치 못했다. 그 며칠 전 아들과 소주 한잔하면서 송별식 겸 저녁을 먹었는데 그때 내가 무심코 던진 말 때문이었다. 내가 무녀독남으로 자란 탓이었을까? 딸 하나와 그 밑으로 아들 둘, 나는 아이를 셋이나 두었다. 첫째는 여자이지만 매사에 적극적이고 자기주장도 강해 나와 많이 부딪히기도 했지만 믿음직했다. 이에 반해 남자아이 둘은 크면서 한 번도 부모의 말을 거역하거나 엇나간 적이 없는 전형적인 범생이였다. 나는 딸과 아들들의 성격이 서로 바뀌었으면 더 좋았을 것이란 생각을 가끔 했었다. 하지만 타고난 성격이 하루아침에 고쳐지겠는가? 자기 자식이 좀 더 편한 곳에서 생활하다 무사히 전역하길 바라는 것이 보통의 부모들 마음일 텐데, 그때 내 입에서는 왜 그 말이 튀어나왔을까. “너는 좀 빡센 부대로 가서 개고생 좀 해봐야 정신 차리지”라고 했으니….

며칠 후 보충대에서 연락이 왔다. 내 말이 씨가 된 것일까? 아들이 입대 전부터 입버릇처럼 말하던 그 부대, 제발 그곳만은 피하고 싶다던 바로 ‘이기자부대’로 전입이 결정된 것이다. 도둑이 제 발 저린 것처럼 걱정스러운 마음에 나는 훈련이나 내무생활 등 소식을 올려주는 부대 인터넷카페에 자주 들락거리게 되었다. 그러다 보니 자연스럽게 댓글로 안부와 인사를 나누는 동병상련의 부모들을 그곳에서 만나게 되었다. 그러던 어느 날, 그중 몇몇 부모들과 모사를 꾸몄다. 같은 날 면회를 하러 가서 같은 장소(펜션)에서 아이들과 가족들이 모두 모여 1박 2일을 보내기로 한 것이다. 드디어 전국에서 모인 열세 가족이 군(軍)을 통해 인연(因緣)으로 맺어지게 되는 역사적인 순간이 왔다. 포항/전주/청주/천안/수원/분당/서울/구리/청평…. 그야말로 제주도만 빠진 전국구 모임이었다. 부모들의 나이와 직업은 물론 성격과 취향도 모두 달랐지만 모임에서의 역할 분담도 일사천리로 이루어졌다. 그중에는 레크리에이션 지도자도 있어서 이후 지금까지 계속된 모임 때마다 한시도 지루함을 느껴본 적이 없다. 당시 화천 산골의 열악했던 부대 환경개선을 위해 재능기부도 했고, 십시일반 기금을 모아 부대(도서관)에 책을 기증하기도 했다. 부대에서는 감사의 표시로 우리를 초청하여 부자축구대회를 개최하는 등 부대와도 활발히 교류하며 모임을 이어 나갔다.

시간이 지나면서 아들들이 하나둘 전역하게 되었고 자연스럽게 이 모임도 시들해지지 않을까 걱정했으나 이는 기우에 지나지 않았다. 10

여 년이 지난 지금까지도 활발하게 모임은 이어지고 있다. 워낙 유별난(?) 모임이다 보니 국방TV에 간접 소개된 적도 있다. 아들들은 고향도 입대일(계급)도 소속 중대도 제각각이어서 모아 놓아도 늘 시큰둥했었고 지금은 더욱 소원해졌다. 반면 부모들의 결속은 갈수록 더욱 단단해졌다. 부모(현 9가족)들은 지금까지도 3개월에 한 번씩 1박 2일 모임을 하며 여름에는 2박 3일로 모인다. 그야말로 혈, 학, 지(血學地)를 넘어 형제자매에 버금가는 강력한 연고주의가 구축된 것이다. 헤아려 보니 코로나 기간을 제외하고도 지금까지 30번 가까이 만난 것 같다. 제주를 포함한 국내 순회를 마치고 이미 해외에까지 진출했다. 부대를 매개체로 만난 탓인지 놀이도 지극히 전투적이다. 기마전은 기본이고 산악오토바이, 래프팅, 서바이벌게임, 실탄사격, 격구(?), 집라인…. 1박 2일 모임이 끝나면 어머니들은 후유증으로 며칠씩 앓아눕기도 하지만 그다음 모임에 빠지는 사람은 거의 없다.

2022년 9월 1일부로 보병 제27사단(이기자부대)이 해체되었다. 1953년에 창설된 전군최강의 정예부대마저 입대자원 감소에 따른 부대 재편을 피할 수 없었다. 출산율 저하로 인한 문제가 이미 곳곳에서 나타나고 있는데 이제 장병이 없어 부대가 사라지는 것을 걱정하게 되었다. 이제 우리를 군연(軍緣)으로 맺어준 이기자부대는 역사 속으로 사라졌다. 갓 스물이 지났던 장병들은 벌써 서른을 넘긴 어엿한 사회인이 되었고 결혼해서 이미 손주를 본 집도 몇이 있다. 더불어 우리 부모들의 평균연령도 60이 지난 것 같다. 연(緣)을 맺어 준 중매인은 사라졌지만, 우리들의 바짓바람이 불러온 군연(軍緣) 공동체 이기자 모임은 오래도록 지속되기를 기대해 본다.

우리들의 아지트

김경화
2023. 5. 천료

뒤돌아보면 내 일상과 직장 생활은 흡사 등산과 같았다. 앞만 보고 오른 산은 내려갈 때가 되어서야 다채로운 야생화가 눈에 들어오고, 시냇물의 재잘거림이 궁금해지며, 알게 모르게 생채기가 생긴 꽃과 나뭇가지의 애처로움도 보이고, 아직 도착하지 못한 일행의 간식도 챙기는 마음의 여유가 생겨난다.

늙거나 죽으면 얼마든지 쉴 수 있다는 생각에 항상 움직여야 마음이 편했고 워라밸 보다는 파이어족을 현명하다 여기며 살아왔지만 이젠 이도 저도 아닌 중년이 되어 버렸다. 항상 강철 같을지 알았던 몸은 낮과 달리 이른 새벽잠에서 깨어나면 몸살 기운에 "너도 나 만나 고생 많았구나" 싶어 위로하게 되고, 어른들이 앉았다 일어설 때 관절에게 기다림을 주며 부자연스런 단음을 내는 이유를 알게 된다.

우리 나이가 되면 은퇴 후 노후 준비로 금전적인 부분에 많은 관심을 두게 되는데 노후 자금만큼 중요한 것이 기운 떨어져서도 할 수 있는 취미 생활과 친구들과의 놀이 문화라는 확신이 든다.

돈과 재물은 욕심을 낸다고 되는 것도 아니고 자신이 타고난 그릇에 따라 정해짐을 나이 들며 경험하게 된다. 내 그릇이 크다면 재물을 많이 모을 수 있을 것이고, 그릇이 작다면 그 그릇을 깨는 행동을 하지 않는 한 의식주 걱정 없는 정도의 삶이라도 내실 있게 채우고 남과 비교하지 않으면 풍요롭게 지낼 수 있다. 그것이 분수를 아는 삶이라 생각한다. 내가 생각하는 성공적인 삶이란 큰 포부와 목표가 있는 것도 아니고 부모님보다 조금 더 넉넉하고 부모님과 부모님의 형제들만큼 우리 남매들도 우애 있으면 되는데 왜 그리 벼랑 끝에 선 듯 살았는지 허탈해지기도 한다.

나이 들어 혼자 놀 줄 모르면 누군가를 괴롭히게 된다는데 그래서 다각적으로 사교할 수 있는 사람이고 싶다. 내 스스로 'Fun'하게 사는 법을 터득하고 싶어 머릿속이 분주하다. 좋은 에너지를 주는 사람과 어울려야 행복할 수 있다고 한다. 또 누구와 함께 있을 때 행복한지를 알고 주거공간과 직장 외 제3의 장소에 아지트를 가지고 있는 사람들의 행복 지수가 높다고 한다. 이런 아지트는 격식과 서열이 없어야 하고, 소박하고 수다가 있어야 하며, 출입의 사유와 함께 나눌 음식이 풍부해야 한다.

얼마 전까지는 친구들이 하나둘씩 고향으로 회귀하거나 돌아갈 계획들을 보며 나 또한 분주한 도시 생활을 마치면 고향 마을에 초소형 주택을 지어 아지트를 만들 생각에 '집짓기' '귀농' 카페도 가입했었다. 멀쩡한 고향 본가 두고 뭔 고생이냐는 가족들의 놀림은 뒤로하고 장작 난로에서 냄새 걱정 없이 맘껏 청국장 구수하게 데우고, 기름 튈 걱정 없이 솥뚜껑에서 고기 요리와 부침개를 만들어 누구나 와서 먹고 갈 수 있는 편안한 아지트를 만들고자 했다. 그래서 장 담는 법도 익히고 모든 김치는 직접 담가 나누며 내 반찬 식민지 구축을 노력했지만, 조경에 자신이 없고 병원이 가까워야 한다며 궤도 수정을 했다.

은퇴 후 집중할 놀이가 필요해 그림 취미에 몰입하다 보니 서양화가로 데뷔하게 되었는데 다니러 오신 어머니가 그림에 대한 내 진중함이 보기 좋으셨는지 은퇴 후에 사용할 작업공간을 하나 만들면 좋겠다는 말씀에 아지트에 대한 상상을 구체적으로 하게 된다. 어른들 말씀이 음식 보시가 최고의 덕이라는데 파티룸 겸 갤러리로 만들어갈 아지트에서 많은 이들이 힐링 받길 기대한다. 내가 잘하는 일로 남을 기쁘게 하고 싶고 살아가는 이야기와 서로의 묵은 한숨을 들어주는 공간이 되고 싶은 거다.

내 자신에게 주도적이어야 할 나의 삶이 인정받기 위해 주변만 의식하며 세월을 보내진 않았는지, 미음 받을 용기가 없어 평생 남의 눈치만 보며 망설이다 시간을 허비하진 않았는지, 타성에 젖어 새것을 받아들이길 주저하지 않았는지를 자주 묻곤 한다.

하늘에서는 나눌 곳이 있는 만큼만 복을 준다고 한다. 나이 들면 지갑은 열라 했으니 남에게 먹이는 일은 내가 맡고 싶다. 인심 좋은 팔푼이 주방 이모, 허세 많은 된장녀 파티셰로 지내고 싶어 아지트 방문자 초대장을 미리 준비해 보는데 손님 걱정은 안 해도 될 것 같다. 아지트 이야기를 하면 모든 이가 돌고래 소리를 내며 즐거워한다.

영국 극작가 버나드 쇼의 묘비명에는 "우물쭈물하다가 내 이럴 줄 알았다!"라는 글귀가 적혀 있다는데 그런 후회를 남기지 않도록 은퇴 후의 삶은 내가 하고 싶은 대로 또 형편 닿는 대로 풍요롭고 나태하게 쉬고 싶은 꿈을 가져본다.

양안복시

이정애
2023. 7. 천료

간밤에 숙면을 잘 못해서인지 시야가 침침하게 느껴지던 어느 날 아침, 햇볕이 창문으로 깊숙이 들어오는 것을 보며 평소와 다름없이 부엌 일을 시작하려던 참이었다. 그때, 뭔지 모르게 눈에 띄는 사물의 형태가 예전 같지 않다는 것을 느끼고는 조금씩 불안감이 일기 시작했다.

아침 식사를 대충 끝낸 후에 눈의 정확한 상태를 알고자 벽에 걸린 액사를 기준으로 왼쪽, 오른쪽 두 눈을 테스트해 보았다. 그랬더니 아래 위로 5센티 정도의 간격을 둔, 하나로 보여야 할 물체가 겹쳐져서 두 개로 보이는 것이 아닌가. 난생 처음 겪는 일이라 바로 남편에게 내 눈의 상태를 알리니, 당장 안과 전문의를 찾아가 보자고 한다. 그러나 그날이 토요일이라 휴무일이기도 하고, 호주의 의료시스템이 일단 가정의를 거쳐서 전문의 예약을 해야 했으므로 월요일이 될 때까지는 그저 기다리는 수밖에 없었다. 이틀을 불안 속에 보내다가 월요일이 되자마자 우선 근처 안경점에 가서 시력검사부터 해 보기로 했다. 금방 이 일을 시작한 듯한 젊은 검안사는 여러 가지 자각 증세를 물어보고, 이것저것 검사를 하더니 어쩌면 황반변성의 증세일 수도 있으므로 안과 전문의를 만나보는 게 좋겠다며 명함과 자기 소견서를 써주었다.

평소 안구건조증으로 불편을 겪고 있었던 나는, 일 년 전쯤 우리 동네에서 백내장 전문의로 잘 알려진 분에게 진료를 받은 적이 있다. 그는 내가 백내장 초기이고 지금은 그것보다 안구건조가 더 문제라면서 안연고와 점안액을 처방해 주었다. 연고는 자기 전에 넣고, 점안액은 낮 동안에 필요할 때마다 넣으라는 것이었다. 덕분에 뻑뻑하던 눈 상태는 한결 나아졌고, 처방해 준 그 의사에 대해 늘 감사하고 있었다.

그날, 황반변성이란 단어를 구글에서 검색한 후 약속된 전문의를 만나기 전까지의 8일 동안은 그 병명의 심각성 때문에 나는 심한 불면증에 시달렸다. 예약된 날짜가 될 때까지 외출을 삼가한 것은 물론, 그 병명으로 말미암아 남편이 덩달아 침울해하는 것을 보는 것이 내 걱정을 가중시키는 일이 되기도 했다. 그런 중에도 병에 대한 사전지식을 검색해서 도움을 주려고 그는 애를 썼다. 이 병이 예사롭진 않으나 눈 주사를 맞아서 병의 진행을 더디게 할 수 있다는 희망적인 말과 직사광선을 피하는 것이 중요하므로 외출 시에 반드시 선글라스를 쓸 것과 당근을 식사 때마다 챙겨 먹고 메리골드 꽃잎차가 도움이 된다며 그것을 구해 오기도 했다.

병원은 시드니 오페라하우스 가까운 곳에 있었다. 오랜만에 보는 그 아름다운 시드니의 스카이 라인이 그날은 눈에 들어오지 않았다. 아스팔트 바닥의 높낮이가 달라 보여서 남편에게 온통 의지하여 팔짱을 낀 채 조심스럽게 걸어야 했기 때문이다.

의사는 오랜 경험이 몸에 밴 듯한, 50대의 부드러운 인상을 가진 한국인이었다. 다행히도 그토록 걱정했던 황반변성의 증세는 아니라며 왼쪽 눈의 네 번째 근육에 문제가 생겨서 사물이 두 개로 보이는, 즉 복시 현상이 생겼다고 한다. 정상이 되려면 특수렌즈를 써야 하는데 그동안 눈의 변화가 생길 수도 있으니 좀더 기다렸다가 다시 검사를 해보자고 했다. 심각하진 않으니 6개월 후로 예약을 잡자는데, 이런 상태로 여섯 달을 견디는 것이 몹시 두려웠던 나는, 석 달 후로 날짜를 앞당겨 잡자고 했다. 마치 이곳에 와야만 내 눈의 상태가 원상복귀가 될 것 같은 막연한 희망이 생겨서인지…. 예부터 몸이 천 냥이면 눈은 구백 냥이라고 할 만큼 중요한 부위란 것을 이번 일로 더 실감하고 있었다. 그래도 황반변성이 아닌 것이 얼마나 다행이냐며 남편이 안도하고 기뻐해서 그나마 그것이 위안이 되었다. 경험이 부족해 보이는 한 검안사의 소견을 맹종하여 앞질러 불안하고 괴로웠던 일들은 그에 대한 원망으로 남았다.

시드니에서 한 시간 거리인 이 마을로 이사한 후, 아침 저녁 정해진 두 번의 산책은 내 삶의 가장 의미 있는 시간이 된 지 오래다. 저 멀리 푸른 호수 건너편의 모래언덕은 물살에 의해서 매일 조금씩 모양을 달리한다. 그리고 그사이를 떠다니는 펠리컨들은 그들 입의 크기만큼 몸집 또한 커서 무심히 보고 있는 것만으로도 기분 좋은 일이다. 그런데 양안복시가 되고 보니 모래언덕 밑에 또 다른 언덕이 겹쳐 보이고, 한 자웅으로 붙어 다니는 펠리컨 두 마리가 네 마리로 보이는 것은 나를 곤혹스럽게 했다. 매사에 점점 더 예민해지면서 쇼핑하는 일도 버거운 일이 되어 가고 있었다. 답답함을 견디지 못하고 이것저것 정보를 캐다 보니 수술해서 교정하는 방법이 있는 것도 알아냈다. 그러나 한 번의 시도만으로 성공할 수 있다는 확신에 찬 기사가 아니라서 그것을 할 엄두를 내지 못했다.

두어 달이 그렇게 지나가고 있었다. 그런 중에도 처음 그 증세를 느낀 날을 애써 떠올리며 내 병의 원인이 무엇인지 알아내려고 애를 썼다. 어쩌면 과도한 안연고 사용으로 부작용이 생긴 건 아니었을까? 문득 복시가 생기기 전날 밤, 적정량을 무시한 채 좀 과하게 짜진 연고를 왼쪽 눈에 밀어 넣은 것을 기억해 냈다. 그렇지만 그것이 원인이란 확신을 할 만큼 나의 의학 상식은 풍부하지 않았다. 이 와중에도 눈은 여전히 건조한 상태라 연고와 점안액을 사용하고 있었다.

아침에 일어났을 때, 기적처럼 눈이 본래 상태로 돌아와 있기를 얼마나 바라고 바랐던가! 쉽지 않을 거란 생각이 들 때는 온종일 우울했고, 그래서 대인 기피증도 생기려 하고 있었다. 날마다 눈만 뜨면 침실 천장의 등이 두 개로 겹쳐 보이지 않기를 소망하고 빌었던 그 어느 날 아침, 드디어 놀랍게도 그날은 그 등이 하나로 보이는 것이었다. 그토록 원하던 그 소원이 이뤄진 날은 안연고를 깜박 잊고 사용하지 않았던 바로 그다음 날 아침이었다. 안연고에 중독(?)되어 있던 내 눈이 하루 동안의 휴식으로 정상으로 돌아와 있었던 것이다. 그렇다면 나의 양안복시는 그 원인이, 과도하게 사용된 안연고였고 실수로 하룻밤을 깜빡 사용을 하지 않았더니 다시 원상태로 돌아온 것이라고 생각하게 되었다. 우연히 연고를 눈에 넣지 않은 것도 실수라고 보면, 실수로 병을 얻었고 실수로 병을 고친 셈이 되었다고나 할까. 이것은 검안사도 의사도 밝히지 못한 일이었다. 그것이 사고를 냈지만 나는 오늘도 그것을 적정량 조심해서 사용하며 안구건조증을 달래고 있다. 덕분에 운명공동체인 나의 남편도 한시름 놓고 일상으로 돌아왔다.

이 일을 계기로 나는 앞으로의 내 삶에 대해서 여러모로 생각이 많아졌다. 언젠가는 이와 유사한 불가항력적인 일이 내게 또다시 찾아올지도 모른다. 그때는 이번 일과는 달리 돌이킬 수 없는 일로 마주하게 될 수도 있을 것이다. 배우자에게 생기는 신체적인 어려움도 내 몫처럼 감내해야 할 날이 올 수도 있을 것이다. 내 남편이 나의 일로 이번에 겪었던 것처럼….

여기저기서 지병으로, 혹은 넘어져서 수술한 후 재활치료를 받고 있다는 친구의 소식도 들린다. 병마와 함께 하는 날들은 우리 삶의 질을 상상 이상으로 떨어뜨려서 그들에게 어떤 위로의 말도 소용이 없다는 것을 나는 이미 알고 있다. 이번 일로 앞으로의 남아 있는 나의 날들을 어떻게 잘 보내야 할지를 한 번 더 생각하게 되었다. 또 어떤 상황이 오더라도 누구나 겪는 노년의 피할 수 없는 일들을 겸허히 받아들여야겠다는 마음의 준비도 한 번 더 하게 되었다.

편집후기

수필문학추천작가회 사화집 제31호 『나를 위한 변명』 출간을 온 마음으로 축하합니다.

우리는 '수필문학추천작가회'라는 동인의 인연으로 서로의 존재와 가치를 소중히 이어가고 있습니다. 매월 수필문학지를 통해 신입회원을 맞이하고, 한편으로는 예기치 않은 동인과의 이별도 있었습니다. 세월의 이끌림에 순응하며 새로운 인연을 기쁘게 환영하고, 아픔은 다독이며 여기까지 밀고 당기며 함께 걸어 왔습니다.

우리가 글을 쓰고 있는 이유는 분명합니다. 자신은 물론 이웃의 삶을 들여다보고 세상을 올바르게 통찰하며, 인생의 소중한 가치를 글로 남기고 공유하며 공감합니다. 글을 쓴다는 것은 삶을 방향을 제시하는 이정표와도 같아서 결코 가볍게 여길 수 없습니다. 수필가로서의 거룩함에 찬사를 보내며 앞으로도 쉬지 않고 건강하고 맛있는 글을 지어야 하는 소명에 최선을 다해야 합니다.

지난 초여름, 첫 원고를 시작으로 한 편 한 편 소중한 원고를 메일함에서 발견하고 차곡차곡 모으는 기쁨은 무더운 여름을 이겨내는 커다란 힘이었습니다. 웃고 울며 탄성을 자아내는 동인들의 필력에 존경을 표합니다. 또한, 사화집에 대한 애정과 추천작가회에 보내는 자애로운 관심에 저절로 어깨춤을 추기도 했습니다.

이번 제31호 사화집 발간에 4명의 편집위원(이영승, 강미애, 백승희, 조영자)이 구성되어 편집 과정에 직접 참여했습니다. 10월 13일(금) 4명의 편집위원, 강병욱 대표, 류진 편집국장이 수필문학사에 모여 편집 방향과 제목을 선정하고, 동인 여러분의 주옥같은 작품에 누가 되지 않도록 최선을 다해 살피고 다듬었습니다. 하지만 혹여라도 부족한 부분이 보이더라도 넓은 마음으로 양해 부탁드리며, 올해 서른한 번째 사화집 『나를 위한 변명』이 삶의 기쁨이 되기를 바랍니다.

앞으로도 수필문학추천작가회의 역사와 전통이 순조롭게 이어갈 수 있도록 더욱 관심과 애정을 부탁드립니다. 끝으로 제31호 사화집 발간을 엮어주신 월간 『수필문학』 강병욱 대표에게 진심으로 감사의 마음을 전합니다. 모두 수고 많으셨습니다.

편집위원 : 이영승, 강미애, 백승희, 조영자

수필문학추천작가회 연간사화집
2023 / 31호

나를 위한 변명

2023년 11월 1일 초판 인쇄
2023년 11월 5일 초판 발행

지은이 / 수필문학추천작가회

발행인 / 강병욱
발행처 / 도서출판 교음사
편집 / 수필문학사 편집부

03147 서울 종로구 삼일대로 457 수운회관 1308호
Tel (02) 737-7081, 739-7879(Fax)
E-mail : gyoeum@daum.net
등록 / 제2007-000052호

값 16,000원

ISBN 978-89-7814-945-7 03810